Hume

Eine Untersuchung über den menschlichen Verstand

KA

Klassiker Auslegen

Herausgegeben von
Otfried Höffe
Band 8

Otfried Höffe ist o. Professor für Philosophie
an der Universität Tübingen.

David Hume

Eine Untersuchung über den menschlichen Verstand

Herausgegeben
von Jens Kulenkampff

Akademie Verlag

Die Deutsche Bibliothek – CIP-Einheitsaufnahme

David Hume, Eine Untersuchung über den menschlichen Verstand / hrsg. von Jens Kulenkampff –
Berlin : Akad. Verl., 1997
   (KLASSIKER AUSLEGEN ; Bd. 8)
   ISBN 3-05-002866-1
NE: Kulenkampff, Jens [Hrsg.]; Eine Untersuchung über den menschlichen Verstand; GT

© Akademie Verlag GmbH, Berlin 1997
Der Akademie Verlag ist ein Unternehmen der VCH-Verlagsgruppe.

Alle Rechte, insbesondere die der Übersetzung in andere Sprachen, vorbehalten. Kein Teil dieses Buches darf ohne schriftliche Genehmigung des Verlages in irgendeiner Form – durch Photokopie, Mikroverfilmung oder irgendein anderes Verfahren – reproduziert oder in eine von Maschinen, insbesondere von Datenverarbeitungsmaschinen, verwendbare Sprache übertragen oder übersetzt werden.
All rights reserved (including those of translation into other languages). No part of this book may be reproduced in any form – by photoprinting, microfilm, or any other means – nor transmitted or translated into a machine language without written permission from the publishers.

Gesamtgestaltung: K. Groß, J. Metze, Chamäleon Design Agentur, Berlin
Satz: Akademie Verlag, Hans Herschelmann
Druck: GAM Media GmbH, Berlin
Bindung: Verlagsbuchbinderei Mikolai GmbH, Berlin
Gesetzt aus Janson Antiqua
Gedruckt auf alterungsbeständigem Papier.

Printed in the Federal Republic of Germany

Inhalt

Siglen VII

**1.
Einleitung** 1

**2.
Hume**
Gilbert Ryle 7

**3.
Die praktische Bedeutung metaphysischer
Untersuchungen** (Abschnitt I)
Heiner F. Klemme 19

**4.
Eindrücke und Ideen. Die Funktion der
Wahrnehmung** (Abschnitt II und III)
Heidrun Hesse 37

**5.
Wie ist eine empirische Wissenschaft vom Menschen
möglich? Humes skeptische Zweifel und ihre
skeptische Lösung** (Abschnitt IV und V)
Astrid von der Lühe 53

**6.
Unser Glaube an die Existenz abwesender Tatsachen**
(Abschnitt IV und V)
Michael Hampe 73

**7.
Kants Antwort auf Hume**
Bernhard Rang 95

**8.
Von der Vorstellung der notwendigen Verknüpfung**
(Abschnitt VII)
Bertram Kienzle 115

**9.
Kausalität, Freiheit, Handlung** (Abschnitt VIII)
Jens Kulenkampff 135

10.
Der „wunderbare Instinkt" der Vernunft (Abschnitt IX)
Hans-Peter Schütt 153

11.
Humes Wunderkritik (Abschnitt X)
Jean-Claude Wolf.................................. 177

12.
Humes frühe Kritik der Physikotheologie
(Abschnitt XI)
Lothar Kreimendahl................................ 197

13.
David Hume: Sein Pyrrhonismus und seine Kritik des Pyrrhonismus
Richard Popkin.................................... 215

Auswahlbibliographie 253

Glossar... 267

Personenregister 277

Sachregister 279

Hinweise zu den Autoren........................ 285

Siglen

Humes Werke werden durch die folgende Siglen abgekürzt zitiert (zur vollständigen Bibliographie vgl. unten S. 253 ff.):

Philosophical Works	*The Philosophical Works of David Hume* (Reprint Aalen 1964).
T	*A Treatise of Human Nature* (Oxford ²1978). – Zitierschema: (T xxx/nnn) oder (T xxx/II nnn); Erläuterung: erste Zahl = Seite bei Selby-Bigge; zweite Zahl Seite aus Bd 1 der deutschen Ausgabe (Hamburg 1989) oder (nach „II") aus Bd 2 der deutschen Ausgabe (Hamburg 1978).
Abstract	*Abriß eines neuen Buches, betitelt: Ein Traktat über die menschliche Natur, etc.* (Hamburg 1980).
Enquiries	*Enquiries concerning Human Understanding and concerning the Principles of Morals* (Oxford ³1975).
EHU	*Enquiry concerning Human Understanding* (Oxford ³1975). – Zitierschema: (EHU xx/nn); Erläuterung: erste Zahl = Selby-Bigge; zweite Zahl = deutsche Ausgabe (Hamburg ¹²1993).
EHU deutsch	*Eine Untersuchung über den menschlichen Verstand* (Hamburg ¹²1993).
EPM	*Enquiry concerning the Principles of Morals* (Oxford ³1975). – Zitierschema wie EHU; zweite Zahl = *Eine Untersuchung über die Prinzipien der Moral* (Hamburg 1972).
Essays	*Essays, Moral, Political, and Literary* (Indianapolis ²1987).
DNR	*Dialogues concerning Natural Religion* (Oxford 1976).
NHR	*The Natural History of Religion* (Oxford 1976).
FD	*Four Dissertations* (Bristol 1995).
Letters	*The Letters of David Hume* (Reprint New York, London 1983).
New Letters	*New Letters of David Hume* (Reprint New York, London 1983).

Jens Kulenkampff

Einleitung

In den Jahren 1739 und 1740 erschien in London ein umfangreiches dreibändiges Werk mit folgendem Titel: *A TREATISE OF HUMAN NATURE: BEING An ATTEMPT to introduce the experimental Method of Reasoning INTO MORAL SUBJECTS*; deren einzelne Bände überschrieben waren: *OF THE UNDERSTANDING, OF THE PASSIONS, OF MORALS*. Der noch nicht dreißigjährige Autor, David Hume (1711–1776), hatte in die Publikation seines Erstlings große Hoffnungen gesetzt und sich davon versprochen, mit einem Schlage berühmt zu werden und als ein Neuerer: als der Newton der menschlichen Natur, in der gelehrten Welt begrüßt zu werden. Diese Hoffnungen erfüllten sich nicht. Den Mißerfolg seines *Traktats* dramatisierte Hume später mit den Worten: „Als Totgeburt fiel er aus der Presse."[1] Aber der junge Hume ließ sich nicht entmutigen, auch wenn ihm seine Einkommensverhältnisse keineswegs ein sorgenfreies Gelehrten- oder Literatenleben gestatteten. Bereits 1741 und 1742 trat er erneut mit einer Publikation hervor, und zwar mit einer Sammlung von *Essays, Moral and Political*. Diese Sammlung, noch öfter aufgelegt und von ihrem Autor verändert und überarbeitet, sollte Humes literarischen Ruhm begründen[2].

---

1 Vgl. Humes autobiographische Skizze *My own Life* von 1776; übersetzt von Jens Kulenkampff in EHU deutsch LI–LXI, hier LIII. – Zur Zitierweise vgl. unten S. 6.
2 Zu Humes Leben und Werk vgl. Mossner ²1980 und Streminger 1994.

Nicht zuletzt der Erfolg seiner *Essays* bestärkte Hume in seinen philosophischen Ambitionen. 1748 ließ er ein Buch erscheinen, das allein ihm schon einen Platz unter den Großen der Philosophie gesichert hätte und das zu den klassischen Werken der philosophischen Literatur gehört. Das Buch trug den Titel *Philosophical ESSAYS concerning HUMAN UNDERSTANDING* und heißt seit der Auflage von 1758 *An ENQUIRY concerning HUMAN UNDERSTANDING* (zu deutsch: *Eine Untersuchung über den menschlichen Verstand*). Diesem Werk ist die vorliegende Sammlung von erläuternden Texten gewidmet.

Bei der *Enquiry concerning Human Understanding* handelt es sich um eine gründliche Neufassung der Theorie über das menschliche Verstandesvermögen, die Hume im ersten Band des *Treatise* vorgetragen hatte, wobei er etliches weggelassen, manches hinzugefügt, vieles anders akzentuiert und das Ganze nicht zuletzt in eine völlig neue literarische Form gebracht hat. Wie weit mit dieser Neufassung auch eine Veränderung der philosophischen Position, sei's in Details, sei's im Grundsätzlichen, einhergegangen und welchem der beiden Werke der Vorzug zu geben ist, ist eine Streitfrage der Hume-Forschung. Hume selbst scheint in diesem Punkt aber eindeutig Stellung bezogen zu haben, hat er doch seiner *Enquiry concerning Human Understanding* für die Ausgabe letzter Hand (diese erschien 1777) ein *Advertisement* beigegeben, in dem er den *Treatise* zu einem voreilig publizierten Jugendwerk erklärt und seinen Wunsch ausdrückt, man solle inskünftig die folgenden Stücke (gemeint waren die *Enquiry concerning Human Understanding*, die *Dissertation of the Passions* und die *Enquiry concerning the Principles of Morals*) als diejenigen Schriften ansehen, die die „philosophical sentiments and principles" des Autors enthalten (EHU XLII/1 f.).

An diese Maßgabe hat sich die Nachwelt freilich nicht gehalten. Längst ist erkannt worden, daß der *Treatise* wohl ein Jugendwerk, aber alles andere als unreif gewesen ist, sondern daß es sich umgekehrt um eines der bedeutendsten Werke der neueren Philosophie handelt, dessen innere Zusammenhänge aufzuklären und dessen philosophische Tragweite zu ermessen die Zunft der Interpreten weiterhin viel Mühe kosten wird.

Allerdings hat diese Aufwertung des *Treatise* der Wertschätzung und der philosophischen Bedeutung der *Enquiries* keinen Abbruch getan. Die *Untersuchung über den menschlichen Verstand* ist trotz aller thematischen Überschneidung mit dem ersten Buch des *Traktats* ein ganz und gar eigenständiges Werk mit einer in sich geschlossenen Gedankenführung. Aber nicht zuletzt seiner literarischen Vorzüge wegen besitzt es auch seine eigenen Auslegungsschwierigkeiten. Denn der Autor der *Enquiry concerning Human Understanding* macht es uns schwer, indem er es dem Leser leicht zu machen bestrebt ist: Wenige große Philosophen sind solche Meister der Feder gewesen wie Hume; aber was sich so leicht und eingängig liest, ist oft genug deshalb schwer zu verstehen, weil so manche wichtige Wendung des Gedankens und so manches entscheidende Argument eher beiläufig vorgetragen werden. Lesehilfe ist also erwünscht und soll mit der hier vorgelegten Sammlung geboten werden.

Die Zuordnung der Beiträge zu den einzelnen Abschnitten der (sog. ersten) *Enquiry* sieht so aus: In seinem Text „Die praktische Bedeutung metaphysischer Untersuchungen" erläutert Heiner F. Klemme Humes Philosophieverständnis und ordnet Humes diesbezügliche Ausführungen in Abschnitt I („Of the different Species of Philosophy") in ihren historischen Zusammenhang ein. Mit ihrem Beitrag „Eindrücke und Ideen. Die Funktion der Wahrnehmung" gibt Heidrun Hesse eine Erklärung der Grundbegriffe, mit denen Hume operiert und die er in Abschnitt II („Of the Origin of Ideas") und Abschnitt III („Of the Association of Ideas") nur wenig detailliert einführt. Abschnitt IV („Sceptical Doubts concerning the Operations of the Understanding") und Abschnitt V („Sceptical Solution of these Doubts") bilden das Zentrum der *Untersuchung über den menschlichen Verstand*; in ihrer Abhandlung „Wie ist eine empirische Wissenschaft vom Menschen möglich? Humes skeptische Zweifel und ihre skeptische Lösung" zeichnet Astrid von der Lühe die einzelnen Schritte von Humes Argumentation nach und legt dabei die innere Dramatik der Abfolge von skeptischen Zweifeln und ihrer nicht dogmatischen Lösung offen. In Abschnitt VII („Of the Idea of necessary Connexion") gibt Hume eine Erklärung, wie wir zur Vorstellung der notwendigen Verknüpfung gelangen; Bertram Kienzles Text „Von der Vorstellung der notwendigen Verknüpfung" zeigt modellhaft auf, wie Humes Erklärung zu verstehen ist und was sie problematisch macht. Im Abschnitt VIII („Of Liberty and Necessity") versucht Hume zu zeigen, daß Freiheit und kausale Notwendigkeit einander nicht ausschließen; ob Hume der Nachweis für diese These gelungen ist, untersucht Jens Kulenkampff in „Kausalität, Freiheit, Handlung". Eines der am meisten diskutierten Stücke der Religionsphilosophie ist Abschnitt X: „Of Miracles"; die Schlüssigkeit verschiedener Varianten von Humes Argument gegen die Glaubwürdigkeit von Wunderberichten untersucht Jean-Claude Wolf in seinem Beitrag „Humes Wunderkritik". Auch Abschnitt XI („Of a particular Providence and of a future State") ist ein Stück Religionsphilosophie, aber am Titel dieses Abschnitts läßt sich nicht erkennen, daß es um eine Kritik des Argumentes geht, das aus der Wohlgeordnetheit der Welt auf das Dasein Gottes schließen zu können glaubt. In seinem Beitrag „Humes frühe Kritik der Physikotheologie" legt Lothar Kreimendahl die Struktur der verschachtelten Darstellung offen und zeichnet Humes Argumente nach. Die Beiträge von Michael Hampe, „Unser Glaube an die Existenz abwesender Tatsachen" (ausgehend von Abschnitt IV und V), und von Hans-Peter Schütt, „Der ‚wunderbare Instinkt' der Vernunft" (ausgehend vom kurzen Abschnitt IX „Of the Reason of Animals"), greifen weiter aus und stellen die *Enquiry concerning Human Understanding* in eine umfassendere philosophische Perspektive, in der die Aktualität der humeschen Überlegungen deutlich wird.

Der Beitrag von Bernhard Rang, „Kants Antwort auf Hume", trägt dem Umstand Rechnung, daß man die erste *Enquiry* nicht gut lesen kann, ohne an Kant zu denken. Dieser sah sich bekanntlich durch Humes Buch zu dem Versuch herausgefordert, uns aus der Verlegenheit wieder herauszuhelfen, in die uns Hume mit seinen skeptischen Zweifeln an der Legitimität unseres Gebrauchs des Begriffs der kausalen Verknüpfung gebracht hat. Rang weist auf Kants wichtige Einsicht hin, daß es der pragmatische Kontext naturwissenschaftlichen Experimentierens ist, aus dem heraus die Kategorie der Kausalität ihren Sinn und ihre Legitimität bezieht.

Die Stelle eines eigenen Kommentars zu Abschnitt XII „Of the academical or sceptical Philosophy" vertritt Richard Popkins große Abhandlung „David Hume: His Pyrrhonism and his Critique of Pyrrhonism" (übersetzt von Petra Krüger). Diese Abhandlung geht weit über die erste *Enquiry* hinaus und dient daher zugleich als Einladung, sich auch den anderen Teilen von Humes philosophischem Werk zuzuwenden.

Den Auftakt zu dieser Sammlung bildet der kurze Text „Hume" von Gilbert Ryle (deutsch von Jens Kulenkampff). Ryle schrieb ihn vor vierzig Jahren für ein kontinentaleuropäisches Publikum und charakterisiert darin in prägnanter Form Humes Stellung in der europäischen Geistes- und Ideengeschichte. Zu hoffen ist, daß die kontinentaleuropäischen Reserven gegenüber Hume, die Ryle in den fünziger Jahren dieses Jahrhunderts noch gegeben sah, inzwischen geschwunden sind oder daß die hier vorgelegte Sammlung von erläuternden Texten dazu beiträgt, noch vorhandene Reserven weiter abzubauen.

Bis auf zwei Texte (Ryle, Popkin) handelt es sich um Originalbeiträge oder um frühere Publikationen, die für den Zweck dieser Sammlung überarbeitet worden sind (Rang, Wolf). Natürlicherweise unterscheiden sich die Beiträge in Stil und Argumentationsform sowie hinsichtlich der favorisierten Hume-Interpretation erheblich voneinander. Hier durfte keine Einheitlichkeit angestrebt werden; vielmehr dient diese Vielfalt als Vorbeugemittel gegen die Meinung, es gebe eine kanonische Hume-Interpretation. Hume wäre kein Klassiker der Philosophie, wenn es so wäre. Genannt seien an dieser Stelle nur die drei oder vier Stichworte, die das Bezugssystem bilden, in dem sich die Hume-Interpretation bewegt. Zum einen natürlich *Skepsis* und *Skeptizismus*: In welchem Sinne und in Bezug worauf ist Hume ein Skeptiker gewesen, und welche mehr als bloß philosophiegschichtliche Relevanz besitzt solche Skepsis? Dann die Stichworte *Empirismus* und *Rationalismus*: Was bedeutet es, Hume als einen Empiristen zu bezeichnen? Und was heißt das wiederum für den stets mitgedachten Begriff des Rationalismus, sei's in historischer, sei's in systematischer Perspektive? In unserem Jahrhundert ist außerdem das Stichwort *Naturalismus* hinzugekommen, das man in Verbindung mit und vor dem Hintergrund der Wörter *Philosophie* und *Psychologie* zu sehen hat und mit dem die folgenden Fragen angezielt sind: Zu welcher Art von Theorie gehören die humeschen Analysen des menschlichen Verstandes eigentlich: Sind sie Philosophie? Sind sie Psychologie? Oder gar noch etwas drittes? Und was bedeutet eine Antwort auf diese Frage für den Begriff der Philosophie im allgemeinen? Vor allem aber: Was hieße es, auch und gerade die Vernünftigkeit oder die Vernunftfähigkeit des Menschen (nach Humes Vorbild) als ein rein natürliches Phänomen zu begreifen und mithin den Menschen, wodurch er sich auch immer von den anderen Tieren unterscheiden mag, lediglich als Natur, lediglich als eine Art von Tieren unter all den anderen Spezies zu verstehen?

So wenig es eine kanonische Hume-Interpretation geben kann, so wenig kann es kanonische Übersetzungen geben. Den Beiträgerinnen und Beiträgern war daher freigestellt, nach dem Original zu zitieren oder nach vorhandenen Übersetzungen oder die zitierten Hume-Passagen selbst ins Deutsche zu übertragen. Zur Erleichterung für den Leser wurden lediglich folgende Normierungen eingeführt: Humes Schriften werden durch Siglen bezeichnet (vgl. oben S. VII). Zitate aus dem *Treatise* und der ersten *Enquiry* werden durch zwei Seitenzahlen nachgewiesen, von denen sich die erste auf die von L. A. Selby-Bigge edierten und von P. H. Nidditch verbesserten Oxforder Ausgaben dieser Werke bezieht. Die zweite Zahl bezieht sich auf die in der *Philosophischen Bibliothek* vorhandenen deutschen Ausgaben beider Schriften und soll es dem Leser ermöglichen, die Hume-Stelle leicht in einer deutschen Ausgabe zu identifizieren. Literatur, auf die in den Beiträgen Bezug genommen wird, wird im Text selbst abgekürzt, und zwar durch Autor und Erscheinungsjahr nachgewiesen und wird am Ende des jeweiligen Beitrags oder in der Bibliographie am Schluß des Bandes bibliographisch vollständig aufgeführt.

* * *

Ich danke Susanne Günther für vielfältige Hilfe bei der Literaturbeschaffung, der Herstellung der Druckvorlage und der Erstellung der Bibliographie, und ich danke Brigitte Flickinger für viele Ratschläge, für die aufmerksame Durchsicht der Manuskripte und für die endgültige Redaktion und Überprüfung der Bibliographie. Ferner danke ich Ingrid Hülß, Meike Nittel, Klaus Gruber, Martin Langanke, Martin Schmidt und Andreas Vilter für ihre Hilfe beim Korrekturlesen und bei der Erstellung der Register.

Erlangen, Ostern 1997					Jens Kulenkampff

2

Gilbert Ryle

Hume

Für Denker aus dem angelsächsischen Sprachraum besitzt David Hume alles, um als philosophisches Genie zu gelten; für die meisten kontinentaleuropäischen Denker ist er bloß eine lästige Fliege. An dieser unterschiedlichen Wertschätzung werden vielleicht größere und tiefergehende philosophische Divergenzen deutlich. Darauf will ich allerdings nicht eingehen, sondern mich statt dessen damit begnügen, eine Veränderung des geistigen Klimas zu beschreiben, die in erster Linie Hume geschuldet ist. Außerdem will ich kurz auf zwei Gründe zu sprechen kommen, warum kontinentaleuropäische Denker (außer Kant) im allgemeinen nicht gerade enthusiastisch von Hume sprechen.

Zuerst möchte ich drei Züge von Humes Denken beiseite räumen, die zwar hervorstechend genug sind, um die Aufmerksamkeit der allermeisten Ideengeschichtler ausschließlich auf sich zu ziehen, die meiner Meinung nach aber nicht die Hauptsache sind.

(1) Hume betrachtete sich selbst als den Inaugurator der Naturwissenschaft des menschlichen Geistes. Er wollte der Newton der „moral sciences"[1] sein, das heißt jener Wissenschaften oder Forschungen, die wir als Psychologie, Soziologie, Politikwissenschaft, Geschichte, Ökonomie und Ethik sowie Literatur-

---

1 Anmerkung des Übersetzers: Da es keine passende deutsche Bezeichnung für „moral science" gibt und Ryle den Terminus erläutert, bleibt hier die englische Bezeichnung stehen. – Zum historischen Hintergrund vgl. in diesem Band Heiner F. Klemme, „Die praktische Bedeutung metaphysischer Untersuchungen", u. S. 19–35.

und Kunstwissenschaft kennen. Die experimentellen Methoden, durch die Newton herausgefunden hatte, was über die physikalische Natur herauszufinden war, wollte Hume dazu verwenden, herauszufinden, was es über die menschliche Natur herauszufinden gab. Was die *Principia* für den einen Bereich geleistet hatten, sollte *A Treatise of Human Nature: being an Attempt to introduce the Experimental Method of Reasoning into Moral Subjects* für den anderen Bereich zustandebringen.

Tatsächlich aber war Humes Pseudomechanik der Wirkungsweise des Geistes noch weniger auf Experiment und Beobachtung gegründet als die Hartleys[2]. Wer heutzutage Psychologie studiert, würde durch eine Hume-Lektüre viel lernen, nur keine Psychologie. Ob Hume nun für den Aufbau der experimentellen Wissenschaft, die er im Auge hatte, Begriffe der Mechanik oder der Biologie ausborgt oder ob er in hydraulischen oder physiologischen Modellen denkt, – Gesetze stellt er nicht auf, ja selbst die Phänomene seiner Wissenschaft arbeitet er höchstens ansatzweise heraus. Seine Partikel des mentalen Lebens: die Eindrücke, Ideen und Gefühle, sind Produkte der Theorie und nicht etwa echte Daten. Und die organisierenden Prinzipien von Humes Theorie: Assoziation, Gewohnheit und Lebhaftigkeit, sind bloß scheinbar Gegenstücke zu Anziehungskraft, Trägheit und bewegender Kraft.

Humes Unterfangen im Geiste Newtons war zwar ambitioniert, aber ein Fehlschlag. Ohne Zweifel hat seine Psychologie zu seinen philosophischen Leistungen beigetragen, aber nicht dadurch, daß sie neue wissenschaftliche Entdeckungen oder auch fruchtbare wissenschaftliche Irrtümer enthielt. Vielmehr öffnete sich ihm durch das Beispiel der anderen Wissenschaften ein neuer Horizont; daß er vom wissenschaftlichen Charakter seiner eigenen Ideen überzeugt war, verlieh ihm eine besondere Kühnheit.

(2) Hume brüstete sich damit, ein schonungsloser, wenngleich nicht maßloser Skeptiker zu sein. Wie Sextus Empiricus, Montaigne, Bayle oder Voltaire liebte er es, feste Überzeugungen ins Wanken und Würdenträger in Verlegenheit zu bringen. Er war

---

2 Anmerkung des Übersetzers: David Hartley (1705–1757), Begründer der sog. Assoziations-Psychologie; sein Hauptwerk *Observations on man, his frame, his duty, and his expectations* erschien 1749 (Reprint Hildesheim 1967).

ehrlich in seinem religiösen Unglauben, aber er wollte auch schockieren. Sicher schärft solche Schadenfreude[3] den Sinn für verwundbare Stellen, gibt aber, für sich allein genommen, dem Betreffenden nicht mehr (freilich auch nicht weniger) Anrecht auf geistige Hochachtung als der Wunsch, das Bestehende zu bestätigen. Beides kann der Beweggrund für gute Gedanken, beides kann das Motiv für schlechte Theorie sein. Aber die Qualität des Denkens ist an seinen Resultaten, nicht an seinen Motiven zu messen.

(3) Ganz gewiß kann man Hume als einen Empiristen bezeichnen. Deutlicher als Locke und kompromißloser als Leibniz hat er Tatsachenwahrheiten von Vernunftwahrheiten abgetrennt und die These vertreten, daß allein letztere a priori erkannt werden können. Wissen von dem, was existiert oder geschieht, kann sich nicht aus Wissen von den logischen Verknüpfungen zwischen Begriffen herleiten. Nur Beobachtung und Experiment können Antwort auf die Frage geben, was wirklich, sei es an Allgemeinem, sei es an Besonderem, zur Welt gehört. Die Existenz Gottes oder die Gleichförmigkeit der Natur bilden da keine Ausnahmen; vorgebliche a priori Beweise für die eine wie für die andere sind nachweislich Fehlschlüsse.

Einige Kommentatoren stützen ihre Hochschätzung für Hume auf seinen fallbeilscharfen Empirismus. Aber mir kommt das Bild des die Rationalisten enthauptenden Hume etwas überdramatisiert vor. Der Rationalismus zu Humes Zeiten war ja keine organisierte und als solche auftretende philosophische Schule. Niemand, glaube ich, stilisierte sich selbst in der Art als ein „Rationalist", wie man sich an mittelalterlichen Universitäten als „Realist" oder als „Nominalist" bezeichnete oder wie sich im 19. und 20. Jahrhundert viele selbst zu „Idealisten", „Pragmatisten", „Neukantianern" oder „Existentialisten" erklärt haben. Außer Kant war keiner der großen Philosophen des 17. und 18. Jahrhunderts Universitätslehrer. Sie zogen also keine Gelehrten heran und waren keine Schulhäupter. Sowenig wie Rationalismus eine Religion war, war Empirismus ein Kreuzzug. Gewiß: Rationalismus ist bei Descartes, Malebranche, Spinoza und Leibniz, bei den Cambridger Platonikern und bei den De-

---

3 Anmerkung des Übersetzers: Im Original deutsch.

isten, bei Hobbes und Clarke und sogar bei Locke eine wirksame Kraft gewesen. Aber ihr Rationalismus war eher eine zutagetretende Tendenz, kein verkündetes Prinzip, eher etwas *Fragloses* als eine Doktrin. Zugleich nahm dieser Rationalismus in vielfältiger Weise sowohl theoretische wie praktische Rücksicht auf empirische Forschungsmethoden. Die Reputation, die Galilei, Harvey, Boyle, Huygens und Newton genossen, stand nie in Frage; und die wissenschaftlichen Verfahrensweisen, die von der Royal Society favorisiert wurden, hatten mitnichten einen Advokaten nötig.

Was das philosophische Denken allerdings vom wissenschaftlichen unterschied, war eine verbreitete Vermengung von Faktenfragen und begrifflichen Fragen. Aber diese Unterscheidung zwischen Philosophie und wissenschaftlicher Theoriebildung sollte erst Kant machen. Hume jedenfalls verstand sich selbst nicht als der Gesetzgeber, der Grenzüberschreitungen zwischen empirischer Wissenschaft und Philosophie verbot. Er wußte nicht einmal (anders als wir), was er eigentlich tat. Ferner: selbst wenn es eine Schule des Rationalismus gegeben hätte, die Hume widerlegen sollte, wäre seine Widerlegung vielleicht nur ein völlig unbedeutender Sieg in einer bloß lokalen und ephemären Debatte gewesen. Denn für einen relevanten Gegen-„ismus" braucht es mehr als die völlige Zerstörung seines Gegners. Der Rationalismus, wenn es ihn gegeben hätte, wäre vielleicht nicht mehr als eine törichte Schulmeinung gewesen, – in welchem Fall der Empirismus, wenn es diesen denn gegeben hätte, nur für einen Augenblick als Purgativ interessant gewesen wäre. Und dann könnten wir Hume vergessen haben, so wie wir Herbert Spencer und seine siegreichen Kritiker vergessen haben. Hume aber läßt sich nicht vergessen.

Wenn Hume also durchaus nicht der Newton der „moral sciences" oder auch bloß der Sextus Empiricus der Britischen Inseln und allenfalls im dramatisierenden Rückblick der Scharfrichter des kontinentalen Rationalismus gewesen ist, worin bestand dann sein Genie? Darauf gibt es keine einsträngige Antwort. Die Genialität eines Philosophen besteht nicht darin, daß er auf eine alte Frage eine neue Antwort gibt, sondern darin, daß er die Gesamtheit der Fragen transformiert. Er gibt der Menschheit eine andere Luft zu atmen. Aber die Veränderungen, die er hervorbringt, sind so schwer zu beschreiben wie die Veränderung, die im Erwachsenwerden besteht. Der Heranwachsende kann nicht erkennen, wie anders es sein wird; und der Erwachsene kann sich nicht erinnern, wie anders es war.

In der Hoffnung, durch Illustration zu erreichen, was ich nicht durch einen Katalog erreichen kann, greife ich aus der komplexen Antwort nur einen Strang heraus.

Hume holte die Idee der Vernunft vom Piedestal und aus dem Schrein: Er fragte ganz einfach, was Menschen, und zwar allein aufgrund ihrer Fähigkeit zu abstraktem Denken, können und was sie nicht können. Wie sehr und konkret auf welche Weise unterscheiden sich die Menschen im täglichen Leben eigentlich von Tieren, Erwachsene von Kindern, Wissenschaftler von Tölpeln, die Ehrbaren von den Gaunern? Welche Arten von Wahrheiten waren einem Euklid zugänglich? Und welche nicht? Naheliegende Fragen, gewiß; naheliegend aber erst, seit Hume sie gestellt hat. Sie zu stellen, hieß zu seiner Zeit jedoch, den Schritt aus der Studierstube des Geistlichen in das Laboratorium des Naturwissenschaftlers zu tun, hieß, aus der Atmosphäre der Kollegien in die Atmosphäre der Royal Society zu wechseln. Das ehrwürdige hierarchische Begriffssystem, von dem man erst kürzlich die physikalische Welt befreit hatte, sollte nun auch für die Welt des *animal rationale* aufgehoben werden. Fragen der relativen Wirksamkeit traten an die Stelle von Fragen der verhältnismäßigen Würde; Fragen nach den Ursachen an die Stelle von Fragen nach der Präzedenz. Die Idee der Rangordnung verschwand endlich auch aus der Epistemologie und der Ethik. Die Vernunft verlor die Krone (oder die Mitra) und wurde einfach zu einem unter den vielen anderen Kausalfaktoren des menschlichen Lebens, zu einem Fleckchen auf dem Felde, das die Naturwissenschaft vom Menschen zu beackern hatte.

Was also vermag der Mensch mittels abstrakter Vernunfttätigkeit und was *nicht*? Er kann logisch notwendige Wahrheiten aufstellen, das heißt, er kann deduzieren und demonstrieren. Vernunfterzeugnisse in diesem strikten Sinne sind die Sätze der Mathematik. Natürlich gibt es eine Reihe anderer Qualitäten, deretwegen man den Menschen (wenn er sich in seiner besten Verfassung befindet) in einem umgangssprachlichen und eher lockeren Sinn als „vernünftig" bezeichnet. Menschen schließen von beobachteten auf unbeobachtete Tatsachen; sie konstruieren wissenschaftliche Theorien; sie kontrollieren ihren Ärger oder ihre Aufregung; sie übernehmen und lehren moralische Regeln und wenden sie an. Hume aber wird der Reihe nach für jede dieser geistigen Operationen zeigen, daß es sich nicht um Operationen einer abstrakten oder reinen Vernunft handelt. Sowohl was Faktenfragen als auch was Probleme des Handelns angeht, ist die Vernunft, und zwar aufgrund ihres Wesens, kausal träge. Der Anatom der menschlichen Natur muß für unsere Tatsachenmeinungen, unsere Gefühle und unsere moralischen Prinzipien eine andere Erklärung geben als für unsere Fähigkeit, logische Implikationen zu erfassen.

Humes Ruhm beruht (ganz wie er es sich gewünscht haben würde) hauptsächlich auf seiner Trennung zwischen kausalen Schlußfolgerungen und abstrakten Vernunftoperationen. Eine Vernunftwahrheit ist eine, von deren Gegenteil man direkt oder indirekt zeigen kann, daß es absurd ist. Keine Aussage, die sich auf faktisch Existierendes bezieht (und folglich auch keine Konjunktion verschiedener solcher Aussagen) kann auf diese Weise bewahrheitet werden. „Horch! Donner, obwohl kein Blitz." ist sicher falsch; aber um zu wissen, daß das falsch ist, braucht es metereologische Forschung und, anders als bei Fehlschlüssen, mehr als blanken logischen Scharfsinn. Logik lehrt uns keine Naturgesetze. Prognosen oder Diagnosen machen heißt nicht deduzieren. Im strikten Sinne von „Vernunft" stützt sich der Arzt nicht auf seine Vernunft, wenn er einen Knochenbruch diagnostiziert oder der Hirte den Sonnenaufgang prognostiziert. Beide profitieren von Lektionen, die sie gelernt haben; aber diese Lektionen wurden ihnen von unsystematischer oder systematischer Erfahrung erteilt.

Neben solchen Schlußfolgerungen, die Tatsachen (sei's der Wissenschaft, sei's des täglichen Lebens) betreffen, gibt es noch anderes, was man in der Tradition ehrfurchtsvoll, aber irrtümlich der Vernunft zugute hielt. Moralisten haben davon gesprochen, daß die Vernunft die Leidenschaften beherrsche und daß sie die Quelle moralischer Regeln sei. Theologen haben der Vernunft das Vermögen zugeschrieben, die Existenz Gottes und die Unsterblichkeit der Seele zu beweisen, und zwar entweder a priori aus Definitionen oder a posteriori aus dem Bau des Weltganzen. In allen diesen Fällen prüft Hume die der Vernunft attestierte Fähigkeit und sucht diese Zuschreibungen zu widerlegen. Gewiß lassen sich Ärger und Aufregung im Zaum halten, aber nicht durch das kausal inaktive Durchdenken von ein paar Prämissen und Konklusionen, sondern nur durch ein gegenwirkendes Gefühl wie Selbstinteresse oder Scham. Solche Gefühle mögen der Vernunft darin ähneln, daß sie unaufgeregt oder „ruhig"[4] sind, aber im Unterschied zu ihr besitzen sie Kraft. Gewiß ist es auch so, daß wir das Verhalten der Menschen und ihren Charakter im Lichte moralischer Regeln billigen oder mißbilligen. Aber solche Regeln sind weder Axiome noch Theoreme, sondern komplexe Produkte vor allem der Habitualisierung und der Fähigkeit des Mitfühlens. In einem lockeren Sinn von „vernünftig" müssen wir in der Tat vernünftig sein, um moralische Prinzipien zu haben. Denn wir müssen fähig sein, über generelle Regeln zu reflektieren. Aber ein solches Reflektieren ist keine euklidische Vernunftoperation.

Auf dieselbe Art werden die Existenz Gottes und die Unsterblichkeit der Seele aus dem Kreis der Dinge ausgeschlossen, über die eine A-priori-Argumentation entscheiden kann. Aber sie werden darüber hinaus praktisch auch aus der Menge der Dinge ausgeschlossen, über die man mit Hilfe von A-posteriori-Schlüssen entscheiden kann. Den auf das Einzelne gehenden Schlußfolgerungen wie den allgemeinen Gesetzen der Naturwissenschaft, der Zügelung der Leidenschaften und der Übernahme wie der Anwendung moralischer Regeln wird zwar der Status aberkannt, Operationen der Vernunft zu sein, aber ihnen allen wird ein anderer Status zuerkannt. Sie werden verpflanzt, nicht entwurzelt. Die Aussagen der Religion sind dagegen weder logisch notwendig noch experimentell wohlbegründet. Die A-priori-Argumente für sie sind fehlschlüssig, die A-posteriori-Argumente nicht zugkräftig. Für diesen Fall bietet Hume (es sei denn als Lippenbekenntnis) keinen lockeren Sinn von „vernünftig" an, in dem man zu Recht behaupten könnte, daß wir auf vernünftige Weise zu religiösen Schlußfolgerungen gelangten. Hume ist kein Skeptiker, was Naturwissenschaft oder Ethik angeht; in bezug auf die Religion ist er es.

---

4 Anmerkung des Übersetzers: Vgl. im *Treatise* das Kap. „Of the influencing motives of the will" (T 413 ff./II 150 ff.), in dem Hume über eine Gruppe sogenannter „calm passions" und die Gefahr spricht, sie mit der Vernunft zu verwechseln.

Wie unterscheidet Hume nun zwischen den Vernunftoperationen im strikten Sinne von Vernunft einerseits und den Tatsachenschlüssen der Naturwissenschaft sowie des Alltagslebens, der Kontrolle der Leidenschaften und der Anerkennung moralischer Regeln andererseits? Die Antwort, die Hume selbst gegeben haben würde, müßte (meine ich) lauten, daß er als Experimentalpsychologe introspektiv gewonnene Daten sammelt und unter die Gesetze der Assoziation und der Gewohnheitsbildung subsumiert. Dies ermöglicht es ihm, wissenschaftlich wahrscheinliche Beschreibungen und kausale Erklärungen der spezifischen Unterschiede zwischen diesen verschiedenen geistigen Operationen zu geben. Wenn es das wäre, was Hume in Wahrheit getan hat, oder wenn das alles gewesen wäre, dann würde die Verabschiedung seiner psychologischen Mechanik zugleich die Verabschiedung seiner Philosophie mit sich bringen; das tut sie aber keineswegs.

Im folgenden möchte ich zeigen, was Hume meiner Meinung nach wirklich getan hat, im Unterschied zu dem, was er zu tun glaubte. Da er in psychologischen Begriffen beschreiben will, was vor sich geht, wenn ein Arzt zum Beispiel von einer Narbe auf eine Wunde oder von einer Wunde auf eine Narbe schließt, beginnt Hume mit der Beschreibung, wie uns eine Sache gewöhnlich an eine andere denken läßt. Der Gedanke an Romulus führt auf den Gedanken an Remus, oder der Gedanke beziehungsweise die Wahrnehmung des Blitzes läßt uns an Donner denken. Mit seinem feinen Gespür für begriffliche Unterschiede erkennt Hume aber, daß das nicht genügt. Es gibt kein „deshalb" im Übergang vom Gedanken an Romulus zum Gedanken an Remus. Damit Donner von Blitz abgeleitet werden kann, muß der gedankliche Übergang mehr sein als bloß, daß einem Donner in den Sinn kommt. Um den Schluß: „Blitz, also demnächst Donner" ziehen zu können, müssen wir über eine Generalisierung der Art: „Immer wenn Blitz, dann kurz darauf Donner" verfügen und diese anwenden. Ein faktisches „deshalb" ist die Frucht der Annahme einer solchen Generalisierung. Bezweifelt jemand die Generalisierung „Immer wenn ein *A*, dann ein *B*", so wird er es ablehnen, den Tatsachenschluß von einem beobachteten *A* auf ein nicht beobachtetes *B* zu ziehen oder zuzugeben, auch wenn ihm immer noch regelmäßig *B*s in den Sinn kommen, wenn er *A*s beobachtet.

Woher stammt aber nun das Wissen oder die Überzeugung, daß „immer wenn ein *A*, dann ein *B*"? Wieder beginnt Hume psychologisch, indem er den gewöhnlichen Prozeß des Vertrautwerdens mit etwas beschreibt: Wir gewöhnen uns daran, daß *Bs* auf *As* folgen, und sind überrascht, wenn ein *A* auftritt, dem kein *B* folgt. Und wieder bewahrt ein feines Gespür für begriffliche Unterschiede Hume davor, sich mit der psychologischen Beschreibung zufrieden zu geben. Denn manchmal akzeptieren wir ein „Immer wenn ein *A*, dann ein *B*", obwohl wir viel zu wenig Fällen begegnet sind, um uns an ein gemeinsames Auftreten von *A* und *B* gewöhnt zu haben; und in anderen Fällen sind wir mit einer Generalisierung nicht zufrieden, obwohl uns sehr viele Fälle einer solchen Konjunktion vorgekommen sind. Die geistige Operation der Induktion enthält ein Element, das über das bloße Vertrautwerden hinausgeht. Wir generalisieren also im Idealfall mit Unterscheidungsvermögen. Es gibt Tests und wir benutzen sie für unsere Generalisierungen. Es gibt *Rules for Judging Causes and Effects*[5]; und gemessen an diesen Regeln können wir sorgsam oder unbedacht sein. Im Vorgang eines bloßen Vertrautwerdens mit etwas gibt es keinen Ort für Sorgfalt oder Mangel an Sorgfalt, für Unterscheidungsvermögen oder einen Mangel daran. „Wissenschaftlich" ist ein lobendes, kein rein beschreibendes Adjektiv. Ein Newton unterscheidet sich vom Laien oder von einem Hund nicht schlicht dadurch, daß ihn ein paar blinde Erwartungsgewohnheiten mehr leiten. Auch hier (wie in fast allen anderen Fällen) ist Humes erster Schritt erfolgreich, nämlich eine Operation, die angeblich eine Handlung der abstrakten Vernunft ist, auf ein Resultat des Zusammenspiels blinder geistiger Kräfte zu reduzieren; zugleich aber bereitet es ihm begriffliche Skrupel, daß eben durch sein nivellierendes Vorgehen Unterschiede verdeckt werden. Um eine sich bietende moderne Diktion zu gebrauchen: Humes phänomenologische linke Hand besteht darauf, gerade das plastisch hervorzuheben, was seine psychologische rechte einzuebnen trachtet. Hume sieht, was gerade dann noch erforderlich ist, wenn man versucht, mit einem nackten Minimum auszukommen; und oftmals sieht er etwas, woran vor ihm noch keiner gedacht hat. Induktion ist

---

5 Anmerkung des Übersetzers: Vgl. im *Treatise* das Kap. „Rules by which to judge of causes and effects" (T 173 ff./233 ff.).

nicht Deduktion; und Hume wies ihre Unterschiede auf. Aber Induktion ist auch nicht bloß ein Vertrautwerden mit etwas. Und wiederum ist es Hume, der auf die Unterschiede hinwies. Er zeigte sie mit Hilfe philosophischer Argumente, die ihre Kraft mitnichten aus der experimentellen Methode bezogen, die er zu befolgen vorgab. Wieder und wieder ist Hume der Held in einem doppelten Kampf: zum einen gegen das hierarchische System und zum andern gegen seinen eigenen Reduktionismus; aber der zweite Sieg entwertet nicht den ersten.

Noch im zwanzigsten Jahrhundert kann uns ein Gefühl des Grolls beschleichen, daß Hume die Vernunft so abgewertet hat. Newtons Denken, so möchten wir Hume vielleicht entgegenhalten, ist doch ein auf der Hand liegendes Beispiel dafür, wie menschliche Rationalität arbeitet. Und wenn Herr Jedermann seine moralischen Probleme durch moralische Erwägungen zu lösen versucht, dann tut er das manchmal gewiß mit all der Ernsthaftigkeit und Unabhängigkeit im Denken, die der anspruchsvollste Epistemologe nur immer verlangen kann. Wir räumen ein, daß weder Newton noch Herr Jedermann die formale Strenge euklidischer Beweise erreichen, daß beide sie nicht zu erreichen suchen und daß beide sie nicht zu erreichen suchen sollen. Aber warum sollen die Operationen der Vernunft auf Deduktion und Demonstration beschränkt sein? Warum sollen gerade diese zwei sehr speziellen Operationen heilig gesprochen werden? Warum das Apriori auf ein Piedestal stellen?

Diese unsere Einstellung ist selbst, zum Teil wenigstens, ein Geschenk Humes. Denn indem er das abstrakte Vernunftdenken erniedrigte, erhob er den menschlichen Verstand zur Höhe der menschlichen Natur. Er bewies in der Tat, daß Induktion, Tatsachenschlüsse und moralische Urteile keine Operationen sind, die die Pfade logischer Implikationen aufspüren. Aber er lehrte uns zugleich, daß das kein Makel ist. Und oft erlaubt er uns ja, Ausdrücke wie „Vernunft" und „rational" in einem lockeren und umgangssprachlichen Sinne zu gebrauchen und auf genau die Dinge anzuwenden, von denen er bestritt, daß sie im strikten Sinne Vernunft oder rational sind.

Teilweise ist unsere Einstellung aber auch das Resultat des Umstands, daß wir uns fast vollständig von der altehrwürdigen Vorstellung befreit haben, die menschliche Natur sei ein pyramidales System von Fähigkeiten. Diese Emanzipation verdanken wir in der Hauptsache Hume, zum Teil auch Locke, auch wenn beide sich selbst noch nicht vollständig von dieser Vorstellung befreit hatten. Denn für Locke und Hume war es noch eine aktuelle Frage, welcher Fähigkeit dieses oder jenes Element der Erfahrung zuzuordnen sei: der Vernunft, der Einbildungskraft, den Sinnen, dem Gedächtnis, dem Verstand, dem Willen oder dem Gefühl; – und dies, obwohl das ganze Bild vom Geiste als einer Föderation von Fähigkeiten nur innerhalb jenes durch und durch hierarchischen Welt-Systems eine Funktion hat, das Hume endgültig zerstört hat (wenngleich er sich dessen nicht völlig bewußt war, was er tat). Hume konnte noch, wenn auch als Häretiker, in die alte Orthodoxie zurückfallen, etwa wenn er schreibt: „Reason is, and ought only to be the slave of the passions." (T 415/II 153)

Uns behindert jenes hierarchische Ideensystem nicht mehr. Infolgedessen fühlen wir weder republikanischen Feuereifer noch royalistischen Haß angesichts von Humes Unterscheidung zwischen verschiedenen Arten von Propositionen und zwischen verschiedenen argumentativen Grundlagen, die ihnen entsprechen. In Wahrheit kommen wir ja die meiste Zeit unseres Lebens ganz ohne die Wörter „Vernunft" und „rational" aus; diese Wörter erfüllen keine besondere Aufgabe mehr. Epistemologischer Hochnäsigkeit hat Hume den Boden entzogen, und epistemologische Anti-Hochnäsigkeit hat damit ebenfalls keine Grundlage mehr. Wir haben gelernt (und das zu einem guten Teil von Hume), menschliches Denken und Verhalten in Begriffen von Methoden, Wirksamkeiten und Resultaten anstatt in Begriffen von Würdenzeichen und Rangunterschieden zu diskutieren.

Wie alle großen Philosophen des siebzehnten und achtzehnten Jahrhunderts (mit Ausnahme von Kant) war Hume kein Akademiker. Er schrieb, um von der gebildeten Öffentlichkeit gelesen und diskutiert zu werden. Sein Schreiben mußte daher den besonderen Zauber ausüben, der Literatur ausmacht, und tat das auch. Sein Idiom ist nicht das Idiom des Hörsaals. Seine Lehren sind nicht die Erfüllung eines Curriculums. Hume schrieb weder vom Lehrstuhl herab noch für einen solchen. Er hatte nicht die Absicht, die Autoritäten milde zu stimmen, sondern er wollte sie schockieren.

Anders als Schriften, die in einer bestimmten didaktischen Tradition stehen, duldet Literatur keine Übersetzung und keine Synopse. Humes Philosophie eignet sich nicht für die scheibchenweise Ernährung eines Hörsaalpublikums, nicht eines englischsprachigen und erst recht nicht eines universitären Auditoriums außerhalb des englischen Sprachraumes. Der für eine solche Zuhörerschaft portionierte Hume kann nur ein ganz anderer und deutlich schlechterer Hume sein als der, den man liest. Ich vermute allerdings, daß Hume einem Hörsaalpublikum außerhalb des englischen Sprachraumes nicht nur deshalb unsympathisch ist, weil seine Stimme sich nicht ohne weiteres übersetzen läßt, sondern auch, weil sie kontinentalen Ohren mißfällt. Den einen ist sie zu respektlos, und gerade diese Respektlosigkeit gefällt anderen nur zu sehr. Humes Stimme verheißt keine Woge der Hoffnung, aber auch keine Flut der Verzweiflung. Durch den jugendlichen Akzent des wohlgemuten Ikonoklasten klingt ein anderer Ton durch, der beide schockiert, sowohl die, die den Mangel an Ehrerbietung streng mißbilligen, wie auch die, die ihn nachdrücklich gutheißen: Es ist der Ton des Denkers, dem es weniger interessant und weniger wichtig ist, was geglaubt oder nicht geglaubt wird, sondern dem es auf Stichhaltigkeit und Schärfe des Arguments ankommt.

Nachweis: Gilbert Ryle, „Hume", zuerst in französischer Sprache in Maurice Merleau-Ponty (Hrsg.): Les Philosophes Célèbres, Paris 1965; in englischer Sprache in Gilbert Ryle: Collected Papers, London 1971 (Reprint Bristol 1990), Bd. 1, 158–166.
Der Übersetzung von Jens Kulenkampff liegt die englische Fassung zugrunde.

Heiner F. Klemme

Die praktische Bedeutung metaphysischer Untersuchungen

Zu Beginn seiner publizistischen Tätigkeit, in der Einleitung des *Treatise of Human Nature* (1739/40), stimmt der nicht einmal achtundzwanzigjährige Hume ein Klagelied an, welches der Philosophie seit alten Zeiten gesungen wird. Seines Erachtens bedarf es nämlich keiner tiefgründigen Einsichten, um festzustellen, daß die Systeme der bekanntesten Philosophen auf Grundsätzen fußen, die nicht überprüft wurden, in ihren verschiedenen Teilen inkohärent sind oder aber zumindest der erforderlichen Gewißheit ermangeln. Die Philosophie und mit ihr die Wissenschaften („sciences") stellen ein bemerkenswertes Schlachtfeld dar: „The victory is not gained by the men at arms, who manage the pike and the sword; but by the trumpeters, drummers, and musicians of the army." (T XIV/2) Was liegt also näher, als sich von der Philosophie, dem metaphysischen Denken aller Art, resigniert zurückzuziehen und den Geschäften des täglichen Lebens, den natürlichen und erfreulichen Untersuchungen nachzugehen?

Bevor wir erörtern, welche Antwort Hume Jahre später unter dem Titel „Of the different Species of Philosophy" im ersten Abschnitt der *Enquiry concerning Human Understanding* von 1748 gibt, ist es angebracht, bei der programmatischen Einleitung von 1739 zu verweilen. Hume gibt zu bedenken, daß unsere Aversion gegenüber metaphysischen Untersuchungen auf zwei Voraussetzungen beruht: auf einem durch das Scheitern aller bisherigen Systeme der Philosophie gespeisten Skeptizismus und auf der Trägheit des Denkens. Letztere muß überwunden werden, soll die Philosophie ihrem desaströsen Zustand nicht auf alle Zeit überlassen werden. Dabei meint Hume natürlich nicht, es gebe einen Königsweg zur Philosophie. Wenn die Wahrheit dem menschlichen Denken zugänglich sein sollte, dann ist es eine ausgemachte Sache, daß sie sehr tief und verborgen liegen muß („must lie very deep and abstruse", T XIV/2). Wo die größten Genies gefehlt haben, dürfen wir nicht erwarten, sie ohne äußerste Anstrengung zu erreichen. An diese Einsicht erinnert Hume auch in seiner Schrift von 1748 (vgl. EHU 16/15 f.).

Worin besteht die methodische Zugangsweise zur Philosophie, die diese Mühen zu vergelten verspricht? Im Anschluß an Autoren wie Locke und Shaftesbury, Mandeville, Hutcheson und Butler verweist Hume auf die menschliche Natur („human nature"), auf die alle Wissenschaften einen größeren oder geringeren Bezug haben. Die Wissenschaft vom Menschen („science of Man") ist ebenso grundlegend für die Logik, die die Prinzipien und Handlungen des Verstandes und die Natur unserer Ideen verstehen will, wie für die Moralphilosophie, die Ästhetik („criticism") und die politische Theorie („politics"; vgl. T XIV/3).

Doch selbst für die Mathematik, die Naturwissenschaften („Natural Philosophy") und die natürliche Religion behauptet Hume die Vorgängigkeit der Wissenschaft vom Menschen. Nur wenn sie auf sichere Füße gestellt werden kann, dürfen wir hoffen, in allen Wissensbereichen „Verbesserungen" zu erreichen (vgl. T XIV/3).

Nach Einschätzung Humes besteht die große Neuerung in der modernen Philosophie darin, daß sie die von Bacon inaugurierte und von Newton erfolgreich zur Erklärung der Naturphänomene herangezogene experimentelle Methode des Denkens nun auch auf dem Gebiet der „moral subjects" anwendet (T XI)[1]. Erfahrung und Beobachtung („experience and observation", T XVI/4) müssen alleinige Grundlage unserer Forschungen sein und sollen zu wenigen Grundprinzipien des Erkennens und Handelns führen.

In einem vage formulierten Modell versucht Hume die Vorbildfunktion der „Natural Philosophy" für die Wissenschaft vom

---

[1] Vgl. EPM 174/9 sowie Turnbull 1740, vol. I, „Preface", I u. III, und Fordyce 1754, 7–8.

Menschen auch historisch plausibel zu machen. Danach soll der zeitliche Abstand von Thales zu Sokrates ungefähr demjenigen entsprechen, der zwischen Bacon und den bereits genannten englischsprachigen Philosophen liegt, die im Gefolge von Locke die menschliche Natur in das Zentrum ihrer philosophischen Bemühungen gestellt haben. Bacon ist der Thales der Neuzeit, während Locke und seine Nachfolger sokratische Philosophen sind, die sich der Menschenwelt zuwenden. Da die Erfahrung, nicht aber die Vernunft Leitfaden ihrer philosophischen Bemühungen ist, gehören beispielsweise die Platoniker von Cambridge wie Henry More und Ralph Cudworth sowie Autoren wie Samuel Clarke und William Wollaston nicht zum Kreis der Philosophen der menschlichen Natur. Was Hume nicht sagt: Nach diesem Modell ist er selbst derjenige, der als wahrer Sokrates vor den Augen seiner Leser erscheint, weil er es ist, der seinem Selbstverständnis nach die auf Erfahrung und Beobachtung beruhende experimentelle Methode mit letzter Konsequenz auf den Menschen anwendet, weil er es ist, der den Sokrates Platons vom Ideenhimmel auf die Welt der Eindrücke, Vorstellungen und Assoziationsgesetze holt. Was Hume auch nicht sagt, wird dem Leser spätestens im Schlußabschnitt von Buch I des *Treatise* deutlich vor Augen geführt: Diese konsequent angewandte Methode führt in einen Skeptizismus, von dem ganz unklar bleibt, wie er als Grundlage der „Natural Philosophy" fungieren kann.

Hume hat später immer bereut, so früh mit seinem Erstlingswerk an die gelehrte Öffentlichkeit getreten zu sein[2], wobei er nicht zuletzt in der literarischen Form des schon vom Titel her sperrig klingenden *Treatise* einen der Gründe für den ausbleibenden Erfolg gesehen hat. Auch wenn die neuere Forschung anhand zahlreicher Dokumente zeigen konnte, daß Humes Urteil, sein Buch sei „totgeboren aus der Druckerpresse gefallen"[3], in dieser Form nicht haltbar ist, hat es doch sicherlich nicht die

---

2 Vgl. Humes Brief an Francis Hutcheson vom 16. März 1740 (*Letters* I, 38–39), das Vorwort zum *Abstract* von 1740 (*Abstract* 2 ff.) und das im Herbst 1775 verfaßte „Advertisement", welches erstmals in die Restexemplare der *Essays and Treatises on Several Subjects* (1772) eingefügt wurde (vgl. *Enquiries* 352).
3 *My Own Life*, in: *Essays* XXXIV.

Wirkung gehabt, die sich sein Autor voller Ungeduld von ihm versprochen hat[4].

In der *Enquiry concerning Human Understanding* greift Hume den Themenkomplex von Buch I des *Treatise* auf und nimmt einen neuen Anlauf, die Wissenschaft vom Menschen zu begründen. Dabei fungiert der erste Abschnitt der Schrift von 1748 gewissermaßen als Einleitung, indem Hume sich und seinen Lesern erneut Klarheit über die Notwendigkeit des metaphysischen Denkens zu verschaffen versucht. Nicht der Begriff der (nur einmal genannten) menschlichen Natur und der Nutzen, der aus einem derartigen Projekt selbst für die „Natural Philosophy" erwachsen kann, stehen nunmehr im Vordergrund seiner Überlegungen. Humes selbstgesteckte Ansprüche sind bescheidener geworden.

Hob Hume in der Einleitung zum *Treatise* die Gemeinsamkeiten hervor, die ihn mit Autoren wie Locke oder Hutcheson verbinden, so eröffnet er den ersten Abschnitt der *Enquiry* mit der Feststellung, daß man die „MORAL philosophy, or the science of human nature" (EHU 5/3) auf zwei gleichberechtigte, aber grundsätzlich unterschiedliche Weisen betreiben kann. Die „easy and obvious philosophy" (EHU 6/4) ist auf das Handeln des Menschen, auf seinen Geschmack („taste"), seine Neigungen und Gefühle gerichtet. Ihre Absicht besteht in der Veredelung der Sitten und der Beförderung der Tugend, deren Unterschied zum Laster gespürt werden soll. Die „sorgfältige und dunkle" („accurate and abstruse", EHU 6/4) Philosophie dagegen ist um die Aufsuchung der letzten Prinzipien bemüht, die unseren Verstand leiten, unsere Gefühle des Billigens und Tadelns erregen und Grundlage unserer ästhetischen Wertschätzungen sind.

Die Identifizierung der „science of human nature" mit der „moral philosophy" ist erläuterungsbedürftig[5]. Denn die erste *Enquiry* stellt sicherlich keinen Beitrag zur Moralphilosophie im engeren Sinne dar, die bekanntlich Thema der *Enquiry concerning the Principles of Morals* (1751) ist. Was mag Hume dazu veranlaßt haben, den Terminus „moral philosophy" zu wählen? Hume bedient sich einer weitverbreiteten Unterscheidung, nach

---

4 Vgl. *New Letters*, 3–5.
5 Vgl. zu diesem Komplex Barfoot 1990 und Wood 1990.

der die „moral philosophy" im weiteren Sinn diejenigen Disziplinen (z. B. Psychologie oder Pneumatologie, Anthropologie, Ethik, Politik) umfaßt, die um eine Erkenntnis des mit einer vernünftigen Seele begabten und moralisch verantwortlichen Menschen bemüht sind. Die „natural philosophy", die Gegenstand von Isaac Newtons epochalen *Naturalis philosophiae principia mathematica* (1687) ist, stellt demgegenüber die Wissenschaft vom Körper beziehungsweise von der Materie dar.

George Turnbull greift im ersten Band seiner *Principles of Moral Philosophy* (1740) auf diesen Sinn von „moral philosophy" zurück, indem er zwischen dem Gegenstand des inneren und des äußeren Sinnes unterscheidet: „The objects of science are justly divided into corporeal, or sensible ones; and those which not being perceived by the outward sense, but by reflexion on the mind itself and its inward operations, are therefore called intellectual or moral objects. Hence the consideration of the former is stiled Physiology, or Natural philosophy; and that of the other is called Rational, or Moral Philosophy."[6] David Fordyce, wie Thomas Reid ein Schüler Turnbulls, äußert sich einige Zeit später in den seinerzeit äußerst erfolgreichen und vielfach übersetzten *The Elements of Moral Philosophy* (zuerst 1748) folgendermaßen: „*Natural Philosophy* investigates the Properties and Operations of *Body* or *Matter*. *Moral Philosophy* contemplates *Human Nature*, its *Moral Powers* and *Connections*, and from these deduces the Laws of Action; and is defined more strictly the ‚*Science of Manners or Duty*, which it traces from Man's Nature and Condition, and shews to terminate in his Happiness'. Therefore it is called *Ethics, Disciplina Morum*."[7] – Humes Identifikation der „moral philosophy" mit der Wissenschaft vom Menschen ist also weder neu[8] noch originell; neu und originell ist jedoch zweifelsohne seine dezidierte Kritik an metaphysischen Restposten, die bei Turnbull, Fordyce und anderen beispielsweise in Form der Seelenlehre noch einen integralen Bestandteil dieser Philosophie ausmachen.

Kehren wir zurück zu Humes Unterscheidung zwischen leichter und schwieriger Philosophie. Im Gegensatz zur leichten Phi-

---

6 Turnbull 1740, 2; vgl. „Preface", II.
7 Fordyce 1754, 5; vgl. Wood 1990, 137.
8 Vgl. dagegen Specht 1993, 66.

losophie, so Hume, preist die schwierige Philosophie ihre Lehrstücke nicht an, sondern verfährt methodisch so, daß sie induktiv von Einzelfällen zu den gesuchten obersten Prinzipien gelangt. Es sollte nicht übersehen werden, daß Hume gegen Ende von Abschnitt I auf einen Punkt aufmerksam macht, dem er 1739/40 zu wenig Beachtung geschenkt hatte. Zwar ist die Schrift von 1748 ein Beitrag zur anstrengenden, sorgfältigen Philosophie, doch sie soll in einem neuen, gefälligen Gewand vorgetragen werden. Mit Bedacht gibt Hume der *Enquiry* daher zunächst den Titel *Philosophical Essays*. Damit ist die Kluft, die die schwierige von der leichten Philosophie ihrem Inhalt und ihrer Zielsetzung nach weiterhin trennt, in der Art ihrer Präsentation überwunden.

Beginnend mit dem dritten Absatz von Abschnitt I der *Enquiry* wird zunächst die Position der leichten und einleuchtenden Philosophie dargestellt, die die Mehrzahl der Menschen hinter sich weiß, weil sie für angenehmer und nützlicher gilt als die schwierige Philosophie, die keinerlei Bezug zum praktischen Leben hat. Die Spekulationen der schwierigen Philosophie verschwinden vielmehr wie die Schatten der Nacht, sobald man sich der zur Norm erhobenen alltäglichen Praxis zuwendet[9]. Und während sich das Ansehen der spekulativen Philosophie nur einer Laune oder Unwissenheit ihres eigenen Zeitalters verdankt, kann sich die leichte Philosophie ihres verdienten Ruhmes gewiß sein. Während sich die leichte Philosophie problemlos auf den gesunden Menschenverstand und das natürliche Gefühl zu berufen vermag, steht der spekulativen Philosophie nach Hume kein derartiges Korrektiv ihrer Gedankenführungen zur Verfügung. Die subtilsten Fehler in ihren Untersuchungen schlagen sich daher negativ auf die weiteren Nachforschungen nieder. Hume versucht die innere Logik dieser Auffassung durch drei Gegensatzpaare plausibel zu machen: Während Cicero noch heute geschätzt wird, ist Aristoteles vergessen. Gleiches gilt für La Bruyère und Malebranche in Frankreich sowie für Addison in England, dessen Ruhm vielleicht noch lebendig sein wird, wenn Locke längst vergessen ist[10]. Betrachten wir dagegen

---

9 Vgl. T 269/347, ferner auch Kant, *Kritik der reinen Vernunft* A 475/B 503.
10 Vgl. EHU 7/5. Bis zur Ausgabe letzter Hand von 1777 hat Hume an dieser Stelle angemerkt: „This is not intended any way to detract from the Merit of

den heutigen Kanon philosophischer Klassiker, so muß diese Einschätzung allerdings als verfehlt angesehen werden.

Der „tiefgründige" („profound", EHU 7/5) oder „bloße" („mere", EHU 8/6) Philosoph ist also der Gesellschaft nicht willkommen, weil er zu ihrem Nutzen und Vergnügen nichts beizutragen scheint. Er lebt als Eremit und kultiviert fernliegende Prinzipien. Und doch wird der gänzlich Unwissende in den Augen der Allgemeinheit noch mehr verachtet. Die vollkommenste Persönlichkeit, der ‚ideale' Philosoph, ist ihres Erachtens, meint Hume, also zwischen diesen Extremen anzusiedeln. Damit scheint die spekulative Philosophie partiell rehabilitiert zu sein: Was im Urteil der Allgemeinheit richtig ist, kann für den Philosophen nicht falsch sein. Der entscheidende Terminus ist der der „gemischten Lebensform" („mixed kind of life", EHU 9/7), die von der Natur für den Menschen vorgesehen wurde und drei anthropologische Charakteristika umfaßt: Der Mensch ist von Natur *erstens* „a rational being; and as such, receives from science his proper food and nourishment" (EHU 8/6). Er ist *zweitens* zwar auch ein geselliges Wesen, aber ständige Gesellschaft liegt ihm nicht. Und schließlich ist er *drittens* ein handelndes Wesen, welches sich den Geschäften des täglichen Lebens und dem Beruf widmen muß. Die Natur wendet sich daher mit folgendem Imperativ an den Menschen: „Be a philosopher; but, amidst all your philosophy, be still a man." (EHU 9/7)

Wir sollten die feine Ironie nicht überhören, die in diesen Worten Humes mitklingt: Nach der Natur leben (vivere secundum naturam), dies ist gerade der Schlachtruf der einfachen und wohlgefälligen Philosophie, wie sie sich (um Humes Beispiel für eine Philosophie zu nennen, die sich von den Flügen der Einbildungskraft leiten läßt) eindringlich in Shaftesburys *The Moralists* (1709) dokumentiert (vgl. T 254 Anm./330 Anm.). Hat aber die Natur für den Menschen eine Lebensform vorgesehen, in der die schwierige Philosophie mit der praktischen Lebensführung verbunden werden kann, ohne der leichten Philosophie das Terrain zu überlassen, dann ist nach Hume der wahre Philosoph ein Eremit auf Zeit, ein Grenzgänger zwischen zurückgezogenem

---

Mr. *Locke*, who was really a great Philosopher, and a just and modest Reasoner. 'Tis only meant to show the common Fate of such abstract Philosophy." (Hume, *Philosophical Works*, Bd. 4, 5 Anm.; nicht in *Enquiries*, aber in EHU deutsch, 5 f.)

Studium und geschäftigem Leben. – Doch mit dieser Charakterisierung vermag sich die Allgemeinheit in der Wahrnehmung Humes nun doch nicht anzufreunden. Sie zieht die leichte Philosophie der schwierigen nicht nur vor, sie verurteilt die letztere geradezu und belegt sie mit dem zum Schimpfwort gewordenen Ausdruck ‚Metaphysik'[11].

Welche Argumente können angesichts dieser Konstellation dann überhaupt noch für metaphysische Untersuchungen angeführt werden? Es ist klar, daß diese Frage in eine andere mündet: Welche praktische Relevanz hat die Wissenschaft vom Menschen, die die leichte Philosophie nicht haben kann? Zunächst greift Hume den Aspekt des Nutzens auf und orientiert sich dabei an einem eingängigen Bild: Die schwierige und tiefgründige Philosophie hat einen Nutzen für die „leichte und menschliche" („easy and humane", EHU 9/7) Philosophie, so wie der Maler von genauen anatomischen Kenntnissen des Menschen profitiert. „How painful soever this inward search or enquiry may appear, it becomes, in some measures, requisite to those, who would describe with success the obvious and outward appearances of life and manners. The anatomist presents to the eye the most hideous and disagreeable objects; but his science is useful to the painter in delineating even a Venus or an Helen." (EHU 10/8)[12]

Der „genius of philosophy", der ein „spirit of accuracy" (EHU 10/8) ist, muß allmählich die ganze Gesellschaft durchdringen und seinen wohltuenden Einfluß auf alle Künste und Berufe, auch auf den Staatsmann und den Juristen ausüben. Mehr noch: „The stability of modern governments above the ancient, and the accuracy of modern philosophy, have improved, and probably will still improve, by similar graduations." (EHU 10/9) Im *Treatise* scheute sich Hume nicht vor dem Urteil, die Verbesserungen auf dem Gebiet von Vernunft und Philosophie könnten nur in einem Land der Toleranz und der Freiheit gelingen (vgl. T XVII/4). Und der Umstand, daß er in der oben zitierten Passage zwei Untertanen des englischen Königshauses, nämlich Addison und Locke, an dritter Stelle nennt, dokumentiert die-

---

11 Vgl. Turnbull 1740, Vol. I, „Preface", I.
12 Vgl. T 8/18, 263/341 und *Abstract* 6 f./9 f.

selbe Einschätzung der Bedeutung des Verhältnisses von Philosophie und Gesellschaft, von Vernunft und bürgerlicher Freiheit.

Das Bild vom Anatomen und Maler wird von Hume schon zu einem früheren Zeitpunkt seiner philosophischen Entwicklung bemüht. Wie Hume referiert, gibt Francis Hutcheson in einem Schreiben an den Autor des *Treatise* zu verstehen, er vermisse in dessen Manuskript von Buch III („Of Morals") „a certain Warmth in the Cause of Virtue, which, you think, all good Men wou'd relish, & cou'd not displease amidst abstract Enquirys" (*Letters* I, 32). Damit klagt Hutcheson aber nicht grundsätzlich die leichte gegenüber der schwierigen Philosophie ein. Er scheint nur dafür zu plädieren, daß der Maler der menschlichen Natur in einer abstrakten Abhandlung über die menschliche Natur *auch* zu Worte kommen sollte. Hume weist dies in seinem Brief vom 17. September 1739 zurück, indem er sich der Distinktion zwischen Anatom und Maler bedient, die er dann im Schlußabschnitt von „Of Morals" (vgl. T 620 f./II 374 f.) und in der *Enquiry* aufnimmt. „I must own", heißt es in jenem Brief, „this has not happen'd by Chance, but is the Effect of a Reasoning either good or bad. There are different ways of examining the Mind as well as the Body. One may consider it either as an Anatomist or as a Painter; either to discover its most secret Springs & Principles or to describe the Grace & Beauty of its Actions. I imagine it impossible to conjoin these two Views. [...] An Anatomist, however, can give very good Advice to a Painter or Statuary: And in like manner, I am perswaded, that a Metaphysician may be very helpful to a Moralist; tho' I cannot easily conceive these two Characters united in the same Work. Any warm Sentiment of Morals, I am afraid, wou'd have the Air of Declamation amidst abstract Reasonings, & wou'd be esteem'd contrary to good Taste." (*Letters* I, 32 f.)

„I imagine it impossible to conjoin these two Views": Genau das hatte Hume Jahre zuvor selbst versucht und war damit kläglich gescheitert. In einem Brief(entwurf) vom März oder April 1734 an den Arzt John Arbuthnot berichtet er, schon im jugendlichen Alter „a strong Inclination to Books & Letters" gefühlt zu haben (*Letters* I, 13). Die Ungereimtheiten vor allem in der Philosophie und in der ästhetischen Theorie („Critics") hätten ihn dazu veranlaßt, nach einem neuen Weg zur Wahrheit zu suchen. Hume erkennt, daß man die menschliche Natur in das Zentrum der Untersuchungen stellen muß, will man nicht seiner eigenen – zur Philosophie ungeeigneten – Phantasie das Terrain überlassen. Schon nach kurzer Zeit fiel er jedoch in eine tiefe Apathie, die er schließlich darauf zurückführte, den Beschäftigungen des täglichen Lebens gänzlich entsagt zu haben. Ein zweiter Grund kam hinzu: „There was another particular, which contributed more than any thing, to waste my Spirits & bring on me this Distemper, which was, that having read many Books of Morality, such as Cicero, Seneca & Plutarch, & being smit with their beautiful Representations of Virtue & Philosophy, I undertook the Improvement of my Temper & Will, along with my Reason & Understanding. I was continually fortifying myself with Reflections against Death, & Poverty, & Shame, & Paine, & all the other Calamities of Life. These no doubt are exceeding useful, when join'd with an active Life; [...] but in Solitude they serve to little other Purpose, than to waste the Spirits, the Force of the Mind meeting with no Resistance, but wasting itself in the Air, like our Arm when it misses its Aim." (*Letters* I, 13 f.)

Die richtige Philosophie erfordert also auch eine bestimmte Lebensform, gegen die keiner ungestraft verstoßen kann. Doch es will Hume noch nicht gelingen, die für mehrere Bände ausreichenden Manuskripte zu einem einheitlichen Text zu formieren (vgl. *Letters* I, 16–17). Hierzu wird es noch einer weiteren Einsicht bedürfen, die für das Verständnis von Humes philosophischer Entwicklung *nach* 1734 zentral ist: Der Anatom der menschlichen Natur darf als Schriftsteller nicht versuchen, auch als Maler vor seine Leserschaft zu treten. Die methodische Distinktion zwischen Anatom und Maler ist demnach nicht nur für Humes gesamte Philosophie der menschlichen Natur leitend[13], sondern bezeichnet zugleich eine Einsicht, die diese Philosophie überhaupt erst auf den Weg gebracht hat.

Der Philosoph als Maler, ‚gemalte' Philosophie: Das von Hume zurückgewiesene Programm einer praktischen Moralphilosophie brachte George Turnbull in seiner Schrift *A Treatise on Ancient Painting* von 1740 auf den Punkt: „[...] good moral

---

[13] Auch die *Enquiry concerning the Principles of Morals* steht unter dem Leitbild des Anatoms, nicht des Malers der menschlichen Natur; vgl. dagegen Streminger 1995, 64.

Paintings, whether by Words, or by the Pencil, are proper Samples in moral Philosophy, and ought therefore to be employed in teaching it, for the same Reason that Experiments are made use of in teaching natural Philosophy."[14] In dieser Passage finden wir buchstäblich das Programm eines Malers der menschlichen Natur formuliert, wie es dem jungen Hume selbst zunächst vorgeschwebt haben mochte (vgl. *Letters* I, 13 f.) und wie es weit verbreitet war[15]. Noch im 18. Jahrhundert diente die sogenannte *Tabula Cebetis*, ein seit der Renaissance äußerst einflußreicher und vielfach übersetzter Text, der auch in den Griechischkursen an den schottischen Universitäten benutzt wurde, als Vorlage für eine Reihe von bildlichen Darstellungen. In dem in der Form eines sokratischen Dialogs gehaltenen Text erläutert ein fiktiver Erzähler den Besuchern eines Venus-Tempels ein Bild, in dem die personifizierten Laster und Tugenden dargestellt sind, also ein Sittenbild des Menschen gezeichnet wird.

Kehren wir zum Gedankengang der *Enquiry* zurück. Als zweites Argument zugunsten der schwierigen Philosophie nimmt Hume das Moment der „unschuldigen Wißbegierde" (EHU 11/9) auf. Warum sollten wir Personen verachten, deren natürliche Neigung es ist, das Dunkel, welches weite Teile unseres Wissens umgibt, zu erhellen? „The sweetest and most inoffensive path of life leads through the avenues of science and learning." (EHU 11/9) Einen Schaden kann diese Philosophie aber kaum anrichten. „Generally speaking, the errors in religion are dangerous; those in philosophy only ridiculous." (T 272/350) Nur im Ausnahmefall, nämlich wenn es sich um eine Philosophie handelt, die „false and extravagant" (T 272/350) und an der Vernunft, nicht am Gefühl orientiert ist, kann die Philosophie den Verlauf unserer natürlichen Neigungen unterbrechen und Schaden anrichten. Demnach sollte der Philosoph der menschlichen Natur, wenn er „eine neue Aussicht" („any new prospect", EHU 11/9) eröffnet, mit der das Dunkel, welches unsere Erkenntnis um-

---

14 Turnbull 1740a, 148; vgl. auch Fordyce 1754, 311 f. Nach Wood 1990, 137, ist Fordyce zugleich praktischer Moralist und Anatom der menschlichen Natur.
15 Vgl. hierzu Klemme 1992, 257–262. Zum Verhältnis von Einbildungskraft, der Assoziation von Vorstellungen und der Dichtung „als einer Art von Malerei" vgl. EHU deutsch, 29 (nicht in *Enquiries*).

gibt, erhellt werden kann, als ein „benefactor to mankind" (EHU 11/9) geschätzt werden.

Wir kommen zum dritten und entscheidenden Argument, welches Hume für die Notwendigkeit der ‚wahren' Metaphysik anführt. „But this obscurity in the profound and abstract philosophy is objected to, not only as painful and fatiguing, but as the inevitable source of uncertainty and error." (EHU 11/9) Hume stimmt dieser Diagnose partiell zu: Ein beträchtlicher Teil der Metaphysik entsteht entweder „from the fruitless efforts of human vanity, which would penetrate into subjects utterly inaccessible to the understanding, or from the craft of popular superstitions, which, being unable to defend themselves on fair ground, raise these intangling brambles to cover and protect their weakness. Chaced from the open country, these robbers fly into the forest, and lie in wait to break in upon every unguarded avenue of the mind, and overwhelm it with religious fears and prejudices. The stoutest antagonist, if he remit his watch a moment, is oppressed. And many, through cowardice and folly, open the gates to the enemies, and willingly receive them with reverence and submission as their legal sovereigns."(EHU 11/9–10)

Dem menschlichen Verstand sind enge Grenzen gesetzt, die die Vertreter des Aberglaubens nicht respektieren; gezielt zelebrieren sie einen Obskurantismus, um Macht über die Menschen auszuüben. Sollen wir dem Aberglauben das Feld überlassen? Jedem Leser der *Enquiry* ist bewußt, daß diese Frage rein rhetorisch gemeint ist. Denn jeder Vernünftige – und an ihn wendet sich Hume – wird in die Notwendigkeit einer Metaphysik einstimmen, die ihre ‚falsche' Schwester in die Schranken weist. Die einzige Methode, den Menschen von den abstrusen Gedankenflügen der ‚falschen', mit dem Aberglauben eine unheilige Allianz eingehenden Metaphysik „at once" (EHU 12/10) zu befreien, besteht in einer ausschließlich an der Erfahrung geschulten Untersuchung der Natur des menschlichen Verstandes. „We must submit to this fatigue, in order to live at ease ever after: And must cultivate true metaphysics with some care, in order to destroy the false and adulterate." (EHU 12/11) „Semel in vita" – dieser von Descartes eingangs der ersten seiner *Meditationes de prima philosophia* (1641) ausgesprochenen Losung folgt auch Hume: Haben wir einmal die Feinde der ‚wahren' Metaphysik besiegt, können wir fortan in Ruhe unseren Beschäftigungen nachgehen.

Mit diesen Überlegungen hat Hume der nachfolgenden Philosophie wichtige Stichwörter geliefert. Der des Skeptizismus unverdächtige Wolffianer Johann Georg Sulzer nimmt in der Vorrede der von ihm herausgegebenen ersten deutschen Übersetzung der *Enquiry* von 1755 nicht nur die Metapher von der Philosophie als einem Kampfplatz auf und lobt die literarischen Qualitäten der Schrift, sondern er gibt auch seiner Hoffnung Ausdruck, daß diese Übersetzung den „schädlichen philosophischen Frieden" in Deutschland beenden möge. Sulzer sieht in Hume einen Skeptiker und Freidenker, der eben insofern ein „Wohlthäter der Philosophie"[16] ist, als er andere dazu veranlassen könnte, das verwahrloste Feld der Metaphysik neu zu bestellen. Damit ist dem Ausdruck „Wohlthäter der Philosophie" jedoch eine Bedeutung verliehen, die Hume sicherlich nicht im Sinne hatte. Er wollte andere nicht bloß ermutigen, metaphysische Untersuchungen zu verfolgen, sondern selbst ihre wichtigsten Ergebnisse präsentieren. Sofern Hume aber in den Augen seiner Zeitgenossen als Freidenker und Skeptiker firmiert, will man ihm dieses Verdienst natürlich nicht zuerkennen. Zudem präsentiert Sulzer Hume in seinen den einzelnen Abschnitten der *Enquiry* nachgestellten „Anmerkungen" so, als könnten dessen Ausführungen problemlos als Aufforderung verstanden werden, sich der Metaphysik im strengen (Wolffschen) Sinne zuzuwenden, als sei die in diesem Sinne verstandene „Metaphysik eine unvermeidliche Wissenschaft"[17]. Hume aber schreibt ein Programm fort, welches Locke in der Einleitung seines *Essay concerning Human Understanding* (1690) auf den Begriff gebracht hat: „This, therefore, being my *Purpose* to enquire into the Ori-

---

16 *Philosophische Versuche über die Menschliche Erkenntniß* von David Hume, Ritter. Als dessen vermischter Schriften Zweyter Theil. Nach der zweyten vermehrten Ausgabe aus dem Englischen übersetzt und mit Anmerkungen des Herausgebers begleitet, Hamburg 1755, I. – Nach Kant ist der skeptische Idealist insofern ein „Wohlthäter der menschlichen Vernunft, als er uns nötigt, selbst bei dem kleinsten Schritte der gemeinen Erfahrung die Augen wohl aufzutun, und, was wir vielleicht nur erschleichen, nicht sogleich als wohlerworben in unseren Besitz aufzunehmen." (KrV A 377 f.).
17 Hume, *Philosophische Versuche* [...] (vgl. Anm. 16), 27.

ginal, Certainty, and Extent of humane Knowledge."[18] Gelingt es uns, eine „mental geography" (EHU 13/12) zu verfassen, durch die der Ort der verschiedenen Handlungen und Vermögen unseres Geistes richtig bestimmt wird, so haben wir nicht nur eine verläßliche Wissenschaft errichtet, sondern uns auch von den Impertinenzen der abstrusen Philosophie befreit. Was das konkret bedeutet, wird dem Leser in den religionskritischen Abschnitten X und XI sowie im allerletzten Absatz der *Enquiry* deutlich vor Augen geführt. Im ersten Abschnitt der *Enquiry* begnügt sich Hume noch mit harmloseren Auskünften: So wenig wie die von allen akzeptierten Unterscheidungen zwischen Wahrheit und Falschheit, Wille und Verstand, Einbildungskraft und Leidenschaften chimärisch sind, so wenig chimärisch sind die zwar schwieriger zu verstehenden, aber nicht weniger wirklichen feineren Unterscheidungen der Philosophie (vgl. EHU 14/ 12 f.)[19].

Hume hat der ‚wahren' Metaphysik damit eine Aufgabe zugedacht, die die leichte und menschliche Philosophie nicht erfüllen kann: Letztere ist dem (religiösen) Aberglauben hilflos ausgeliefert. Im *Treatise* hat Hume ausgeführt, warum das der Fall ist: Der Aberglaube „arises naturally and easily from the popular opinions of mankind" (T 271/350) und kann sich daher leicht des menschlichen Geistes bemächtigen. Ohne daß Hume dies erörtern würde, wird damit aber auch das von ihm eingangs der Schrift von 1748 beschriebene Verhältnis von leichter und schwieriger Philosophie konterkariert: Kann es der leichten Philosophie mit den ihr zur Verfügung stehenden Mitteln nicht gelingen, den schädlichen Aberglauben in seine Schranken zu weisen, so kann sie auch nicht als der schwierigen und tiefgründigen Philosophie gleichberechtigt angesehen werden.

---

18 John Locke 1975, 43.
19 In der Edition von 1777, die der Ausgabe von *Enquiries* zugrunde liegt, fehlt eine umfangreiche Anmerkung, in der Hume zwei Beispiele anführt. Danach hat Hutcheson gezeigt, daß das Kriterium, mittels dessen wir zwischen Tugend und Laster unterscheiden, ein anderes ist als das, mit dem wir die Wahrheit von der Falschheit trennen. Das andere Beispiel bezieht sich auf die Korrektur der Einteilung der Leidenschaften durch Samuel Butler. (Vgl. Hume, *Philosophische Versuche* [...] (vgl. Anm. 16), 22 f.; *Philosophical Works*, Bd. 4, 10 f.; EHU deutsch 13 f.)

Aus diesen Überlegungen leitet sich die Hoffnung ab, daß die Philosophie, mit Sorgfalt betrieben und durch öffentliche Anerkennung ermutigt, die „secret springs and principles, by which the human mind is actuated in its operations" (EHU 14/14) erkennt. Was benötigt wird, ist ein Newton der menschlichen Natur, der die Handlungen des Menschen, seine Wünsche, Neigungen usw. auf wenige Grundprinzipien zurückführt. Die Wissenschaft vom Menschen kann also vielleicht durch „greater accuracy, and more ardent application" (EHU 15/15) ihrer Perfektion näher gebracht werden. Wer dagegen die Hoffnung aufgibt, die Wissenschaften einer Verbesserung zuzuführen, „may justly be deemed more rash, precipitate, and dogmatical, than even the boldest and most affirmative philosophy, that has ever attempted to impose its crude dictates and principles on mankind." (EHU 15/15)

Der Autor der *Enquiry* kann im ersten Abschnitt seinen Lesern zunächst nur zwei Dinge versprechen: daß die Erforschung des menschlichen Verstandes mit großen Mühen verbunden ist, daß die Leser aber auch Vergnügen empfinden werden, unser Wissen in dieser Schrift über Gegenstände erweitert zu sehen, die von „unaussprechlicher Wichtigkeit" (EHU 16/15) sind. „Happy, if we can unite the boundaries of the different species of philosophy, by reconciling profound enquiry with clearness, and truth with novelty! And still more happy, if, reasoning in this easy manner, we can undermine the foundations of an abstruse philosophy, which seems to have hitherto served only as a shelter to superstition, and a cover to absurdity and error!" (EHU 16/16) Gegenüber dem *Treatise* wählt Hume jedoch nicht nur eine andere Art der literarischen Präsentation. Inhaltliche Unterschiede ergeben sich vor allem dadurch, daß Hume 1748 auf die Diskussion von Lehrstücken verzichtet, die sich einer gefälligen Präsentation entziehen oder keiner befriedigenden philosophischen Entscheidung zugeführt werden können wie etwa das Problem der universalen Gültigkeit des Kausalgesetzes oder die sogenannte Bündeltheorie des Selbst.

Es sollte nicht unerwähnt bleiben, daß sich Hume in seinen philosophischen Schriften nicht darauf beschränkt, als Autor ‚metaphysischer' Untersuchungen aufzutreten. In dem 1742 publizierten Essay „Of Essay-Writing" unterteilt er den „elegant Part of Mankind" in „the *learned* and *conversible*" (*Essays* 533) und sieht sich selbst als eine Art von „Resident or Ambassador from the Dominions of Learning to those of Conversation [...]" (*Essays* 535)[20]. In der Schrift von 1748 nimmt Hume natürlich nicht die Rolle eines Ambassadors ein. Er will – trotz Zugeständnissen in der Frage der literarischen Präsentation – die Ergebnisse liefern, die dann zum Nutzen aller einer breiten Öffentlichkeit übermittelt werden können, ohne daß man dabei die Rolle eines Malers der menschlichen Natur einnehmen müßte[21]. Wenn Hume 1742 schreibt, daß die „Separation of the Learned from the conversible World seems to have been the great Defect of the last Age, and must have had a very bad Influence both on Books and Company" (*Essays* 534), dann wird er nicht zuletzt an die bereits erwähnten Platoniker in Cambridge gedacht haben, die ihren Vernunftspekulationen „in Colleges and Cells" (*Essays* 534) nachgehen und dicke Folianten produzieren, die kein Mensch mehr lesen will – und auch nicht lesen sollte.

Literatur

Barfoot, Michael 1990: Hume and the Culture of Science in the Early Eighteenth Century. In: Stewart, M. A. (Hrsg.): Studies in the Philosophy of the Scottish Enlightenment. Oxford, 151–190.

Brandt, Reinhard 1977: The Beginnings of Hume's Philosophy. In: Morice, G. P. (Hrsg.): David Hume. Bicentenary Papers. Edinburgh, 117–127.

Fordyce, David 1754: The Elements of Moral Philosophy. In Three Books. London. Nachdruck: With a new Introduction by John Valdimir Price. Bristol 1990.

Immerwahr, John 1991: The Anatomist and the Painter: The Continuity of Hume's Treatise and Essays. In: Hume Studies 17, 1–14.

Klemme, Heiner F. 1992: Anmerkungen zur schottischen Aufklärung (in Aberdeen). Neue Briefe von Baxter, Beattie, Fordyce, Reid und Stewart. In: Archiv für Geschichte der Philosophie 74, 247–271.

Locke, John 1975: An Essay concerning Human Understanding. Hrsg. v. Peter H. Nidditch. Oxford.

Specht, Rainer 1993: ‚Moralphilosophie' und ‚Metaphysik' in den ersten Absätzen von Humes Enquiries. In: Cesa, Claudio/Hinske, Norbert (Hrsg.): Kant und sein Jahrhundert. Gedenkschrift für Giorgio Tonelli. Frankfurt/M., 51–68.

---

20 Vgl. Hume, *Vom schwachen Trost der Philosophie*, Göttingen 1990, 7–12.

21 Dieser Einschätzung widerspricht auch nicht das Vorwort zum ersten Band der *Essays* von 1741 (vgl. *Philosophical Works*, Bd. 3, 41), in dem Hume eine Verbindung zum *Spectator* und zum *Craftsmen* herstellt, wie Immerwahr meint, vgl. Immerwahr 1991, 7 u. 12.

Streminger, Gerhard 1995: David Hume. Eine Untersuchung über den menschlichen Verstand. Ein einführender Kommentar. Paderborn.

Turnbull, George 1740: The Principles of Moral Philosophy. An Enquiry Into the wise and good Government of the Moral World (London). Vol. II: The Principles of Moral and Christian Philosophy. In Two Volumes. London 1740. Nachdruck: Hildesheim-New York 1976.

Turnbull, George 1740a: A Treatise on Ancient Painting [...]. London 1740. Nachdruck hrsg. und eingeleitet von Vincent M. Bevilacqua, München 1971.

Wood, Paul B. 1990: Science and the Pursuit of Virtue in the Aberdeen Enlightenment. In: Stewart 1990, 127–149.

4

Heidrun Hesse

Eindrücke und Ideen. Die Funktion der Wahrnehmung

Was wir gedanklich zu fassen versuchen, muß uns zuvor durch äußere oder innere Wahrnehmung gegeben worden sein. Was immer wir spüren, sehen, hören oder ertasten mögen, im Gedächtnis bewahren und erinnernd wieder vergegenwärtigen, um es schließlich in (Erfahrungs-)Schlüssen zu verallgemeinern, wir haben es nicht aktiv selbst erzeugt, sondern in völliger Passivität auf- und damit zur Kenntnis genommen. Das jedenfalls ist Humes empiristische Grundüberzeugung. In ihr gründet offenbar auch seine Zuversicht, der sorgfältigen philosophischen Analyse werde es gelingen, die „secret springs and principles" wenigstens bis zu einem gewissen Grade aufzudecken, „by which the human mind is actuated in its operations" (EHU 14/14). Im Verlauf seiner Untersuchung betont Hume immer wieder, unseren intellektuellen Bemühungen seien von Natur enge Schranken gesetzt. In dieser ernüchternden Einsicht steckt indessen nicht nur die ausdrückliche Warnung, unsere geistigen Fähigkeiten nicht zu überschätzen, indem wir sie etwa mit echter schöpferischer Begabung verwechseln. Es ist vielmehr genau diese Beschränktheit, die auf verbindliche Erkenntnis von Tatsachen hoffen läßt, die sich bekanntlich nicht auf logischem Wege zwingend erschließen läßt. Wenn indessen selbst die wunderbare Macht der menschlichen Einbildungskraft, die faszinierende Chimären und abstoßende Ungeheuer hervorzuzaubern versteht, „all this creative power of the mind", genau besehen nur darin besteht, einfache Vorstellungen, die aus Wahrnehmungseindrücken stammen, mutwillig neu zu ordnen und in seltsame Zusammenhänge zu stellen (vgl. EHU 19/19), so ist eine verläßliche Methode in Sicht, ihrem Verwirrspiel beizukommen. Wir müssen dann nur der Kette nachgehen, die unsere Ideen und Überzeugungen ohnehin an die primären Wahrnehmungen bindet, um uns der Sachhaltigkeit unserer Urteile zu vergewissern, Irrtümer zu vermeiden und Streitigkeiten verbindlich zu schlichten. Humes Analyse des menschlichen Geistes begnügt sich also nicht mit einer leidenschaftslosen Beschreibung. Sie propagiert vielmehr ein striktes Korrekturprinzip (eine „rigorous method", vgl. *Abstract* 18 f.) zur Überprüfung unserer die Welt der Tatsachen betreffenden Vorstellungen und Urteile und wendet es sogleich selber an. In seinem *Treatise Of Human Nature* hat Hume diesen empiristischen Grundsatz, der unserer unmittelbaren Wahrnehmung eine entscheidende semantische und epistemische Funktion zuspricht, noch ausdrücklich als den ersten und wichtigsten Grundsatz seiner wissenschaftlichen Philosophie vom Menschen bezeichnet (vgl. T 7/16). Um ihn zu erläutern und seine Plausibilität zu prüfen, gliedern sich meine Ausführungen in fünf Abschnitte. Zunächst werde ich mich mit Humes terminologischen Vorentscheidungen (I) und seiner Stellungnahme im Streit um die angeborenen Ideen (II) beschäftigen, um sodann in der Unterscheidung von Eindrücken und Ideen (III) einen skeptischen Realismus zu orten (IV) und schließlich Einwände gegen die Humesche Konzeption der Wahrnehmung wie gegen die ihr zugedachte methodische Funktion zu erheben (V).

I

Wie es von einem Grundprinzip nicht anders zu erwarten ist, kommt Hume im Verlauf der *Enquiry concerning Human Understanding* immer wieder darauf zurück. Indessen präsentiert er seine Auffassung über die Beschaffenheit und Leistungskraft unserer Wahrnehmung vor allem im erstaunlich kurzen zweiten Abschnitt des Buches („Of the Origin of Ideas") und erneut, im Lichte skeptischer Anfechtungen, im ersten Teil des zwölften Abschnitts („Of the academical or sceptical Philosophy"). In beiden Abschnitten fallen die entsprechenden Erörterungen indessen erheblich knapper aus als im *Treatise* (vgl. T 1–10/8–20 und 187–218/250–287), ohne in jeder Hinsicht auch an Prägnanz zu gewinnen. Es ist daher angebracht, zumindest gelegentlich auch die früheren Ausführungen zu Rate zu ziehen, um Humes Position richtig verstehen und angemessen würdigen zu können.

Wenn man bedenkt, daß es dem skeptischen Empiristen letztlich auf die verläßliche Sonderung von Tatsachenwahrnehmung und Fiktionen der Einbildungskraft ankommt, so mag zunächst verblüffen, daß er die Untersuchung unserer Perzeptionen mit einer etwas anders gelagerten Unterscheidung beginnt. „Every one", so lautet der erste Satz des einschlägigen Abschnitts, „will readily allow, that there is a considerable difference between the perceptions of the mind, when a man feels the pain of excessive heat, or the pleasure of moderate warmth, and when he afterwards recalls to his memory this sensation, or anticipates it by his imagination." (EHU 17/17) Während Hume im Fortgang seiner Abhandlung immer wieder darauf besteht, irgendeine Tatsache müsse den Sinnen oder dem Gedächtnis gegenwärtig sein („be present to the senses or memory", EHU 45/58, vgl. u. a. auch EHU 26/36 und 46/58 f.), und somit das Zeugnis der Erinnerung als ebenso wertvoll und verläßlich gleichberechtigt neben das der Wahrnehmung stellt, rückt es hier zunächst in eine zumindest zweideutige Nähe zu den verdächtigen Phantasiebildern der Einbildungskraft. Es geht Hume also erst einmal um die einem jeden mühelos zugängliche Differenz von unmittelbaren, gegenwärtigen Empfindungen, genannt „*Impressions*", und ihren gedanklichen Reproduktionen mit dem zeitlichen Index der Vergangenheit beziehungsweise der Zukunft, genannt „*Thoughts* or *Ideas*" (EHU 18/18).

Hume nennt alle mentalen Gegebenheiten überhaupt „perceptions" und nicht wie vor ihm Locke und Berkeley „ideas". Vielleicht darf man dies wirklich als die konsequentere terminologische Wahl ansehen, nämlich als semantischen Ausdruck der empiristischen These, alles Material gedanklicher Operationen werde uns nach dem Muster der Sinneswahrnehmung im engeren Sinne zugestellt, die als völlig passives Empfangsorgan fungiere. Jedenfalls wendet sich Hume ausdrücklich gegen Lockes Sprachgebrauch und mutmaßt im *Treatise* überdies, dem Wort „idea" im Rahmen seiner Philosophie nur seinen ursprünglichen Sinn zurückzugeben (vgl. EHU 22/23 Anm. 1 und T 2/10 Anm.). Der Terminus „Idee" ist im folgenden aber nur genau so zu nehmen, wie Hume ihn bestimmt, nämlich als Bezeichnung für die mentalen Kopien unserer ursprünglichen Eindrücke, wie sie in unser Denken und Urteilen eingehen (vgl. T 1/10).

Auch die Wahl des Ausdrucks „impression" für den mentalen Gehalt innerer oder äußerer Wahrnehmung („our outward or inward sentiment", EHU 19/19) wird von Hume ausdrücklich kommentiert. Während er in der *Enquiry* indessen nur konstatiert, den Terminus „in a sense somewhat different from the usual" (EHU 18/18) zu verwenden, gibt der *Treatise* wenigstens andeutungsweise Auskunft über die intendierte Bedeutungsverschiebung. Zu warnen ist demnach vor der naheliegenden Assoziation, ein Eindruck sei nichts anderes als der effektive Abdruck der realen Gegenstände unserer Sinne. Dieser Ansicht scheint Hume selber zwar durchaus zuzuneigen, er hat sich aber, wie ich noch andeuten werde, die unlösbaren theoretischen Schwierigkeiten nicht verhehlt, die sie aufwirft. Wohl um den Problemen einer Kausaltheorie der Wahrnehmung fürs erste zu entgehen, besteht er daher darauf, mit dem Ausdruck „impression" nur diese als besonders aufdringlich und lebhaft charakterisierten Perzeptionen selbst zu benennen, aber nichts darüber behaupten zu wollen, wie sie zustande kommen (vgl. T 2/10 Anm.). Es seien unbekannte Ursachen („unknown causes", T 7/17), die unsere Sinneseindrücke hervorrufen, und ihre Untersuchung sei eher eine Aufgabe für Anatomen und Naturphilosophen, zu denen Hume sich offenkundig nicht rechnet (vgl. T 8/18).

II

Der Autor der *Enquiry* präsentiert sich also nicht als strikten Sensualisten. Er richtet seine Aufmerksamkeit nicht nur auf die äußeren Sinneswahrnehmungen oder Empfindungen, sondern setzt ihnen die Eindrücke der unmittelbaren Selbstwahrnehmung oder des Gefühls als gleichursprünglich zur Seite. Aus dieser Auffassung ergibt sich denn auch seine kritisch abwägende Stellungnahme zum Streit seiner philosophierenden Vorgänger, ob es angeborene Ideen gebe oder der Geist ursprünglich einer „tabula rasa", einem unbeschriebenen Blatt Papier also, gleichzusetzen sei. Locke hatte die letztere Position mit Verve als das eigentliche Credo des Empirismus vertreten. Nachdrück-

lich wandte er sich gegen die Auffassung von Descartes und den Cartesianern, unser Wissen beruhe zu einem wesentlichen Teil auf angeborenen Vorstellungen, die uns beispielsweise das fundamentum inconcussum der Selbstgewißheit und Beweisgründe für das Dasein Gottes lieferten und damit schließlich auch die prekäre Korrespondenz unserer methodisch geprüften subjektiven Vorstellungen mit der objektiven Wahrheit sicherstellten[1].
Hume kann sich in dieser Kontroverse allerdings nur unter einer Bedingung auf die Seite Lockes schlagen: Er muß dessen Überzeugung in seine eigene Terminologie übersetzen. Danach ist es wahrscheinlich, daß auch Locke eigentlich die Behauptung aufstellen wollte, „that all ideas were copies of our impressions" (EHU 22/22, Anm. 1). Denn um aufzuzeigen, daß unsere Ideen von Leidenschaft und Begierde nicht angeboren seien, werde eigentlich nur auf die Selbsterfahrung verwiesen, die ihnen in uns vorangehe (vgl. T 7/17). Akzeptiere man nun, so Hume, die getroffene Sprachregelung und verstehe unter „angeboren", was ursprünglich, sozusagen von Natur, und nicht bloß als Kopie einer vorangehenden Perzeption gegeben sei, „then may we assert that all our impressions are innate, and our ideas not innate" (EHU 22/22, Anm. 1).
Es ist freilich zweifelhaft, ob Hume mit dieser Auffassung wirklich das Problem umgehen kann, um das sich der eigentliche Streit zwischen Rationalisten und Empiristen dreht. Gibt es, so könnte man fragen, (inter)subjektive Prinzipien und Regeln der Erkenntnisgewinnung, die sich nicht unserer Wahrnehmung und Erfahrung verdanken, sondern sie im Gegenteil allererst ermöglichen? Locke hat diese Frage verneint, ohne die daraus folgenden Schwierigkeiten befriedigend aufzulösen und eine kohärente Erklärung dafür zu liefern, wie passiv aufgenommenes Material des Denkens überhaupt unterschiedliche geistige Operationen bewirken oder wenigstens auslösen und so etwas wie ein Bewußtsein entstehen lassen könnte. Die Ideen der Selbstwahrnehmung („ideas of reflection") sind ihm zufolge jedenfalls den primären Ideen der Sinneswahrnehmung („ideas of sensa-

---

1 Vgl. z. B. Descartes, *Meditationes de prima Philosophia*, III, 7, Hamburg 1959, 66 f., und Locke, *An Essay Concerning Human Understanding*, hrsg. von Peter H. Nidditch, Oxford 1975, 48 ff.; deutsch: *Versuch über den menschlichen Verstand*, Hamburg 1981, Bd. I, 29 ff.

tion") eindeutig nachgeordnet. Eindrücke, die wir über die Sinne aufnehmen, setzen danach in unserem Verstand so etwas wie mechanische Verarbeitungsprozesse in Gang, die ihrerseits wiederum zur Quelle von Ideen werden können, sobald sie Gegenstand aufmerksamer innerer Beobachtung werden. Die *Enquiry* behandelt dieses Problem nicht ausdrücklich. Im *Treatise* finden sich aber einige Äußerungen, die der Sache nach ganz der Lokkeschen Auffassung zu entsprechen scheinen und in dieselben Schwierigkeiten führen. So deutet Hume beispielsweise an, wie sensuelle Eindrücke die ihnen entsprechenden Ideen hervorrufen und wie diese ihrerseits nun wiederum Eindrücke (nämlich der Reflexion) nach sich ziehen (vgl. T 7 f./17 f.).

III

Was aber ist nun eigentlich prinzipiell von der Unterscheidung zwischen Eindrücken und Ideen zu halten, die Hume trifft? Ist das Kriterium, das er benennt, wirklich trennscharf und eindeutig anwendbar? Es ist auffällig, daß Hume bereits im ersten Satz des zweiten Abschnitts der *Enquiry*, das über den mutmaßlichen Ursprung unserer Ideen Auskunft verspricht, appellativ die selbstverständliche Zustimmung von jedermann in Anspruch nimmt und sich auch im weiteren Verlauf der Untersuchung immer wieder auf introspektive Evidenzen beruft. Er ist augenscheinlich davon überzeugt, zumindest auf dieser elementaren Ebene der psychologischen Analyse unserer Erkenntnisfähigkeit nur auszusprechen und ausdrücklich geltend machen zu müssen, was seinen Lesern ohnehin aus alltäglicher Selbstbeobachtung und Selbsterfahrung vollkommen vertraut ist. Dieser Zugangsweise kann Legitimität sicherlich nicht prinzipiell abgesprochen werden, zumal sich auch die neurobiologische Psychophysik unserer Tage, die uns in naturwissenschaftlicher Exaktheit über die Mechanismen unserer Wahrnehmung aufklären möchte, die psychologischen Evidenzen der Wahrnehmenden vorgeben und auf sie Bezug nehmen muß. Es dürfte aber immer prekär bleiben, wenn Selbstverständlichkeiten, welcher Art auch immer, in Anspruch genommen werden müssen, denn womöglich werden sie ja doch nicht von allen geteilt. Von diesem Manko ist auch Humes Analyse gezeichnet. Und meine Erläuterungen seiner

Ausführungen werden diesen Makel ebensowenig abstreifen können.

Ich nehme an, daß niemand Hume im Ernst widersprechen wollte, wenn er darauf besteht, es gebe für uns alle einen signifikanten Unterschied zwischen gegenwärtigen Erlebnissen und den ihnen nachfolgenden Erinnerungen, die in diversen Gestalten und Umbildungen wohl auch unsere Erwartungen speisen. Auf einem anderen Blatt steht allerdings, ob es Hume gelingt, diesen Unterschied begrifflich überzeugend zu fassen. Es scheint mir jedenfalls nicht unplausibel, unmittelbare Wahrnehmungseindrücke und nachträgliche Erinnerungsbilder nicht zuletzt hinsichtlich des Reichtums und der Verläßlichkeit des Sachgehalts zu unterscheiden, den sie uns zugänglich machen. Hume vertritt dagegen die wenig überzeugende Ansicht, unsere Erinnerungsideen seien im Unterschied zu den willkürlichen Mixturen der Einbildungskraft zuverlässige Kopien unserer inneren und äußeren Eindrücke, es sei denn, unser diesbezügliches Vermögen litte irgendwie an einer Art von organischem Defekt (vgl. T 9/19). Nur dank dieser Voraussetzung kann er im weiteren Gang der Untersuchung den „records of our memory" dieselbe methodische Funktion zusprechen wie dem „present testimony of our senses" (EHU 26/36), angesichts derer Fehlurteile ausgeschlossen zu sein scheinen. Gedächtnisinhalte, so die vergleichsweise ausführlichen Darlegungen im *Treatise*, bilden nicht nur alle unsere einfachen Eindrücke in Gestalt einfacher Ideen sofort getreulich ab, sondern überdies „their order and position" (T 9/19).

Unter dieser Voraussetzung bleibt nur eine Option übrig: Erinnerungsideen sind nicht weniger korrekt, sondern nur etwas weniger intensiv, irgendwie schwächer als Wahrnehmungseindrücke, ein wenig verblaßt und verwaschen. „When we reflect on our past sentiments and affections, our thought is a faithful mirror, and copies its objects truly; but the colours which it employs are faint and dull, in comparison of those in which our original perceptions were clothed." (EHU 17 f./18.) Dieses Bild, das die vergleichsweise geringere Intensität von Ideen gegenüber Eindrücken veranschaulichen soll, ist allerdings nicht ganz glücklich gewählt. Denn was spräche dagegen, eine blassere auch als eine andere Farbe anzusehen, beispielsweise als ein kräftiges Rosa und nicht als verwaschenes Rot. Hume betont denn auch selber, daß der Intensitätsunterschied, um den es ihm gehe, nur schwer zu fassen und verbindlich zu beschreiben sei. Das ändere jedoch nichts an dem Sachverhalt, daß wir faktisch nicht die geringsten Schwierigkeiten hätten, Erinnerungen und Wahrnehmungen auseinanderzuhalten.

Der unmittelbaren Wahrnehmung innerer oder äußerer Gegebenheiten haftet offenbar eine etwas rätselhafte und merkwürdige präsentische Qualität an. Es sind immer wieder dieselben Prädikate, mit denen Hume sie charakterisiert: Verglichen mit Eindrücken erscheinen Ideen als „less lively" (EHU 18/18). Nie, so heißt es, könnten sie die Kraft und Lebhaftigkeit („force and vivacity", EHU 17/17) vollkommen erreichen, die den ursprünglichen Empfindungen („sentiments") eigne. Das Äußerste, was wir von Ideen der Erinnerung oder der Einbildungskraft sagen könnten, sei „that they represent their object in so lively a manner, that we could *almost* say we feel or see it" (EHU 17/17). Aber: „The most lively thought is still inferior to the dullest sensation." (EHU 17/17)

Es ist interessant, daß die beiden ausführlichsten Beispiele, die die *Enquiry* im unmittelbaren Kontext zur Verdeutlichung dieser These bietet, indessen gar nicht die Differenz von Gedanke und Empfindung, von aktualem und erinnertem Gefühl thematisieren, wie sie in ein und demselben Subjekt (oder „mind", wie es bei Hume durchgängig heißt) nacheinander auftauchen mögen. Sie führen vielmehr eine durchaus andersartige Unterscheidung vor, auf die es Hume als Empiristen anscheinend in Wahrheit ankommt. Wenn wir eine völlig korrekte und durchaus lebhafte, poetisch gelungene Beschreibung einer Landschaft lesen oder wenn wir hören, jemand habe sich unsterblich verliebt, dann, so Hume, würden wir beides doch niemals mit der unmittelbaren Bekanntschaft verwechseln, die wir gegebenenfalls durch eigene Wahrnehmungen mit den beschriebenen Phänomenen machen können, indem wir also die nämliche Landschaft durchwandern und erfahren, dem Liebenden selber von Angesicht zu Angesicht begegnen oder, wie man ergänzen könnte, gar selber von dieser Leidenschaft ergriffen werden. Es scheint sich um eine spezielle Form von Evidenz zu handeln, die sich uns in allem eigenen Beobachten und Erleben geradezu unwiderstehlich aufdrängt und auch unseren Erinnerungen Überzeugungskraft verleiht, während sie allem Wissen aus zweiter Hand abgeht.

Für diese Auffassung spricht auch, daß Hume dieselben Prädikate, mit deren Hilfe er die „Eindrücke" von unseren übrigen Perzeptionen abzusondern versucht, zur Charakterisierung dessen verwendet, was er „Glauben" („belief") nennt. Dieser ist ihm zufolge ein unwillkürliches Fürwahrhalten, das uns dazu veranlaßt, einer Tatsachenbehauptung zuzustimmen, die ja nun einmal prinzipiell nicht demonstrativ beweisbar ist. Weil wir etwas glaubten oder eben nicht und uns nicht mutwillig dazu überreden könnten, Beliebiges für faktisch wahr zu halten, so die weitere Analyse (vgl. EHU 47 f./60 f.), könne es sich hierbei nicht um eine besondere Idee handeln, nicht um ein weiteres Prädikat, das den Gegenstand näher bestimme. In diesem Fall nämlich wäre unsere Einbildungskraft spielend dazu in der Lage, sie allen möglichen phantastischen Perzeptionen hinzuzufügen. Eine Idee, der wir zustimmen (die wir also nicht bloß haben, sondern der wir objektive Wahrheit zuerkennen), kann also gar nicht anders aussehen als eine Idee, die wir verwerfen. Wir erleben sie nur anders. Sie fühlt sich sozusagen anders an. Nicht der Grad ihrer Bestimmtheit, sondern der Modus, in dem sie uns gegeben ist, gibt den entscheidenden Ausschlag.

Was wir für wahr halten, gewinnt „a superior *force*, or *vivacity*, or *solidity*, or *firmness*, or *steadiness*" (T 629/132). Ausdrücklich räumt Hume ein, es sei äußerst schwierig, präzise zu erfassen, was diesen „Glauben" an Tatsachen ausmache. Es werde aber jeder finden, daß die (in der *Enquiry* wie im *Treatise*) gegebene Charakteristik die uns allen vertraute Sache treffe. Die Philosophie könne nämlich auch nur feststellen, „that *belief* is something felt by the mind, which distinguishes the ideas of the judgement from the fictions of the imagination. It gives them more weight and influence; makes them appear of greater importance; enforces them in the mind; and renders them the governing principle of our actions." (EHU 49 f./62, vgl. auch T 629/133.)

IV

Weil uns einige Perzeptionen weit zwingender und glaubhafter erscheinen als andere, spielen sie auch eine größere Rolle in unseren Handlungen und für unsere gesamte Lebensführung. Aus Humes Ausführungen über die Lebhaftigkeit und Kraft unserer unmittelbaren Wahrnehmungen und über den verläßlichen Tatsachenglauben, den sie wecken, spricht ein vorsichtiger Realismus. Er ist in dem Kriterium zur Unterscheidung von Ideen und Eindrücken versteckt. Nur selten wird er so unverhohlen ausgesprochen wie an einigen Stellen des *Treatise*, wo es beispielsweise heißt, die Lebhaftigkeit eines Gedankens werde durch die unmittelbare Gegenwart eines Gegenstandes („the actual presence of an object", T 100/137) gesteigert und die Überzeugungskraft vermindere sich mit nachlassender Frische der Eindrücke (vgl. T 143 f./197).

Diese Vorsicht hat ihren guten Grund. Denn Hume ist sich der Schwäche einer naiv realistischen Position gegenüber scharfsinnigen skeptischen Anfechtungen sehr wohl bewußt. Es sei, so heißt es im ersten Teil des Abschnitts über die skeptische und die akademische Philosophie (vgl. EHU 149 ff./175 ff.), offenkundig ein natürlicher Instinkt oder eine Art Voreingenommenheit, was uns Menschen veranlasse, unseren Sinnen zu vertrauen. Es liege aber auch auf der Hand, daß uns der nämliche blinde und mächtige Naturinstinkt zu einem einfältigen Realismus verführe, der philosophischer Prüfung nicht standhalten könne. Wir neigten nämlich intuitiv dazu, die Bilder, die uns unsere Sinne zuführten, für die äußeren Gegenstände selbst zu halten. Ich bezweifle allerdings, daß diese äußerst zugespitzte Beschreibung Humes unser alltägliches Wahrnehmungsempfinden tatsächlich trifft. Glaubt wirklich irgendein Wahrnehmender, er nehme sozusagen die Dinge selbst in sich auf, indem er Gegenstände mit unterschiedlichen Eigenschaften wahrnimmt? Ist es nicht eine andere, bei näherem Hinsehen freilich kaum weniger problematische Selbstverständlichkeit, von der wir üblicherweise ausgehen: daß nämlich unsere mit wachem Bewußtsein aufgenommenen Wahrnehmungsbilder korrekte Abbilder der wirklichen Dinge sind und uns verläßliche Informationen über die Außenwelt liefern?

Auch eine solche naive Korrespondenztheorie der Wahrnehmung setzt sich ja den skeptischen Zweifeln aus, die Hume geltend macht. Mit welchem Recht schreiben wir beispielsweise sichtbaren Gegenständen eine von uns unabhängige stabile Existenz zu, obwohl wir uns ihrer nicht ununterbrochen durch Wahrnehmungen versichern können? Haben wir es nicht in Wahrheit überhaupt immer nur mit Perzeptionen zu tun, über deren Ursprung wir keine Gewißheit haben können? Hume, der Berkeley[2] genau gelesen hat, betont zu Recht, es lasse sich nun einmal nicht in einem strikten Sinne beweisen, „that the perceptions of the mind must be caused by external objects, entirely different from them, though resembling them (if that be possible) and could not arise either from the energy of the mind itself, or from the suggestion of some invisible and unknown spirit, or from some other cause still more unknown to us" (EHU 152 f./ 179).

Hume ist daher bemüht, unseren Perzeptionen eben als Perzeptionen, also als bloß mentalen Gegebenheiten, deren Ursprung sich unseren Nachforschungen entzieht, die entscheidende Differenz abzulauschen, die sie dennoch zu verläßlichen Zeugen der Wirklichkeit oder im Gegenteil zu verdächtigen Hirngespinsten der Einbildungskraft machen könnte. Es sind dementsprechend die unmittelbaren Eindrücke der Selbst- und Außenwahrnehmung, denen eine hervorragende Rolle bei der Prüfung unserer komplexeren Ideen beziehungsweise Urteile zugesprochen wird, weil ihnen offenbar von Natur eine größere Überzeugungskraft eignet, die Hume letztlich als Indiz für ihre Objektivität und Wahrheit nimmt. Ihren getreuen Kopien im Gedächtnis scheinen die scheinbar so einfachen Wahrnehmungen diese Überzeugungskraft im übrigen mit nur wenigen Reibungsverlusten mitteilen zu können, während die Ideen der Einbildungskraft angeblich in besonderem Maße an Ausbleichung und Konturenverlust leiden (vgl. T 9/19) und daher auch als vergleichsweise dunkel, unscharf und unglaubwürdig erlebt werden (vgl. EHU 21 f./22; EHU 62/77, *Abstract* 16 f.).

Aber ist mit dieser psychologischen Charakterisierung wirklich ein Kriterium zur Überprüfung unserer Perzeptionen gefunden, das geeignet ist, uns vor leerem Gerede, phantastischen Einbildungen und handfesten Fehlurteilen zu bewahren? Hume räumt ja sogleich selbst ein, sein Prüfstein drohe zu versagen, sobald der Geist eines Wahrnehmenden und Urteilenden durch Krankheit oder Verrücktheit in Unordnung geraten sei (vgl. EHU 17/17, T 2/10). Worauf kann er aber dann seine Zuver-

---

2 Vgl. George Berkeley, *The Principles of Human Knowledge*, in: *The Works of George Berkeley*, vol. II, London 1949, 19 ff.; deutsch: *Eine Abhandlung über die Prinzipien der menschlichen Erkenntnis*, Hamburg 1979.

sicht stützen, daß diejenigen Perzeptionen, denen der eine oder die andere üblicherweise lebhafte Zustimmung einfach nicht versagen kann, ihre seltsame Anziehungskraft im allgemeinen wirklich der zuverlässigen Nähe zu den Tatsachen verdanken? Können wir uns nicht auch in unseren Normalzuständen ganz gewaltig irren, wenn wir etwas Bestimmtes hartnäckig für wahr halten und etwas anderes für fiktiv, weil sich die beiden Auffassungen ganz unterschiedlich „anfühlen"? Haben wir nicht alle schon im Traum etwas heftig geglaubt, was wir im Wachzustand als Illusion glaubten durchschauen zu können, weil wir sehr wohl über ein anderes Kriterium verfügen als das psychologische des Intensitätsvergleichs mentaler Gegebenheiten? Ist nicht die Kohärenz des gesamten alltäglichen Lebenszusammenhangs, das erfolgreiche oder auch enttäuschende Zusammenspiel von Erwartungen, Wahrnehmungen, (sozialen wie instrumentellen) Handlungen und Erfüllungen ein weit wirksameres Kriterium für die Sachgerechtigkeit unserer Tatsachenurteile?

Hume ist solchen pragmatischen Überlegungen nicht prinzipiell abgeneigt. Bezeichnenderweise aber versucht er die elementare Ebene der Wahrnehmung von jenen Plausibilitätsgesichtspunkten und Kohärenzerwägungen freizuhalten, auf denen sein Begriff der Erfahrung beruht. Ihnen zufolge ist es eine ganz und gar natürliche und ausgesprochen nützliche Gewohnheit, daß wir aufgrund vieler ähnlicher Wahrnehmungen Erwartungen ausbilden und mit dem gleichförmigen Ablauf geschichtlicher wie natürlicher Ereignisse und Prozesse rechnen. Schließlich konstatiert Hume sogar „a kind of pre-established harmony between the course of nature and the succession of our ideas; and though the powers and forces, by which the former is governed, be wholly unknown to us; yet our thoughts and conceptions have still, we find, gone on in the same train with the other works of nature" (EHU 54 f./68). Deswegen erlauben uns Erfahrung und bewährte Gewohnheit sehr wohl, verläßlich auf Ereignisse zu schließen, die uns nicht unmittelbar oder in unverfälschter Erinnerung vor Augen stehen. In letzter Instanz aber sollen alle unsere assoziativ weit ausgreifenden Tatsachenurteile, also vor allem die handlungsrelevanten Antizipationen von Kausalverhältnissen, in einem präzise greifbaren Ausgangspunkt verankert sein: der zweifellosen Präsenz sinnlich gegebener einfacher Eindrücke (vgl. EHU 26/36, 45/58).

V

Es ist Humes „rigorose Methode", deren Anwendung sicherstellen soll, daß wir uns dieses verbindlichen Ausgangspunktes im Zweifelsfalle vergewissern. Um unsinnige Aussagen und unergiebige Streitigkeiten zu vermeiden, sollen nicht nur Voraussagen, sondern alle Ideen, die in Tatsachenurteile eingehen, vor allem die besonders komplexen und abstrakten, auf ihren impressiven Ursprung zurückgeführt oder als unhaltbar verworfen werden. „When we entertain, therefore, any suspicion that a philosophical term is employed without any meaning or idea (as is but too frequent), we need but enquire, *from what impression is that supposed idea derived*? And if it be impossible to assign any, this will serve to confirm our suspicion. By bringing ideas into so clear a light we may reasonably hope to remove all dispute, which may arise, concerning their nature and reality." (EHU 22/22; vgl. auch 62/77, 78/94) Natur und Wirklichkeit(sbezug) und nicht nur den Bedeutungsgehalt umstrittener Äußerungen also verspricht diese Methode verbindlich zu klären.

Wie das empiristische Sinnkriterium des neopositivistischen Wiener Kreises, demzufolge nur Aussagen mit eindeutigem empirischen Bedeutungsgehalt als sinnvolle Prüfsätze anzuerkennen sind, die spätere Erfahrung bestätigen oder widerlegen könnte, verbindet Humes empiristischer Grundsatz ein rigides semantisches Postulat mit erkenntnistheoretischen Vorentscheidungen. Wenn wir unsere Urteile in ihre perzeptiven Elemente, ursprüngliche Empfindungsdaten, zerlegen, dann werden sie nämlich in eben diesem Verfahren auch einer epistemischen Prüfung ihrer Sachgerechtigkeit unterworfen. Das jedenfalls ist Humes Programm. Es dient ihm nicht zuletzt dazu, die Begriffe einer (materiellen) Substanz und eines (psychischen beziehungsweise epistemischen) Subjekts als leere Hirngespinste zu verwerfen, weil sie keine einfachen vereinzelten Eigenschaften repräsentieren, die als einzige auf einfache Wahrnehmungseindrücke rückführbar seien (vgl. *Abstract* 46 f.). Das semantisch wie epistemisch völlig unzulängliche Prinzip, alle sachhaltigen komplexen Ideen in einfache Ideen aufzulösen und auf ursprüngliche sensorische Eindrücke zu reduzieren, zeigt hier sein wahres Gesicht. Entgegen Humes Versicherung handelt es sich nicht um eine deskriptive Behauptung, die durch Gegenbeispiele falsifiziert werden könnte (vgl. EHU 19 f./20), sondern um ein normatives Prinzip, das sich gegen jede Widerlegung immunisiert hat. Denn wie sollte es jemandem gelingen, beweiskräftig vorzuführen, daß wir sehr wohl über sachgerechte Begriffe verfügen, die sich nicht auf einfache Wahrnehmungen reduzieren lassen, wenn genau diese Reduzierbarkeit der Prüfstein dafür sein soll, ob eine Idee überhaupt vorliegt oder nur vorgetäuscht ist?

Es bleibt überdies grundsätzlich zweifelhaft, was wir für die epistemische Unterscheidung von triftigen Abbildungen und trügerischen Einbildungen gewinnen, wenn es uns gelingt, komplexe Ideen mit einiger Plausibilität auf einfache Impressionen zurückzuführen, die wir früher einmal gehabt haben mögen, statt zu prüfen, wie wir mit ihnen in aktualen Wahrnehmungs- und Handlungszusammenhängen zurechtkommen. Daß es Hume aber genau um die Abgrenzung von Einbildungen und objektiv korrekten Erinnerungsideen geht, verdeutlichen nicht zuletzt die Beispiele, an denen er sein empiristisches Reduktionsprinzip erläutert (vgl. EHU 19/19 f.). Der goldene Berg, das tugendhafte Pferd und der allmächtige Gott sollen offenkundig als Geschöpfe der Einbildungskraft entlarvt werden, die willkürlich Prädikate zusammenfüge, die sie aus kohärenten Wahrnehmungszusammenhängen herausgelöst habe. Aber ist denn ausgeschlossen, daß es goldene Berge wirklich gibt, diese offenkundig gehaltvolle Wortkombination also auch sachgerecht ist, weil die damit bezeichnete komplexe Idee in ihre Elemente Gold und Berg zerlegt und auf die separaten Eindrücke einmal eines Berges und ein andermal von Gold zurückgeführt werden kann?

Humes methodischer Fehlgriff liegt darin, Wahrnehmungen als den reinen Ursprungsort wahrer Ideen und Urteile aufzufassen und nicht als einen der Prüfstände, dem diese sich zu stellen haben. Diesem Irrtum entspricht eine völlig unzulängliche Konzeption der Wahrnehmung selbst. Hume ignoriert nämlich ihre aktiven Konstruktionsleistungen. Er verkennt, daß unsere Wahrnehmung von vorneherein selbst ein urteilendes Vermögen ist, das von Erwartungen aus- und mit Erinnerungen Hand in Hand geht, um relevante Wirklichkeit mit Bestimmtheit zu erfassen.

Dieses Manko wird sogleich augenfällig, wenn man zu klären versucht, was Hume als einfache Ideen einfacher Eindrücke ansieht, in die alle komplexeren Ideen ja restlos sollen zerlegt werden können. Offenbar schweben ihm unter diesem Terminus vor allem bestimmte Empfindungen einzelner Sinnesmodalitäten vor, also einzelne Farb-, Geschmacks- oder Tastempfindungen beispielsweise. Inwiefern aber sind die entsprechenden Ideen (oder die Prädikate, mit denen wir sie bezeichnen) wie „grün", „salzig", „rund", „weich" überhaupt als „einfach" zu nehmen? Offenbar sollen wir darunter einzigartige diskrete Sinnesdaten verstehen, die sich nach und nach im Verstand ansammeln und sich nach dessen Regeln der Assoziation zu komplexen Gefügen verbinden. Hume, der die Unterscheidung „einfach/komplex" von Locke übernommen hat, gibt leider auch im *Treatise*, der sie etwas ausführlicher abhandelt als die *Enquiry*, nur die allzu spärliche Auskunft, einfach sei, was voneinander unterschieden und nicht weiter in Teile zerlegt werden könne (vgl. T 2/11). Das könnte, gewiß gegen Humes empiristische Intentionen gelesen, freilich auch bedeuten, daß „einfache" Perzeptionen nicht die passiv aufgenommenen Atome der Wahrnehmung sind, sondern im Gegenteil äußerst komplizierte Unterscheidungsleistungen der aktualen Wahrnehmung wie ihrer erkenntnistheoretischen Analyse.

Hume scheint das zumindest dunkel zu ahnen. Denn er spricht sogleich davon, wir könnten verschiedene Eigenschaften wie einen bestimmten Geruch, einen bestimmten Geschmack und eine bestimmte Farbe sehr wohl unterscheiden, obwohl sie alle im selben Gegenstand, beispielsweise einem Apfel, vereint seien (vgl. T 2/11). Und er charakterisiert später, nämlich im Anschluß an seine Berkeley folgende Kritik an der Abstraktionstheorie Lockes, sogar eine *„distinction of reason"* (vgl. T 25/40), die meines Erachtens das Wesen der Wahrnehmung genauer trifft, als es das elementar-analytische Reduktionsprogramm vermag. Es sind seine konkreten Eigenschaften, die einen Gegenstand ausmachen und als deren einzigartiges raum-zeitliches Zusammen wir ihn in Kontrast zu anderen Gegenständen mit ähnlichen Eigenschaften wahrnehmen, die zum Beispiel auch gelb und nicht grün, aber nicht saftig, sondern trocken sind, auch rund, aber nicht süß usw. Niemand, jedenfalls kein bedeutender Autor aus dem Archiv der Philosophiegeschichte, leugnet, daß wir sinnliche Bekanntschaft mit all diesen Qualitäten machen müssen, um sie von anderen unterscheiden zu können. Wer also durch einen organischen Defekt oder seine spezifischen Lebensumstände daran gehindert ist, wer beispielsweise blind ist oder Atlantikwasser nie geschmeckt, Schnee nie berührt oder bestimmte Leidenschaften wie Liebe oder Zorn nie am eigenen Leibe verspürt hat, der wird nicht wirklich wissen, wovon er redet, wenn er darüber spricht. Das ist zumindest wahrscheinlich, denn wir können nun einmal keinen unmittelbaren Einblick in die mentalen Gegebenheiten anderer nehmen. Was uns indessen zugänglich ist und was wir daher für entsprechende Rückschlüsse nutzen können, ist allein die Fähigkeit eines Sprechers, Empfindungsprädikate in den unterschiedlichsten Kommunikationssituationen den gängigen Regeln einer Sprachgemeinschaft gemäß zu verwenden. Wer nie etwas Gelbes gesehen hat, wird das Prädikat „gelb" wohl nicht angemessen gebrauchen können. Es genügt aber auch nicht, einmal etwas einzigartig Gelbes gesehen (etwas Saures geschmeckt) zu haben, um mit der Idee beziehungsweise dem Prädikat „gelb" („sauer") vertraut zu werden (vgl. dagegen T 5/14). Was Hume so „einfach" verfaßt zu sein scheint, ist alles andere als einfach. Differente Sinnesqualitäten und wahrnehmbare Eigenschaften von Dingen sind keine unmittelbar aufzunehmenden ursprünglich-individuellen Gegebenheiten, sondern immer schon durch unser perspektivisches Hinsehen und unterscheidendes Urteilen in komplizierter Weise aufeinander und auf allgemeine Prädikate unserer Sprache bezogen.

„Es liegt", so schreibt Hegel einmal, „im Empirismus das große Prinzip, daß, was wahr ist, in der Wirklichkeit sein und für die Wahrnehmung da sein muß."[3] Für Hume folgt daraus, daß wir für alle unsere komplexen Urteile einen einfachen Ursprung in der scheinbar passiven Wahrnehmung nachweisen müssen. Sollte das große Prinzip des Empirismus etwa bei Idealisten wie Kant und Hegel besser aufgehoben sein?

---

3 Hegel, *Enzyklopädie*, Erster Teil, § 38, in: Werke in zwanzig Bänden, Bd. 8, Frankfurt/M. 1970, 108.

Astrid von der Lühe

Wie ist eine empirische Wissenschaft vom Menschen möglich?

Humes skeptische Zweifel und ihre skeptische Lösung

I. Vom *Treatise* zur *Enquiry*

Hume hat die prinzipielle Übereinstimmung der Erkenntnistheorie in der *Enquiry concerning Human Understanding* mit derjenigen des ersten Buchs seines *Treatise of Human Nature* verschiedentlich betont und den Unterschied beider Werke vornehmlich in der Darstellung gesehen. Dennoch steht die komprimiertere Untersuchung des Verstandes in der *Enquiry* unter einem anderen Vorzeichen. Denn im *Treatise* tritt Hume mit dem ehrgeizigen Plan an, durch eine experimentelle Wissenschaft von der menschlichen Natur, durch eine exakte „Anatomie" der geistigen Vermögen allen übrigen Wissenschaften erstmals ein sicheres Fundament zu geben (T XVI/4) und damit für die Philosophie ähnlich Revolutionäres zu leisten wie Newton für die Physik. Die Aufgabe der im ersten Buch entwickelten Logik lautet entsprechend umfassend, „to explain the principles and operations of our reasoning faculty, and the nature of our ideas" (T XV/3). Dieser Anspruch ist in der *Enquiry* merklich herabgeschraubt, denn Hume hat inzwischen – wohl auch unter dem Eindruck des katastrophalen Scheiterns seines *Treatise* beim gelehrten Publikum und des anschließenden Erfolgs seiner eingängigen *Essays, Moral, Political, and Literary* (zuerst 1741/42) – zu einem neuen Verständnis von philosophischer Wissenschaft gefunden, das er im ersten Abschnitt vorstellt: Die „rechte Philosophie" („just philosophy"; EHU 8/6) berücksichtigt die ‚gemischte Lebensweise' des Menschen im „common life", indem sie der ebenso rationalen wie empfindend-aktiven und sozialen Seite seiner Natur gerecht wird. Sie ist insofern nicht mehr nur Wissenschaft vom Menschen, sondern ‚menschliche Wissenschaft': „[L]et your science be human", lautet die Forderung an den wahren Philosophen (EHU 9/7). Als solche sucht sie die Verfahrensweisen und Erkenntnisse der theoretischen Philosophie mit denjenigen einer lebenspraktisch orientierten Moralistik zu verbinden, das heißt eine genaue Kenntnis der inneren Struktur der menschlichen Vermögen zu vermitteln, *ohne* deren konkrete Erscheinung im „common life" außer acht zu lassen, ja mehr noch: um diese konkrete Erscheinung überhaupt erst durchsichtig zu machen; gerade so, wie die Kenntnis der Anatomie einem Maler dazu dient, den menschlichen Körper der Natur gemäß und somit schön darzustellen. Diese Rückbindung der abstrakten Philosophie – und darunter versteht Hume natürlich nicht nur seine eigene Anatomie des Geistes im *Treatise*, sondern auch und vor allem die klassische Metaphysik – an die Lebenswirklichkeit wirkt gleichzeitig ihrer Tendenz zu Dunkelheit und Abstrusität entgegen, aus der ihre gefährlichsten Nachteile entspringen: das fruchtlose Bemühen um die Erkenntnis von Gegenständen, die sich dem Verstand entziehen, und der daraus resultierende Aberglaube.

Vor dem Hintergrund dieses veränderten Philosophiebegriffes stellt sich auch die Aufgabe der Verstandesuntersuchung in der *Enquiry* neu: „The only method of freeing learning, at once, from these abstruse questions, is to enquire seriously into the nature of human understanding, and show, from an exact analysis of its powers and capacity, that it is by no means fitted for such remote and abstruse subjects." (EHU 12/10 f.) Der Verstand wird auf seine Tauglichkeit als Instrument wissenschaftlicher Erkenntnis hin geprüft. Indem sein Unvermögen zur Aufklärung metaphysischer Fragen zum Vorschein kommt, eröffnet sich zugleich das Feld seiner möglichen Erkenntnis: Erst durch eine genaue Bestimmung des Territoriums („proper province", EHU 12/10) des Verstandes erscheint Wissenschaft gesichert. An dieser gegenüber dem Vorsatz des *Treatise* konkreter gefaßten Absicht wird, noch vor der eigentlichen Analyse, bereits ein Verdacht gegen die prinzipielle Leistungsfähigkeit des Verstandes, wie sie vor allem im Rationalismus vertreten wird, erkennbar. Tatsächlich zeichnen sich bereits bei der anschließenden

Untersuchung der Verstandes*inhalte*, das heißt der Begriffe („ideas", EHU II) und der verschiedenen Arten ihrer Verknüpfung („association", EHU III), die engen Grenzen des Verstandesterritoriums ab, wenn Hume die „ideas" als bloße Abbilder der sinnlichen Eindrücke definiert, die nach festen Regeln miteinander verbunden sind. Schon aufgrund der spezifischen Herkunft seiner Begriffe vermag der Verstand offensichtlich den Bereich der Erfahrung nicht zu überschreiten.

Mit dem vierten und fünften Abschnitt beginnt die Untersuchung der Verstandes*tätigkeiten*. Dabei kündigen die beiden miteinander korrespondierenden Kapitelüberschriften, „Sceptical doubts concerning the operations of the understanding" (EHU 25/35) und „Sceptical solution of these doubts" (EHU 40/52), an, daß die Grenzbestimmung nun ihren Höhepunkt erreicht: Mit dem freimütig bekundeten „skeptischen Zweifel"[1] hinsichtlich des Verstandes wird der Angriff gegen die gerade im Rationalismus dogmatisch festgehaltene Auffassung von seiner Kapazität geführt. Damit muß aber zugleich thematisch werden, in welchem Rahmen Wissenschaft – auch Humes eigene empirische Wissenschaft vom Menschen – möglich ist.

II. Das Problem der Verstandestätigkeit und die Krise der Wissenschaft

Die eigentümliche Operation des Verstandes ist das Urteilen über die Wahrheit oder Falschheit von Aussagen über Sachverhalte, indem ein Merkmal (Prädikat) mit dem Begriff einer Sache (Subjekt) verglichen wird. Dabei ergeben sich für Hume aus seiner Bestimmung des Denkens als einer „association of ideas" nur zwei mögliche Gegenstände der Beurteilung: Entweder fragt der Verstand nach den Beziehungen der Begriffe untereinander („relations of ideas") oder nach dem Verhältnis zwischen Begriff und voraufgehendem Eindruck, das heißt nach der Übereinstimmung von Vorstellung und tatsächlicher Existenz („matters

---

[1] Mit diesem zunächst tautologisch anmutenden Ausdruck will Hume m. E. den Unterschied zu Descartes' *methodischem* Zweifel an der Erkenntniskraft in den *Meditationes* kenntlich machen, der gerade dazu dient, die unerschütterliche Gewißheit des reinen Verstandes um so deutlicher herauszustellen.

of fact"; vgl. EHU 25/35). Mit dieser von der Forschung als „Hume's fork" bezeichneten dichotomischen Einteilung der Urteile[2] steht fest, daß es überhaupt nur zwei Arten wissenschaftlicher Erkenntnis geben kann: Im ersten Fall stützt sich der Verstand allein auf Beziehungen, die den Vorstellungen selbst eigen, also *intern* sind[3], so daß sich hier die Gewißheit ihrer Wahrheit rein durch Analyse der Begriffe, unabhängig von der wirklichen Existenz des Vorgestellten, ergibt, und zwar entweder *intuitiv* (das heißt unmittelbar und ohne Dazwischentreten eines Schlusses) oder *demonstrativ* (das heißt durch einen Schluß vermittelt). Zur Feststellung der Wahrheit solcher Urteile reicht es aus, die Widerspruchsfreiheit der Beziehung zwischen den Begriffen nachzuweisen: Der von Hume als Beispiel angeführte Satz des Pythagoras drückt eine widerspruchsfreie, d. i. notwendige Beziehung zwischen den Figuren ‚rechtwinkliges Dreieck' und ‚Quadrat' aus. Auf solchen, wie Hume meint, analytischen Urteilen a priori gründen die mathematischen Wissenschaften.

Problematisch ist dagegen die zweite Art des Erkennens, das Urteil über Tatsachen, denn seine Evidenz ist nicht auf gleiche Weise verbürgt. Tatsachenurteile sind zwar gewiß, was die Vorstellung *als Vorstellung* betrifft, jedoch hinsichtlich der Existenz des Vorgestellten nicht unbedingt wahr: zum Beispiel kann, daß die Sonne morgen aufgeht, ebenso klar und deutlich vorgestellt werden wie das Gegenteil; keine der beiden Vorstellungen trägt einen Widerspruch in sich, denn der Vorstellung ‚Sonne' inhäriert kein Kriterium dafür, ob ihr das Prädikat ‚geht auf' zukommt oder nicht. Vielmehr wird mit diesem Prädikat der Sonne etwas zugesprochen, das nicht in ihrem Begriff enthalten, sondern nur empirisch zu verifizieren ist. Deshalb sind im Gegensatz zu den analytischen „relations of ideas" die gehalterweiternden, synthetischen Tatsachenurteile[4] nicht notwendig wahr, sondern bloß wahrscheinlich.

---

2 Zum philosophiegeschichtlichen Hintergrund und zur Problematik dieser Einteilung vgl. Kreimendahl 1982.
3 Auf die Arten der Relationen geht Hume ausführlich im *Treatise* ein (vgl. „Of relations", T 13 ff./24 ff.).
4 Auch wenn Hume selbst die Unterscheidung „analytisch" und „synthetisch" nicht gebraucht (sie geht auf Kant zurück), so ist sie doch in seiner Gabelung der Sache nach angelegt.

Allerdings beschränkt sich Hume in der *Enquiry* ganz auf den ‚Zweig' der Tatsachenerkenntnis, „to enquire what is the nature of that evidence which assures us of any real existence and matter of fact" (EHU 26/36). Denn mit der Erkenntnis der wirklichen Existenz beschäftigen sich nicht nur die Geschichte, die Naturwissenschaften und weite Teile der Philosophie, sondern befaßt sich erklärtermaßen auch Humes „science of man", die den Menschen des „common life" zum Gegenstand hat. Die Klärung der Frage, wie der Verstand Tatsachen als allgemeingültig erkennen kann, das heißt wie wir uns der Wirklichkeit in einer Weise vergewissern, die über das unmittelbare Zeugnis der Sinne und der Erinnerung hinausgeht, gehört also auch zur Grundlegung seiner eigenen Wissenschaft und ist für ihn deswegen von vornehmlichem Interesse. Hume weist dabei selbst auf die Neuheit seines Ansatzes hin (vgl. EHU 26/36), und in der Tat beginnt nun eine der brisantesten und wirkungsreichsten Urteilsanalysen in der Geschichte der Erkenntnistheorie.

a) Kausalitätskritik (EHU IV.1)

Alle Urteile über Tatsachen beruhen auf der Beziehung von Ursache und Wirkung, ist sie doch die einzige Vorstellungsbeziehung, die über die Sinne hinausweist und uns über Gegenstände unterrichtet, die wir nicht unmittelbar wahrnehmen. Die Existenz einer nicht-gegenwärtigen Tatsache wird als Ursache einer gegenwärtigen Tatsache aus ihrer Wirkung *gefolgert*: „A man finding a watch or any other machine in a desert island, would conclude that there had once been men in that island." (EHU 26/36 f.) Dabei wird von einer beständigen *Verknüpfung* („connexion", EHU 27/37) zwischen Ursache und Wirkung ausgegangen, auf der die Gewißheit kausaler Urteile gründet. In der *Enquiry* konzentriert sich Humes Untersuchung (epistemologisch) auf die *Erkennbarkeit* dieser Beziehung[5]. Geleitet ist sie von einer offensiven These: „I shall venture to affirm, as a general proposition, which admits of no exception, that the knowledge of this relation is not, in any instance, attained by

---

5 Im *Treatise* dagegen werden noch andere Aspekte der Kausalitätsproblematik berücksichtigt.

reasonings *a priori*; but arises entirely from experience [...]." (EHU 27/37) Diese These ist deswegen gewagt, weil mit ihr *jede* wissenschaftliche Erkenntnis bezüglich wirklicher Existenz *ausschließlich* auf die empirische Methode reduziert wird. Die Schärfe und Eindringlichkeit ihrer Formulierung läßt erkennen, daß Hume sich hier implizit gegen den fundamentalen Anspruch der Metaphysik gerade im Rationalismus wendet, man könne kausale Beziehungen auch a priori einsehen; ein Anspruch, auf dem beispielsweise der Versuch der rationalen Theologie beruht, von der Existenz der Welt auf die Existenz ihres Urhebers als der ersten Ursache zu schließen (kosmologischer Gottesbeweis).

Hume belegt seine Behauptung in drei Schritten:

1. *Urteile über Kausalität sind keine analytischen Sätze a priori.* Welche Ursache oder Wirkung ein unbekannter Gegenstand hat, läßt sich nicht durch bloße Beobachtung seiner Eigenschaften ermitteln: „No object ever discovers, by the qualities which appear to the senses, either the causes which produced it, or the effects which will arise from it." (EHU 27/37 f.) Die möglichen Wirkungen sind nicht im Begriff des Gegenstandes selbst enthalten und daher nicht deduzierbar. Vielmehr erfahren wir seine Wirkweise nach und nach und erweitern so unsere Kenntnis vom Objekt, wie auch etwa die Physik die Eigenschaften des Schießpulvers oder des Magnetismus nur experimentell erforschen kann.

2. *Urteile über Kausalität sind also ausschließlich synthetische Sätze a posteriori.* Nur durch die wiederholte Wahrnehmung einer Beziehung zwischen zwei bestimmten Typen von Ereignissen wird auf ihre kausale Verbindung geschlossen. Selbst wenn wir zuweilen die Wirkungen eines Gegenstandes vorhersagen können, ohne eine konkrete Erfahrung mit ihm gemacht zu haben, so geschieht dies nur, weil die großen Ähnlichkeiten zwischen den Naturereignissen uns alte Erfahrungen auf neue Zusammenhänge übertragen lassen und die Gewöhnung daran diesen Analogieschluß völlig verdeckt: „We are apt to imagine that we could discover these effects by the mere operation of our reason, without experience." (EHU 28/ 38 f.) Kausalschlüsse beruhen demnach *ausnahmslos* auf Erfahrung, da es eine dritte Art des Urteilens auch gar nicht gibt, denn, so Humes letztes Argument:

3. *Synthetische Sätze a priori sind nicht möglich* – „[…] after what manner, I beseech you, must the mind proceed in this operation?" (EHU 29/39) Der Geist kann Erfahrung nicht antizipieren. Eine Voraussage, in welche Richtung zum Beispiel eine angestoßene Billardkugel rollen wird, wäre bloß willkürlich. Eine Vielzahl alternativer Abläufe ist widerspruchsfrei denkbar. Das Eintreten einer von vielen Möglichkeiten kann nicht mit Gründen a priori prognostiziert werden, weil es keinen logischen Zusammenhang zwischen Ursache und Wirkung gibt: „For the effect is totally different from the cause, and consequently can never be discovered in it." (EHU 29/39) Tatsächlich nehmen wir Ursache und Wirkung als *getrennte Ereignisse* wahr, die in raum-zeitlicher Nachbarschaft und nacheinander auftreten. Erst nach wiederholter Erfahrung ihrer konstanten Verbindung („constant conjunction") denken wir uns diese Ereignisse als kausal verknüpft („connexion") und so als gesetzmäßige Erscheinung.

Aus der Unmöglichkeit der Erkennbarkeit a priori von kausalen Beziehungen ergibt sich jedoch für die Wissenschaften eine weitreichende Konsequenz, nämlich daß eine Kenntnis der letzten Ursachen von Grunderscheinungen in der Natur, wie zum Beispiel des Wesens der Anziehungskraft, nicht möglich ist – von einer Kenntnis Gottes als *prima causa* alles Seienden ganz zu schweigen: „These ultimate springs and principles are totally shut up from human curiosity and enquiry." (EHU 30/41)[6] Tatsachenwissenschaften müssen sich folglich auf die Beschreibung der Phänomene und eine größtmögliche Vereinfachung und Generalisierung ihrer Erfahrungssätze beschränken.

b) Induktionsproblem (EHU IV.2)

Bei diesem ersten Schritt der Eingrenzung des Bereichs gültiger Verstandeserkenntnis bleibt Hume nicht stehen; im zweiten Teil des vierten Abschnitts dehnen sich die skeptischen Zweifel nun auf die *Schlüsse* aus: Bisher konnte nur geklärt werden, wie der

---

6 Dieser Stoß der Humeschen Kausalitätskritik wurde allerdings schon vorbereitet, vor allem durch Newton, Locke und Berkeley. Vgl. Tonelli 1966, hier 433 ff.

Verstand auf der Grundlage wiederholter Erfahrungen ein kausales Verhältnis zwischen zwei eigentlich getrennten Ereignissen erkennt. Aber mit welcher Berechtigung darf er von seinen vergangenen Erfahrungen auf die Zukunft schließen, also seine einzelnen Erfahrungen generalisieren? „*What is the foundation of all conclusions from experience?*" (EHU 32/43) Mit dieser Frage nach dem Schluß von vielen Einzelfällen auf eine allgemeine Gesetzmäßigkeit, nach dem Übergang von (subjektiven) Wahrnehmungsurteilen zum (objektiven) Erfahrungssatz problematisiert Hume das Verfahren der Induktion, das Bacon in seinem *Novum Organon* (1620) als die Methode der modernen empirischen Wissenschaft bestimmt hatte. Schon im *Treatise* hatte Hume Bacon als einen der wichtigsten Vorläufer seiner eigenen experimentellen „science of man" bezeichnet (T XVII/4). Wenn er nun beginnt, die Grundlagen des Empirismus kritisch zu hinterfragen, dann steht damit auch die Möglichkeit dieser Wissenschaft auf dem Prüfstand.

Parallel zum ersten Teil des vierten Abschnitts eröffnet Hume seine Analyse mit einer These, die freilich eine „negative" und somit vorläufige Antwort sein will: „I say then, that, even after we have experience of the operations of cause and effect, our conclusions from that experience are *not* founded on reasoning, or any process of the understanding." (EHU 32/43) Die Brisanz dieser These ist gar nicht hoch genug einzuschätzen, hängt doch von ihr nichts Geringeres ab als die Rationalität der empirischen Wissenschaft.

Humes Beweisführung gliedert sich analog zum vorangegangenen Teil wiederum in drei Schritte:

1. *Der Induktionsschluß ist kein Syllogismus* („*demonstrative reasoning*"). Reine Verstandesschlüsse sind Syllogismen, das heißt Urteile, die aus vorausgehenden Urteilen, ihren Prämissen, gezogen werden, insofern diese einen gemeinsamen Mittelbegriff enthalten. Aus dem Obersatz: „Alle Menschen sind sterblich" und dem Untersatz: „Alle Philosophen sind Menschen" läßt sich über den verbindenden *terminus medius* „Mensch" a priori der notwendige Schluß ziehen: „Alle Philosophen sind sterblich". Ein solcher Mittelbegriff läßt sich jedoch beim Induktionsschluß nicht ausmachen, denn hier wird von Erfahrungen der Vergangenheit („Alle bekannten Ereignisse G sind F") auf die Zukunft geschlossen („Alle G-Ereignisse sind F"), ohne daß die Aussagen

über die Vergangenheit einen gemeinsamen Begriff enthielten, über den sich der Schluß logisch ergeben könnte. Unsere generalisierenden Aussagen über das, was sich in Zukunft ereignen wird, enthalten also kein notwendiges Wissen, denn die Zukunft kann sich immer auch anders gestalten als die Vergangenheit. Die wiederholte Erfahrung bestimmter Wirkungen eines Gegenstandes erzeugt lediglich eine Erwartung, daß diese auch in Zukunft auftreten werden: „Now this is a process of the mind or thought, of which I would willingly know the foundation." (EHU 33/44)

2. *Der Induktionsschluß ist ein Denkakt, dem Wahrscheinlichkeit zukommt („moral reasoning")*, insofern wir vergangenen Erfahrungen vertrauen und sie zum Maßstab zukünftiger Urteile machen: Wenn uns Brot in der Vergangenheit stets ernährt hat, vermuten wir, daß ein anderes Brot zu anderer Zeit dieselben nährenden Eigenschaften haben wird. Diese Antizipation der Erfahrung, daß sich zukünftige Ereignisse den vergangenen analog verhalten, stützt sich auf das Prinzip der Kontinuität der Naturereignisse. Doch das „moral reasoning" erweist sich damit als in sich selbst haltlos, denn dieses Prinzip, das Induktion begründet, ist eine bloße Voraussetzung, die der Verstand nicht a priori kraft einer reinen Vorstellungsbeziehung aufstellen kann, da sie selbst nur auf Erfahrung beruht, also auch bloß wahrscheinlich ist. Der Induktionsschluß, der doch Erfahrung sichern soll und deshalb nicht selbst auf sie zurückgehen kann, erweist sich somit als ein Zirkelschluß (vgl. EHU 35 f./46 f.).

3. *Die Evidenz von Tatsachen ist folglich überhaupt nicht rational zu begründen*: „I cannot find, I cannot imagine any such reasoning." (EHU 36/47) Das Vertrauen auf die Erfahrung wird zum einen über die Ähnlichkeit („similarity") der Naturereignisse hergestellt, die gewissermaßen dem *terminus medius* im Syllogismus entspricht. Über sie induzieren wir freilich nicht eigenständig vom Einzelnen auf das Allgemeine, sondern „we are induced" (EHU 36/47), das heißt wir werden geradezu mechanisch dazu geführt, ähnliche Ereignisse zu erwarten. Der andere Faktor ist die Zeit, denn die Sicherheit der Erwartung und des Urteils steigert sich mit jedem beobachteten ähnlichen Fall. Beides deutet darauf hin, daß Erfahrung durch eine besondere Disponiertheit des Geistes, also im Subjekt konstituiert wird. Das heißt jedoch, daß weder der reine noch der empirische

Verstand die Evidenz von Tatsachen einzusehen vermag. Die Induktion als das Instrument empirischer Forschung erweist sich damit scheinbar als ebenso hypothetisch wie die von Hume attackierten metaphysischen Spekulationen.

Die von Hume hier aufgezeigte Aporie des Verstandes wurde von den Zeitgenossen als ein skandalöser Angriff gegen die Wissenschaft schlechthin gewertet, der ihm den Ruf eines haltlosen Skeptikers eintrug, sah man doch durch seine Urteilsanalyse jegliche Erkenntnismöglichkeit in Frage gestellt. Vor allem von den Vertretern der schottischen Common-sense-Philosophie – allen voran Thomas Reid[7] – wurde vehement dagegengehalten, daß sich der empirische Verstand in der alltäglichen Praxis stets bewähre[8]. Doch Hume bestreitet nirgendwo die Brauchbarkeit der Tatsachenerkenntnis noch ihre praktische Unentbehrlichkeit; im Gegenteil (vgl. EHU 38/49). Seine Zweifel beziehen sich allerdings darauf, ob der Verstand *aus sich selbst* Erfahrung begründen kann, das heißt auf dem Gebiet der Tatsachenerkenntnis *autonom* urteilt; daher Humes ständig insistierendes Fragen nach dem vermeintlichen Vernunftverfahren in diesem Abschnitt. Humes Hinweis auf dieses Problem des Verstandes hat in seiner Tragweite erst Kant zu würdigen und für seine *Kritik der reinen Vernunft* fruchtbar zu machen gewußt.

Doch mit dem Resultat, daß Tatsachenerkenntnis philosophisch nicht begründbar ist, gelangt die *Enquiry* an einen äußerst kritischen Punkt: War Hume im vierten Abschnitt angetreten, „that implicit faith and security, which is the bane of all reasoning and free enquiry" (EHU 26/36), zu zerstören, um dadurch erst ein verläßliches Fundament der Wissenschaft zu legen, so erscheint nun nach der Urteilsanalyse das Vertrauen in den Verstand gänzlich erschüttert und das Territorium fundierten Wissens nurmehr auf das schmale Gebiet der Mathematik begrenzt. Aber wie ist dann empirische Wissenschaft – auch eine des Menschen – überhaupt möglich? Wie läßt sich der drohende Skeptizismus überwinden?

---

7 Vgl. vor allem Reid 1764.
8 Bei ihrer Kritik haben sie freilich eher die noch provokanter formulierte Erkenntnistheorie des *Treatise* im Auge. – Vgl. Ardley 1976.

III. Die „proper province" des Verstandes: Humes pragmatische Wissenschaftsauffassung

Die Krise des Verstandes – und das heißt auch der Philosophie – macht ein kurzes Innehalten in der Untersuchung notwendig. Hume beginnt daher den fünften Abschnitt mit einigen metaphilosophischen Überlegungen, die insofern denjenigen des ersten Abschnitts korrespondieren, als sie eine zentrale Fortbestimmung der dort eingeführten „just philosophy" enthalten. Zunächst vergegenwärtigt er in einer Art Zwischenbilanz die Gefahr, in die das Unternehmen geraten ist: Das Erkenntnisbedürfnis des Verstandes führt „by imprudent management" (EHU 40/52) unweigerlich zur Selbstzerstörung. Der Hang, sich einseitig theoretisch mit den Erkenntnisgrundlagen zu befassen, stellt den Verstand vor unlösbare Probleme, wie das Ende des vierten Abschnitts zeigt. Und was mehr ist: Mit der Zerstörung des Vertrauens in das Urteilen scheint auch noch die Grundlage des Handelns gefährdet. Es sieht tatsächlich so aus, als habe Hume hoffnungslos „sein Schiff ... auf den Strand (den Scepticism)" gesetzt, wie Kant bemerkt[9].

Eine solch radikale Skepsis hinsichtlich der Leistungsfähigkeit des Verstandes, die eine unbedingte Urteilsenthaltung (epoché) fordert und die Hume – dem neuzeitlichen, reduzierten Verständnis der antiken Skeptikerschule folgend – „pyrrhonisch"[10] nennt, erscheint ihm in ihrer Absolutheit jedoch selbst als bloß dogmatisch. Er begegnet ihr daher seinerseits skeptisch[11]: Radikale Skepsis kann nicht ernsthaft überzeugen, wie die Erfahrung des alltäglichen Lebens zeigt. Hier wird der Verstand nämlich fraglos gebraucht, es wird geurteilt, gehandelt, ohne daß die fatalen Ergebnisse der Erkenntnistheorie irgendeine Bedeutung hätten: „Nature, by an absolute and uncontroulable necessity has determin'd us to judge as well as to breathe and feel [...]", so pointiert hatte Hume im *Treatise* auf das paradoxe Phänomen der Skepsis hingewiesen (T 183/245)[12].

---

9 I. Kant: *Prolegomena*, Akademie-Ausgabe Bd. IV, 262.
10 Vgl. Schröder 1989.
11 Vgl. hierzu R. H. Popkin, „David Hume: Sein Pyrrhonismus und seine Kritik des Pyrrhonismus", s. u. 215–251.
12 Vgl. hierzu ausführlich Lüthe 1988.

Der theoretische Verstand steht, so zeigt sich hier, nicht nur unmittelbar im Widerspruch zur menschlichen Natur, er wird auch stets von ihr besiegt (vgl. EHU 41/53).

Mit dem Gegenargument der Alltagserfahrung ist der Zweifel freilich nicht theoretisch aufgelöst, sondern Hume stellt hier wie ein unparteiischer Streitbeobachter den starken Standpunkt der Praxis dar und erreicht so ein argumentatives Gegengewicht. Aber durch diese Mäßigung der radikalen Skepsis[13], die Hume wiederum in Anlehnung an die Antike als die Haltung einer „Academic or Sceptical philosophy" bezeichnet (obwohl gerade dies die Position der antiken pyrrhonischen Philosophie ist)[14], vermag er sein ‚gestrandetes Schiff' wieder flottzumachen: Denn die Beobachtung des alltäglichen Vertrauens auf das Urteilen führt Hume zu der Einsicht, daß radikale Skepsis lediglich der destruktiven Struktur des von der konkreten Lebenswirklichkeit losgelösten, abstrakten Verstandes entspringt, also nur dann zum Problem der Philosophie wird, wenn sie die aktive und soziale Seite der menschlichen Natur außer acht läßt. Die Konsequenz kann für ihn nur die totale Aufgabe des theoretischen Verstandesbedürfnisses nach Letztbegründung sein; die Philosophie hat sich folglich auf denjenigen Erkenntnisbereich zu richten, auf dem der Verstand sich nicht widersprüchlich gegen sich selbst wendet, „renouncing all speculations which lie not within the limits of common life and practice" (EHU 41/53).

Die Untersuchung der Verstandestätigkeit impliziert also einen kritischen Durchgang durch alle großen philosophischen Systeme, über den die Humesche Philosophie schließlich zu sich selbst findet: Wurde im vierten Abschnitt nicht nur der

---

13 Die Mäßigung kontroverser Standpunkte („moderation") – ob wie hier in erkenntnistheoretischen Zusammenhängen oder wie in den *Essays*, den *Discourses* oder der *Enquiry concerning the Principles of Morals* bei politischen, moralischen oder ästhetischen Fragen – ist das Kennzeichen der Humeschen Argumentationsweise nach dem *Treatise*. Vgl. dazu v. d. Lühe 1996.

14 Hier zeigt sich deutlich, daß Humes Charakterisierung der pyrrhonischen Skepsis an der antiken Auffassung vorbeigeht und sie wohl auch nicht treffen will; vielmehr soll mit diesem Etikett nur eine bestimmte erkenntnistheoretische Position gekennzeichnet werden. Auch die Einschätzung der akademischen Philosophie und ihrer konstruktiven Funktion geht auf eine neuzeitliche Auffassung der Skepsis zurück, wie sie etwa bei den Mitgliedern der Royal Society vorherrschte.

Rationalismus, sondern auch noch der Rationalismus innerhalb des Empirismus zurückgewiesen, so wendet sich Hume zu Beginn des fünften Abschnitts gegen den drohenden radikalen Skeptizismus. Was übrig bleibt, ist eine moderat-skeptische Position, die sich insofern deutlich von der sogenannten pyrrhonischen Skepsis unterscheidet, als sie im Alltagsverstand ein Korrektiv findet, diesen aber gleichwohl methodisch reflektiert, also der Stärken *und* Schwächen beider Positionen eingedenk ist. Im zwölften Abschnitt wird Hume diese Skepsis dann näher als die Haltung eines kritischen „common sense" bestimmen, der jene rechte, das heißt pragmatische Wissenschaft begründet, die stets eine „direct reference to action and society" (EHU 9/7) behält. (Schon allein wegen dieser auffallenden Beziehung auf das Anfangs- und Schlußkapitel läßt sich der fünfte Abschnitt als gedankliche Mitte, als ‚Peripetie' der *Enquiry* ansehen.)[15] Gegenstand dieser pragmatischen Skepsis werden die Themen sein, die den Menschen des „common life" am meisten interessieren, nämlich Moral, Politik und Ästhetik, die Hume vornehmlich in seinen Essays behandelt. Nach dem negativen Teil der Verstandesanalyse im vierten Abschnitt der *Enquiry* begreift sich Humes „just philosophy" also als Wissenschaft von der *gesellschaftlich-praktischen* Natur des Menschen, die nun allerdings noch die „skeptische Lösung" der Zweifel und so ihre positive Basis zu erbringen hat. Dies gelingt ihr, indem sie sich der *konkreten Funktion des Verstandes* im menschlichen Leben zuwendet.

---

15 Die *Enquiry* unterscheidet sich vom ersten Buch des *Treatise* im wesentlichen durch die Komposition: Mit der Erinnerung an die Gleichberechtigung der rationalen, aktiven und sozialen Seiten des Menschen im ersten Abschnitt wird von Anfang an die primär praktische Dimension menschlichen Lebens betont, so daß im fünften Abschnitt das Argument der alltäglichen Erfahrung größtes Gewicht erhalten und die Krise des Verstandes schon in der Mitte der Untersuchung durch ein positives Wissenschaftskonzept überwunden werden kann. Dagegen tritt im *Treatise* die Schwäche und die destruktive Tendenz des Verstandes in den Vordergrund, und zwar um so schärfer, als hier der in der Einleitung formulierte hohe Anspruch der Wissenschaftlichkeit am Ende des ersten Buches in Skeptizismus mündet; Hume ist hier mehr am Scheitern des theoretischen Verstandes und weniger an einem neuen Wissenschaftsprogramm interessiert.

a) Der instrumentelle Verstand (EHU V.1)

Es spricht für die Stärke des Humeschen Gedankens, daß er, obwohl er sich nicht durch den Hinweis des unmittelbaren Common-sense-Standpunktes auf den alltagspraktischen Erfolg der Verstandestätigkeit beschwichtigen läßt, sondern auf eine philosophische Lösung des Problems drängt, gleichwohl durch dessen Argument einen Weg aus der Aporie findet: Die Beobachtung, daß Erfahrung de facto unsere Erkenntnis von den Eigenschaften der Dinge vervollkommnet, zeigt, daß der Erfahrungsschluß keineswegs haltlos ist; er hat seinen Grund nur nicht im Verstand, wie auch das Beispiel von noch unverständigen Kindern und vernunftlosen Tieren belegt, die ebenfalls ihr Wissen durch Erfahrung erweitern (vgl. EHU 39/50). Offenbar sind mit dem Ausschluß des Verstandes als Quelle der Erfahrung nicht alle Möglichkeiten erschöpft: „If the mind be not engaged by argument to make this step [den Schritt zur Verallgemeinerung von Erfahrung], it must be induced by some other principle of equal weight and authority." (EHU 41/54) Dieses Prinzip muß in dem beobachteten natürlichen Trieb zu urteilen, in jenem instinktiven Vertrauen auf die Gültigkeit der Schlüsse liegen.

Die Kausal- und Induktionsanalyse des vierten Abschnitts hatte bereits gezeigt, daß die wiederholte Erfahrung zusammenhängender Ereignisse den Verstand ohne Vernunftgrund dennoch nötigt, einen Schluß vom Einzelfall auf das Allgemeine zu ziehen: „[...] he finds himself *determined* to draw it" (EHU 42/54; Hervorhebung d. Verf.). Diese seelische Neigung („propensity", EHU 43/55) zum Schließen, die selbst dann bestehen bleibt, wenn der Verstand die Grundlosigkeit der Schlußfolgerung erkennt, ist jene bereits beobachtete Gewohnheit (vgl. EHU 28/39): „All inferences from experience, therefore, are effects of custom, not of reasoning" (EHU 43/55), resümiert Hume und gibt damit die positive Antwort auf die im ersten Teil des vierten Abschnitts gestellte Frage nach dem Prinzip der Erfahrung. Induktion wird dann nicht durch ein theoretisches, sondern durch ein *praktisches* Prinzip begründet, denn Gewohnheit bedeutet das im Umgang mit Erfahrungsdaten erworbene Verhalten des Geistes. Sie bewirkt die feste Überzeugung, daß vergangene Erfahrungen auch in Zukunft Gültigkeit haben, einen natürlichen „belief of matter of fact" (EHU 46/59), der anstelle des logischen Grundes den Erfahrungsschlüssen Evidenz verleiht[16]. Diese für das menschliche Leben unentbehrliche, wohlgeordnete Korrespondenz zwischen Naturablauf und Gedanken bezeichnet Hume als „a kind of pre-established harmony" (EHU 54/68), in ironischer Anspielung auf Leibniz und dessen Gedanken der von Gott vorherbestimmten Verhältnisse aller Monaden untereinander. Doch bei Hume ist es der menschliche Geist selbst, der uns qua Prinzip der Gewohnheit beziehungsweise des Glaubens in der Vielfalt der Phänomene Einheit wahrnehmen und so von der Kontinuität des Naturablaufs überzeugt sein läßt.

Mit diesem überraschenden Ergebnis weiß sich Hume allerdings „pretty remote from the common theories of philosophy" (EHU 46/59). Denn der empirische Verstand hat sich damit als eine bloße „operation of the soul" erwiesen, die ebenso unwillkürlich entsteht wie das Gefühl der Liebe oder des Hasses (vgl. EHU 46/59), gerade wegen ihrer faktischen Präsenz im Geist aber eine unerschütterliche Basis des Urteilens abgibt. Genau darin liegt auch der praktische Wert des Glaubens, der dem theoretischen Verstand fehlt: Letzterer beurteilt Tatsachen, indem er nach der Ursache eines gegebenen Sachverhalts fragt und dabei so lange zurückschreitet, bis er zu einer dem Gedächtnis oder den Sinnen gegenwärtigen Tatsache gelangt. Dieser lange Weg des Argumentierens birgt nicht nur die Gefahr eines regressus ad infinitum, sondern er ist auch anfällig für Irrtümer und bleibt, wie gesehen, letztlich hypothetisch (vgl. EHU 45 f./ 57 f. und 55/68 f.). Der durch Gewohnheit erzeugte Glaube vermag diese Schwäche des Verstandes zu kompensieren, denn er entscheidet spontan: „The custom operates before we have time for reflexion." (T 104/142) Auf diese Weise sichert der Glaube die Erfahrung und versetzt uns in die Lage, unsere Urteile trotz ihrer theoretischen Haltlosigkeit praktisch nutzbar zu machen.

Wenn bei Hume ein vorreflexives Entscheiden an die Stelle des regressiven (und destruktiven) Fragens nach dem Grund tritt, dann wird klar, warum seine Lösung gleichwohl skeptisch

---

16 Zu Humes „naturalistic view of reason" vgl. Kemp Smith 1941, Kap. 4–6.

bleiben muß: Mit dem Verweis auf den Verstandesinstinkt ist die radikale Skepsis zwar abgewehrt – Urteilen ist möglich, sofern es an die Praxis gebunden ist; doch es ist eben ‚nur' ein praktischer Instinkt und nicht der Verstand selbst, der Erfahrung begründet – empirische Wissenschaft beruht so letztlich ‚bloß' in einem subjektiven Vertrauen darauf, daß unsere Erfahrungen den Dingen adäquat sind. Erscheint durch diesen „Verzicht auf das Gewißheitspostulat"[17] auch der Anspruch der Wissenschaft gedemütigt, so ist sie doch deswegen nicht irrational oder gar unmöglich. Wissenschaft ist möglich und ‚vernünftig', sofern sie sich an den Auffassungen des praktischen „common life" orientiert und in ihren Urteilen moderat bleibt. In ihr ist der theoretische Verstand auch keineswegs zugunsten des Instinkts suspendiert und die in der *Enquiry* erbrachte Theorie des Begriffs, Urteils und Schließens nicht etwa obsolet. Vielmehr schützt die Genauigkeit des Argumentierens, das heißt die strenge Rückbindung der Verstandestätigkeit an die empirischen Grundsätze, ihrerseits vor Irrtümern, denen auch der spontane „belief" immer erliegen kann; diese „accuracy" (EHU 10/8) ist beim Entstehen eines sicheren Gefühls der Überzeugung beteiligt. Aber der Verstand hat damit lediglich eine dienende, instrumentelle Funktion. Nur in der Unterordnung unter die Natur – als ‚Sklave' des Instinkts[18] – ist er nicht zerstörerisch, sondern der nützliche, pragmatische Verstand, der sich in den folgenden Abschnitten der *Enquiry* bei der Kritik rationalistischer Philosopheme und der Religion bewähren wird. Schon in der Erkenntnistheorie und nicht erst in der Moralphilosophie wird der nützlichkeitsorientierte Grundzug der Humeschen Philosophie deutlich.

---

17 Lüthe 1988, 176.
18 „Reason is, and ought only to be the slave of the passions [...]" (T 415/II 153), lautet Humes berühmte antirationalistische Einschätzung der Vernunft, die auch für das Verhältnis von theoretischem Verstand und „propensity" gilt (vgl. T 270/348).

b) Primat der Empfindung (EHU V.2)

Mit dem „belief" ist das nicht-hintergehbare Prinzip des empirischen Verstandes erreicht, denn Überzeugung ist ein unmittelbares Faktum der Seele, das nicht weiter begründet werden kann. Dennoch ist die philosophische Untersuchung erst dann vollständig, wenn auch das Wesen des Glaubens („the nature of this *belief*", EHU 47/59) bestimmt ist. Dies ist um so notwendiger, als der Verstand bei der Tatsachenbeurteilung unabhängig von der Erinnerung und von Eindrücken operiert, damit aber prinzipiell nicht anders zu verfahren scheint als beim Fingieren von Ereignissen. Die Vorstellung, daß die Sonne nicht aufgeht, kann – etwa in einem Science-fiction-Roman – ebensoviel Konsistenz und „appearance of reality" besitzen wie diejenige, daß sie wie jeden Tag aufgehen wird. „Wherein, therefore, consists the difference between such a fiction and belief?" (EHU 47/60) Was gibt der Überzeugung von einer bestimmten Tatsache den Charakter des Sicheren, Zwingenden? Erst mit Beantwortung dieser Frage ist die Möglichkeit empirischer Wissenschaft hinreichend gerechtfertigt.

Humes Wesensbestimmung des Glaubens erweist sich als äußerst schwierig, entzieht sich der Glaube als ein ebenso ursprüngliches Faktum der Seele wie etwa auch das Gefühl der Liebe oder des Hasses doch jeglicher Definition, so daß er nur mit anderen bekannten Phänomenen verglichen, von ihnen abgegrenzt und dann annähernd beschrieben werden kann: Der Glaube ist keine „peculiar idea" (EHU 47/59) etwa von „Realität" oder „Existenz", die der Verstand einer bestimmten Vorstellung noch hinzufügt (vgl. T 623/353 f.), denn eine solche ‚Realitätsidee' könnte er in seiner unbeschränkten operationalen Freiheit prinzipiell mit jeder beliebigen Vorstellung verknüpfen, so daß der Geist von der Wirklichkeit aller möglichen Vorstellungen überzeugt sein könnte. Vielmehr ist die geglaubte Vorstellung von einem unwillkürlichen, nicht beeinflußbaren „sentiment or feeling" der Zustimmung (EHU 48/60) begleitet, das einer Fiktion fehlt, so daß jene auf eine lebhaftere, stärkere, festere, beständigere Weise als diese dem Geist präsent ist (vgl. EHU 49/62).

Wie Hume im zweiten Abschnitt ausführt, unterscheiden sich die Eindrücke von den blasseren Ideen durch Lebhaftigkeit und Stärke (vgl. EHU 18/18). Dennoch ist der Glaube selbst kein

Eindruck, keine Perzeption, sondern eine bestimmte *Konzeption* einer Vorstellung: „[T]he sentiment of belief is nothing but a conception more intense and steady than what attends the mere fictions […]." (EHU 50/63) Er ist also nichts Inhaltliches, sondern eine spezifische Form des Vorstellens, ein „act of mind" (EHU 49/62)[19], aufgrund dessen sich das denkende Subjekt seines Vorstellungsmaterials bezeichnenderweise *lebhaft empfindend* inne wird („*belief* is something felt by the mind", EHU 49/62), ihn aber nicht (wie im Rationalismus) *klar und distinkt erkennt*. Zeichnete sich in der Kausalitäts- und Induktionsanalyse bereits die anticartesische Tendenz des Humeschen Gedankens ab, so wird nun an der Umschreibung jenes eigentümlichen ‚Je-ne-sais-quoi' des Glaubens deutlich, daß Hume in der Nachfolge der von Shaftesbury und Hutcheson begründeten Philosophie der Empfindsamkeit steht[20]. Beide hatten das Gefühl zum genuinen Prinzip der *moralischen* wie *ästhetischen* Urteile erklärt; Hume schließt sich ihnen in diesem Punkt an[21], geht aber noch einen Schritt darüber hinaus: Für ihn beruht auch noch das *Erkennen* – und somit alles Urteilen – auf „sentiment". „'Tis not solely in poetry and music, we must follow our taste and sentiment, but likewise in philosophy" (T 103/141), lautet die provokante Konsequenz, die Hume aus seiner Erkenntnistheorie zieht.

Daß Hume jedoch mit dem Gefühl des Glaubens nicht post festum zu einer neuen Dogmatik findet, sondern seine Skepsis bis zuletzt durchhält, verdeutlicht seine abschließende Untersuchung, die zeigen soll, daß der Glaube nicht nur die Assoziation von Ursache und Wirkung, sondern auch die der Ähnlichkeit und der raum-zeitlichen Berührung begleitet und so das Erkenntnisprinzip schlechthin ist (EHU 50–54/63–68). Hier greift Hume nicht zufällig auf Beispiele aus dem Bereich der Religion zurück, um die Verursachung und Verstärkung des „belief" zu veranschaulichen. Die Parallelisierung des Überzeugtseins von Tatsachen mit religiösem Glauben („faith") macht schlagend

---

19 Vgl. hierzu Mall 1984, bes. 185 f.
20 Vgl. hierzu Hume selbst: T XVII/4 Anm.; ferner Fußnote zum ersten Abschnitt der *Enquiry* in der 1. und 2. Auflage (1748, 1751), vgl. *Philosophical Works* Bd. IV, 10 f., EHU deutsch 13 f.
21 Vgl. EPM 171/5.

deutlich, daß die Gewohnheit eben auch Aberglauben und Scheinwahrheit erzeugen kann: Mit ihren das Übersinnliche vergegenwärtigenden Symbolen, ihrer Reliquienverehrung und vor allem wegen der langen Tradition ihrer Doktrin baut die christliche Religion auf dasselbe Prinzip der menschlichen Natur, das auch Tatsachenerkenntnis ermöglicht. Um so wichtiger erscheint am Ende des fünften Abschnitts die kritische Überprüfung des „belief" durch den theoretischen Verstand, durch Erfahrung und Experiment. Erst das Zusammengehen von Verstand und Instinkt, das Reflektieren auf das Überzeugungsgefühl konstituiert das, was Hume an anderer Stelle „sichere Urteilskraft"[22] nennt und was nicht nur Wissenschaft ermöglicht, sondern auch in Fragen der Moral, Politik und Ästhetik entscheidet.

Literatur

Ardley, Gavin 1976: Hume's common sense critics. In: Revue internationale de la philosophie 30, 104–125.
Kemp Smith, Norman 1941: The Philosophy of David Hume. A Critical Study of its Origins and Central Doctrines. London [1]1941, [5]1966.
Kreimendahl, Lothar 1982: Humes verborgener Rationalismus. Berlin-New York.
Lüthe, Rudolf 1988: Skeptisches Paradoxon und pragmatische Wissenschaftsbegründung. Zu David Humes Weg vom ‚Treatise' zur ‚Enquiry'. In: W. Kluxen (Hrsg.): Tradition und Innovation. Hamburg, 170–177.
Mall, Ram Adhar 1984: Der operative Begriff des Geistes: Locke, Berkeley, Hume. Freiburg-München.
Reid, Thomas 1764: An Inquiry into the Human Mind on the Principles of Common Sense. Edinburgh. In: Ders.: Philosophical Works. Hrsg. v. Sir William Hamilton. Reprint Hildesheim-Zürich-New York 1983.
Schröder, Winfried 1989: Pyrrhonismus II. In: Historisches Wörterbuch der Philosophie, Bd. 7. Basel, Sp. 1721–1724.
Tonelli, Giorgio 1966: Die Anfänge von Kants Kritik der Kausalbeziehungen und ihre Voraussetzungen im 18. Jahrhundert. In: Kant-Studien 57, 417–456.
von der Lühe, Astrid 1996: David Humes ästhetische Kritik. Hamburg.

---

22 Nicht in der *Enquiry*, wohl aber in den *Essays* nennt Hume das sorgfältige Reflektieren auf das unmittelbare Urteil des Gefühls „strong sense", „good sense" oder einfach „judgment". Hier tritt es freilich in praktischen und ästhetischen Zusammenhängen, nämlich als Geschmack („taste") in Erscheinung.

Michael Hampe

Unser Glaube an die Existenz abwesender Tatsachen

I. Der Umgang mit neuen Erfahrungen und das Ideal deduktiver Gewißheit

Vernünftig verhielt sich nach Hume der indische Prinz, der nicht glauben wollte, daß Wasser zu Eis gefriert (vgl. EHU 113/133). Seine bisherigen Erfahrungen konnten eine solche Verwandlung des Wassers nicht erwarten lassen. Wenn er – vielleicht als erfahrener Politiker – mit der Sensationslust und der Tendenz der Menschen vertraut war, sich wichtig zu machen, die ja zur Produktion und Weitergabe von Gerüchten und dem persönlichen Glauben an Lügen und Übertreibungen führt, dann mußte er sich bei der Behauptung, daß Wasser bei genügender Abkühlung zu einer festen Masse erstarre, mit einer Lügengeschichte konfrontiert sehen, mit der ein Vertreter einer fremden Nation und Bewohner eines anderen Klimas seine Aufmerksamkeit erregen wollte. Nie hatte der Prinz erfahren, daß Wasser zu Eis wird, oft hatte er erfahren, daß Menschen aus Sensationslust lügen und Lügen glauben. Also mußte er in diesem Falle vernünftigerweise annehmen, es wieder mit einem Vertreter der Klasse der Lügner oder Leichtgläubigen zu tun zu haben, denn das war auf der Grundlage seiner bisherigen Erfahrungen das Wahrscheinlichste.

Doch nehmen wir an, der Prinz würde in den kalten Garten mit den schon reifüberzogenen Bäumen geführt, wo er sehen könnte, wie der Teich gerade zufriert, und er antwortete daraufhin: „Das ist kein Wasser. Hier muß es sich um irgendeinen

Trick handeln. Sie haben irgend etwas hineingerührt, das jetzt erstarrt." Sollen wir immer noch sagen, daß der Prinz vernünftig ist, oder mangelt es ihm nicht vielmehr an Phantasie? Ist er nicht eher auf konservative Weise halsstarrig, weil er sich gar nicht vorstellen kann, daß er etwas erfährt, was seiner bisherigen Erfahrung widerspricht? Was ist der Unterschied zwischen einer *vernünftigen* Skepsis, einem gesunden Mißtrauen gegenüber Neuem und *konservativer Halsstarrigkeit*? Und wie sollen wir die Skepsis der europäischen Biologen beurteilen, die glaubten, ihnen werde Seemannsgarn vorgesponnen, als sie von einem Pelztier mit einem Entenschnabel in Australien hörten, das Eier legt, aus denen Junge schlüpfen, die zuerst Lippen haben, mit deren Hilfe sie Milch von ihrer Mutter aufnehmen, die jedoch dann ebenfalls bald einen Schnabel entwickeln? Manche sollen auch angesichts des ausgestopften Schnabeltieres noch an Schwindel geglaubt haben; ein Tierpräparator mag so manches zusammenmontieren. Doch das Schnabeltier (*Ornitorhynchus anatinus*) gibt es wirklich, wenn auch nur in Australien; es ist ebenso wirklich wie gefrierendes Wasser, nur seltener. Hat man nur Erfahrungen von Tieren mit Pelzen, die Lippen haben und säugen, sowie von Tieren mit Schnäbeln, die Eier legen und nicht säugen, dann muß einem das pelzige Schnabeltier, das sowohl Eier legt als auch säugt, als Fabelwesen erscheinen.

Wie glaubwürdig uns der Bericht von einer Tatsache erscheint, die wir nicht selbst erfahren haben, hängt von den Erfahrungen ab, die wir vor dem Bericht gemacht haben. Häufig haben wir es auch mit Grenzfällen zu tun, in denen wir uns schwer tun zu entscheiden, einen Bericht zu glauben oder nicht zu glauben, weil wir nicht wissen, *wie wahrscheinlich* das Bestehen einer Tatsache, von der wir hören oder lesen, auf der Grundlage unserer bisherigen Erfahrung wirklich ist. Doch das Wesen wissenschaftlicher Forschung besteht ja gerade darin, daß wir *neue* Erfahrungen von Tatsachen verstehen lernen, die mit unseren bisherigen Erfahrungen nicht recht zusammenpassen. Muß es also nicht auch einen vernünftigen Glauben an das Neue und deshalb Unbekannte geben, gewissermaßen als Bedingung des wissenschaftlichen Fortschritts?

Die Frage, was es heißt, eine neue Erfahrung oder einen Bericht von einer neuen Tatsache vernünftigerweise für wahr zu halten oder ihm unseren Glauben vorzuenthalten, betrifft jedoch nicht nur die Wissenschaft. Denn alle Wesen, nicht nur Wissenschaftler, sondern auch indische Prinzen lernen durch Erfahrung Neues hinzu. Sie spulen nicht nur genetisch programmiertes Verhalten ab, sondern *ändern* ihr Verhalten nach ihren neuen Erfahrungen. Alle Lebewesen können den Schatz dessen, was sie aufgrund ihrer Erfahrung für wahr halten, *erweitern*: „It is certain that the most ignorant and stupid peasants – nay infants, nay even brute beasts – improve by experience [...]" (EHU 39/50), schreibt Hume. Doch ein großer, wenn nicht der größte Teil dessen, was wir Menschen hier in unserem Kulturkreis für wahr halten, ist uns nicht durch eine Erweiterung unserer Erkenntnis, die durch persönliche Erfahrung zustande kam, zugänglich geworden, sondern durch Berichte, die sich auf räumlich oder zeitlich Entferntes beziehen und die wir auf die von uns selbst gemachten Erfahrungen bezogen. Doch *nach welchen Kriterien* beurteilen wir neue Erfahrungen und Berichte von Erfahrungen, die wir nicht selbst machen können, wenn wir entscheiden, ob wir sie vernünftigerweise für etwas halten sollen, was sich auf wahrhaftig existierende Tatsachen bezieht?

Mit diesen Fragen befaßt sich Hume vor allem im vierten und fünften Abschnitt der *Enquiry*. Seine Darstellung dieser Probleme hat ihn zum Namensgeber für eine bestimmte Position in der Diskussion des sogenannten Induktionsproblems gemacht. Hume selbst spricht allerdings gar nicht von Induktion, obwohl das mit diesem Wort verbundene philosophische Thema seit Aristoteles bekannt ist, der von „epagogê" gesprochen hat. Doch durch Hume hat dieses Thema eine gewisse Schärfe bekommen, die zu einer bis heute anhaltenden Diskussion geführt hat.

Das Induktionsproblem ist eng verknüpft mit der Bestimmung des Vernunftbegriffes und dem Problem der Explikation des Begriffs der *kausalen Verknüpfung*. Die Verbindung mit dem Vernunftbegriff wird schon in den obigen Beispielen deutlich. Wenn wir es nicht mit logischen oder mathematischen Beweisen zu tun haben, also nicht mit Sätzen, die wir glauben sollen, weil sie nach bestimmten Regeln des deduktiven Schließens aus anderen Sätzen, die wir sowieso schon glauben, abgeleitet worden sind, wann haben wir dann das Recht, unseren Glauben an sie als einen vernünftigen Glauben oder eine vernünftige Überzeugung¹ anzusehen? Die Mathematik und ihre Methoden des Schließens sind bis heute ein Ideal der vernünftigen Organisation unseres Denkens. Doch ist es möglich, unser *ganzes* Denken deduktiv zu organisieren und nur dann etwas zu glauben, wenn wir es auch deduktiv rechtfertigen können? Nach Hume ist das nicht der Fall. Andererseits gibt es für ihn kein Verfahren, das es erlaubte, anders denn deduktiv so zu rechtfertigen, daß die entsprechenden Überzeugungen im selben Sinne als gewiß gelten könnten wie deduktiv bewiesene Sätze. Das heißt, daß wir die Gewißheit für den größten Teil unserer Meinungen über Tatsachen, seien sie nun wissenschaftlich begründet oder alltäglich selbstverständlich, nicht mehr rekonstruieren könnten, wenn wir das Ideal des deduktiven Beweises zu unserem Ideal der Gewißheit von Überzeugungen überhaupt machten. Es ist eines der wichtigsten Ziele der Humeschen Philosophie, den Glauben zu erschüttern, dieses Gewißheitsideal aus den deduktiven Wissenschaften stelle die einzig mögliche Norm unserer Erkenntnis dar, ein Ideal, das Edward Craig in seinen ausführlichen Analysen zu Hume das „Einsichtsideal" genannt hat².

II. Tatsachenwissen, mathematisches Wissen und die Regeln des Schließens

Zu Beginn des vierten Abschnitts der *Enquiry* stellt Hume die mathematischen Gewißheiten dem Tatsachenwissen gegenüber und führt ein wichtiges Abgrenzungskriterium hinsichtlich der Gewißheit des Wissens von diesen beiden Arten ein: Bei mathematischen Gewißheiten können wir uns das Gegenteil dessen, was wir für gewiß halten, nicht denken, bei Tatsachenwissen sehr wohl. Das Gegenteil einer beliebigen Tatsache ist immer denkbar, denn für aus der Erfahrung gewonnene Ideen gilt Humes Satz über die Freiheit der Einbildungskraft: „Nothing is more free than the imagination of man […] it has unlimited power of

---

1 Die Begriffe „Glauben", „Überzeugung" und „Meinung" verwende ich synonym als Übersetzung für Humes Terminus „belief".
2 Vgl. Edward Craig 1979; ders., *The Mind of God and the Works of Man*, Oxford 1986.

mixing, compounding, separating, and dividing [...] ideas."
(EHU 47/60)

Heute regnet es hier; das ist für jeden, der in Rohrbach aus dem Fenster schaut, gewiß. Es *könnte* jedoch auch nicht regnen, und es ist ein leichtes, mir vorzustellen, daß es heute nicht regnet. Ich kann mir vorstellen, daß es schneit oder daß die Sonne scheint oder beides der Fall ist. Daß 2 + 2 = 4, ist ebenfalls gewiß. Doch können wir uns vorstellen, daß dies nicht so wäre, daß 2 + 2 = 5 oder 2 + 2 = 9 wäre? Was sollte es heißen, sich das vorzustellen? Die mathematischen Gewißheiten scheinen so *fest* oder *sicher*, daß es für uns undenkbar ist, daß sie nicht gelten.

Andererseits gibt es ein Tatsachenwissen, das so sicher oder gewiß scheint wie der Satz 2 + 2 = 4, beispielsweise unser Wissen, daß morgen die Sonne aufgehen wird. Würde man gefragt, was man darauf *wetten* würde, daß morgen die Sonne aufgeht, so fiele der Einsatz wohl nicht geringer aus als bei einer Wette auf die deduktive Beweisbarkeit des Satzes 2 + 2 = 4. Doch es ist trotz dieser Sicherheit vorstellbar, daß der Wecker klingelt, wir frühstücken, zu arbeiten beginnen und es dunkel bleibt. Wir schauen auf die Uhr, es wird 9 Uhr, 10 Uhr, 11 Uhr, und immer noch funkeln die Sterne am Himmel. Fabelgeschichten und Science-Fiction-Romane zeigen, daß wir uns sehr viele Tatsachen vorstellen können, die mit den Tatsachen, die uns alltäglich gewiß erscheinen, nicht vereinbar sind. Nun muß man jedoch nicht allein zwischen den mathematischen Gewißheiten und den Gewißheiten der Meinungen über Tatsachen unterscheiden, sondern nach Hume auch das Tatsachenwissen seinerseits in zwei Bereiche gliedern. Auf die Frage, warum ich denn so sicher bin, daß es heute regnet, mag ich antworten: „Schau doch hinaus!" Ich kann auf die sinnliche Evidenz verweisen, um Überzeugungen über gegenwärtige Tatsachen zu rechtfertigen. Die Gewißheit der Meinungen über mir sinnlich gegenwärtige Tatsachen scheint denen des Glaubens an die Wahrheit deduktiv beweisbarer Sätze sehr nahe zu kommen, wenn man einmal von Sinnestäuschungen wie im Wasser krumm erscheinenden Stökken absieht. (Doch auch bei Deduktionen gibt es Fehlschlüsse.) Dieselbe Gewißheit ist jedoch nicht erreichbar, wenn ich Tatsachen, die vergangen oder zukünftig sind und zu denen ich keinen unmittelbaren sinnlichen Zugang habe, für gewiß halte. Wenn ich gegenüber einem anderen die Tatsache rechtfertigen möchte, daß es auch Weihnachten vor einem Jahr geregnet hat, kann ich nicht ebenso sagen: „Das sieht man doch, schau hinaus!" Der andere mag das Wetter von Weihnachten vor einem Jahr vergessen haben. Wie soll ich ihn davon überzeugen, daß meine Behauptung, daß es ebenfalls geregnet hat, richtig ist? Und wie ist es im Fall der Behauptung über eine andere, zukünftige Tatsache wie die, daß morgen die Sonne aufgeht? Auch in diesem Fall kann ich nicht auf unmittelbare sinnliche Evidenz rekurrieren. Vielleicht werde ich sagen, daß die Sonne *immer und ewig jeden Morgen* aufgeht. Das ist dann zumindest mehr an Rechtfertigung als mir im Falle des Wetters letzte Weihnachten zur Verfügung steht, denn die Behauptung, daß es immer und ewig Weihnachten regnet, dürfte kaum glaubwürdig sein. Doch was rechtfertigt meine allgemeine Behauptung, daß die Sonne immer und ewig morgens aufgeht, die rechtfertigen soll, daß morgen die Sonne aufgehen *muß*? Doch offensichtlich ebenfalls nicht unmittelbare sinnliche Gewißheit, denn von dem, was immer und ewig geschieht, kann ich als ein endliches Wesen, das immer nur für sehr begrenzte Zeitabschnitte sinnliche Erfahrungen hat, nichts wissen. Mathematisch beweisen lassen sich diese Behauptungen aber auch nicht. Denn schließlich kann ich mir ja vorstellen, daß es letzte Weihnachten geschneit hat oder daß durch eine kosmische Katastrophe die Erde sich zu drehen aufhört und die Sonne morgen nicht aufgehen wird. Im vierten und fünften Abschnitt der *Enquiry* geht es Hume um die Möglichkeit der Rechtfertigung unserer Überzeugungen hinsichtlich der Tatsachen des zweiten Typs, nämlich um ein Tatsachenwissen, das gewiß erscheint, ohne durch unmittelbare sinnliche Evidenz gerechtfertigt werden zu können, weil es sich auf Tatsachen bezieht, die den Sinnen gerade nicht präsent, sondern vergangen oder zukünftig sind: „It may, therefore, be a subject worthy of curiosity, to enquire what is the nature of that evidence which assures us of any real existence and matter of fact, beyond the present testimony of our senses [...] This part of philosophy, it is observable, has been little cultivated [...]." (EHU 26/36)

Warum haben die Philosophen vor Hume dieses Problem so wenig behandelt? Vor allem deshalb, weil für sie die Rechtfertigung von Wissen über vergangene oder zukünftige Tatsachen überhaupt keine Schwierigkeit darzustellen schien, denn alle Tatsachen wurden als *kausal miteinander verknüpft* gedacht. Analog zu den logischen Schlußregeln, die einen Satz eines deduktiven Beweises mit einem anderen verbinden, so daß ein *Übergang* zwischen ihnen entsteht, der es erlaubt, den jeweils späteren Satz eines deduktiven Beweises durch den früheren als gerechtfertigt anzusehen, dachte man sich auch die Tatsachen der Vergangenheit, Gegenwart und Zukunft durch Ursache-Wirkungs-Verhältnisse miteinander verknüpft. Was gegenwärtig der Fall ist, ist durch das, was in der Vergangenheit der Fall gewesen ist, verursacht worden, und was zukünftig der Fall sein wird, wird durch das, was gegenwärtig der Fall ist, verursacht werden. Wenn wir verstehen, welche Tatsachen auf welche Weise kausal miteinander verknüpft sind, dann können wir von dem, was gegenwärtig der Fall ist und uns sinnlich gegeben ist, auf das schließen, wodurch es hervorgebracht worden ist und was es hervorbringen wird. Wir müssen in unserer Rede dann eben nicht nur die betreffenden Tatsachen repräsentieren, sondern auch die Kausalrelationen, die zwischen ihnen bestehen. So schließt ja ein Detektiv von den Fingerabdrücken, die jetzt auf dem Messer zu sehen sind, daß in der Vergangenheit die Person mit diesem Hautmuster an ihren Fingern das Messer in der Hand gehabt haben muß, und ein Gärtner, der jetzt, im Dezember, die Blumenzwiebeln eingräbt, schließt darauf, daß zukünftig, im Frühling, an dieser Stelle ein Krokus blühen wird. Der Detektiv glaubt, daß gegenwärtige Fingerabdrücke die *Wirkung* der Handhabung des Messers in der Vergangenheit sind, und der Gärtner glaubt, daß gegenwärtig in der Erde liegende Krokuszwiebeln die *Ursache* von zukünftigen Krokusblüten sind. Auch Hume schließt sich zuerst einmal dieser ganz alltäglichen Überzeugung an, daß unser Wissen von abwesenden Tatsachen auf Wissen von kausalen Verknüpfungen beruht: „All reasonings concerning matter of fact seem to be founded on the relation of *Cause and Effect*. By means of that relation alone we can go beyond the evidence of our […] senses." (EHU 26/36) Durch Kausalrelationen scheinen die Tatsachen, von denen unsere Erfahrung handelt, mit den Tatsachen, auf die sich unsere Erfahrung nicht mehr oder noch nicht beziehen kann, so fest verbunden zu sein, daß es uns sehr wohl möglich ist, von den gerechtfertigten Überzeugungen über das Bestehen einer unseren Sinnen gegenwärtig direkt zugänglichen Tatsache zu Überzeugungen von abwesenden Tatsachen überzugehen; wir müssen nur den *kausalen Pfad* finden, der von den uns gegenwärtigen Tatsachen zu den vergangenen und zukünftigen führt.

Hume untersucht nun (ab EHU 26/36) die Natur der Kausalrelation genauer, um herauszufinden, *auf welche Weise* mit Hilfe der Kausalrelation von einer empirisch gegebenen Tatsache auf eine abwesende Tatsache geschlossen werden kann und *zu welcher Art von Gewißheit* wir durch einen solchen Schluß nach der Kausalregel gelangen. Wenn wir einen deduktiven Schluß vor uns haben, etwa einen, der den *Modus ponens* anwendet, so akzeptieren wir die Regel des *Modus ponens* unabhängig von irgendwelchen Erfahrungen. Daß wir, gegeben die Prämissen (1) „Wenn es Schnabeltiere gibt, dann gibt es Tiere, die Eier legen und säugen" und (2) „Es gibt Schnabeltiere", zu der Konklusion (3) „Also gibt es Tiere die Eier legen und säugen" übergehen dürfen, ist keine Sache der Erfahrung. Der Schluß ist gerechtfertigt oder gültig durch die Regel des *Modus ponens*, auch wenn wir nicht an die Wahrheit der zweiten Prämisse glauben. An den *Modus ponens* als Übergangsregel glauben wir also nicht auf die gleiche Art und Weise, auf Grund der gleichen Rechtfertigung und mit derselben Gewißheit wie an die Tatsache, die in der zweiten Prämisse zum Ausdruck gebracht wird. Wir können uns nicht vorstellen, einen Schluß der Form: (1) Wenn P, dann Q; (2) Nun P; (3) Also Q, *nicht* zu akzeptieren, auch wenn wir uns sehr wohl vorstellen können, die Prämissen, die in Schlüssen dieser Form auftreten mögen, zu bestreiten. Doch dann bestreiten wir nicht die Gültigkeit der *Übergangsregel* des Schlusses, sondern den *Ausgangspunkt* des mit der unbestrittenen Regel durchgeführten Gedankenganges. Wenn wir uns jedoch nicht vorstellen können, die Regel des *Modus ponens* zurückzuweisen oder zu glauben, daß sie nicht gilt, dann wollen wir sie als *a priori* gegeben und evident ansehen, das heißt *als evident vor und unabhängig von spezifischer sinnlicher Erfahrung*. (Das heißt allerdings nicht, daß es nicht *möglich* ist, eine solche a priorische Regel zu rechtfertigen und daß es nicht auch äußerst schwierig sein kann, dies zu tun.)[3]

Bei der Kausalrelation als Übergangsregel in einem Schluß von einer Überzeugung über eine sinnlich anwesende Tatsache

---

3 Vgl. C. L. Dodgson (Lewis Carroll), „What the Tortoise said to Achilles", in: *Mind*, N.S. 4 (1895).

zu einer Überzeugung über eine abwesende Tatsache ist es nun anders. Die Kausalrelation ist uns nach Hume *nicht* a priori gegeben wie der *Modus ponens*: „[...] this relation [of cause and effect] is not, in any instance, attained by reasonings *a priori*, but arises entirely from experience, when we find that any particular objects are constantly conjoined with each other." (EHU 27/37, meine Hervorhebung)

III. Die Macht der Gewohnheit in der Bildung von Ähnlichkeitsklassen und Relationen zwischen Tatsachen

Wenn wir mit einer beliebigen Tatsache zum ersten Male konfrontiert werden, so können wir weder sagen, aus welchen Ursachen sie hervorgegangen ist, noch welche Wirkungen sie in der Zukunft haben wird. Adam, der die Welt zum ersten Mal erblickt, kann aus der Tatsache, daß Wasser flüssig und transparent ist, nicht schließen, daß es ihn ertränken würde, wenn er es einatmete (vgl. EHU 27/37). Das gleiche gilt von einem beliebigen anderen Gegenstand: „No object ever discovers, by the qualities which appear to the senses, either the causes which produced it, or the effects which will arise from it; nor can our reason, unassisted by experience, ever draw any inference concerning real existence and matter of fact." (EHU 27/37 f.) Wir mögen zwar glauben, daß wir *sehen*, daß uns die Dornen der Rose stechen *würden* und daß der Stein durch die Brandung geglättet *worden sein muß*. Doch tatsächlich sehen wir die Ursachen und Wirkungen einer Tatsache nicht, sondern erwarten und erschließen sie, weil wir erlebt haben, daß ähnliche Tatsachen auf ähnliche Weise hervorgebracht wurden und ähnliche Wirkungen gehabt haben.

Es handelt sich um ein dem Verstehen einer Sprache nicht unähnliches Phänomen. Wir sagen ja auch, daß wir hören, daß jemand uns aufgefordert hat, die Tür zu öffnen, oder wir gelesen haben, daß jemand von uns Geld verlangt. Doch nur wenn wir die Bedeutung der sprachlichen Zeichen *gelernt* haben, nehmen wir nicht bloß Klänge und Farbmuster wahr, sondern scheinbar Bedeutungen. Wer mir auf Chinesisch sagt, daß ich die Tür öffnen soll, oder auf Sanskrit schreibt, daß ich ihm Geld schulde, darf sich nicht viel davon erwarten, denn ich verstehe diese Sprachen nicht. Ich werde zwar wahrnehmen, daß etwas gesagt und geschrieben wurde, jedoch nicht, was es bedeutet. Schlüsse, die sich der Kausalrelation (bzw. ihrer wie auch immer beschaffenen verbalen Repräsentation) bedienen, sind dem Entziffern von Zeichen verwandt, auch wenn die Tatsachen, auf die oder von denen ausgehend wir schließen, nicht von irgend jemandem mit der Absicht hervorgebracht worden sind, uns etwas mitzuteilen[4]. Doch der Arzt schließt von den roten Flecken in der Mundschleimhaut auf die vergangene Tatsache der Infektion mit dem Masernvirus und vom Flachwerden der Atmung auf den demnächst eintretenden Herzstillstand etc. Er tut dies so, als würde er eine Sprache entziffern; er „liest" natürliche Anzeichen. So wenig wir jedoch ein konventionelles Zeichensystem verstehen können, ohne es zu lernen, so wenig können wir natürliche Spuren von Vergangenem oder Anzeichen von Zukünftigem verstehen, ohne Erfahrungen über die Art und Weise zu sammeln, wie Tatsachen in der Regel miteinander verknüpft sind. Deshalb ziehen wir ja einen Arzt zu Rate, der Erfahrungen über die kausalen Verknüpfungen gesammelt hat, die zu einer Krankheit führen und ihre Entwicklung charakterisieren. Würde es hier keiner Erfahrung bedürfen, um die kausalen Verbindungen einzusehen, gäbe es auch keine Ärzte; Entsprechendes gilt für alle anderen Berufe, die ihre Kompetenz aus einer spezifischen Kundigkeit über tatsächliche oder vermeintliche Kausalketten beziehen.

Daß wir dennoch der Meinung sind, wir würden es den uns gegenwärtigen Tatsachen *unmittelbar* ansehen, aus was sie folgen und was aus ihnen folgt, liegt an der Natur der *Gewohnheit*, die uns nach Hume bei unseren Kausalschlüssen leitet. Eingespielte Gewohnheiten, die uns von A nach B führen, sind uns meist nicht mehr bewußt, so daß wir glauben, A und B wären *von selbst* miteinander verknüpft. Unsere Muttersprache bespielsweise scheint vielen von uns gar nicht etwas Gelerntes zu sein, weil der Lernprozeß so früh stattfand, daß wir ihn vergessen haben, und weil die Gewohnheit, die Zeichenketten unserer Mutter-

---

4 Vgl. dazu H. P. Grice, „Meaning", in: *Philosophical Review* 66 (1967), 377–388.

sprache zu gebrauchen und zu verstehen, so tief sitzt, daß wir uns ihrer kaum noch bewußt werden können. Daß wir beim Verstehen unserer Muttersprache von einer Wahrnehmung bestimmter konventioneller Zeichen *nach gewissen Regeln, die gewohnheitsmäßig etabliert sind*, zu bestimmten Handlungen oder Bedeutungen übergehen, ist uns deshalb in der Regel nicht klar. Mit der Muttersprache scheinen uns vielmehr die Bedeutungen von Sprache überhaupt unvermittelt gegeben zu sein. Oder ein anderes Beispiel: Wer immer wieder einen Weg geht und sich daran gewöhnt hat, ihn zu gehen, gibt auf die Frage, wie man von A nach B kommt, vielleicht die falsche Antwort: „Immer geradeaus", weil er durch die Gewohnheit so selbstverständlich von A nach B geführt wird, als ginge er eine gerade Straße. Ebenso ist es bei unseren Kausalschlüssen: Wir glauben zu sehen, daß die Billardkugel A die Billardkugel B in Bewegung setzt, weil uns die Gewohnheit verborgen ist, die uns in dieser Wahrnehmung leitet. Je sicherer uns eine Gewohnheit führt, desto mehr verbirgt sie sich uns, meint Hume: „Such is the influence of custom, that, where it is strongest, it not only covers our natural ignorance, but even conceals itself, and seems not to take place, merely because it is found in the highest degree." (EHU 28 f./39)

Damit wir bei Kausalschlüssen eine derartige Sicherheit erreichen, daß wir glauben, den Zusammenhang zwischen einer gegenwärtigen und einer abwesenden Tatsache *unmittelbar sinnlich wahrzunehmen*, obwohl er tatsächlich *erschlossen* ist, und zwar auf eine uns verborgene Art und außerdem uns nicht *als aktiv Schließende* (wie in den Deduktionen der Mathematik), sondern als zu einem Schluß *Geführte* betreffend, bedarf es zweierlei Gewöhnungsprozesse. *Erstens* müssen wir uns daran gewöhnen, verschiedene Tatsachen nach bestimmten offensichtlichen Eigenschaften, die sie zeigen, in Ähnlichkeitsklassen zusammenzufassen. So müssen wir beispielsweise so etwas wie die Klasse der sich bewegenden, der ruhenden und der einander anstoßenden Kugeln bilden. *Zweitens* müssen wir zwischen den Tatsachen Verbindungen herstellen, sofern sie mit Hilfe der Eigenschaften beschrieben werden, die dafür verantwortlich sind, daß wir sie in bestimmte Klassen einteilen, etwa wenn wir sagen, daß eine sich bewegende Kugel, die eine ruhende Kugel gleicher Masse anstößt, letztere in Bewegung versetzt. Nur wenn wir die singulären und jedes Mal etwas anders in der Erfahrung gegebenen Tatsachen auf diese Weise verallgemeinernd beschreiben und zwischen unseren verallgemeinerten Beschreibungen durch Gewohnheit Verbindungen hergestellt haben, können wir zu generalisierten Überzeugungen kommen wie der, daß sich bewegende Kugeln, wenn sie auf ruhende gleicher Masse stoßen, diese *immer* in Bewegung setzen. Oder: daß hungrige, schwache Menschen, wenn sie Brot zu sich nehmen, *immer wieder* satt und gekräftigt werden, etc. Ohne die gewohnten Tatsachen in Ähnlichkeitsklassen zu beschreiben und zwischen diesen Beschreibungen Verbindungen herzustellen, wäre jede Erfahrung einer Tatsache für uns etwas so gänzlich Neues wie für Adam das zum ersten Mal erblickte Wasser. Und obwohl jede Erfahrung einer Tatsache das Gegebensein von etwas Neuem bedeutet, erlaubt uns die Gewohnheit, die sie uns als Element einer bestimmten Ähnlichkeitsklasse beschreiben läßt, sie auch als die *Wiederkehr* einer schon erfahrenen Tatsache aufzufassen. Nur wenn wir mit einer Tatsache konfrontiert werden, die wir nicht als Element einer schon in uns gebildeten Ähnlichkeitsklasse beschreiben können, erscheint sie uns als neu. Die Beschreibung und Einteilung von Tatsachen in Ähnlichkeitsklassen und die Verbindung von generalisierend beschriebenen Tatsachen, die „constantly conjoined" erscheinen, führt zu verallgemeinerten Betrachtungen, die mit „immer wenn ..." oder „für alle ..." usw. beginnen und die sowohl in unserer Alltagsorientierung wie in der Wissenschaft eine große Rolle spielen; man kann sie zusammenfassend „Generalisierungen" nennen.

In der Wissenschaft werden solche Generalisierungen oft „Gesetze" genannt. Die Ausbildung von Ähnlichkeitsklassen im Alltagswissen und im wissenschaftlichen Wissen ist ebenso wie die Herstellung der Verbindung zwischen den Elementen verschiedener Ähnlichkeitsklassen ein Resultat unserer Erfahrung. Je nachdem, welche Eigenschaften immer wieder an den Tatsachen erfahren werden und welche Eigenschaftskombinationen zwischen Tatsachen verschiedener Ähnlichkeitsklassen sich als ständige raum-zeitliche Verbindungen einstellen, werden wir *andere Generalisierungen* ausbilden. Nennt man all diese Generalisierungen „Naturgesetze", so kann man sagen, daß all unser Wissen über Naturgesetze auf Erfahrung beruht und daß a priori weder zu entscheiden ist, welcher Ähnlichkeitsklasse eine Tatsache zuzuordnen ist, noch welche ihrer Eigenschaften mit den Eigenschaften einer anderen Tatsache in Zusammenhang zu bringen sind. Aufgrund unserer Erfahrung von bestimmten Tatsachen *erfinden* wir Ähnlichkeitsklassen, in denen wir sie zusammenfassen. (Hume gebraucht die Wörter „invent" und „imagine", vgl. EHU 29/39.)[5] Auf der Grundlage der Gewohnheit, Tatsachen einerseits immer hinsichtlich ihrer Zugehörigkeit zu einer solchen Ähnlichkeitsklasse zu beschreiben und andererseits bereits an die relevanten Eigenschaften zu denken, die eine *andere* Tatsache einer *anderen* Ähnlichkeitsklasse mit dieser ersten Tatsache verbinden, kommen wir zu der Vorstellung, daß eine Tatsache eine andere verursacht. Die Relationen zwischen den Elementen verschiedener Ähnlichkeitsklassen, die durch unsere Gewohnheiten etabliert werden und die uns als generalisierte Aussagen bei unseren Kausalschlüssen leiten, können als Repräsentationen der Kausalrelationen angesehen werden, die wir zwischen den Tatsachen vermuten. (Hume sagt, daß die Kausalrelation in einem gewissen Sinne *nichts anderes* ist als diese Generalisierung.) Wenn wir sagen, daß eine Tatsache durch eine andere verursacht ist, so heißt das, daß wir mit Hilfe einer Generalisierung von der Beschreibung der einen Tatsache zu der Beschreibung der anderen Tatsache übergehen können. Die Generalisierungen oder Gesetze entsprechen also bei den Schlüssen, die sich auf Tatsachen beziehen, den logischen Übergangsregeln in einer Deduktion, doch ohne uns a priori gegeben zu sein[6].

Die Tatsache, daß wir in den sogenannten exakten Wissenschaften in der Lage sind, die relevanten Eigenschaften von Tatsachen zu graduieren und in Zahlen zu symbolisieren, so daß wir unsere Generalisierungen als Gleichungen oder Ungleichungen hinschreiben können, ändert nichts daran, daß all unser Gesetzeswissen auf Erfahrungen beruht, die wir uns nach bestimmten gewohnheitsmäßig etablierten Prinzipien geordnet

---

5 Den Aspekt der Imagination hat in diesem Zusammenhang vor allem Gerhard Streminger (1981) hervorgehoben.
6 Zu dem Problem, wie das Verhältnis zwischen unserer Annahme, daß die Tatsachen miteinander kausal verknüpft sind, und diesen generalisierten Überzeugungen im Detail zu bestimmen ist, vgl. Bertram Kienzle, „Von der Vorstellung der notwendigen Verknüpfung.", s. u. in diesem Band S. 115–133.

haben. Auch wenn in mathematisierten Naturwissenschaften wie der von Hume bewunderten Newtonschen Physik viel deduziert werden kann und viel a priorische Evidenz steckt, so sind die Grundannahmen in den Axiomen, die Gesetze, die den Ausgangspunkt der Deduktion bilden, doch selbst nicht deduktiv gerechtfertigt: „Every part of mixed [and not pure, M. H.] mathematics proceeds upon the supposition that certain laws are established by nature in her operations; and abstract reasonings are employed, either to assist experience in the discovery of these laws, or to determine their influence in particular instances, where it depends upon any precise degree of distance and quantity. [...] but still the discovery of the law itself is *owing merely to experience, and all abstract reasonings in the world could never lead us one step towards the knowledge of it.*" (EHU 31/41, meine Hervorhebung)

Damit hat Hume an zwei Stellen die Vorstellung, daß unser kausales Schließen irgendwelche Elemente enthält, die dafür verantwortlich sind, daß wir Schlüsse von empirisch Gegebenem auf empirisch Abwesendes im logisch mathematischen Sinne für gewiß halten, erschüttert: Erstens gibt es nichts an der erst- oder einmaligen Wahrnehmung einer Tatsache, das auf ihre Ursachen oder Wirkungen verwiese. Zweitens ist die Bildung von Klassen ähnlicher Tatsachen und die Herstellung von Relationen zwischen den Elementen verschiedener Ähnlichkeitsklassen eine Sache der Gewohnheit, die da entsteht, wo wir immer wieder bestimmte Beschreibungen auf Folgen von Tatsachen anwenden, so daß wir aus Gewohnheit erwarten, daß die Tatsache eines bestimmten Typs durch andere Tatsachen eines bestimmten Typs hervorgebracht worden ist und bestimmte Folgen haben wird.

IV. Die Rechtfertigung unserer Generalisierungen

Diese Feststellungen sind an sich noch nicht problematisch. Wo also steckt hier das *Problem* der Induktion? Dieses ergibt sich erst dann, wenn man danach fragt, mit welcher *Berechtigung* wir bestimmte Klassen von ähnlichen Tatsachen bilden und Zusammenhänge zwischen den Elementen verschiedener Klassen herstellen. Wenn wir behaupten, daß alle Tiere, die Schnäbel haben und Eier legen, auch Vögel sind, so scheint das Wort „alle" in dieser Formulierung ohne Einschränkung gemeint zu sein. Es bedeutet nicht „alle Tiere mit Schnäbeln, *die uns bisher begegnet sind*, sind Vögel". Die Uneingeschränktheit von „alle" soll vielmehr bedeuten, daß auch alle Tiere mit Schnäbeln, die uns *zukünftig* begegnen, Vögel sein werden. Würden wir nur behaupten, daß alle Tiere mit Schnäbeln, die wir bisher getroffen haben, Vögel sind, so wäre das „alle" unproblematisch, weil es nur eine zusammenfassende Beschreibung der einzelnen von uns bisher gemachten Erfahrungen wäre. (Aristoteles nannte so etwas eine vollständige Induktion.)[7] Doch weil das „alle" sich auch auf die zukünftigen Erfahrungen, auf noch abwesende Tatsachen und darüber hinaus auf alle Erfahrungen beziehen soll, die bisher überhaupt gemacht worden sind, ohne daß wir sie unbedingt *selbst* gemacht hätten, deshalb wird es problematisch. Denn wir können uns eben vorstellen, daß irgend jemand ein Tier mit einem Schnabel getroffen hat oder treffen wird, das kein Vogel ist. Weil das „alle" hier lediglich auf der Gewohnheitsbildung beruht, die sich durch unsere bisherigen Erfahrungen vollzogen hat, ist es grundsätzlich anders zu verstehen, als das „alle" in „Für alle P und Q: wenn P, dann Q, nun P, also Q." Naturgesetze sind von logischen Gesetzen grundsätzlich verschieden, weil das Schließen mit ihnen in Kausalschlüssen nicht durch die Struktur des Denkens selbst, sondern durch unsere zufällige Gewohnheit, die auch anders hätte gebildet werden können, bedingt ist. Weder die Ähnlichkeitsklassen, die wir bilden, noch die Wenn-dann-Beziehungen, die wir als Repräsentationen der Kausalrelationen zwischen den Elementen verschiedener Ähnlichkeitsklassen bilden, sind notwendig im Sinne von „allein durch die Vernunft geboten". Deshalb sagt Hume: „[...] even after we have experience of the operations of cause and effect, our conclusions from that experience are *not* founded on reasoning, or any process of the understanding." (EHU 32/43)

Nun mag man einwenden, daß wir uns zwar vorstellen können, daß unsere Gewohnheitsbildung anders verlaufen wäre,

---

[7] *Analytica priora* 68b 29.

während wir uns nur schwer vorstellen können, daß wir anderen logischen und mathematischen Regeln folgen, als wir es tatsächlich tun; aber die Art und Weise wie die Natur selbst notwendig organisiert ist, bestimmt, welche Erfahrungen wir haben und welche Gewohnheiten wir ausbilden. Unsere Gewohnheiten sind eben, so könnte man argumentieren, *Anpassungen* an die Natur. Weil in der Natur Ähnlichkeiten auftreten und Ähnliches auf ähnliche Weise miteinander verknüpft ist, haben wir in unseren Köpfen auch ähnliche Gewohnheitsmuster, die uns in unseren Erfahrungsschlüssen leiten. Es liegt eben an der *Homogenität* der Natur, daß unsere Erfahrungsschlüsse notwendigerweise funktionieren und daß unsere Projektionen von gegenwärtig anwesenden Erfahrungen zu abwesenden Tatsachen nicht enttäuscht werden. Einem solchen Gedankengang würde Hume im Prinzip als einer alltäglich gemeinten Beobachtung nicht widersprechen. Diese Überlegung kann er jedoch nicht als eine *Rechtfertigung* unserer empirischen Schlüsse ansehen, die durch ein kosmologisches Generalprinzip der Form „Die Natur ist homogen, deshalb..." funktionieren soll. Denn woher wissen wir, daß die Natur Homogenitäten aufweist, daß ihre Tatsachen sich mit Hilfe von Ähnlichkeitsklassen beschreiben lassen und daß zwischen diesen stabile Relationen bestehen? Wir wissen dies nur aus der Erfahrung selbst, die wir gerade mit Hilfe unserer Gewohnheiten auf eine bestimmte Weise, nämlich als homogen, beschreiben. Zu sagen, daß die Zukunft der Gegenwart ähneln wird, und die Vergangenheit der Gegenwart geähnelt haben muß, weil die Natur, die wir erfahren, homogen ist, bedeutet zu sagen, daß die Zukunft der Gegenwart ähneln wird und die Vergangenheit der Gegenwart geähnelt haben muß, weil noch jede vergangene Zukunft den vergangenen Gegenwarten geähnelt hat und jede vergangene Vergangenheit den vergangenen Gegenwarten ähnlich war. Ein solches Argument nennt man eine *Petitio principii*: Es setzt das, was zu rechtfertigen ist, verdeckt als Prämisse voraus. Hume wehrt diesen Fehlschluß ab: „It is impossible, therefore, that any arguments from experience can prove this resemblance of the past to the future; since all these arguments are founded on the supposition of that resemblance. Let the course of things be allowed hitherto ever so regular; that alone, without some new argument or inference, proves not that, for the future, it will continue so." (EHU 38/49)

Wenn es aber weder eine Rechtfertigung in der Erfahrung dafür gibt, daß unsere Schlüsse auf abwesende Tatsachen mit Hilfe von Generalisierungen zu einer begründeten Überzeugung führen, noch eine solche Rechtfertigung a priori in der Struktur unseres Denkens selbst zu finden ist, weil wir uns immer vorstellen können, daß das Gegenteil der abwesenden Tatsache, auf die wir schließen, der Fall sein wird oder gewesen ist, dann sind diese Schlüsse *überhaupt nicht* zu rechtfertigen. Denn andere als logische oder empirische Rechtfertigungen hat Hume ausgeschlossen: „All reasonings may be divided into two kinds, namely demonstrative reasoning, or that concerning relations of ideas, and moral reasonings, or that concerning matter of fact and existence." (EHU 35/45) Eine Überzeugung, die nicht gerechtfertigt werden kann, ist jedoch keine vernünftige Überzeugung, so daß es so aussieht, als wären unsere Überzeugungen über die Existenz abwesender Tatsachen durchweg unvernünftig. Wenn wir jedoch weder im Alltag noch in der Wissenschaft ohne solche Überzeugungen auskommen können, so ergibt sich allerdings ein Problem: Wie ist es möglich, daß ein großer Teil unseres Schließens auf eine Weise geschieht, die nicht gerechtfertigt werden kann, und also zu Überzeugungen führt, die wir, im kalten Licht der philosophischen Analyse betrachtet, nicht als vernünftig bezeichnen können und die also zutiefst unsicher sind?

V. Die Vernünftigkeit unserer Gewohnheiten und unsere Unfreiheit im Glauben und Zweifeln

Diese Frage zu stellen und sie als eine *peinliche* Frage zu empfinden, offenbart jedoch nach Hume eine philosophische Einstellung, die er selbst für unangemessen und vielleicht sogar schädlich hält. Warum glauben wir, daß Überzeugungen genau dann unsicher sind, wenn sie nicht weiter gerechtfertigt werden können, und warum bezeichnen wir sie dann eventuell sogar als unvernünftig? Dies können wir doch wohl nur, wenn allein das Gerechtfertigte das Vernünftige ist, und alles andere automatisch auch unsicher sein muß! Inwiefern geben uns Rechtfertigungen jedoch in unseren Überzeugungen überhaupt Sicherheit? Nur derjenige wird die Sicherheit einer Überzeugung von ihrer Begründbarkeit abhängig machen, der, sei es aus Liebe zur Mathematik, sei es aus einer extremen Zweifelsucht heraus, einer Begründungsleidenschaft verfallen ist, die ihm vorspiegelt, es stehe *allein bei ihm*, aufgrund einer bestimmten deduktiven Rechtfertigung oder eines Zweifels eine Überzeugung annehmen oder ablegen zu können. Zwar gelangen wir in rein logisch-mathematischen Gedankengängen aus eigener Kraft zu Überzeugungen, die uns sicher scheinen, weil wir sie rechtfertigen können, auch wenn wir, wie die Geschichte der Goldbach-Vermutung zeigt, selbst in diesen Gebieten Quasi-Überzeugungen haben können, ohne in der Lage zu sein, sie zu rechtfertigen. Bei Überzeugungen wie denen, daß morgen die Sonne aufgeht oder daß Brot uns weiterhin ernähren wird, ergibt sich die Sicherheit jedoch nicht aus einer Rechtfertigung, sondern daraus, daß wir nicht anders als nach diesen Überzeugungen *handeln* können und sie sich immer wieder *praktisch* bewähren. *Erkenntnistheoretische* Untersuchungen der Berechtigung einer Überzeugung müssen, damit sie selbst überhaupt notwendig erscheinen, diese erkenntnis*psychologische* Tatsache, daß wir von bestimmten Überzeugungen in unserem Handeln sicher geleitet werden, ausblenden. Wenn wir sagen, daß wir uns vorstellen können, daß morgen die Sonne *nicht* aufgehen wird, so bedeutet das ja nicht, daß wir uns *entscheiden* können zu glauben, daß die Sonne morgen nicht aufgehen wird, und daß wir *dann auch dementsprechend handeln*. Angenommen, jemand zöge in der Stadt auf den Baustellen herum und riefe: „Wahrlich, wahrlich, ich kann mir vorstellen, daß die Sonne nicht mehr aufgeht, und niemand kann wirklich beweisen, daß sie in Zukunft aufgehen wird. Mit welcher Berechtigung also baut ihr Leichtgläubigen immer noch Fenster in die Häuser? Laßt ab von Eurem ungerechtfertigten Tun!"; eine solche Person erwiese sich kaum als konsequenter Erkenntnistheoretiker, der das Induktionsproblem endlich wirklich ernst nimmt, sondern als Verrückter, der die Grenze zwischen dem, was wir *theoretisch anzweifeln* können und gerechtfertigt haben wollen, und dem, was *praktisch gewiß* ist, nicht mehr kennt.

Während wir Begründungen durchführen, haben wir als begründend Handelnde gewissermaßen das Heft in der Hand. Werden wir bei unseren Überzeugungen über abwesende Tatsachen durch Gewohnheiten geführt, die sich in unserem Leben herausgebildet haben, dann *widerfahren* uns empirische Überzeugungen eher als daß wir sie *ausbilden*. In unseren Überzeugungen über Tatsachen sind wir weniger Akteure als vielmehr Geführte, und der Versuch, mit Hilfe einer *induktiven Logik* Begründungen zu erzeugen, die auch da unsere Vernunft zur Herrschaft bringen, wo wir abhängig von dem sind, was uns widerfährt, ist in den Augen Humes wohl eher Zeichen einer gefährlichen Machtphantasie als eines ehrlichen Strebens nach Gewißheit. Denn die Gewißheit, die in uns durch die Führung der Gewohnheiten über die Welt der Tatsachen erzeugt wird, ist ja praktisch meist durchaus verläßlich: „Custom [...] is the great guide of human life. It is that principle alone which renders our experience useful to us, and makes us expect, for the future, a similar train of events with those which have appeared in the past. Without the influence of custom, we should be entirely ignorant of every matter of fact beyond what is immediately present to the [...] senses. We should never know how to adjust means to ends, or to employ our natural powers in the production of any effect." (EHU 44 f./57 f.)

Wer nur da aufgrund einer Überzeugung handeln wollte, wo er diese *more geometrico* zu rechtfertigen imstande ist, könnte nicht mehr viel tun. Wer nur essen würde, wenn er ableiten könnte, daß er gerade jetzt eine bestimmte Menge Kalorien physiologisch nötig hat, und wer die Zusammensetzung seiner Nahrung durch die vernünftig begründeten Einsichten der Stoffwechselphysiologie ermitteln wollte, der hätte sehr viel zu tun, wenn er denn vor lauter Rechnerei überhaupt noch zum Essen käme, und müßte ständig damit rechnen, sich verkalkuliert zu haben. Wer dagegen seinem Hunger und Appetit auf bestimmte Dinge folgt, verhält sich tatsächlich – im umgangssprachlichen Sinne von „vernünftig" – viel vernünftiger, auch wenn er die Tatsache, *daß* er ißt und *was* er ißt, nicht anders begründen kann als mit der Auskunft: „Ich habe eben Hunger und gerade Appetit auf saure Gurken", das heißt letztlich nur *psychologisch* mit Rekurs auf seine *persönlichen Gemütszustände* und nicht *theoretisch* mit Rekurs auf *unpersönliche Prinzipien*.

In gewisser Hinsicht verhalten sich nach Hume unsere Überzeugungen über abwesende Tatsachen ganz ähnlich wie Hunger und Appetit. Empirische Überzeugungen als Resultate der Führung unserer Gewohnheiten sind *natürlichen Instinkten* ähnlich (vgl. EHU 46 f./59). Das Instinktive kann manchmal durch Vernunft gerechtfertigt werden (wie im Falle des Hungers und der Stoffwechselphysiologie), manchmal ergeben sich aus unseren Gewohnheiten aber auch unvernünftige, weder begründbare noch instinktiv fundierte Überzeugungen wie beispielsweise bei Süchtigen, die glauben, Nikotin oder Alkohol dringend nötig zu haben. Hume will sicher nicht sagen, daß all das, von dem wir aufgrund der Führung durch eine Gewohnheit überzeugt sind, keiner vernünftigen Begründung bedarf. Er will lediglich einem gewissen Begründungs*fanatismus* Einhalt gebieten, der uns eine grundsätzlich falsche Auffassung von unseren Überzeugungen nahelegt, die Auffassung nämlich, daß wir *unumschränkte Macht* über das haben, was wir glauben können und wovon wir überzeugt sind, und daß wir demzufolge in der Lage sein sollten, durch Erkenntniskritik *beliebige* Überzeugungen in Frage zu stellen und ernsthaft anzuzweifeln. Daß wir einen natürlichen Instinkt und das, was sich aus ihm ergibt, nicht *begründen* können, bedeutet für Hume eben nicht, daß wir es hier mit einer *unsicheren und unvernünftigen* Sache zu tun haben, wenn auch nicht notwendigerweise mit einer vernünftigen. Es bedeutet lediglich, daß unsere Kompetenz als deduktive Akteure hier ein Ende findet und uns dieses Ende psychologisch auch nicht weiter beunruhigt, außer wenn wir eine bestimmte philosophische Haltung des Begründungsfanatismus verinnerlicht haben.

Wenn wir oben durchgängig das Wort „vernünftig" als Bewertungsbegriff für unsere Überzeugungen gebraucht haben, so denken wir dabei wohl (vor allem als Deutschsprachige) an all das, was über die Vernunft vor allem seit Kant geschrieben worden ist. Hume gebraucht „reason" als Begriff für eine einheitliche Fakultät des menschlichen Geistes nicht[8]. Er spricht von „understanding" und von „reasoning", letzteres als einer *Tätigkeit* des Nachdenkens oder Überlegens. Von dem eingangs erwähnten Prinz sagt er „[he] reasoned justly" (EHU 113/133). Es ist fraglich, ob es sinnvoll ist, im Geiste Humes überhaupt einen einheitlichen Bewertungsbegriff „vernünftig" zu gebrauchen, der auf alle Arten von Überzeugungen – mathematische, logische und empirische – gleichermaßen anwendbar ist, ohne

---

8 Vgl. dazu Hans-Peter Schütt, „Der ‚wunderbare Instinkt' der Vernunft"; s. u. 153–176.

äquivok zu sein. Das Induktionsproblem als Problem der theoretischen Rechtfertigung von Überzeugungen setzt im Grunde eine solche einheitliche Fakultät der Vernunft voraus, vor der die Gewißheit unserer empirischen Überzeugungen und vor allem die der Generalisierungen, *gemessen* an der Gewißheit unserer logisch-mathematischen Überzeugungen, fragwürdig erscheinen müssen. Doch vielleicht richten sich Humes Überlegungen gerade gegen eine solche Geistespolizei mit Namen „die Vernunft *überhaupt*", die all unsere Überzeugungen gleichermaßen vor die Schranken eines immer und ausschließlich auf deduktive Rechtfertigung von Gewißheiten pochenden Gerichts zu zerren vermag. Weil wir nach Hume notwendigerweise von Natur aus Überzeugungen anhängen müssen, die wir theoretisch nicht rechtfertigen können, es jedoch nur unter dem Einfluß bestimmter philosophischer Konstruktionen so *scheint*, als hätten wir auch die *Pflicht*, sie zu rechtfertigen, gibt es für ihn das Induktionsproblem so wenig wie die Vernunft. Es ist in gewisser Hinsicht eine Ironie der Rezeptionsgeschichte, daß sie in Hume den „Erfinder" des modernen Induktionsproblems sehen wollte und ihm dabei unterstellt hat, er hätte dort einen *Mangel* unserer Vernunft entdeckt, wo er diese als Rechtfertigungsinstrument gerade gar nicht tätig sah. Es ist eine Ironie der Philosophiegeschichte, daß ein Philosoph, der einen großen Teil seiner schriftstellerischen Bemühungen daran setzte zu zeigen, daß bestimmte Rechtfertigungsbemühungen eine philosophische Überspanntheit darstellen, die man lieber in *psychologischen* Untersuchungen *auflösen* sollte, statt sie zu *lösen*, als der Entdecker eines *erkenntnistheoretischen* Grundproblems gilt, das bis heute die Wissenschaftsphilosophie umtreibt. Dies liegt wohl auch daran, daß die Unterscheidung zwischen Erkenntnistheorie und Erkenntnis*psychologie* erst im neunzehnten Jahrhundert virulent wird und für Hume das alles noch „moral science" ist. Vom Standpunkt der Humeschen Philosophie, nach der der menschliche Verstand ein *natürliches Instrument* des Lebewesens Mensch ist, stellt die Aufgliederung der „moral sciences" in die *deskriptiven* Humanwissenschaften, die sich um die Psychologie der Erkenntnis und des Handelns zu kümmern haben und die *normativen* Wissenschaften, die in Gestalt von Erkenntnistheorie und Morallehre vernünftige Begründungen und Rechtfertigungen fordern, wohl kaum einen *Fortschritt* dar. Das Induktionsproblem als Problem der Erkenntnistheorie ist für einen Humeaner deshalb nichts als eine philosophische Verirrung von jemandem, der nicht wahrhaben will, daß die Natur uns mit Tendenzen, etwas zu glauben, ausgestattet hat, die wir mit unseren deduktiven Bemühungen weder einholen noch in ihrer Gewißheit überbieten können.

Bernhard Rang

Kants Antwort auf Hume

Die in letzter Zeit wieder aufgeflammte Diskussion zum Verhältnis von Kants Behandlung des Problems der Kausalität zu derjenigen Humes hat deutlich gemacht, wie wenig dieses Verhältnis trotz der zahlreichen Beiträge zu diesem Thema seit den Tagen des Neukantianismus als geklärt gelten kann. In der insbesondere von angelsächsischen Autoren unter dem Stichwort „Kants Antwort auf Hume" wieder angefachten Kontroverse um die Berechtigung von Kants Humekritik sind jedoch, wie die folgende Abhandlung zeigen möchte[1], einige Punkte unbeachtet geblieben, die für die richtige Beurteilung des von Kant in dem Kapitel über die „Zweite Analogie der Erfahrung" in der *Kritik der reinen Vernunft* vorgetragenen Lehrstücks von Bedeutung sind[2]. Es werden einige Thesen zu Kants Theorie der Kausalität entwickelt, die zugleich sein Verhältnis zu Humes Theorie klären sollen[3].

---

1 Die folgende Abhandlung geht auf Rang 1990 zurück. Die Abschnitte I und IV vorliegender Abhandlung sind eine Kurzfassung der entprechenden Abschnitte dieses Aufsatzes; die Abschnitte II und III wurden neu geschrieben.
2 Zu den neueren Arbeiten zum Verhältnis Kant-Hume vgl. die Dokumentation in Farr 1982, 73–129; ferner Cleve 1973 sowie die Stellungnahme von Beck 1976.
3 Kants Werke werden mit Band- und Seitenzahl nach der Akademieausgabe (= Ak) zitiert, die *Kritik der reinen Vernunft* wie üblich mit A und B. Die Abkürzung R steht für die *Reflexionen* aus Kants Nachlaß.

I. Kants Rezeption von Humes Regularitätsbegriff der Kausalität

Kants Fassung des Satzes „vom zureichenden Grunde" (A 200 f.) lautet in der Formulierung der 1. Auflage der *Kritik der reinen Vernunft*: „Alles was geschieht ... setzt etwas voraus, worauf es *nach einer Regel* folgt." (A 189) Hiermit hat Kant zwei bei Hume getrennt behandelte Grundsätze in einen zusammengefaßt. Erstens ist darin das allgemeine Kausalprinzip in seiner überlieferten Form enthalten: *nihil fit sine ratione sive causa*. Zweitens ist mit diesem Grundsatz das Prinzip der Gleichförmigkeit des Naturgeschehens ausgesprochen, nämlich das Prinzip „Gleiche Ursache, gleiche Wirkung", das von dem durch es spezifizierten ersten Prinzip „Kein Ereignis ohne Ursache" logisch unabhängig ist. Diese Spezifizierung des allgemeinen Kausalprinzips durch das Gleichförmigkeitsprinzip ist eine direkte Konsequenz der Tatsache, daß Kant Humes funktionalen, am Begriff der „Regel" orientierten Begriff der Ursache seiner eigenen Theorie der Kausalität zugrunde legt. Kausalität der Natur ist für Kant „die Verknüpfung eines Zustandes mit einem vorigen in der Sinnenwelt, worauf jener nach einer Regel folgt" (A 532)[4]. Da das, was einer Regel untersteht, wiederholbar und folglich etwas Allgemeines sein muß, bezieht sich Kants Kausalbegriff auf die regelmäßige Aufeinanderfolge von Zustands*arten*, und daraus erhellt unmittelbar die Äquivalenz von Kants Definition mit derjenigen Humes, die darauf beruht, daß in jedem singulären Kausalurteil ein allgemeines enthalten ist, nämlich ein Urteil über die regelmäßige Aufeinanderfolge von typischen Gegebenheiten (vgl. T 172/232, EHU 6/92)[5].

Schon früh hat Kant sich Humes Einsicht in die Nicht-Analytizität von Kausalaussagen zu eigen gemacht. Im Gegensatz zum logischen Folgerungsverhältnis kann kein Kausalverhältnis nach dem Satz des Widerspruchs eingesehen werden. Zum Beispiel läßt sich, so bemerkt Kant in seiner 1763 erschienenen Schrift über den Begriff der negativen Größen, die Wahrheit des Urteils,

---

[4] Die Relata der Kausalrelation sind bei Kant nicht nur Zustände (von Substanzen) zu einem bestimmtem Zeitpunkt, sondern auch Zustandsänderungen, die eine Zeit einschließen, vgl. Anm. 9.
[5] Näheres zu Hume's Kausalbegriff bei Kulenkampff 1989, 79 ff.

daß „der Abendwind ein Realgrund von Regenwolken ist" (Ak II, 203), nicht aus dem Begriff des Abendwindes ableiten. Damit erneuert Kant Humes Argument gegen die rationalistische Vorstellung einer notwendigen Verknüpfung von Ursache und Wirkung (vgl. EHU 25 f./35 f.). Daß Kant dennoch mit Nachdruck die Notwendigkeit der Verknüpfung von Ursache und Wirkung behauptet, hat schon öfter Anlaß zu der Vermutung gegeben, Kant plädiere damit für die Einführung eines Begriffs der spezifisch *kausalen* Notwendigkeit und revidiere damit den Regularitätsbegriff Humes[6]. Doch diese Vermutung erweist sich schnell als unhaltbar, sobald man beachtet, daß das, was Kant im Unterschied zur logischen Notwendigkeit „materiale Notwendigkeit" (A 226) oder „Naturnotwendigkeit" (A 542) nennt und sowohl dem Zufall wie der „blinden" Notwendigkeit des Schicksals entgegensetzt (vgl. R 5608; A 228), eben die Regularität oder Gesetzmäßigkeit im zeitlichen Ablauf der Erscheinungen ist. Das geht bereits eindeutig aus Kants Sprachgebrauch in der Zweiten Analogie hervor, wie sich an diesem auch zeigt, daß er über den Regularitätsgedanken Humes die in der Kausalbeziehung gedachte Notwendigkeit ganz im Sinne Humes auf Jederzeitigkeit reduziert[7]. Der systematisch wichtigste Beleg dafür, daß Kant unter dem Stichwort „Notwendigkeit" Humes Regularitätsbegriff der Ursache übernimmt, ist jedoch das Modalitätskapitel der *Kritik der reinen Vernunft*. Nach der von Kant unter dem Titel „Die Postulate des empirischen Denkens überhaupt" entwickelten Theorie der Modalbegriffe ist es allein die Kategorie der Kausalität, die einen kritisch gerechtfertigten Gebrauch des Be-

---

6 Stegmüller 1969, 445; ähnlich Pap, der von einer „Ergänzung" durch die Idee der Notwendigkeit bei Kant spricht (Pap 1955, 111).
7 So heißt es am Ende des ersten Beweisganges in der Analogie, daß wir jedes Ereignis auf etwas beziehen, „was vorhergeht, und worauf es nach einer Regel, d. i. notwendigerweise, folgt [...]" (A 194; vgl. A 201). Der Gleichsetzung von Regularität und Notwendigkeit folgt die von Regularität und Jederzeitigkeit, wenn Kant in einem Resümee seines Gedankenganges sagt, daß wir bei der Erfahrung eines Zustandswechsels einer Substanz im vorhergehenden Zustand etwas voraussetzen, worauf der neue Zustand „jederzeit, d. i. nach einer Regel folgt [...]" (A 198). Die hieraus zu erschließende Identifizierung von Notwendigkeit und Jederzeitigkeit belegt denn auch eine spätere Stelle des Textes direkt, an der Kant erklärt, daß in dem, was einer Begebenheit vorhergeht, „die Bedingung anzutreffen sei, unter welcher die Begebenheit jederzeit (d. i. notwendigerweise) folgt" (A 200).

griffs der Notwendigkeit des Daseins von etwas erlaubt, das heißt einen solchen Gebrauch, der die Grenze möglicher Erfahrung nicht übersteigt. Innerhalb dieser Grenze kann die Notwendigkeit der Existenz von etwas niemals aus seinem Begriff gefolgert werden, sondern nur relativ auf die Existenz von etwas schon in der Erfahrung Gegebenem.

Diese relative Notwendigkeit von etwas denkt man nach Kant in der Kategorie der Kausalität: „Da ist nun kein Dasein, was unter der Bedingung anderer gegebener Erscheinungen, als notwendig erkannt werden könnte, als das Dasein der Wirkungen aus gegebenen Ursachen nach Gesetzen der Kausalität." (A 227) Bei diesen Gesetzen handelt es sich, wie Kant im Anschluß an die zitierte Stelle verdeutlichend bemerkt, um *„empirische* Gesetze der Kausalität" (ebd.; Hervorheb. v. Verf.). Daß gleichwohl dem durch diese Gesetze bedingten Dasein nach Kant eine Art von Notwendigkeit zukommt, erklärt sich daraus, daß kausale Gesetze bei gegebenen Antezedensdaten einen *Vernunftschluß a priori* auf zu erwartende Wirkungen gestatten: „Die Notwendigkeit betrifft also nur die Verhältnisse der Erscheinungen nach dem dynamischen Gesetze der Kausalität, und die darauf sich gründende Möglichkeit, aus irgendeinem gegebenen Dasein (einer Ursache) a priori auf ein anderes Dasein (der Wirkung) zu schließen." (A 227) Weil aber die Gesetze, aus denen sich a priori künftige Ereignisse prognostizieren lassen, Gesetze *a posteriori* sind, bleibt es dabei, daß Kausalurteile keine analytischen, aus den Begriffen der Ursache und der Wirkung abzuleitenden Urteile sind[8]. Kausale Gesetze a posteriori haben die Form „Wenn A, dann B", ohne daß in dieser Konditionalität mehr gedacht wäre als die allein auf Erfahrung beruhende regelmäßige Aufeinanderfolge von A und B. Was Kant unter der notwendigen Verknüpfung von Ursache und Wirkung versteht, entspricht somit Humes Begriff der ständigen Verbindung (*„conjunction"*), den dieser seiner empiristischen Theorie der Kausalität zugrunde legt und den er gegen die Idee einer notwendigen Verknüpfung (*„connexion"*) von Ursache und Wirkung in der rationalistischen Metaphysik abgrenzt (vgl. EHU 70/85).

---

8 Kant antizipiert damit im Ansatz das deduktiv-nomologische Gesetzesschema der wissenschaftlichen Erklärung; vgl. hierzu Rang 1990, 27 ff.

II. Das Problem der objektiven Zeitfolge

Kant übernimmt zwar Humes Kausalbegriff, aber nicht dessen Theorie der Kausalität. Kants Exposition des Kausalproblems in der Zweiten Analogie der Erfahrung in der *Kritik der reinen Vernunft* setzt genau an dem Punkt an, den Hume für nicht mehr erklärungsbedürftig gehalten hat, nämlich an der Frage nach der Bedingung der Möglichkeit der Erfahrung, daß etwas auf etwas anderes in der Zeit folgt. Diese Möglichkeit hatte Hume als selbstverständlich unterstellt. Für Kant liegt hier ein Problem, weil nicht jede Folge von Vorstellungen schon die Vorstellung einer Folge impliziert. Denn die Apprehension eines Objektiven ist *immer* sukzessiv: Nicht nur Nacheinanderseiendes, sondern auch Zugleichseiendes wird nach Kant nacheinander ins Bewußtsein aufgenommen, zum Beispiel die Teile einer mit einem Blick nicht überschaubaren Hausfassade. Diesem Beispiel für die sukzessive Erfassung von Zugleichseiendem kontrastiert Kant ein Beispiel für die sukzessive Erfassung von Nacheinanderseiendem: Wer beobachtet, wie ein Schiff einen Fluß hinabtreibt, nimmt nacheinander die jeweiligen Positionen des Schiffs im Fluß wahr. In beiden Fällen ist ein Nacheinander von Wahrnehmungen gegeben, aber nur im letzteren Fall bedeutet das Nacheinander von Wahrnehmungen auch ein Nacheinander im Wahrgenommenen. Im Fall der Apprehension der Hausfassade ist dagegen die Folge der Wahrnehmungen nur subjektiv, das heißt ohne objektive Bedeutung. Es muß daher nach Kant zwischen der „*subjektiven Folge* der Apprehension" und der „*objektiven Folge* der Erscheinungen" (A 193) unterschieden werden.

Daraus ergibt sich für Kant die Frage nach der Bedingung der Möglichkeit dafür, einer Folge von Vorstellungen objektive Bedeutung zuzumessen, und das heißt: eine Folge von Vorstellungen als Darstellung einer Folge im Gegenstand zu deuten. Kant verweist zunächst auf einen charakteristischen Unterschied in der Weise, wie das Nacheinander von Wahrnehmungen erlebt wird: „Jede Apprehension einer Begebenheit ist also eine Wahrnehmung, welche auf eine andere folgt. Weil dieses aber bei aller Synthesis der Apprehension so beschaffen ist, wie ich oben an der Erscheinung des Hauses gezeigt habe, so unterscheidet sie sich dadurch noch nicht von anderen. Allein ich bemerke auch: daß, wenn ich an einer Erscheinung, welche ein Geschehen enthält, den vorhergehenden Zustand der Wahrnehmung A, den folgenden aber B nenne, daß B auf A in der Apprehension nur folgen, die Wahrnehmung A aber auf B nicht folgen, sondern nur vorhergehen kann. Ich sehe z. B. ein Schiff den Strom hinabtreiben. Meine Wahrnehmung seiner Stelle unterhalb, folgt auf die Wahrnehmung der Stelle desselben oberhalb dem Laufe des Flusses, und es ist unmöglich, daß in der Apprehension dieser Erscheinung das Schiff zuerst unterhalb, nachher aber oberhalb des Stromes wahrgenommen werden sollte. Die Ordnung in der Folge der Wahrnehmungen in der Apprehension ist hier also bestimmt, und an dieselbe ist die letztere gebunden. In dem vorigen Beispiele von einem Hause konnten meine Wahrnehmungen in der Apprehension von der Spitze desselben anfangen, und beim Boden endigen, aber auch von unten anfangen, und oben endigen, imgleichen rechts oder links das Mannigfaltige der empirischen Anschauung apprehendieren." (A 192) Bei der Wahrnehmung eines Ereignisses[9] sind wir also im Unterschied zur Wahrnehmung von Teilen eines Gegenstandes genötigt, *eine bestimmte Reihenfolge* in der Apprehension des Mannigfaltigen der Anschauung einzuhalten. Die jüngst geführte Diskussion um die Frage, ob und unter welchen Bedingungen Kant recht habe mit seiner Behauptung, daß bei dem Übergang eines Dinges vom Zustand A in den Zustand B oder auch bei der Aufeinanderfolge zweier Ereignisse A und B notwendigerweise zuerst A und danach B wahrgenommen werden muß, geht am entscheidenden Punkt vorbei. Denn selbst wenn Wahrnehmungsbedingungen vorliegen, die bewirken, daß dabei gerade umgekehrt erst B und dann erst A wahrgenommen wird, kann diese Folge vom Subjekt nicht umgekehrt werden[10].

Kant legt daher Wert auf die Feststellung, gezeigt zu haben, daß es bei der Wahrnehmung eines Ereignisses etwas gibt, das „uns nötigt, diese Ordnung der Wahrnehmungen vielmehr als eine andere zu beobachten, ja daß diese Nötigung es eigentlich sei, was die Vorstellung einer Sukzession im Objekt allererst möglich macht" (A 196 f.).

---

9 „Ereignis" in dem bei Kant vorherrschenden Sinn der Zustandsänderung einer Substanz, die eine zeitliche Dauer hat; Kants Termini sind: „Begebenheit", „Geschehen", oder „Veränderung".
10 Vgl. hierzu Rang 1990.

Mit diesen Worten aber hat Kant die Frage nach der Bedingung der Möglichkeit der Erfahrung einer objektiven Zeitfolge bereits beantwortet, und zwar so, daß der Gedanke der Kausalität, um den es in der Zweiten Analogie geht, noch gar nicht ins Spiel gekommen ist.

Es ist nun wichtig zu sehen, daß wir in diesem Verweis auf die Nötigung in der Apprehension nicht nur eine beiläufig erwähnte und letztlich vielleicht entbehrliche erkenntnispsychologische Nebenüberlegung vor uns haben, sondern ein zentrales Argument der Zweiten Analogie. Denn die Nötigung zur Einhaltung einer bestimmten Reihenfolge in der Apprehension des Mannigfaltigen der Anschauung ist nicht nur ein Kriterium dafür, daß der subjektiven Folge in der Apprehension eine objektive Folge in den äußeren Erscheinungen entspricht, sondern sie ist das, was wir *meinen*, wenn wir eine objektive Zeitfolge von einer subjektiven überhaupt abheben: „Nur dadurch kann ich von der Erscheinung selbst, und nicht bloß von meiner Apprehension, berechtigt sein zu sagen: daß in jener eine Folge anzutreffen sei, welches so viel bedeutet, als daß ich die Apprehension nicht anders anstellen könne, als gerade in dieser Folge." (A 193) Unter einer objektiven Aufeinanderfolge von Wahrnehmungen ist demnach gar nichts anderes zu verstehen als eine uns aufgenötigte Folge von Wahrnehmungen. Sonach ist die Nötigung in der Apprehension nicht nur eine notwendige, sondern auch eine hinreichende Bedingung dafür, daß eine Folge von Wahrnehmungen die Wahrnehmung einer Folge konstituiert.

Eine erste Antwort Kants auf Hume beginnt sich hier abzuzeichnen. Sie läßt sich – das zu betonen ist wichtig – formulieren, noch ohne das Problem der Kausalität aufzuwerfen. Vielmehr betrifft sie die grundsätzliche erkenntnistheoretische Position Humes. Hume steht auf dem Boden des Berkeleyschen Grundsatzes „esse est percipi", den er auf die Formel bringt, daß die Gegenstände unserer Vorstellungen von diesen nicht spezifisch verschieden sind (vgl. T 67/92). Das aber ist auch der Standpunkt Kants. Wenn der transzendentale Idealismus in der Lehre besteht, daß Erscheinungen keine Dinge an sich sind, dann war Hume transzendentaler Idealist. Der transzendentale Idealismus Kants steht (obgleich das Kant selbst nicht deutlich bewußt war, wie seine Berkeleykritik belegt) auf dem Boden des ‚esse est percipi': „Es sind [...] die Gegenstände der Erfahrung *niemals an sich selbst*, sondern nur in der Erfahrung gegeben, und existieren außer derselben gar nicht. Daß es Einwohner im Monde geben könne, ob sie gleich kein Mensch jemals wahrgenommen hat, muß allerdings eingeräumt werden, aber es bedeutet nur so viel: daß wir in dem möglichen Fortschritt der Erfahrung auf sie treffen könnten [...]." (A 492 f.) Nichts anderes behauptet der Grundsatz Berkeleys in der schwächeren Fassung des ‚esse est percipi *posse*'[11], der gegen die Bestreitung dieser Möglichkeit durch den Descartes-Lockeschen Repräsentationalismus gerichtet ist, nach welchem die Gegenstände unserer Vorstellungen prinzipiell nicht wahrgenommen, sondern nur denkend erschlossen werden können.

Kants Argumentation in der Zweiten Analogie der Erfahrung, so weit sie bisher zur Sprache kam, hat nun aufgezeigt, daß die Berkeley-Humesche Identifizierung von Vorstellung und Gegenstand das Kind mit dem Bade ausschüttet. Am Problem der Unterscheidbarkeit von objektivem und subjektivem Nacheinander von Wahrnehmungen macht Kant in der Zweiten Analogie klar, daß zwischen Vorstellung und Gegenstand unterschieden werden muß. Auf dem Boden des transzendentalen Idealismus beziehungsweise des ‚esse est percipi' kann eine Unterscheidung von Vorstellung und Gegenstand so erfolgen, daß wir unter einem Gegenstand von Vorstellungen nichts anderes verstehen als eine *bestimmte Verknüpfungsform* von Vorstellungen. Eine Verknüpfungsform von Vorstellungen, die ihnen gegenständliche Bedeutung verleiht, ist die in der Apprehension von etwas aufgenötigte Reihung der Wahrnehmungsdaten nach einer vorgegebenen Ordnung. Allgemein formuliert Kant das im Prinzip der Analogien: „Erfahrung ist nur durch die Vorstellung einer notwendigen Verknüpfung der Wahrnehmungen möglich." (B 218) Hier stellt sich natürlich die Frage nach dem Zusammenhang von Nötigung und Notwendigkeit bei Kant, auf die gleich noch zurückzukommen sein wird[12].

---

11 Vgl. Berkeley, *A Treatise concerning the Principles of Human Knowledge*, §§ 3 u. 58.
12 Fichte und Schelling haben klarer als Kant selbst erkannt, daß die Nötigung, von der Kant in der Zweiten Analogie handelt, ein Bewußtsein von Freiheit voraussetzt, das für den Aufbau unserer Gegenstandswelt fundamental ist. Der

III. Kausalprinzip und Gleichförmigkeitsprinzip

Nun setzt sich Kant jedoch zum Ziel, das Kausalprinzip als Bedingung der Möglichkeit der Erfahrung objektiver Zeitfolgen zu erweisen. Kant formuliert ein Argument e contrario: „Man setze, es gehe vor einer Begebenheit nichts vorher, worauf dieselbe nach einer Regel folgen müßte, so wäre alle Folge der Wahrnehmung nur lediglich in der Apprehension, d. i. bloß subjektiv, aber dadurch gar nicht objektiv bestimmt, welches eigentlich das Vorhergehende, und welches das Nachfolgende der Wahrnehmungen sein müßte." (A 194) Daraus folgt Kant: „Wenn wir also erfahren, daß etwas geschieht, so setzen wir dabei jederzeit voraus, daß irgendetwas vorausgehe, worauf es nach einer Regel folgt." (A 195) Bezeichnen wir das „Vorhergehende" mit „A", das „Nachfolgende" mit „B", dann lautet Kants Folgerung: Wenn wir erfahren, daß ein B geschieht, dann setzen wir voraus, daß ein A vorhergeht, worauf B nach einer Regel, das heißt nach einem Kausalgesetz folgt.

Wie man sieht, bezieht sich Kant in seiner Begründung des Kausalprinzips e contrario wieder auf den Gegensatz zwischen willkürlicher und aufgenötigter Apprehension. Nur wird jetzt die Nötigung in der Apprehension auf die Gültigkeit einer Regel zurückgeführt, die bestimmt, was zuerst und was sodann apprehendiert werden muß. Die Aufeinanderfolge von Wahrnehmungsinhalten gilt uns nur dann als objektiv bestimmt, „wenn eine Regel zum Grunde liegt, die uns nötigt, diese Ordnung der Wahrnehmung vielmehr als eine andere zu beobachten" (A 196). Es folgt der schon zitierte Satz, daß diese Nötigung es sei, die die Vorstellung einer Sukzession im Objekt überhaupt erst möglich macht.

Leitsatz von Schellings Frühphilosophie: „Das Sein überhaupt ist nur Ausdruck einer gehemmten Freiheit" formuliert das in äußerster Allgemeinheit (vgl. Schelling, *System des transzendentalen Idealismus*, in: *Werke*, hrsg. von K. F. A. Schelling, Bd. III, 379). In Anwendung auf das in der Zweiten Analogie behandelte Problem der objektiven Zeitfolge bedeutet das: Das Nach-einander-Sein ist die Einschränkung meiner Freiheit in der Reihenfolge meiner Apprehension des Mannigfaltigen meiner Anschauung. Deswegen sagt Kant, daß von einer objektiven Folge zu sprechen nichts anderes „bedeutet", als von einer aufgenötigten Folge zu sprechen. Daraus erklärt sich, daß Natur bei Fichte und Schelling als das System der *notwendigen* Vorstellungen bestimmt wird (im Kontrast zu den Systemen *freier* Vorstellungen, wie Rechtssystemen, Staatsverfassungen etc.).

Um was für eine Art von Regel es sich hierbei handelt, kann nicht zweifelhaft sein. Es ist jene Art von Regel, die im explizierten Regularitätsbegriff der Kausalität gedacht wird. Mit Kants Notation für die objektive Zeitfolge lautet demnach die postulierte Regel: Immer wenn etwas von der Art A geschieht, dann muß etwas von der Art B folgen.

Angenommen, Kant hätte recht mit der These, daß wir in der Erfahrung die Nötigung, in der Apprehension eine bestimmte Reihenfolge einhalten zu müssen, auf einen Grund zurückführen, der uns dazu nötigt, wäre dann sein Argument e contrario für die Voraussetzung der Gültigkeit des Kausalprinzips in sich schlüssig? Es ist leicht zu sehen, daß das nicht der Fall ist. Wenn die Regel „Wenn A geschieht, dann folgt regelmäßig B" wahr ist, dann ist noch lange nicht die Regel wahr „Wenn B geschieht, dann geht regelmäßig A vorher". Für diesen kontrafaktischen Sinn von Kausalität („B wäre nicht geschehen, wenn A nicht geschehen wäre") mögen gute Gründe sprechen. Aber einmal abgesehen davon, daß dieser Sinn nicht zum Regularitätsbegriff der Kausalität paßt, in Kants Argumentation läßt er sich nicht einpassen. Wenn schon mit Kant eine der Nötigung, zuerst A und dann B zu apprehendieren, zugrundeliegende Regel zu postulieren ist, dann kann die nur lauten: „Wenn A geschieht, dann folgt notwendig, das heißt jederzeit B". Das aber ist eine Gleichförmigkeitsbehauptung von der Art, wie sie Hume untersucht hat, und keinesfalls das Kausalprinzip und auch nichts, das zum Kausalprinzip hinleiten könnte. Der Gedanke der notwendigen Verknüpfung von A und B reicht völlig aus, um die Nötigung auf den von Kant postulierten Grund zurückzuführen. Damit ist klar, daß das Problem der Unterscheidbarkeit von subjektiven und objektiven Wahrnehmungsfolgen nichts für die Gültigkeit des allgemeinen Kausalprinzips hergibt. Die Topologie der Zeit macht zwar notwendig, daß jedem Ereignis ein anderes vorhergeht, aber nicht, daß es aus diesem *nach einer Regel* folgt.

Wenn durch den Nachweis, daß der Begriff der notwendigen Verknüpfung von Wahrnehmungen eine apriorische Bedingung für die Unterscheidbarkeit von subjektiver und objektiver Aufeinanderfolge von Wahrnehmungen ist, auch nicht das Kausalprinzip als Bedingung der Möglichkeit von Erfahrung erwiesen werden kann, so bleibt noch die Möglichkeit zu prüfen, ob das Gleichförmigkeitsprinzip, das in Kants Kausalprinzip enthalten ist, eine solche Bedingung ist. Bezeichnen wir wieder die Sukzession von Wahrnehmungsinhalten mit „A" und „B", dann besagt das Gleichförmigkeitsprinzip: „Wenn etwas von der Art A in der Wahrnehmung auftritt, dann tritt danach etwas von der Art B auf"[13]. Die Frage, die sich somit stellt, lautet: Ist die Gültigkeit dieses Prinzips notwendig vorausgesetzt, um die Sukzession von A und B als objektiv, das heißt als nicht bloß in der Apprehension bestehend zu erfahren?

Dafür spricht, daß der Gedanke der notwendigen Verknüpfung von Wahrnehmungsinhalten das Gleichförmigkeitsprinzip impliziert, da Kant, wie gezeigt, Notwendigkeit hier im Sinne der relativen Notwendigkeit versteht, die mit Jederzeitigkeit zusammenfällt. Die gestellte Frage müßte man somit bejahend beantworten, wenn nur klar wäre, daß der Gedanke der notwendigen Verknüpfung von Wahrnehmungsinhalten im eben gekennzeichneten Sinne wirklich eine Bedingung der Möglichkeit dafür ist, daß diese als objektiv in der Zeit aufeinanderfolgend erfahren werden. Leider ist dies aber keineswegs klar. Nur die *aufgenötigte*, nicht aber die *regelhafte* Verknüpfung von Wahrnehmungen ist bisher als Bedingung der Möglichkeit der Erfahrung von Ereignissen aufgewiesen worden. Wenn die Empfindung der Nötigung beziehungsweise das Bewußtsein einer aufgenötigten Verknüpfung eine conditio sine qua non für die

---

13 Das ist Humes eigentliches Thema in der *Enquiry*. Im Unterschied zu Kant will er nicht die Gültigkeit dieses Gleichförmigkeitsprinzips beweisen, sondern die Frage untersuchen, wie wir zum Glauben an dieses Prinzip kommen. Seine Erklärung lautet: Wenn man wiederholt beobachtet hat, daß auf etwas von der Art A etwas von der Art B folgt, dann wird man beim Wiederauftreten eines A erwarten, daß gleich ein B folgen wird. Doch Humes Erklärung, die im Ansatz die von Pawlow Ende des 19. Jahrhunderts entwickelte Theorie des bedingten Reflexes vorwegnimmt, ist fehlerhaft. Wenn ich jetzt, in diesem Augenblick, beim Anblick eines A erwarte oder glaube, daß gleich ein B zu beobachten sein wird, habe ich damit schon den Glauben gewonnen, daß beim Auftreten eines A (wann auch immer das sein wird), *immer* ein B folgen wird? Offensichtlich nicht. Bei der Wahrnehmung eines A vorauszusehen oder zu glauben, daß ein B folgen wird, ist etwas anderes als vorauszusehen oder zu glauben, daß bei der Wahrnehmung eines A ein B folgen wird. Humes Rekurs auf wiederholte Erfahrungen, daß auf ein A ein B folgt, erklärt nur das erstere, aber nicht das letztere. Um zu glauben, daß auf das eine stets das andere folgen wird, genügt es nicht, wiederholt dieselbe Erfahrung zu *machen*, sondern man muß auch auf diese Wiederholung *reflektieren*.

Unterscheidbarkeit von subjektivem und objektivem Nacheinandersein ist, dann ist es die Vorstellung einer notwendigen Verknüpfung noch lange nicht, wenn darunter mehr als eine nur aufgenötigte Verknüpfung verstanden wird. Zwar ist jede regelhafte Verknüpfung auch eine aufgenötigte Verknüpfung, aber nicht jede aufgenötigte Verknüpfung ist eine regelhafte Verknüpfung. Denn der Begriff der Nötigung impliziert keineswegs den Begriff der Regularität oder der Gesetzmäßigkeit. Deshalb mag wohl der Begriff der gesetzmäßigen Verknüpfung zur Unterscheidung von objektivem und subjektivem Nacheinandersein hinreichend sein, aber ist er für die Unterscheidbarkeit beider auch notwendig?

Es ist nicht schwer zu sehen, daß zur Beantwortung dieser Frage geklärt werden müßte, wie sich die Nötigung zur Einhaltung einer bestimmten Reihenfolge in der Apprehension der Wahrnehmungsdaten zur Vorstellung ihrer notwendigen Verknüpfung im Sinne einer gesetzmäßigen Verknüpfung verhält. Diese Klärung vorzunehmen, hat Kant jedoch unterlassen. Statt dessen gibt er zwei Antworten auf die Frage nach der Bedingung der Möglichkeit für die Unterscheidung zwischen subjektiver und objektiver Wahrnehmungssukzession: Zum einen ist es die Nötigung in der Apprehension, die als diese Bedingung genannt wird, zum anderen der Gedanke der regelhaften Verknüpfung, der sowohl das Kausalprinzip als auch das in ihm enthaltene Gleichförmigkeitsprinzip bestimmt. Das macht sich auch im Sinn des Terminus „notwendige Verknüpfung" bemerkbar. Einerseits ist Notwendigkeit als bedingte Jederzeitigkeit (unter der Bedingung A folgt jederzeit B) gedacht, andererseits besteht auch eine – von Kant freilich nicht explizit gemachte – Beziehung zur Bewußtseinstatsache der Nötigung in der Apprehension. Eine solche ist auch nicht entbehrlich, wenn der Zusammenhang mit dem Begriff der Nötigung, der – wie gezeigt – für die Zweite Analogie zentral ist, gewahrt bleiben soll.

Eine systematische Rekonstruktion dieses Zusammenhangs soll hier nicht mehr versucht werden, sondern nur noch angegeben werden, in welcher Richtung sie erfolgen müßte. *Erstens* muß von Kants ebenfalls in der Zweiten Analogie vertretenen These ausgegangen werden, daß die Nötigung in der Apprehension den Sinn des Begriffs der objektiven Zeitfolge ausmacht, und das besagt, daß sie sowohl hinreichende als auch notwendige

Bedingung für die Unterscheidbarkeit von subjektiver und objektiver Zeitfolge ist. *Zweitens* wäre auszuwerten, daß Kant die Nötigung in der Apprehension auf einen „Grund" zurückführt und als diesen Grund eine Regel der Verknüpfung der aufeinanderfolgenden Wahrnehmungen denkt. Dieser Grund ist dabei nicht als Ursache für die Nötigung in der Apprehension zu denken, sondern als Bedingung der Möglichkeit dafür, bei der Wahrnehmung von Ereignissen überhaupt eine Nötigung zu empfinden. Das Gefühl der Nötigung setzt das Bewußtsein von Freiheit voraus. Zugleich ist damit das Bewußtsein *eingeschränkter* Freiheit verbunden. Nun verhalten sich, wie gleich noch näher auszuführen sein wird, transzendentale Freiheit und Naturnotwendigkeit nach Kant wie Gesetzlosigkeit und Gesetzmäßigkeit. Wenn man unter Anknüpfung an dieses Verhältnis postuliert, daß Freiheit nur *durch Gesetze* als eingeschränkt gedacht werden kann, das heißt durch das, was Kant in der Zweiten Analogie meist „Regeln" nennt, dann wäre der Gedanke der gesetzmäßigen Einschränkung meiner Freiheit die Bedingung der Möglichkeit dafür, mich überhaupt in der Apprehension genötigt zu fühlen. Ob es auf diese Weise gelingt, das Gleichförmigkeitsprinzip als synthetisches Urteil a priori zu erweisen, das die Bedingung der Möglichkeit für die Erfahrung objektiver Zeitfolge ist, bleibe dahingestellt. Festgehalten werden soll hier nur, daß im Sinne des in der Zweiten Analogie der Erfahrung entwickelten Problems der Unterscheidbarkeit von subjektivem und objektivem Nacheinander in der Apprehension von Wahrnehmungen nicht das Kausalprinzip, sondern nur das Gleichförmigkeitsprinzip ein möglicher Kandidat für jenes synthetische Urteil a priori sein kann, das die Erfahrung der zeitlichen Sukzession von Erscheinungen ermöglicht[14].

Nur so läßt sich auch die Zweite Analogie der Erfahrung als Beitrag zur „Auflösung des *Humischen* Problems" (Ak IV, 313) verstehen, der sie nach Kants eigenem Zeugnis sein sollte. Denn Humes Problem war, wie Beck überzeugend dargestellt hat, nicht das allgemeine Kausalprinzip, dem er nur eine flüchtige

---

14 Es ist daher sicherlich kein Zufall, daß L. W. Beck, der sich mehrfach darum bemüht hat, die Schlüssigkeit von Kants Beweis des Kausalprinzips nachzuweisen, de facto immer nur das Gleichförmigkeitsprinzip rekonstruiert; für Näheres vgl. Rang 1990, 38 ff.

und fragmentarische Untersuchung widmete, sondern die Frage nach Herkunft und Sinn des Kausalbegriffs und des von ihm implizierten Prinzips der Gleichförmigkeit des Naturgeschehens[15].

IV. Schema der Kausalität und transzendentale Freiheit

Daß Kants Ansatz ihn jedoch noch in ganz anderer Hinsicht über Hume hinausführt, zeigt sich an seiner Bestimmung des transzendentalen Schemas der Kategorie der Kausalität: „Das Schema der Ursache und der Kausalität eines Dinges überhaupt ist das Reale, worauf, *wenn es nach Belieben gesetzt wird*, jederzeit etwas anderes folgt." (A 144; Hervorheb. v. Verf.) Da das Schema einer Kategorie deren *Bedeutung* festlegt, ist klar, daß die Bedeutung von Kausalität hiernach nicht nur, wie das Hauptargument der Zweiten Analogie unterstellt, im gesetzmäßigen Ablauf von Erscheinungen bestehen kann. Hier ist der Punkt, an dem klar wird, daß Kant den Regularitätsbegriff der Kausalität von Hume nicht übernimmt, ohne ihn entscheidend zu modifizieren. Wenn Kant auch mit Hume am Kriterium der geregelten Zeitfolge zur Erkenntnis von Kausalität festhält, so hat er doch vor Hume die Einsicht voraus, daß sich das kausale Wissen der neuzeitlichen Physik nicht durch passive Beobachtung von Er-

---

15 Es verhält sich daher, so scheint mir, gerade umgekehrt, als Beck meint, wenn er schreibt: „Man hat oft eingewandt, daß Kants Zweite Analogie nichts dazu beitrage, das Prinzip ‚Gleiche Ursache – gleiche Wirkung' zu stützen. Das ist wahr, aber es war nicht Kants Absicht, *dieses* Prinzip in der Analogie zu stützen. Kant beschäftigte sich nur mit dem Prinzip ‚Jedes Ereignis – eine Ursache', und er ‚versenkte' dieses Prinzip nicht in ‚Gleiche Ursache – gleiche Wirkung'" (Beck 1982, 186). Was aber Kants Absicht betrifft, so geht es ihm zwar, wie Beck richtig sieht, um den Beweis des Kausalprinzips, aber man darf dabei nicht übersehen, daß – wegen des Regularitätsbegriffs der Ursache – *sein* Kausalprinzip das Prinzip „Gleiche Ursache – gleiche Wirkung" (das Gleichförmigkeitsprinzip) *impliziert*. – Im übrigen sind mit der Einsicht, daß sich aus Kants Voraussetzungen nur für die Notwendigkeit des Gleichförmigkeitsprinzips bei der Erfahrung einer objektiven Sukzession von Wahrnehmungen vernünftig argumentieren läßt, diese Voraussetzungen selber noch nicht gerechtfertigt. So ist beispielsweise die Evidenz, die Kant für seine Theorie der sukzessiven Apprehension noch beanspruchen konnte, in der modernen Phänomenologie ganz verlorengegangen.

eignisabläufen gewinnen läßt. Wenn irgendwo, dann liegt hier Kants eigentliche, wenngleich unausgesprochene und meist übersehene Antwort auf Humes Kausaltheorie. Die Apriorität der Kategorie der Kausalität ist die *Apriorität einer Handlungsregel zur Erzeugung von Erfahrung*. Diese Erzeugung wiederum ist in der neuzeitlichen Physik, wie Kant klar gesehen hat, instrumental vermittelt, nämlich in Gestalt des Experiments (vgl. B XIII). Die Rezeptivität des Erfassens eines geregelten Ablaufs von Erscheinungen steht, wie das Schema des Kausalbegriffs festlegt, unter der Bedingung der Spontaneität des vorgängigen Setzens eines nicht von Natur aus gegebenen Anfangs eines derartigen Ablaufs. „In den Naturablauf eingreifen und beobachten, was geschieht!" lautet die Devise des Experimentators, der nach Kants transzendentalem Schema der Kausalität Naturwissenschaft betreibt. Naturkausalität ist hiernach ohne Rekurs auf das Handeln des Menschen nicht zu verstehen. Damit ist eine bedeutsame Vermittlung zwischen der Regularitätstheorie Humes und älteren, am Handeln des Menschen orientierten Kausalvorstellungen eingeleitet. Der gelegentlich erhobene Vorwurf des Anthropomorphismus gegen eine Handlungstheorie der Kausalität verliert hier sein Recht[16]. Denn das Naturgeschehen wird hier nicht nach Analogie des menschlichen Handelns gedacht, sondern das menschliche Handeln als Fundament der Erfahrung von Naturkausalität.

Es ist daher kein Zufall, daß *alle* der von Kant in der Zweiten Analogie gebrachten Beispiele für Kausalbeziehungen (das Schiffsbeispiel gehört *nicht* dazu) den Handlungsbezug dieser Beziehungen herausstellen und das Bewußtsein transzendentaler Freiheit voraussetzen. Sie finden sich im zweiten und so gut wie nie zur Kenntnis genommenen Teil der Zweiten Analogie, in dem Kant sich mit der Frage beschäftigt, wie das Prinzip der geregelten Zeitfolge im Begriff der Kausalität mit der Tatsache zu vereinbaren ist, daß Wirkungen mit ihren Ursachen anscheinend zugleich existieren können. „Es ist z. B. Wärme im Zimmer, die nicht in freier Luft angetroffen wird. Ich sehe mich nach der Ursache um, und finde einen geheizten Ofen. Nun ist dieser, als Ursache, mit seiner Wirkung, der Stubenwärme, zu-

---

[16] Das verkennt zum Beispiel Pap 1955, 127.

gleich; also ist hier keine Reihenfolge, der Zeit nach, zwischen Ursache und Wirkung, sondern sie sind zugleich, und das Gesetz gilt doch" (A 202). Warum aber gilt dieses Gesetz auch hier? Wenn das Kriterium der geregelten Zeitfolge nicht anwendbar ist und der funktionale Zusammenhang zwischen dem geheizten Ofen und der empfundenen Stubenwärme eine rein symmetrische Beziehung darstellt, was zeichnet dann das eine der beiden Beziehungsglieder derart aus, daß wir wohl den geheizten Ofen als Ursache der Stubenwärme, nicht aber umgekehrt die Stubenwärme als Ursache des geheizten Ofens auffassen?

Aus der Perspektive der Wissenschaftstheorie unserer Tage fällt es leicht, hier die richtige Antwort zu finden. Die Auszeichnung des einen Gliedes einer Kausalbeziehung beruht darauf, daß generell den symmetrischen Beziehungen der funktionalen Abhängigkeit innerhalb relativ abgeschlossener Systeme von Handlungen nichtsymmetrische Beziehungen der *Urheberschaft* zugrunde liegen, nämlich Zweck-Mittel-Beziehungen. Relativ auf ein solches System lassen sich grundsätzlich zwei Arten von Handlungen unterscheiden: zum einen Handlungen, die (relativ auf das System) *unmittelbar* ausgeführt werden können, zum anderen nur *mittelbar* ausführbare Handlungen, das heißt Handlungen, die nur dadurch ausgeführt werden können, daß man *andere* ausführt. So kann man, um auf Kants Beispiel zurückzukommen, das Zimmer nur dadurch erwärmen, daß man den Ofen anheizt, nicht aber läßt sich der Ofen dadurch anheizen, daß man das Zimmer erwärmt. Daß der geheizte Ofen als Ursache der Stubenwärme gilt, besagt daher lediglich, daß das Heizen eines Ofens ein geeignetes Mittel zur Erzeugung von Stubenwärme ist. Kausales Wissen ist somit wesentlich *Handlungswissen*, und die Asymmetrie der Kausalbeziehung ist nicht die Asymmetrie der Zeitfolge-Beziehung, sondern die Asymmetrie der Mittel-Zweck-Beziehung[17].

---

17 Vgl. hierzu den richtungsweisenden Aufsatz Gasking (1955) sowie den systematischen Ausbau dieser Konzeption durch G. H. v. Wright (1974, 42–82). Im übrigen ist die sogenannte Handlungstheorie der Kausalität nicht genau zu lokalisieren, und Ansätze dazu sind vielfach vereinzelt aufgetreten; vgl. etwa Pap 1955, 126 f. Deutlicher als Kants Ofenbeispiel zeigen Beispiele aus der physikalischen Experimentierpraxis Sinn und Notwendigkeit der Unterscheidung von unmittelbaren und mittelbaren Handlungen. Die Schwingungsdauer eines Pendels ist eine Funktion seiner Länge und umgekehrt seine Länge eine Funktion

Wie nahe Kant diesem pragmatischen Sinn des Kausalbegriffs bei der Explikation der Kausalität als Handlung bereits kam, zeigen auch die anderen Beispiele Kants für Kausalverhältnisse in der Zweiten Analogie. Um nur noch eines anzuführen, das aus der physikalischen Experimentierpraxis stammt: „Das Glas ist die Ursache von dem Steigen des Wassers über seine Horizontalfläche, obgleich beide Erscheinungen zugleich sind. Denn [!] sobald ich dieses aus einem größeren Gefäß mit dem Glase schöpfe, so erfolgt etwas, nämlich die Veränderung des Horizontalstandes, den es dort hatte, in einen konkaven, den es im Glase annimmt." (A 203 f.) Obgleich Kant dies als Beispiel für die Vereinbarkeit des Kriteriums der Zeitfolge mit der Gleichzeitigkeit von Ursache und Wirkung anführt, macht doch Kants Begründung evident, daß er hier unter Zugrundelegung des Schemas der Kausalität argumentiert: Das Herausnehmen des Glases mit kleinem Durchmesser aus dem größeren, mit Wasser gefüllten Gefäß ist ein Akt, der „nach Belieben" erfolgt, die darauf erfolgende Kapillarerscheinung dagegen etwas, das auf einen derartigen Akt „jederzeit [...] folgt".

Kant hat in der transzendentalen Dialektik einen Begriff bereitgestellt, der auf eine überraschende Weise mit dem transzendentalen Schema der Kausalität koinzidiert, nämlich den Begriff der „transzendentalen Freiheit", der hier definiert ist als „eine *absolute Spontaneität* der Ursachen, eine Reihe von Erscheinungen, die nach Naturgesetzen läuft, *von selbst* anzufangen" (A 446). Wendet man mit Kant diesen zunächst kosmologisch eingeführten Begriff anthropologisch, dann spezifiziert er das Schema der

seiner Schwingungsdauer. Mathematisch gesehen, steht es uns frei, jede der beiden Größen als unabhängige Veränderliche und dann jeweils die andere als abhängige Veränderliche aufzufassen. Aber bei der manipulativen Beeinflussung dieser Größen in der Experimentier- und Meßpraxis geht diese Freiheit verloren: Nur die Länge des Pendels läßt sich unabhängig von der Veränderung der Schwingungsdauer verändern, die letztere aber eben nur dadurch, daß man die Länge ändert. Daß wir nicht eine Änderung der Schwingungsdauer als Ursache der Längenänderung, sondern nur letztere als Ursache der ersten auffassen, erklärt sich allein daraus, daß wir nur die Länge des Pendels (relativ auf das vorausgesetzte Zwei-Handlungssystem) *unmittelbar* ändern können. Analog verhält es sich bei der Beeinflussung des Druckes, bei der Veränderung des Spannungsabfalles an einem Widerstand in einem Stromkreis durch Änderung des Widerstandes usw.

Kausalität auf zweifache Weise. Erstens setzt man bei der Anwendung dieses Schemas transzendentale Freiheit voraus, nämlich die Wahrheit des irrealen Konditionalsatzes: Der Anfangszustand der nach Naturgesetzen ablaufenden Reihe von Erscheinungen wäre nicht eingetreten, wenn das handelnde Subjekt ihn nicht hätte eintreten lassen. Ist ein solcher Anfang somit nicht naturnotwendig, so ist er zweitens ebensowenig ein Produkt des Zufalls. Wenn Kant sagt, daß das, was hier „mitten im Laufe der Welt" (A 450) anfängt, „von selbst" anfängt, dann werden durch diese nähere Bestimmung der Art des Anfangs nicht alle Gründe ausgeschlossen, sondern nur jene Gründe, die den ontologischen Status von Erscheinungen haben. Handlungen des Menschen geschehen insofern „von selbst", als sie aus „eigenem Willen" geschehen, und das besagt: aus „bloßen Gründen des Verstandes" (A 545). Das bewußt geplante, an bestimmten Zwecken orientierte Experiment ist somit ein Anwendungsfall transzendentaler Freiheit[18].

Damit kommen wir zu dem Ergebnis: Der eigentliche, wenngleich von Kant nicht konsequent entfaltete Sinn seiner Verteidigung der Apriorität der Kausaltheorie gegen Humes Empirismus liegt in der Einsicht, daß der von Hume explizierte Regularitätsbegriff der Kausalität den Begriff der transzendentalen Freiheit menschlichen Handelns impliziert. Mit anderen Worten: Nur unter der Idee transzendentaler Freiheit ist ein gesetzmäßiger Ablauf von Erscheinungen ein Gegenstand möglicher Erfahrung. Der wichtigste direkte Beleg für die Richtigkeit dieser These ist das oben erläuterte transzendentale Schema von

---

18 Es könnte hier eingewandt werden, daß der Experimentator selbst ein physikalisches System ist, das mit der Experimentierapparatur in physikalischer Wechselwirkung steht; ist das aber der Fall, dann würde insbesondere der Anfangszustand A des durch ein Experiment initiierten Ablaufs von Erscheinungen A, B, C, ... usw. nicht durch transzendentale Freiheit gesetzt, sondern durch den physikalischen Zustand des Systems „Organismus des Experimentators" kausal bedingt sein. Hier entscheidet jedoch die Überlegung, daß bei der experimentellen Überprüfung einer Theorie der kausale Eingriff in das experimentelle System durch Setzen des Anfangszustandes A (etwa durch Betätigung eines Schalters zur Schließung eines Stromkreises zwecks Überprüfung des Ohmschen Gesetzes) aus dem Gegenstandsbereich des physikalischen Diskurses *methodisch herausfällt* (denn für die Diskussion dieses Experiments zur Elektrodynamik ist es gleichgültig, welche Vorgänge die manuelle Betätigung des Schalters bedingen).

Ursache und Wirkung. Der Zusammenhang mit dem Ergebnis von Abschnitt III dieser Abhandlung liegt auf der Hand. Wenn transzendentale Freiheit Voraussetzung für die Anwendung des Schemas der Kategorie der Kausalität ist, dann ist das ein weiterer Beleg dafür, daß entgegen der Meinung Kants das von ihm in der Zweiten Analogie der Erfahrung formulierte Kausalitätsprinzip nicht Bedingung der Möglichkeit der Erfahrung einer gesetzmäßigen Sukzession von Erscheinungen sein kann. Das in diesem Kausalitätsprinzip enthaltene Gleichförmigkeitsprinzip dagegen ist mit der Annahme transzendentaler Freiheit logisch verträglich. Man kann das Gleichförmigkeitsprinzip für wahr halten und dennoch die These vertreten, daß nicht alles Geschehen durch Naturgesetze bestimmt ist. Zum Beispiel kann man ohne Widerspruch das Fallen eines losgelassenen Steins auf das Gravitationsgesetz zurückführen, ohne zugleich der Meinung zu sein, daß auch das Loslassen des Steines naturgesetzlich determiniert ist. Es versteht sich, daß auch das deduktiv-nomologische Schema der kausalen Erklärung, das Kant, wie in Abschnitt I dieser Abhandlung gezeigt, auf dem Boden einer Rezeption des Humeschen Regularitätsbegriffs der Ursache unter dem Titel „hypothetischer Vernunftgebrauch" in seinen Grundzügen schon antizipiert hat, nicht die Gültigkeit des in der Zweiten Analogie formulierten Kausalprinzips voraussetzt.

Literatur

Beck, L. W. 1976: Is there a Non Sequitur in Kant's Proof of the Causal Principle? In: Kant-Studien 67, 385–389.
Beck, L. W. 1982: Ein preußischer Hume und ein schottischer Kant. In: Farr 1982, 168–191.
Cleve, J. V. 1973: Four Recent Interpretations of Kant's Second Analogy. In: Kant-Studien 64, 71–87.
Farr, W. (Hrsg.) 1982: Hume und Kant. Interpretation und Diskussion. Freiburg-München.
Gasking, D. 1955: Kausalität und Handlungsanweisungen. In: G. Posch (Hrsg.): Kausalität. Neue Texte. Stuttgart 1981, 289–303.
Pap, Arthur 1955: Analytische Erkenntnistheorie. Wien.
Rang, Bernhard 1990: Naturnotwendigkeit und Freiheit. Zu Kants Theorie der Kausalität als Antwort auf Hume. In: Kant-Studien 81, 24–56.
Stegmüller, Wolfgang 1969: Probleme und Resultate der Wissenschaftstheorie und Analytischen Philosophie, Bd 1: Wissenschaftliche Erklärung und Begründung. Berlin-Heidelberg-New York.
Wright, G. H. v. 1974: Erklären und Verstehen. Königstein/Ts.

Bertram Kienzle

Von der Vorstellung der notwendigen Verknüpfung

Wie kein anderes ist das Thema *Kausalität* mit dem Namen David Humes verbunden. Das liegt daran, daß er den Philosophen die Augen für das Rätsel der Kausalität geöffnet hat. Kein Geringerer als Kant hat freimütig bekannt: „[…] die Erinnerung des *David Hume* war eben dasjenige, was mir vor vielen Jahren zuerst den dogmatischen Schlummer unterbrach und meinen Untersuchungen im Felde der speculativen Philosophie eine ganz andre Richtung gab."[1]

Worin besteht das Rätsel der Kausalität? Und warum ist seine Lösung eine wichtige, ja unabdingbare philosophische Aufgabe?

1. Was liegt Hume am Thema *Kausalität*?

In Abschnitt VII seiner *Enquiry Concerning Human Understanding* untersucht Hume das begriffliche Zentrum unserer Vorstellung der Kausalität: die Vorstellung der notwendigen Verknüpfung. Was ihn dazu gebracht hat, deutet er in diesem Abschnitt nur an. Im wesentlichen lassen sich zwei Motivationsstränge unterscheiden; der eine, theoretische, entspringt in Abschnitt IV, der andere, praktische, läßt sich bis in Abschnitt I zurückverfolgen.

---

1 Kant, *Prolegomena*, Akademieausgabe von Kants Werken, Bd. IV, Berlin 1903 (²1911), 260.

Wenn es irgendeine Beziehung zwischen Gegenständen gibt, so Hume in Abschnitt IV, die zu kennen wir allen Grund haben, so ist es die von Ursache und Wirkung. Denn sie allein ermöglicht uns, einen Schluß zu ziehen, der über das gegenwärtige Zeugnis unserer Sinne und über die Spuren des Vergangenen in unserem Gedächtnis hinausreicht (vgl. EHU 26/36). Aber: „[…] as a philosopher, who has some share of curiosity, I will not say scepticism, I want to learn the foundation of this inference." (EHU 38/49) Mit diesem theoretischen Motiv eng verknüpft ist die praktische Motivation für die Beschäftigung mit dem Thema *Kausalität*. Hat uns doch die Natur für eine „gemischte Lebensweise" (EHU 9/7) geschaffen, in der die Praxis der Theorie die Waage hält. Deshalb ist es ein Gebot der Natur, die Leidenschaft für die Theorie durch deren Rückbindung an die Praxis zu zügeln. Hieran erinnert uns Hume in Abschnitt VII, wenn er schreibt: „The only immediate utility of all sciences, is to teach us, how to control and regulate future events by their causes." (EHU 76/92) Hier haben wir ein Motiv für die Lösung des Rätsels der Kausalität, das nicht nur Philosophen anzusprechen vermag, sondern jedermann einleuchtet. Denn wer wollte nicht die Zukunft steuern und in geordnete Bahnen lenken?

Wäre unsere Verknüpfung von Einzelereignissen zu Ursache-Wirkungs-Paaren nur zufällig, so wäre es schiere Glückssache, die Zukunft kausal zu beherrschen. Nur wenn diese Verknüpfung notwendig ist, sind wir in der Lage, mit der Ursache auch deren Wirkung zu kontrollieren. Aber was berechtigt uns eigentlich zu der Vorstellung einer notwendigen Verknüpfung zwischen Ursache und Wirkung? In dieser Frage besteht das Rätsel der Kausalität.

In Abschnitt VII seiner *Enquiry* führt Hume in einem ersten Teil vor, daß die bisherigen Konzeptionen des Ursprungs der Vorstellung der notwendigen Verknüpfung unhaltbar sind und unsere Rede von der Notwendigkeit kausaler Beziehungen zunächst sinnlos erscheinen lassen. In einem zweiten Teil versucht er dann, deren Sinn zu retten, indem er eine eigene Ursprungshypothese aufstellt.

2. Humes Vorgehen in Abschnitt VII der *Enquiry*

Hume zufolge ergibt sich alles, was wir über zusammengesetzte Vorstellungen wissen, aus deren Definition und unserer Kenntnis der darin erwähnten einfacheren Vorstellungen. Aber welches Mittel zur Klärung von Vorstellungen steht uns noch zur Verfügung, nachdem wir uns durch sämtliche Definitionen hindurch bis zu den einfachen, undefinierten Vorstellungen selbst vorgearbeitet haben? In dieser Lage, so Hume, bleibe uns nichts anderes übrig, als auf die Eindrücke zurückzugehen, deren Kopien diese Vorstellungen sind. Seinen spärlichen Bemerkungen darüber, was Kopien sind, ist zu entnehmen, daß er damit die Abbilder meint, die wir von etwas in Erinnerung behalten, nachdem die Eindrücke, die wir davon hatten, wieder aus dem Bewußtsein verschwunden sind (vgl. EHU 17 f./17 f.).

Damit ist Humes weiteres Vorgehen der Methode nach klar. Er muß nach den Eindrücken Ausschau halten, von denen wir die einfache Vorstellung der notwendigen Verknüpfung kopiert haben.

Woher stammt also diese Vorstellung? Bevor er eine eigene Ursprungshypothese aufstellt, widerlegt er erst einmal einige andere Vorschläge. Was dabei alles zur Sprache kommt, ist in der folgenden, unvermeidlich vergröbernden Skizze festgehalten:

Die Vorstellung der notwendigen Verknüpfung beruht

> auf äußeren Eindrücken
>
> 1. **auf einzelnen Eindrücken**, die unsere Sinne von der Abfolge äußerer Dinge haben: „Objekt-Objekt-Kausalität"
> **Humes Gegenargument**: Es gibt keinen Eindruck, der zur Vorstellung der notwendigen Verknüpfung Anlaß gibt.
> → 3.

> auf inneren Eindrücken
>
> 2. **auf einzelnen Eindrücken**, die wir vom Zusammenspiel zwischen Geist und Körper haben:
> „Geist-Körper-Kausalität"
> **Humes Gegenargument**: All unser Wissen über den Einfluß des Willens auf den Körper stammt aus der Erfahrung.
> → 4.1.
>
> 3. **auf einzelnen Eindrücken**, die wir von der Interaktion des Geistes mit sich selbst haben: „Geist-Geist-Kausalität"
> **Humes Gegenargument**: All unser Wissen über den Einfluß des Willens auf den Geist stammt aus der Erfahrung.
> → 4.2.

> 4. **auf dem besonderen Willen Gottes**:   „Okkasionalismus"
> **Humes Gegenargument**: Der Okkasionalismus geht weit über die Erfahrung hinaus und ist unplausibel.   → 5.

> 5. **auf einer Mehrzahl von Eindrücken**, die wir von einander folgenden, ähnlichen Ereignissen haben. **Humes Ursprungshypothese**   → 6.

Abb. 1: Argumentationsstruktur in Abschnitt VII

Bevor ich mich detailliert mit Humes Argumenten gegen die von ihm verworfenen Ursprungshypothesen und mit seinem Gegenvorschlag beschäftige, möchte ich die Orientierung im Text der *Enquiry* dadurch etwas erleichtern, daß ich dessen kunstvollen Aufbau ebenfalls in einer Skizze darstelle:

Abschnitt VI: Über die Wahrscheinlichkeit

Abschnitt VII: Von der Vorstellung der notwendigen Verknüpfung

Teil i: Verworfene Ursprungshypothesen

- Einleitung
- Methodische Vorüberlegungen
- Gegenargument 1
  zur Objekt-Objekt-Kausalität
- Gegenargument 2
  zur Geist-Körper-Kausalität
  „For *first*"
  „*Secondly*"
    1. Absatz
    2. Absatz
  „*Thirdly*"
- Gegenargument 3
  zur Geist-Geist-Kausalität
  „*First*"
  „*Secondly*"
  „*Thirdly*"
- Gegenargument 4
  zum Okkasionalismus
    1. Objekt-Objekt-Kausalität
    2. Geist-Körper-Kausalität
    3. Geist-Geist-Kausalität

Teil ii: Humes eigene Ursprungshypothese

- Zusammenfassung von Teil i
- Der Ursprung der Vorstellung
  der notwendigen Verknüpfung
- Zwei Definitionen von „Ursache"
- Zusammenfassung von Teil ii

Abschnitt VIII: Über Freiheit und Notwendigkeit

Abb. 2. Textaufbau in Abschnitt VII

3. Beruht die Vorstellung der notwendigen Verknüpfung auf äußeren Eindrücken?

Zunächst geht Hume dem Vorschlag nach, die Vorstellung der notwendigen Verknüpfung in einem Eindruck unserer äußeren Sinne zu verankern. Er kann jedoch keinerlei Qualität entdekken, welche die Wirkung an die Ursache binden und sie zu deren unfehlbarer Folge machen würde. Den Sinneseindrücken ist nur zu entnehmen, daß die Wirkung faktisch auf die Ursache folgt. So kommt er zu dem Ergebnis, daß die Vorstellung der notwendigen Verknüpfung unmöglich aus der Beobachtung einzelner Aktivitäten äußerer Objekte abgeleitet werden kann.

Wenn man sich über die genaue logische Gestalt dieser Begründung von Gegenargument 1 klarzuwerden versucht, fällt einem auf, daß Hume zwar nicht müde wird zu wiederholen, daß er keinen Eindruck bei sich festzustellen vermag, welcher der Vorstellung der notwendigen Verknüpfung entspräche. Aber es wäre ganz abwegig, ihm zu unterstellen, er suche sein Gegenargument allein durch diese Wiederholungen zu begründen. Denn was er wiederholt, ist nicht sein Gegenargument selbst, sondern das stets gleiche, negative Ergebnis verschiedener Versuche, einen Eindruck, den er von gewissen einander folgenden Ereignissen hat, so zu kopieren, daß dadurch die Vorstellung der notwendigen Verknüpfung zustande kommt. Damit widerlegt Hume die Annahme, diese Vorstellung lasse sich aus jedem beliebigen Eindruck gewinnen, den unsere Sinne empfangen, wenn wir ein Paar von aufeinander folgenden, äußeren Ereignissen beobachten.

4. Ist die Vorstellung der notwendigen Verknüpfung eine Reflexionsvorstellung?

Die beiden nächsten Gegenargumente Humes betreffen die Verankerung dieser Vorstellung in inneren Eindrücken.

4.1 Ergibt sich die Vorstellung der notwendigen Verknüpfung aus dem Leib-Seele-Zusammenhang?

Was für den Ursprung der Vorstellung der notwendigen Verknüpfung im Zusammenspiel von Geist und Körper zu sprechen scheint, ist, daß wir unsere Glieder willentlich bewegen können. Das entsprechende Verhältnis von Willensakt und Bewegung können wir natürlich nicht mit unseren äußeren Sinnen wahrnehmen. Erst im Bewußtsein davon, daß unser Wille unsere Glieder bewegt, ist der Eindruck zu finden, dessen Kopie die Vorstellung der notwendigen Verknüpfung darstellt. Diese Vorstellung ist daher eine Reflexionsvorstellung.

Nun räumt Hume zwar ein, daß wir uns ständig dessen bewußt seien, daß unser Wille die Bewegungen unseres Körpers beeinflußt, aber er weist zugleich darauf hin, daß es sich bei diesem Einfluß um eine Tatsache handle, über die wir „wie über alle anderen natürlichen Ereignisse auch" (EHU 64/79) nur aus Erfahrung Bescheid wissen können. Es sei unmöglich, diesen Einfluß a priori, d. h. unabhängig von Erfahrung, aus einer Energie oder Kraft zu erkennen, die in der Ursache enthalten sei. Wir seien weit davon entfernt, uns einer derartigen Energie unmittelbar bewußt zu sein, so daß sie sich selbst der sorgfältigsten Untersuchung für immer entziehe.

Es ist nicht leicht zu sagen, ob dieses Argument schlüssig ist. Wenn man jedoch die Gründe betrachtet, mit denen Hume seine Kritik untermauert, kann man es wie folgt rekonstruieren:

(P1) Reflexionsvorstellung → Geistursprung-Prämisse:
 Wenn die Vorstellung der notwendigen Verknüpfung eine Reflexionsvorstellung ist, muß sie im Geist entspringen.
(P2) Geistursprung → apriorisches Wissen-Prämisse:
 Wenn die Vorstellung der notwendigen Verknüpfung im Geist entspringt, müssen wir apriorisches Wissen von der Ursache-Wirkungs-Beziehung haben.
(P3) Empirismus-Prämisse:
 Alles Wissen, das wir über Kausalbeziehungen haben, stammt aus der Erfahrung.
(K) Konklusion:
 Die Vorstellung der notwendigen Verknüpfung kann keine Reflexionsvorstellung sein.

Unter dieser Rekonstruktion ist Humes Argument logisch einwandfrei. Denn aus (P3) und (P2) folgt, daß die Vorstellung der notwendigen Verknüpfung nicht im Geist entspringt. Und hieraus ergibt sich zusammen mit (P1) die Konklusion (K) des Arguments. Damit kommt also alles darauf an, die Prämissen unserer Rekonstruktion in der *Enquiry* zu verankern.

Die Reflexionsvorstellung → Geistursprung-Prämisse (P1) ist durch Humes begriffliche Festsetzungen gedeckt. Als Reflexionsvorstellungen bezeichnet er Vorstellungen, die aus der Reflexion auf die Operationen unseres Geistes entspringen. Wenn ein innerer Eindruck durch etwas Geistiges, z. B. den Willen, hervorgerufen wird, so ist dieser Eindruck nur in der Reflexion des Geistes auf sich selbst wahrzunehmen. Daher müssen Reflexionsvorstellungen im Geist entspringen.

Zwar hat Hume weder die Reflexionsvorstellung → Geistursprung-Prämisse (P1) noch die Geistursprung → apriorisches Wissen-Prämisse (P2) ausdrücklich formuliert. Daß er sich jedoch auf beide verläßt, ergibt sich aus der Art und Weise, wie er seine Behauptung begründet, wir hätten kein unmittelbares Bewußtsein von einer Energie in der Ursache einer willentlichen Körperbewegung.

Denn, so Humes erster Grund („*For first*"), wenn wir uns einer solchen Energie unmittelbar bewußt wären, dann müßten wir ja sowohl sie selbst als auch die Verknüpfung des Willens mit ihrer Wirkung und damit am Ende sogar den verborgenen Zusammenhang von Seele und Körper kennen. Da er hier nicht von apriorischem Wissen spricht, scheint dieser erste Grund nichts mit der Geistursprung → apriorisches Wissen-Prämisse (P2) zu tun zu haben. Doch dieser Schein trügt. Um das zu sehen, braucht man Humes Überlegung nur auf ein Argument zurückzubeziehen, das er schon gegen die These ins Feld geführt hat, die Vorstellung der notwendigen Verknüpfung beruhe auf äußeren Eindrücken: „[...] were the power or energy of any cause discoverable by the mind, we could foresee the effect, even without experience; and might, at first, pronounce with certainty concerning it, by the mere dint of thought and reasoning" (EHU 63/77 f.). Hieraus geht hervor, daß Hume der Meinung ist, daß das unmittelbare Bewußtsein von einer Energie in der Ursache einer willentlichen Körperbewegung zu apriorischem Wissen von deren Wirkung führen müßte.

Diese Meinung spielt auch die entscheidende Rolle im zweiten Grund („*Secondly*") für die Behauptung, wir hätten kein unmittelbares Bewußtsein von einem Vermögen in der Ursache einer willentlichen Körperbewegung. Diesmal geht es um die Frage, warum unser Wille zwar Zunge und Finger, nicht aber Herz und Leber zu beeinflussen vermag. Diese Frage, so argumentiert Hume, würde uns nie und nimmer beunruhigen, wenn wir uns zwar im ersten, nicht aber im zweiten Fall eines entsprechenden Vermögens bewußt wären: „We should then perceive, independent of experience, why the authority of will over the organs of the body is circumscribed within such particular limits." (EHU 65/80) Wenn also die Vorstellung der notwendigen Verknüpfung im Geist entspränge, müßten wir uns dieser Verknüpfung unmittelbar bewußt sein; und in diesem Fall müßte unser Wissen von Kausalbeziehungen a priori sein.

Soviel zu den Textevidenzen für die Geistursprung → apriorisches Wissen-Prämisse (P2). Die Empirismus-Prämisse (P3) wird von Hume im Zusammenhang mit der Beobachtung ins Spiel gebracht, daß wir nicht alle Körperorgane mit derselben Autorität beeinflussen können. Das sei uns allerdings nicht aus Vernunft, sondern vielmehr nur aus Erfahrung bekannt. Da diese Erfahrungstatsache eine Ursache-Wirkungs-Beziehung betrifft, haben wir in ihr einen Spezialfall der Empirismus-Prämisse (P3) vor uns. Nachdem Hume noch eine Reihe weiterer Spezialfälle angeführt hat, stellt er schließlich ganz allgemein fest: „We learn the influence of our will from experience alone." (EHU 66/81) Doch alles, was uns die Erfahrung lehre, sei, wie ein Ereignis konstant auf das andere folge. Von einem verborgenen Zusammenhang zwischen Ursache und Wirkung dagegen wisse sie nichts.

Humes dritten Grund („*Thirdly*") für die Behauptung, wir hätten kein unmittelbares Bewußtsein von einem Vermögen in der Ursache einer willentlichen Körperbewegung, können wir übergehen, da er keine neuen Textevidenzen enthält.

4.2 Entspringt die Vorstellung der notwendigen Verknüpfung aus innergeistigen Zusammenhängen?

Das Zusammenspiel von Geist und Körper ist jedoch nur eine von zwei Quellen für Reflexionsvorstellungen. Die Vorstellung der notwendigen Verknüpfung könnte auch noch deshalb eine Reflexionsvorstellung sein, weil sie sich aus dem Einfluß des Willens auf den Geist ergibt. So kommt es, daß Hume sich der Annahme zuwendet, diese Vorstellung entspringe der Wahrnehmung des Willensaktes, durch den wir uns eine Vorstellung nach der anderen ins Bewußtsein rufen. Doch so plausibel das klingt, so fragwürdig ist es auch. Hume glaubt sogar, diese Ursprungshypothese mit denselben Argumenten entkräften zu können wie den Versuch, die Vorstellung der notwendigen Verknüpfung auf das Zusammenspiel von Geist und Körper zu gründen.

Das bedeutet, daß wir seine jetzige Argumentation auf dieselbe Weise rekonstruieren können wie seine vorausgehende Argumentation gegen den ersten Anlauf, diese Vorstellung als Reflexionsvorstellung zu erweisen. Versuchen wir also, die drei Prämissen unserer Rekonstruktion auch in der jetzigen Argumentation nachzuweisen. Dabei können wir uns darauf beschränken, die Empirismus-Prämisse (P3) im Text zu verankern. Nur bei ihr ist eine Abweichung zu erwarten. Denn zuvor hatte sich Hume gegen den Ursprung der Vorstellung der notwendigen Verknüpfung im Zusammenspiel von Geist und Körper gewandt, während er jetzt gegen deren Ursprung in der Interaktion des Geistes mit sich selbst Front macht.

Bei der Entkräftung des ersten Anlaufs, die Vorstellung der notwendigen Verknüpfung als Reflexionsvorstellung zu erweisen, war die Empirismus-Prämisse (P3) in Humes zweitem Argument („*Secondly*") aufgetreten, und an derselben Stelle finden wir sie auch bei seiner Widerlegung des zweiten Anlaufs. Wie die Autorität des Geistes über den Körper, so nimmt Hume sein vorausgehendes Argument auf, sei auch dessen Autorität über sich selbst begrenzt; doch diese Grenzen seien uns „wie bei allen anderen natürlichen Ereignissen" (EHU 68/83) nicht kraft unserer Vernunft oder dank unserer Vertrautheit mit der Natur von Ursache und Wirkung, sondern einzig und allein aus Erfahrung bekannt.

Damit hat Hume auch von der zweiten (und letzten) Möglichkeit, die Vorstellung der notwendigen Verknüpfung als Reflexionsvorstellung zu erweisen, gezeigt, daß sie nicht zum Ziel führt.

Nachdem wir die Prämissen unserer Rekonstruktion von Humes Widerlegung der Annahme, die Vorstellung der notwendigen Verknüpfung sei eine Reflexionsvorstellung, aus dem Text der *Enquiry* herauspräpariert haben, wollen wir noch einen Blick auf die sachliche Überzeugungskraft dieser Prämissen werfen. Da die Reflexionsvorstellung → Geistursprung-Prämisse (P1) auf begrifflichen Festsetzungen beruht und Humes ganzer Ansatz von der Empirismus-Prämisse (P3) lebt, deren kritische Beleuchtung uns viel zu weit in philosophiegeschichtliche und auch systematische Fragestellungen verwickeln würde, beschränke ich mich darauf, die Plausibilität der Geistursprung → apriorisches Wissen-Prämisse (P2) zu diskutieren.

Weshalb also sollte der Ursprung der Vorstellung der notwendigen Verknüpfung im Geist die Apriorität unseres Wissens von Kausalbeziehungen nach sich ziehen? Wenn sich Hume diese Frage gestellt hätte, so hätte er vielleicht geantwortet: „Weil wir bei einem Ursprung im Geist aufs engste mit dieser Vorstellung vertraut sein müßten." Für diese Vermutung spricht, daß er folgenden Schluß aus der Annahme zieht, wir seien uns des Vermögens bewußt, kraft dessen unser Wille zwar über Zunge und Finger, nicht aber über Herz und Leber herrscht: „We should then perceive, independent of experience, why the authority of will over the organs of the body is circumscribed within such particular limits. Being in that case fully acquainted with the power or force, by which it operates, we should also know, why its influence reaches precisely to such boundaries, and no farther." (EHU 65/80) Wenn man die Worte „in that case" dahingehend versteht, daß sie sich auf den Fall der Erfahrungsunabhängigkeit beziehen, dann scheint diese Stelle nichts anderes zu besagen, als daß das völlige Vertrautsein mit der Vorstellung der notwendigen Verknüpfung die Apriorität des Wissens von Ursache-Wirkungs-Beziehungen nach sich zieht. Da das völlige Vertrautsein mit dieser Vorstellung aber aus nichts anderem resultieren kann als daraus, daß sie im Geist entspringt, wäre damit auch die Geistursprung → apriorisches Wissen-Prämisse (P2) begründet.

5. Entspringt die Vorstellung der notwendigen Verknüpfung im besonderen Willen Gottes?

Damit komme ich zum letzten der von Hume diskutierten Versuche, eine Quelle für die Vorstellung der notwendigen Verknüpfung auszumachen. Auch nach diesem Versuch ist diese Quelle in einem Willen zu suchen, nämlich im besonderen Willen Gottes. Die Anhänger dieser Konzeption behaupten, das, was man gewöhnlich als Ursache bezeichne, sei in Wirklichkeit nichts anderes als eine Gelegenheit für die Betätigung des göttlichen Willens. Dabei beziehen sie ihre Behauptung sowohl auf die kausalen Verknüpfungen von äußeren Dingen als auch auf die kausalen Verknüpfungen von Geist und Körper und schließlich auch noch auf die des Geistes mit sich selber.

Nach dem lateinischen Wort für Gelegenheit, „occasio", nennt man die Vertreter dieser theologischen Ursprungshypothese „Okkasionalisten". In einer Anmerkung bezieht sich Hume auf Descartes als den halbherzigen Urheber und auf Malebranche als den Hauptvertreter dieser Konzeption.

Gegen den Okkasionalismus wendet Hume zweierlei ein: Erstens sei diese Theorie viel zu kühn. Die Schlüsse, zu denen sie uns am Ende führe, seien so weit vom täglichen Leben und von der gewöhnlichen Erfahrung entfernt, daß wir uns im Märchenland wiederfänden, noch ehe wir zu den letzten Konsequenzen vorgestoßen wären. Zweitens findet Hume die Argumente, die für diese Theorie vorgebracht werden, ganz unplausibel. Denn genausowenig, wie wir die Kraft oder Energie kennten, mit denen irgendwelche Dinge aufeinander einwirken, kennten wir auch die Wirkungsweise des Geistes, und schon gar nicht die des göttlichen. Hätten wir doch keine Vorstellung von einem höchsten Wesen außer derjenigen, die wir aus der Reflexion auf unsere eigenen Vermögen gewinnen können.

So kommt Hume schließlich zu dem Ergebnis, daß seine Suche nach dem Ursprung der Vorstellung der notwendigen Verknüpfung vergeblich war: „One event follows another; but we never can observe any tie between them. They seem *conjoined*, but never *connected*. And as we can have no idea of any thing which never appeared to our outward sense or inward sentiment, the necessary conclusion *seems* to be that we have no idea of connexion or power at all, and that these words are absolutely without any meaning [...]" (EHU 74/90).

6. Hat die Vorstellung der notwendigen Verknüpfung etwas mit serieller Assoziation zu tun?

Doch eine solche Konklusion wäre nicht notwendig, sondern voreilig. Bisher hat sich Hume nur mit Ursprungshypothesen auseinandergesetzt, die das Verhältnis eines einzelnen Eindruckes zweier aufeinanderfolgender Ereignisse zur Vorstellung der notwendigen Verknüpfung untersuchen. Nun wendet er sich dem Verhältnis einer Mehrzahl solcher Eindrücke zu dieser Vorstellung zu, und diesmal wird er fündig: „But when many uniform instances appear, and the same object is always followed by the same event; we then begin to entertain the notion of cause and connexion." (EHU 78/95, vgl. auch EHU 74 f./90) Allein, was soll uns eine Mehrzahl von Eindrücken von Paaren aufeinanderfolgender Ereignisse lehren, das wir nicht bereits einem einzigen dieser Eindrücke entnehmen können?

Betrachten wir ein Beispiel! Bei diesem Beispiel orientiere ich mich am Modell der seriellen Assoziation[2]; darunter versteht man den Aufruf einer zeitlichen Mustersequenz durch Eingabe des Anfangsmusters. Angenommen, wir hätten einen Eindruck von einer einzelnen Abfolge zweier Ereignisse. Diesen wollen wir uns als Abfolge derjenigen Muster vorstellen, welche die von den betreffenden Ereignissen erregten Rezeptoren an der Oberfläche unserer Sinnesorgane bilden. Wenn die Ereignisse vorbei sind, verschwindet der Eindruck wieder, und wir können ihn uns nur noch in Form einer Vorstellung in Erinnerung rufen. Diese Vorstellung ist eine Kopie des ursprünglichen Eindrucks. Wir wollen sie uns als eine Art Karte vorstellen, auf der die Abfolge von Erregungsmustern Rezeptor für Rezeptor abgebildet ist.

---

2 Vgl. Gerd Willwacher: „Fähigkeiten eines assoziativen Speichersystems im Vergleich zu Gehirnfunktionen", in: *Biological Cybernetics* 24 (1976), 181–198, bes. 181, 182, 186.

Gibt man in der Kopie einen erregten Rezeptor des Ausgangseindrucks durch einen Punkt wieder, so könnte die Kopie <k1, k2> des Eindrucks <i1, i2> eines Ereignispaares <e1, e2> folgendermaßen aussehen:

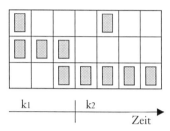

Abb. 3. *Kopie des Eindrucks eines Ereignispaares*

Nun kopieren wir sämtliche verfügbaren Eindrücke derjenigen Ereignispaare auf unsere Kopie, deren früheres Glied dem Ereignis e1 (also dem früheren Ereignis, von dem der Ausgangseindruck stammte) und deren späteres Glied dem Ereignis e2 (also dem späteren Ereignis, von dem der Ausgangseindruck stammte) ähnlich ist.

Aber welche Eindrücke sind einander ähnlich? Hume selbst spricht an der zuletzt zitierten Stelle von „demselben Objekt" und „demselben Ereignis". Da er zur Gewinnung der Vorstellung der notwendigen Verknüpfung eine Mehrzahl von Eindrücken benötigt, kann er mit ‚Selbigkeit' natürlich nicht numerische Identität meinen. Anderswo spricht er denn auch von Ereignissen derselben Art (vgl. EHU 74/90 u. 148/173). Jedenfalls muß Hume mit einer gewissen Varianz in den zugrundegelegten Eindrücken rechnen. Dieser Varianz wollen wir dadurch Rechnung tragen, daß wir zwei ähnliche Eindrücke durch zwei Erregungsmuster wiedergeben, die sich durch gewisse Abweichungen in der Verteilung der erregten Rezeptoren unterscheiden.

Wenn wir das beschriebene Kopierverfahren auf alle Eindrücke von Ereignispaaren anwenden, deren frühere und deren spätere Glieder untereinander ähnlich sind, so wird eine Kopie an jeder Stelle um so mehr Punkte enthalten, je öfter die entsprechenden Rezeptoren in den Ausgangseindrücken erregt worden sind. Schematisch sieht dieses Verfahren so aus:

Von der Vorstellung der notwendigen Verknüpfung

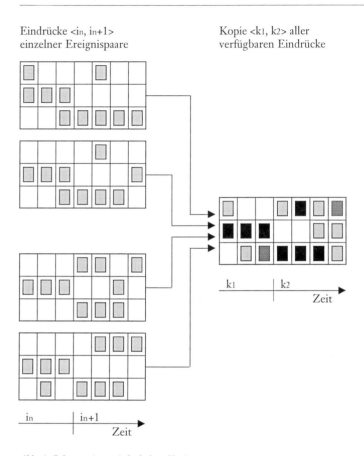

Abb. 4. Schema eines wiederholten Kopiervorgangs

Der springende Punkt ist nun, daß es einen Unterschied gibt, durch den sich die Kopie von sämtlichen Eindrücken unterscheidet. Sie enthält nämlich ein Verteilungsmuster, das sich in keinem einzigen Eindruck wiederfindet: das Muster der überall erregten Rezeptoren (also der ■-Stellen). Deshalb läßt sich aus der Vielzahl von Eindrücken von Paaren aufeinanderfolgender, ähnlicher Ereignisse etwas lernen, das sich keinem Einzeleindruck entnehmen läßt.

Die so erzeugte Kopie ist freilich noch nicht die Vorstellung der notwendigen Verknüpfung. Vorerst haben wir allenfalls eine Vorstellung von der konstanten Verbindung von Paaren aufeinanderfolgender, ähnlicher Ereignisse gewonnen; und das auch nur dann, wenn jedes Glied der Kopie <k1, k2> an wenigstens einer Stelle ebensoviele Punkte enthält, wie wir Eindrücke kopiert haben. Um von hier zur Vorstellung der notwendigen Verknüpfung zu gelangen, scheinen wir allerdings nur noch von den Unterschieden in den Vorstellungen konstanter Verbindungen abstrahieren zu müssen. Doch wenn wir das tun, indem wir davon abstrahieren, daß sowohl die Anfangs- als auch die Folge-Ereignisse der konstanten Verbindungen von Flamme und Wärme, von schwingenden Saiten und Tönen usw. zu verschiedenen Arten gehören, und dann die Gemeinsamkeiten in den Vorstellungen konstanter Verbindungen zusammenfassen, erhalten wir nicht die Vorstellung der notwendigen Verknüpfung, sondern Humes erste Definition des Ursachebegriffs: „[...] we may define a cause to be *an object, followed by another, and where all the objects similar to the first are followed by objects similar to the second.*" (EHU 76/92) Doch damit sind wir über unser Ziel hinausgeschossen. Denn wir wollten ja gar nicht auf diese Definition, sondern auf die Vorstellung der notwendigen Verknüpfung hinaus.

Sicher spricht es für unsere Orientierung am Modell der seriellen Assoziation, daß wir, wie Hume von einer Mehrzahl von Eindrücken von Paaren aufeinanderfolgender, ähnlicher Ereignisse ausgehend, zur Definition des Ursachebegriffs gelangt sind. Aber haben wir uns angesichts unseres Zieles damit nicht doch unnötig weit vom Humeschen Text entfernt? Ich glaube nicht. Denn am Ende von Abschnitt VII stellt Hume fest, daß die Vorstellung der notwendigen Verknüpfung aus dem Unterschied hervorgehen müsse, der zwischen der Vielzahl der Eindrücke von Paaren aufeinanderfolgender, ähnlicher Ereignisse einerseits und jedem einzelnen dieser Eindrücke andererseits besteht. Wie dieser Unterschied zustande kommt, haben wir uns anhand des Kopierverfahrens (vgl. oben Abb. 4) klar gemacht. Insofern ist unsere Anleihe beim Modell der seriellen Assoziation nicht nur durch den Humeschen Text gedeckt, sondern bringt uns darüber hinaus auch zum gesuchten Ursprung der Vorstellung der notwendigen Verknüpfung.

Wie stellt sich Hume diesen Ursprung genauer vor? Zunächst ist festzuhalten, daß er in besagtem Unterschied zwischen der Vielzahl der Eindrücke von Paaren aufeinanderfolgender, ähnlicher Ereignisse und jedem einzelnen dieser Eindrücke das Ergebnis einer „gewohnheitsmäßigen Verknüpfung im Denken bzw. in der Einbildung" sieht (EHU 78/95). Und zu Recht; denn wenn wir die Erfahrung machen, daß jedes Licht am Adventskranz Wärme gibt und daß auch eine Fackel oder ein Lagerfeuer das tun, so gewöhnen wir uns mit der Zeit die Vorstellung an, daß Flammen Wärme geben. Nun sieht Hume just in dieser gewohnheitsmäßigen Verknüpfung die Quelle unserer Vorstellung der notwendigen Verknüpfung: „This connexion, therefore, which we *feel* in the mind, this customary transition of the imagination from one object to its usual attendant, is the sentiment or impression from which we form the idea of power or necessary connexion." (EHU 75/91) Unglücklicherweise ist diese entscheidende Stelle nicht frei von Mehrdeutigkeiten. Ist die gewohnheitsmäßige Verknüpfung ein Gefühl bzw. ein Eindruck, der zu der gesuchten Vorstellung führt? Oder ist das Gefühl bzw. der Eindruck, den wir von dieser Verknüpfung haben, der gesuchte Ursprung? Oder sollten wir diesen eher in der Vorstellung der gewohnheitsmäßigen Verknüpfung im Geist sehen? Selbst wenn sich diese Alternativen zu einer Entscheidung bringen ließen, wäre immer noch die Frage offen, wie das Kopierverfahren aussieht, das zur Vorstellung der notwendigen Verknüpfung führt. Eine Antwort hierauf sucht man bei Hume indessen vergeblich.

7. Enthält Humes Rückgriff auf die konstante Verbindung des Rätsels Lösung?

Doch lassen wir all diese Fragen auf sich beruhen, und wenden wir uns noch einmal der konstanten Verbindung zu, aus der sich die Vorstellung der notwendigen Verknüpfung ja ergeben soll. Würde die Vorstellung der konstanten Verbindung tatsächlich durch serielle Assoziation gewonnen, dann, so scheint es, wäre es ein leichtes, auch die Vorstellung der notwendigen Verknüpfung empirisch zu rehabilitieren. Aber leider ist es nicht so einfach, auch nur die Vorstellung der konstanten Verbindung auf diese Weise zu gewinnen.

Dazu bedarf es unter anderem eines zeitlichen Ordnungssystems, eines Zeittaktes und eines Ähnlichkeitsstandards für Ereignisse: eines zeitlichen Ordnungssystems, um frühere Ereignisse, Eindrücke und Erregungszustände von späteren unterscheiden zu können; eines Zeittaktes, um die verschiedenen Abfolgen von Erregungsmustern miteinander synchronisieren und zeitlich korrespondierende Erregungszustände der Rezeptoren an dieselbe Stelle der Vorstellung kopieren zu können; und eines Ähnlichkeitsstandards für Ereignisse schließlich, um das Kopierverfahren auf die richtigen Abfolgen von Erregungsmustern anwenden zu können.

Doch selbst wenn uns das alles zur Verfügung stünde, wäre noch lange nicht gesagt, daß uns als Lohn der ganzen Kopierarbeit die Vorstellung der konstanten Verbindung winken müßte. Nicht nur, daß wir an dem Problem scheitern könnten, eine objektive Früher-Später-Relation zwischen Ereignissen zu finden, die mit der subjektiven Früher-Später-Relation zwischen unseren Eindrücken kompatibel ist[3]. Wir könnten bei unserer Suche nach dem Ursprung dieser Vorstellung auch deshalb erfolglos bleiben, weil wir mit einem zu groben bzw. zu feinen Zeittakt oder mit einem zu engen oder zu weiten Ähnlichkeitsstandard arbeiten.

Und weshalb sollen wir unser Kopierverfahren ausgerechnet auf diejenigen Eindrücke anwenden, die wir von Paaren aufeinanderfolgender, ähnlicher Ereignisse haben? Die Antwort: „Um die Vorstellung der konstanten Verbindung zu gewinnen", scheitert daran, daß sie die Vorstellung, die gewonnen werden soll, bereits als Kriterium für die Auswahl derjenigen Eindrücke verwendet, die als Urbilder dieser Vorstellung benötigt werden. Allein, ohne zu wissen, auf welches Muster das Kopierverfahren führen soll (vgl. oben Abb. 4), kann man dieses Muster gar nicht lernen. Die serielle Assoziation bedarf nun einmal der Vorgabe eines Soll-Wertes, an dem sie sich orientieren kann.

Doch selbst wenn man alle bisher erwähnten Schwierigkeiten nicht Hume, sondern dem Modell der seriellen Assoziation ankreiden würde, könnte seine Ursprungshypothese noch nicht als unproblematisch gelten. Denn angesichts der Rolle, die er der Gewohnheit bei der Gewinnung der Vorstellung der notwendigen Verknüpfung zuweist, muß man sich fragen, wie, ja sogar ob

---

[3] Vgl. Kant, *Kritik der reinen Vernunft* A 189 ff./B 232 ff.

sich die Zukunft auf dieser Grundlage überhaupt steuern und in geordnete Bahnen lenken läßt. Zukünftige Ereignisse ließen sich ja nur dann mittels unserer in der Vergangenheit ausgebildeten Gewohnheiten kontrollieren, wenn sie sich auf die eine oder andere Weise nach diesen Gewohnheiten richten würden. Da diese jedoch nur die Summe vergangener Erfahrungen sind, müssen umgekehrt wir uns mit unseren Gewohnheiten darauf einstellen, daß sich die bisher gewohnten Ereignisfolgen in Zukunft ändern können. Nicht von ungefähr hat Hume schon in seinem *Treatise of Human Nature* die Ansicht, unsere Denkgewohnheiten könnten der äußeren Welt vorschreiben, in welchen kausalen Bahnen sie sich zu bewegen habe, vehement als den Beginn von „Dunkelheit und Irrtum" (T 168/227) verworfen. Enttäuscht müssen wir deshalb am Ende feststellen, daß derjenige Sinn, in welchem er die Rede von einer notwendigen Verknüpfung zwischen Ursache und Wirkung gerettet zu haben glaubt, nicht so recht zu der praktischen Motivation paßt, die ihn zu seinem Rettungsversuch bewogen hatte. Denn diese beruht ja auf folgendem Wissenschaftsbild: „The only immediate utility of all sciences, is to teach us, how to control and regulate future events by their causes." (EHU 76/92)[4]

---

[4] Meinem Kollegen Klaus Bayer (Hannover) möchte ich für viele hilfreiche Bemerkungen zu früheren Fassungen danken.

Jens Kulenkampff

Kausalität, Freiheit, Handlung

Einerseits glauben wir, daß wir zumindest bei manchen unserer Handlungen in dem Sinne frei sind, daß es bei uns liegt, ob wir etwas Bestimmtes tun oder lassen, oder daß wir hätten lassen können, was wir taten, oder hätten tun können, was wir ließen. Andererseits will es uns scheinen, daß diese Überzeugung unhaltbar ist, wenn Handlungen zu den Dingen in der Welt gehören, die verursacht werden, und wenn Verursachung in dem Sinne Notwendigkeit einschließt, daß die Wirkung nicht ausbleiben kann, wenn die Ursache vollständig eingetreten ist. Etwas scheint also unhaltbar zu sein: die Freiheit? Wer das behauptet, vertritt die Position des Determinismus. Die Verursachtheit von Handlungen? Das behauptet die Position des Indeterminismus. Oder können wir doch beides haben? Das behauptet die Position, die man heute allgemein als Kompatibilismus bezeichnet.

Die Brisanz dieser handlungstheoretischen Thematik wird oft durch einen Hinweis auf die Moral belegt: Verantwortung für eigenes Handeln wird im allgemeinen davon abhängig gemacht, daß der Handelnde frei ist, das zu tun oder zu lassen, wofür er verantwortlich sein soll. Wenn aber der Determinismus wahr wäre und wenn die Freiheit nicht real, sondern eine Illusion sein sollte, dann wäre einem wesentlichen Stück der Moral der Boden entzogen. Wir brauchen die Freiheit, solange wir Menschen Verantwortung für ihr Handeln zuschreiben. Aber die Frage ist, ob wir tatsächlich die nötige Freiheit haben, wenn es wahr ist, daß unser Handeln im selben Sinne verursacht ist wie etliches im natürlichen Lauf der Dinge, dem wir keine Freiheit attestieren.

Es ist leicht zu erkennen, welche Position Hume in dieser Frage vertritt, wenn er seine Überlegungen als „reconciling project" (EHU 95/112) bezeichnet: Er will zeigen, daß sich der seit alters unter dem Titel ‚Freiheit und Notwendigkeit' geführte Streit als ein *bloßer Wortstreit* herausstellt, wenn die Wörter ‚Freiheit' und ‚Notwendigkeit' in dem einzig vernünftigen Sinne genommen werden, den man mit diesen Ausdrücken verbinden kann (vgl. EHU 81/97). Und dabei soll sich zeigen, daß es Freiheit im Handeln gibt, obwohl unser Handeln notwendig ist, was in Humes Sprachgebrauch bedeutet, daß es kausal determiniert ist. Und Hume will zeigen, daß die Notwendigkeit unseres Handelns weder der Moral noch der Religion widerstreitet, ja daß sie sogar – ebenso wie die Freiheit – eine wesentliche Bedingung der Moral ist (vgl. EHU 97/115).

I

Der achte Abschnitt der *Enquiry concerning Human Understanding* zerfällt in zwei Teile, die – aus Humes Sicht – so aufeinander aufbauen, daß der *erste* Teil eine „doctrine of necessity" (EHU 81/98) für „voluntary actions" (EHU 83/992) und eine „doctrine of liberty" (EHU 95/112) untermauert und der *zweite* Teil dann zeigen soll, daß beide Doktrinen sowohl mit der Moral als auch mit der Religion vereinbar sind. Die erste Doktrin besagt, daß unsere Handlungen *notwendig*, also kausal determiniert sind. Die zweite Doktrin besteht in dem Vorschlag, Freiheit als „*a power of acting or not acting, according to the determinations of the will*" (EHU 95/113) zu verstehen, also als ein Imstandesein, etwas zu tun oder zu lassen, je nachdem, was der Betreffende tun oder lassen *will*. Hume nennt solche Freiheit „hypothetical liberty" (EHU 95/113), denn ob jemand in diesem Sinne frei ist oder nicht, ist erst dann eine sinnvolle Frage, *wenn* feststeht, was er tun oder lassen *will*. Diesen Typus von Freiheit bezeichnet man gewöhnlich als *Handlungsfreiheit*.

Der *zweite* Teil von EHU VIII (den wir hier zuerst betrachten wollen) zerfällt wiederum in zwei Teile: Zum einen geht es um die Vereinbarkeit der Moral mit der Notwendigkeit des Handelns

(EHU 96–99/114–117), zum andern um die Vereinbarkeit der Religion mit der kausalen Determiniertheit unseres Handelns (EHU 99–103/117–121). Dabei ist es eine Merkwürdigkeit, daß in der ersten Hälfte von der „doctrine of necessity" nur eine *Teilthese* verwendet wird, die These nämlich, daß es konstante Zusammenhänge zwischen Neigungen, Beweggründen und Handlungen gibt und daß wir auf diese Zusammenhänge gewisse Schlüsse über das Verhalten der Menschen stützen. Ob es sich bei diesen Zusammenhängen um *kausale* Determiniertheit handelt oder nicht, entscheidet sich allein im *ersten* Teil dieses achten Abschnitts der *Enquiry*. Die Entscheidung dieser Frage ficht die Argumentation mit Bezug auf die Moral strenggenommen nicht an. Das hat Hume selbst eingeräumt, denn er führt aus, daß die Deutung des Zusammenhangs zwischen Motiven, Neigungen, Handlungsumständen und Handlungen als *kausaler* Determiniertheit vom Stand der „natural philosophy or metaphysics" (EHU 97/115) abhängig ist. Er ist sich dessen bewußt, daß die Explikation des Begriffs der Notwendigkeit „with regard to material objects and causes" (EHU 97/115), für die er vorher (nämlich in EHU VII) ausführlich argumentiert hat, die Grundlage seines „reconciling project" ist. Es würde sich, sagt er, an dem Verhältnis, in dem Handlung, Wille und gewisse „actions of mind" zueinander stehen, nichts ändern, selbst wenn sich die von ihm angesetzte Idee von „necessity or connexion in the actions of body" (EHU 97/115) als falsch herausstellen sollte. Auch wenn Hume nicht daran glaubt, schließt er es doch nicht aus, daß der Fortschritt der „natural philosophy or metaphysics" noch etwas anderes „in the operations of matter" (EHU 97/115) zutagefördert, was deren Determiniertheit von der Determiniertheit des Handelns unterschiede.

Akzeptiert man nun die „doctrine of liberty", aber von der „doctrine of necessity" vorderhand nur die These vom konstanten Zusammenhang zwischen Beweggründen und Handlungen und einem darauf gestützten Schließen, dann geht es in der ersten Hälfte des *zweiten* Teils von EHU VIII um die folgende Behauptung: Nicht nur schließen die Moral und die Notwendigkeit von Handlungen einander nicht aus, sondern umgekehrt ist die Notwendigkeit für die Moral sogar unabdingbar, und außerdem ist die hypothetische Freiheit alles, was die Moral an Freiheit braucht.

Zum ersten Punkt: Hume legt hier einen sehr schwachen Begriff von Notwendigkeit zugrunde. Notwendigkeit soll gegeben sein, wenn es einen *konstanten Zusammenhang* zwischen Dingen verschiedener Art gibt *oder* wenn wir vom Vorkommen des einen auf das Vorkommen des anderen *schließen* (vgl. EHU 97/ 114 f.). Daher ist es leicht, plausibel zu machen, daß diese Art von Zusammenhang zwischen Motiven, Neigungen und Handlungsumständen einerseits und Handlungen andererseits besteht (vgl. EHU 95/115). Das ergibt sich schon daraus, daß wir in Handlungserklärungen den Charakter oder die Neigungen des Handelnden, seine Motive und seine Situation zitieren. Weiter ist es gewiß so, daß wir aus der Kenntnis dieser drei Stücke umgekehrt ableiten, was der Betreffende wohl tun wird. Und da so leicht niemand auf den Gedanken verfallen wird, diese Zusammenhänge zu bestreiten, noch behaupten wollen wird, daß die *Erklärbarkeit* von Handlungen ihrer *Verantwortbarkeit* widerspreche, kann die *Vereinbarkeit* von Moral und Notwendigkeit ('Notwendigkeit' in diesem schwachen Sinne genommen) als erwiesen gelten.

Dies gilt zumindest dann, wenn auch das Zweite richtig ist, nämlich daß die hypothetische Freiheit alles ist, was die Moral an Freiheit braucht. Hiergegen ist allerdings oft eingewandt worden, daß Handlungsfreiheit nicht genügt, um die Verantwortung für das eigene Handeln zu garantieren. Handlungsfreiheit besteht ja immer schon dann, wenn der Ausführbarkeit dessen, was einer will, nichts Äußeres im Wege steht und wenn die Handlung nicht durch andere erzwungen wird. Handlungsfreiheit genießen wir, wenn unser Tun und Lassen eben *aus nichts anderem hervorgeht* als unseren Motiven und Neigungen und daraus, wie wir die Situation, in der wir uns befinden, wahrnehmen. Daß jemand (in aller Regel)[1] diese Freiheit besitzen muß, um für sein Handeln verantwortlich zu sein, wird zugestanden. Daß er sie nicht besitzt, wenn andere so auf ihn einwirken, daß er nicht anders kann, als *ihrem* Willen zu entsprechen, ist ebenfalls klar. Nun sehen wir es bei der moralischen oder rechtlichen Beurteilung einer Handlung oft als einen Milderungsgrund oder gar als Entschuldigung an, wenn jemand zwar seinem eigenen Willen entsprechend handelte, jedoch nicht im-

---

1 Daß es Ausnahmen von dieser Regel gibt, zeigt Frankfurt 1971.

stande war, die inneren Vorgänge zu beeinflussen, die seinen Willen bildeten (dann zum Beispiel nicht, wenn er inneren Zwängen unterlag). Und daran zeigt sich, daß die „hypothetical liberty" nicht genügt.

Diesen Einwand hat Hume nicht berücksichtigt. Aber er könnte ihm leicht begegnen, wenn er seinen Vorschlag, was unter ‚Freiheit' sinnvollerweise zu verstehen sei, erweiterte: Zur Handlungsfreiheit als der *äußeren* Freiheit muß dann eben noch eine *innere Freiheit* hinzukommen, die wir als die *Fähigkeit* definieren könnten, in einer gegebenen Situation *die eigenen Neigungen und Motive* im Lichte, sei es eines Persönlichkeitsideals, sei es des Gebotenen oder Verbotenen, sei es des Wohltätigen oder Nützlichen oder im Lichte einer Abwägung zwischen naheliegenden Gütern und fernliegenden Zielen *zu beeinflussen*. Wir alle besitzen diese Fähigkeit offenbar nicht immer und nicht immer im gleichen Maße; kleine Kinder besitzen sie generell noch nicht; und manch einer erwirbt sie nie. Verantwortung für das eigene Handeln ist keine Sache des Entweder-Oder, sondern eine des Mehr-oder-Weniger, und entsprechend differenziert gehen wir mit der Zuschreibung von Verantwortung um (oder sollten wir es zumindest tun).

Es liegt nahe, solche innere Freiheit als *Willensfreiheit* zu bezeichnen. Das aber birgt die Gefahr eines Mißverständnisses. Denn der traditionelle Begriff der Willensfreiheit unterstellt eine *Indeterminiertheit des Willens* (eine „liberty of *indifference*", wie es bei Hume heißt (T 407/II 145; vgl. auch EHU 99/117). Die innere Freiheit, um die die Handlungsfreiheit zu ergänzen ist, stellt dagegen keine Indeterminiertheit dar, sondern ist gegeben, wenn das, was einer will, *nichts anderes* ist als das Resultat einer reflektierenden Selbstbewertung der eigenen Neigungen und Motive[2].

Wie gesagt, hat Hume an diese nötige Erweiterung des Begriffs der Freiheit nicht gedacht. Aber er hätte sie ohne weiteres berücksichtigen und dabei sein zentrales Beweisziel gleichwohl erreichen können, nämlich, daß man eine Freiheit, die der Determiniertheit des Handelns durch gewisse „operations of mind" widerspräche, nicht nur nicht braucht, sondern daß man sie – und zwar gerade um der Moral willen – auch gar nicht

---

2 Vgl. dazu Frankfurt 1971, ferner auch Wallace 1994.

annehmen darf. Denn eine Freiheit im Sinne einer Indeterminiertheit des Handelns durch den Willen oder des Willens durch Motive, Neigungen und reflektierende Selbstbeurteilung entzöge aller Zuschreibung von Verantwortung, auch aller moralischen Erziehung und der Praxis von Lob und Tadel die Grundlage. Das sieht man daran, daß das, was wir unwissentlich oder versehentlich oder zufälligerweise an Gutem oder Schlechtem bewirken, gar nicht oder nur beschränkt in den Bereich dessen fällt, was wir zu verantworten haben oder wofür wir Lob oder Tadel verdienen. Denn was wir so bewirken, ist in einem gewissen Sinne nicht *unsere* Handlung, weil in diesem Fall, sagt Hume (vgl. EHU 98/116), keine Beziehung oder Verknüpfung zwischen der *Handlung* und der *Person des Handelnden* besteht. Und das hätte, wenn es generell so wäre, zur Folge, daß alle moralischen und sonstigen normativen Regulationen, die der Beförderung von guten und der Verhinderung von schlechten Taten dienen (vgl. EHU 97 f./115 f.), sinnlos wären, ja daß einer – so Humes drastisches Beispiel – nach dem schrecklichsten Verbrechen so unschuldig wäre wie am Tage seiner Geburt (vgl. EHU 98/116).

Im Prinzip ist dies eine überzeugende Argumentation[3]. Richtig ist, daß wir – um der Moral willen – über Handlungsfreiheit und jene skizzierte innere Freiheit verfügen müssen; aber richtig ist auch, daß – ebenfalls um der Moral willen – zwischen unseren Handlungen und uns selbst der folgende Zusammenhang bestehen muß: Eine Handlung ist nur *meine*, wenn sie geschah, weil *ich* so handeln *wollte* und weil so zu handeln *meinen* Neigungen, *meinen* Motiven, meiner Situation, wie *ich* sie auffaßte, und *meiner* Entscheidung entsprach. Eine andere Frage ist es dagegen, ob dieser Zusammenhang zwischen der Handlung und der Person des Handelnden als *kausale* Determination bestimmt werden kann; mit andern Worten, ob die „doctrine of necessity" tatsächlich im selben Sinne für Handlungen gilt, wie sie für die Vorgänge der materiellen Welt zu gelten scheint. Dieses ist eine ungleich schwierigere Frage (vgl. dazu unten 145 ff.).

---

3 Die Literatur zum Thema: *Handlungsfreiheit, Willensfreiheit, Determinismus und Kompatibilismus* ist unübersehbar vielfältig. Hilfreich sind: Pothast 1978; Watson 1982; Honderich 1993.

II

Allerdings kann die Betrachtung des *zweiten* Teils von EHU VIII nicht abgeschlossen werden, ohne einen Blick auf Humes These zu werfen, daß die „doctrine of necessity" (jetzt im Sinne der *kausalen* Determination des Handelns verstanden) auch der Religion nicht widerspreche (EHU 99–103/117–121). Das aus der Religion geführte Argument *für* die Freiheit der Indifferenz, das heißt für eine Indeterminiertheit des Wollens und Handelns, stellt eine *reductio ad absurdum* dar (EHU 99–100/117–118). Ihr Ziel ist der Nachweis, daß die Annahme der „doctrine of necessity" für „voluntary actions" zu Konsequenzen führt, die absurd sind, weil sie der Natur Gottes widersprechen. Das Argument lautet: Wenn „voluntary actions" denselben Gesetzen der Notwendigkeit, das heißt denselben Kausalgesetzen unterworfen sind wie die materiellen Vorgänge, dann gibt es eine ununterbrochene Kausalkette, die vom Ursprung des ganzen Universums bis zu jedem einzelnen Willensakt eines jeden einzelnen Menschen reicht. Folglich: Da der Schöpfer das ganze Universum in Gang gesetzt hat, ist er letzten Endes der Urheber aller unserer Willensakte (und Handlungen). Und daraus folgt *entweder*, daß keine unserer Handlungen moralisch verwerflich ist (da sie sich ja vom allgütigen Gott herschreibt und weil aus Gottes Güte, seiner Allmacht und seinem Vorauswissen nur Gutes hervorgehen kann), *oder* es folgt, daß die Verwerflichkeit unseres Handelns auf Gott selbst als Schuld zurückfällt (nach dem Prinzip, daß die Folgen einer Tat dem Täter zur Last gelegt werden, soweit er sie absehen und verhindern konnte). Beide Konsequenzen sind absurd. Und da die Annahme von Gottes Allmacht, seiner Allgüte und seinem unbeschränkten Vorauswissen unantastbar ist, folgt, daß die „doctrine of necessity" mit Bezug auf „voluntary actions" widerlegt ist. Denn *ihre* Annahme ist für die absurden Konsequenzen verantwortlich, und das Prinzip der *reductio ad absurdum* besagt: „An absurd consequence, if necessary, proves the original doctrine to be absurd." (EHU 100/118) Folglich muß das Gegenteil der „doctrine of necessity" wahr sein, also muß eine „contingency" (EHU 99/117) von Wille und Handlung gelten, das heißt die Freiheit der Indifferenz.

Da Hume nun aber gerade an der „doctrine of necessity" für „voluntary actions" festhalten will, kann er auf das *reductio*-Argument nur mit dem Nachweis reagieren, daß entweder die absurden Resultate aus den Voraussetzungen tatsächlich gar nicht folgen oder daß an der theistischen Voraussetzung (über Gott und seine Eigenschaften) etwas nicht in Ordnung ist. Hume versucht beides.

Sein *erstes* Ziel ist es zu zeigen, daß aus Gottes „infinite perfection" (EHU 100/119) selbst dann, wenn „human actions can be traced up, by a necessary chain, to the Deity" (EHU 100/118 f.), *nicht folgt*, daß unsere Handlungen nicht moralisch verwerflich sein können. Aber das Argument, das Hume hier (EHU 101–103/119–121) vorbringt, ist dunkel, weil der Autor ein Versteckspiel treibt. So beruft er sich zunächst auf die antike Vorstellung, daß die sogenannten *physischen Übel* (zum Beispiel Krankheiten und Naturkatastrophen) mit der Wohlgeordnetheit der Welt, der unendlichen Weisheit und dem unendlichen Wohlwollen der Gottheit vereinbar seien, wenn es sich um notwendige Übel handelt, die zur Beförderung größeren Glücks oder zur Verhinderung noch größerer Übel dienen. Aus diesem Gedanken (fährt Hume fort) hätten die Stoiker Trostgründe für die Leidenden abgeleitet; aber diese Trostgründe seien abstrakt und praktisch wirkungslos, weil unsere Affekte sich nicht von metaphysischen Spekulationen, sondern nur von dem beeinflussen lassen, was „good or ill to the private system" zu sein scheint (EHU 102/120). Mit den *moralischen Übeln* (den verwerflichen Handlungen der Menschen und deren schädlichen Folgen) sei es genauso: Als lobenswert gelte uns vor allem das, was dem Frieden und der Sicherheit *menschlicher* Gesellschaft dient; als moralisch verwerflich, was das Gegenteil zu bewirken geeignet ist. Es gehöre einfach zu unserer Natur, daß wir Menschen die entsprechenden moralischen Gefühle haben, aber: „these sentiments are not to be controuled or altered by any philosophical theory or speculation whatsoever" (EHU 103/121).

Wieso aber – muß man sich fragen – gehören diese Überlegungen überhaupt hierher? Die These des *reductio*-Arguments war ja nicht, daß wir Trost in dem Gedanken finden könnten, daß manche unserer Handlungen uns verwerflich *erscheinen*, daß sie es aber (als letztlich durch die allgütige Gottheit verursacht) an sich *nicht sind*. Die These war, daß ein Verteidiger der „doctrine of necessity" zu der Konsequenz gezwungen ist, manchen unserer Handlungen eine Eigenschaft zu bestreiten, die sie doch offensichtlich haben, nämlich die der moralischen Verwerflichkeit. Wenn in Humes Ausführungen ein Gegenargument gegen die *reductio* steckt, dann besteht es in einer theologisch brisanten These, die klar auszusprechen er sich allem Anschein nach scheut. Die These wäre: Moralische Verwerflichkeit und moralische Lobwürdigkeit gibt es sehr wohl, aber – ebenso wie zum Beispiel den Unterschied zwischen menschlicher Schönheit und Mißgestalt – *nur aus der Perspektive des Menschen*; wohingegen der spekulative Blick auf das Ganze des Universums oder der Blickpunkt Gottes einfach nicht die richtige Perspektive abgeben, um zwischen Wohl und Übel oder zwischen Gut und Schlecht zu unterscheiden. Was *für uns* gut oder schlecht, was *moralisch* zu billigen oder zu verwerfen ist, hat daher mit Gottes Vollkommenheit gar nichts zu tun. Folglich kann Gott sehr wohl unendlich vollkommen und gut sein und all unser Handeln letztendlich kausal auf ihn (als den Urheber von allem) zurückgehen; trotzdem kann einiges von dem, was wir tun, moralisch gut und anderes moralisch schlecht sein. – Und das wäre dann eine Teilwiderlegung des *reductio*-Arguments durch den Nachweis, daß die erste Absurdität tatsächlich gar nicht folgt.

Die zweite Absurdität lautet: „if they [human actions] be criminal, we must retract the attribute of perfection, which we ascribe to the Deity, and must acknowledge him to be the ultimate author of guilt and moral turpitude in all his creatures" (EHU 101/119). Diesem Argument gegenüber verhält sich Hume ganz anders (vgl. EHU 103/121). Der Einwand, so behauptet er, lasse sich nicht so leicht und befriedigend beantworten wie der erste, noch lasse sich deutlich auseinandersetzen, wie die Gottheit die entfernte Ursache aller unserer Handlungen sein könne, ohne zugleich die Urheberin von Sünde und moralischer Verwerflichkeit zu sein. Dies seien Mysterien, die eine natürliche Vernunft nicht aufklären könne, ohne sich in die größten Schwierigkeiten und Widersprüche zu verwickeln. Besser also, man begebe sich gar nicht erst auf das grenzenlose Meer des Zweifels, der Ungewißheit und der Widersprüchlichkeit. Denn: „To reconcile the indifference and contingency of human actions with prescience; or to defend absolute decrees, and yet free the Deity from being the author of sin, has been found hitherto to exceed all the power of philosophy." (EHU 103/121)

Das ist schön gesagt, aber nach Hume selbst keine förmliche Widerlegung des zweiten Teils des *reductio*-Arguments. Gibt es also keine Widerlegung? Oder müssen wir warten, bis die Kraft der Philosophie zugenommen haben wird? – Wohl kaum. Denn das Schlußstück von EHU VIII ist nichts anderes als eine rhetorische Verkleidung der These, daß das Argument aus der Religion unhaltbar ist, weil das Theodizee-Problem unlösbar ist: Gottes Güte, sein Vorauswissen und seine Allmacht sind mit der Existenz von Sünde und moralischen Übeln in der Welt nicht vereinbar[4]. Zwar würde mit der Annahme der Indifferenz und Zufälligkeit menschlichen Handelns Gott gewissermaßen von unseren Sünden entlastet werden, weil er als Urheber des Universums nicht mehr die entfernte Ursache unserer Handlungen wäre, aber nur um den Preis, daß er die üblen Folgen nicht hat vorauswissen können (weil er sie sonst verhindert haben würde). Wenn wir aber Sünder sein können, weil wir die Freiheit haben, Gottes moralischen Geboten entgegenzuhandeln, dann – gegeben seine Güte und sein Vorauswissen – nur um den Preis einer Beeinträchtigung seiner Allmacht (weil es ihm offenbar an der Macht fehlt, seine Gebote durchzusetzen). – Wenn nun das Theodizee-Problem unlösbar ist, wenn es zugleich gewiß ist, daß es Übel in der Welt und moralische Verwerflichkeit gibt, und wenn wir Gott gegenüber nicht unfromm sein wollen, dann heißt das, daß wir über die Natur Gottes nichts wissen. Dies aber heißt, daß die theistische Voraussetzung, auf der das *reductio*-Argument aufbaut, nicht in Anspruch genommen werden kann. – Und das wäre die zweite Teilwiderlegung des Arguments.

Alles in allem genommen, müssen wir Hume also die Thesen des *zweiten* Teils von EHU VIII zugeben, wenn wir nicht mehr als den schwachen Begriff von Notwendigkeit von Handlungen voraussetzen und wenn wir ferner die Handlungsfreiheit um die innere Freiheit ergänzen. Dann kann weder aus der Moral noch aus der Religion ein Argument geführt werden, das uns zwingt,

---

4 Zum Problem der Theodizee vgl. Streminger 1992.

eine Freiheit der Indifferenz oder der Indeterminiertheit von Wille und Handlung anzunehmen. Wie aber verhält es sich nun mit der „doctrine of necessity" in bezug auf „voluntary actions", wenn darunter die These zu verstehen ist, daß das willentliche Handeln (durch Motive und Überlegung etc.) nicht nur determiniert, sondern *kausal* determiniert ist? Darum geht es im *ersten* Teil von EHU VIII.

III

Wenn Hume die „doctrine of necessity" beweisen will, dann will er zeigen, daß es sich mit den „voluntary actions of men" und mit den „operations of mind" (EHU 83/99) genauso verhält wie mit den „operations of matter" (EHU 93/110), nämlich so, daß unter gegebenen, je besonderen Umständen und entsprechend den „laws of nature" (EHU 82/98), unmöglich eine andere als die eingetretene Wirkung aus der gegebenen Ursache hätte resultieren können (vgl. EHU 82/98). Dieses Beweisziel wird allerdings nicht direkt, sondern auf einem Umweg angesteuert: Erstens wird vorausgesetzt, daß „necessity" (im Sinne einer kausalen Determiniertheit) für die *materielle* Welt allgemein anerkannt wird (vgl. EHU 82/98). Zweitens wird behauptet, daß wir, wenn wir eine richtige und genaue „idea of *necessity*" gewinnen wollen, betrachten müssen, woraus die Idee der Notwendigkeit entspringt, wenn wir in bezug auf eine „operation of bodies" von Notwendigkeit sprechen (vgl. EHU 82/98). Drittens nennt Hume die Momente, aus denen in diesem Fall unsere Idee der kausalen Notwendigkeit entspringen soll, nämlich: „constant *conjunction* of similar objects, and the consequent *inference* from one to the other" (EHU 82/99). Und viertens wird die Behauptung aufgestellt: Wenn sich dartun läßt, daß alle Menschen von jeher ohne jeden Zweifel und ohne Zögern eingeräumt haben, daß sich *dieselben zwei* Momente auch bei den „voluntary actions" und „operations of mind" finden, dann folgt daraus, daß alle Menschen in der „doctrine of necessity" mit Bezug auf „voluntary actions" jedenfalls *der Sache nach* von jeher übereingestimmt haben, selbst wenn sie sich der Wörter wegen nicht verstanden (vgl. EHU 83/99) und daher in dieser Angelegenheit bloß einen Wortstreit geführt haben (vgl.

EHU 81/97). Aus dieser *konditionalen These* ergibt sich dann der Leitfaden für Humes weitere Beweisführung: Wird die Wahrheit des Konditionals unterstellt, dann muß man zeigen, daß das Antezedens wahr ist, um die Wahrheit des Konsequens zu gewinnen. Genau das versucht Hume.

Aber warum wählt er diese indirekte Beweisführung, die doch von vornherein zum Scheitern verurteilt zu sein scheint, weil ihr kein gültiges Beweisverfahren zugrunde liegt? Schließlich kann es doch leicht sein, daß a die Eigenschaft F hat und daß die mit a verbundenen Umstände $u_1 \ldots u_n$ uns veranlassen, a die Eigenschaft F zuzuschreiben, daß aber dieselben Umstände $u_1 \ldots u_n$ uns auch im Fall von b veranlassen, die Eigenschaft F zuzuschreiben, obwohl b die Eigenschaft F *nicht* besitzt (etwa wenn uns der süße Geschmack veranlaßt zu glauben, daß die Getränke g_1 und g_2 Zucker enthalten, obwohl g_2 mit Sorbit gesüßt ist). – Diesem Einwand kann man mit dem Hinweis begegnen, daß es einen Unterschied macht, ob von Eigenschaften wie ‚zuckerhaltig' und ‚süßschmeckend' oder von Eigenschaften wie ‚notwendig', ‚zufällig', ‚kausal determiniert' oder ‚kausal indeterminiert' die Rede ist. Im ersten Fall läßt sich die Sache nämlich im Prinzip so aufklären, daß die verschiedenen Ingredienzien isoliert werden und ihre chemische Verschiedenheit dargetan wird. Im zweiten Fall liegen die Dinge aber so, daß die betreffenden Eigenschaften auch *im Prinzip nicht* beobachtet werden können. Ihr Vorhandensein kann also immer nur aus gewissen Indizien geschlossen werden. Es ist dann auch nicht von vornherein unzulässig zu schließen, daß *dieselben Momente*, wo immer sie auftreten, uns zur *selben Überzeugung* bringen. Das legitimiert Humes indirekte Beweisführung. Wenn es dennoch Grund zum Zweifel an der Gültigkeit der „doctrine of necessity" für „voluntary actions" geben sollte, dann müssen diese in der Sache selbst liegen und können nicht aus der indirekten Beweisführung als solcher abgeleitet werden.

Allerdings besteht das folgende Methodenproblem: Während wir nämlich bei einer „operation of bodies" – etwa dem klassischen Fall einer Karambolage zweier Billardkugeln – zwar keine Notwendigkeit und kausale Determiniertheit, wohl aber den Ablauf der Vorgänge (Ruhe, Bewegung, Aufprall …), also Ursache- und Wirkungsereignisse systematisch beobachten können, besitzen wir diese Möglichkeit bei den „voluntary actions of men" nicht. Dieser Nachteil ist aber unschädlich, wenn wir eine verläßliche andere Quelle haben, die uns über den Ablauf von „operations of mind" und „voluntary actions" unterrichtet, so daß man ein Urteil darüber abgeben kann, ob auch in diesem Fall eine „constant *conjunction* of similar objects, and the consequent *inference* from one to the other" (EHU 82/99) gegeben ist. Diese Quelle gibt es, meint Hume; es ist die unzählige Male mit uns selbst und unseren Mitmenschen gemachte Erfahrung und vor allem das in historischen Zeugnissen gespeicherte empirische Material über das Verhalten der Menschen, aus dem wir die „universal principles of human nature" (EHU 83/99 f.) entnehmen können. Denn diese Zeugnisse zeigen den Menschen in den verschiedensten Situationen und unter allen möglichen Umständen; die Geschichte der Menschheit ersetzt also gewissermaßen das Laboratorium (vgl. EHU 84/100), und die überlieferten Zeugnisse sind gleichsam die Versuchsprotokolle, anhand derer wir die „regular springs of human action and behaviour" (EHU 83/100) erkennen können[5].

Bei seinem Beweis der „doctrine of necessity" für „voluntary actions" geht Hume so vor, daß er willentliches Handeln auf die beiden Momente: „constant *conjunction*" und „consequent *inference*" hin untersucht. Um Humes Beobachtungen richtig zu würdigen, muß man noch berücksichtigen, daß er in EHU VII glaubt dargetan zu haben, daß „constant *conjunction* of similar objects, and the consequent *inference* from one to the other" (EHU 82/99) *tatsächlich* die *einzigen beiden* Faktoren sind, die uns veranlassen, die Idee der Notwendigkeit (im Sinne kausaler Determiniertheit) zu bilden. Das wird hier also in Anspruch genommen und nicht eigens belegt[6]. Zweitens muß man berücksichtigen, daß Hume unter „inference" zwar eine Art Schließen, aber nicht die explizite Denkhandlung des Aufstellens von Prämissen und des Ableitens von Sätzen nach den Gesetzen der Logik versteht, sondern ein unwillkürliches kognitives Verhalten, das zwar (durch Erfahrung) erworben ist, aber nichtsdestoweniger den Charakter eines rein natürlichen Vorgangs hat. Wenn Hume hier das willentliche Handeln un-

---

5 Vgl. dazu Lüthe 1991.
6 Vgl. dazu in diesem Band Bertram Kienzle, „Von der Vorstellung der notwendigen Verknüpfung.", 115–133.

tersucht, dann will er herausfinden, ob dieses (ebenso wie die Naturvorgänge unserer Umwelt) diejenige Art von Regelhaftigkeit („constant *conjunction*") aufweist, die uns natürlicherweise dazu veranlaßt, das unwillkürliche *„inference"*-Verhalten an den Tag zu legen. Und wenn sich diese Frage bejahen läßt, wäre (meint Hume) die „doctrine of necessity" für „voluntary actions" bestätigt.

Bei diesem Projekt hat Hume zunächst relativ leichtes Spiel. Denn natürlich kennen wir aus eigener und tradierter Erfahrung eine *Regelmäßigkeit* menschlichen Handelns, die wir in die Vorstellung bringen, daß unter gleichen Umständen und bei gleichen Charaktereigenschaften gleiche Motive in der Regel zu gleichen Handlungen führen (vgl. EHU 84 f./100 f.); das wäre die „constant conjunction". Jedenfalls (auch darin hat Hume recht) produzieren wir entsprechende Handlungserklärungen: „[W]e mount up to the knowledge of men's inclinations and motives, from their actions, expressions, and even gestures; and again, descend to the interpretation of their actions from our knowledge of their motives and inclinations." (EHU 84 f./ 101) Richtig ist ferner, daß solche uns aus der Erfahrung bekannten Regelmäßigkeiten des Handelns die Basis eines gewissermaßen natürlichen *Schließens* sind, durch das wir uns leiten lassen, wenn wir mit bestimmten Verhaltensweisen unserer Mitmenschen rechnen (vgl. EHU 88 f./105). Richtig ist weiter Humes Hinweis, daß Geschichtsschreibung, Politik, Moral und Ästhetik („*criticism*") nicht möglich wären ohne solche *„inference* from motives to voluntary actions, from characters to conduct" (EHU 90/107). Schließlich muß man auch Humes Hinweis zustimmen, daß bei unseren Erwägungen, wieviel und welche Handlungsfreiheit wir haben, *„natural* and *moral* evidence link together, and form only one chain of argument" (EHU 90/107). Ob die Stärke der Kerkermauern mein Entkommen verhindert oder die Korruptionsresistenz meiner Wächter, macht für mich keinen Unterschied; das eine ist so gut ein Datum für die Berechnung meines Handlungsspielraums wie das andere.

Interessanter als diese Offensichtlichkeiten ist schon, wie Hume mit möglichen Einwänden umgeht. Einer liegt auf der Hand: So uniform und regelhaft sind die Handlungen der Menschen doch gar nicht, daß man behaupten könnte, „that all men, in the same circumstances, will always act precisely in the same manner" (EHU 85/102)! Dem begegnet Hume mit dem plausiblen Hinweis, daß dieses Uniformitätsprinzip nur sinnvoll ist, wenn man eine hinreichend große „diversity of characters, prejudices, and opinions" (EHU 85/102) einräumt.

Gleichwohl ist es möglich, wie Hume zugibt, „to find some actions, which seem to have no regular connexion with any known motives" (EHU 86/102). Aber auch solche Irregularitäten hält Hume nicht für dramatisch, sondern empfiehlt, sich ihnen gegenüber genauso zu verhalten wie gegenüber Naturerscheinungen, die den etablierten Erklärungsmustern widerstreiten, oder wie gegenüber dem Phänomen, daß ein gewöhnlich zu erwartender Effekt (zum Beispiel einer Arznei) einmal nicht eintritt: Tatsächlich kommt dabei ja niemand auf den Gedanken, eine „contingency in the cause" (EHU 87/103) anzunehmen und das Prinzip der kausalen Determiniertheit der „operations of matter" zu widerrufen; statt dessen wird man entweder annehmen, die Gesetze der beobachteten Erscheinungen noch nicht gut und genau genug zu kennen, oder vermuten, daß verborgene gegenwirkende Faktoren im Spiel sind (vgl. EHU 87/103). Dieselbe Maxime sollten wir, wenn wir als Wissenschaftler konsistent sein wollen, auch bei Handlungserklärungen anwenden. Und dabei zeigt sich ja tatsächlich oft: „The most irregular and unexpected resolutions of men may frequently be accounted for by those who know every particular circumstance of their character and situation" (EHU 88/104), gerade so, wie eine genauere Untersuchung von Naturvorgängen jene Faktoren zutage fördern kann, die dem Eintritt einer sonst zu erwartenden Wirkung entgegenstanden.

Dann allerdings, gleichsam im Überschwang dessen, der seiner Sache ganz sicher ist, macht Hume eine fatale Konzession, wenn er schreibt: „[W]e know, in general, that the characters of men are, to a certain degree, inconstant and irregular. This is, in a manner, the constant character of human nature." (EHU 88/104) Damit gibt er seine These preis. Denn wenn es zum *Wesen* des Menschen gehört, in einem gewissen Ausmaß *nicht* konstant und regelmäßig zu sein, erübrigt sich gerade insofern der Begriff der „human nature" und besteht gerade insofern keine „constant conjunction" zwischen „motives and voluntary actions". Aber diese Konzession ist ein Lapsus; Hume vertritt sie eigentlich nicht, wie die Analogie zwischen dem Verhalten der Menschen und dem Wetter zeigt: So kapriziös es sich auch geben mag, halten wir das Wetter doch „to be governed by steady principles; though not easily discoverable by human sagacity and enquiry" (EHU 88/105). Dasselbe gilt nach Humes Überzeugung auch für das Handeln.

Nehmen wir nun einmal an, Hume habe die „doctrine of necessity" für „voluntary actions" (dem indirekten Beweisverfahren entsprechend) plausibel machen können: Bedeutet das zugleich den Nachweis, daß Willensbestimmung und Handlung notwendig sind im Sinne einer *kausalen* Determination? – Hume hat klar gesehen, daß dieser Schluß von einer Voraussetzung abhängt, nämlich „that we know nothing farther of causation of any kind than merely the *constant conjunction* of objects, and the consequent *inference* of the mind from one to another" (EHU 92/103). Und wenig später: „If these circumstances form, in reality, the whole of that necessity, which we conceive in matter, and if these circumstances be also universally acknowledged to take place in the operations of the mind, the dispute is at an end." (EHU 93/110) Und da das menschliche Verhalten diese Bedingungen erfüllt (wie wir angenommen haben), müssen wir (so scheint es) Hume auch den Schluß zugeben, daß Wille und Handlung kausal determiniert sind; – es sei denn, es ließe sich „in the operations of matter" noch ein weiteres Moment entdecken, „some farther connexion between the cause and effect; and a connexion that has not place in the voluntary actions of intelligent beings" (EHU 93/110). Das hielt Hume allerdings für ausgeschlossen.

Aber genau hier liegt der Grund für eine Disanalogie zwischen den „operations of matter" einerseits und den „operations of mind" und „voluntary actions" andererseits. Die „farther connexion between the cause and effect", das Moment, das zur „constant conjunction" hinzukommen muß, damit wir von einem *kausalen* Zusammenhang sprechen können, besteht in einem (möglicherweise gar nicht beobachtbaren) *zugrundeliegenden Mechanismus*, der die „constant conjunction" *erklärt*. Der Erklärungsfortschritt, der erreicht wird, wenn man einen solchen zugrundeliegenden Mechanismus aufdecken kann, wird leicht unterschätzt. Denn natürlich kann man dann die Frage wiederholen, was denn die Wirkungsweise *dieses* Mechanismus erklärt. Das ändert aber nichts daran, daß es einen großen

Unterschied macht, ob man Erklärungen in Begriffen eines zugrundeliegenden Mechanismus geben kann oder nicht. Dergleichen gibt es, wie wir wissen, für den Bereich der „operations of matter", wo sich viele beobachtbare Phänomene mit Hilfe von physikalischen Theorien über das Verhalten von nicht beobachtbaren mikrophysikalischen Partikeln erklären lassen. Aber im Bereich der „voluntary actions" und jener „operations of mind", die zu Willensentscheidung und Handlung führen, gibt es dazu kein Pendant: Motive, Neigungen, Charaktereigenschaften, Handlungsumstände und Handlungen – das hat Hume richtig gesehen und besser verstanden als viele Psychologen nach ihm – bilden allenfalls einigermaßen konstante *Zusammenhänge*, sind aber kein die Handlung oder die Willensbildung erklärender *Mechanismus*. Genau hier liegt der Unterschied zwischen den „operations of matter" und den „voluntary actions of intelligent beings".

Merkwürdigerweise hat Hume alles in der Hand gehabt, um diese „farther idea of necessity and causation in the operations of external objects" (EHU 93/110) zu entdecken, zum Beispiel wenn er zwischen der Laienerklärung für das Stehenbleiben einer Uhr und der Erklärung des Experten unterscheidet, der als Ursache Störungen im zugrundeliegenden Mechanismus des Uhrwerks zitieren kann (vgl. EHU 87/103). Hume hat den hier angelegten Schritt zu einer adäquaten Explikation des Begriffs der kausalen Verknüpfung und damit zur Unterscheidung einer Kausalerklärung der „operations of matter" von einer Erklärung der „voluntary actions" aus Motiven und Neigungen nicht gemacht. Das läßt sich wohl nur mit seiner skeptischen Einschätzung erklären, daß auch der naturwissenschaftliche Fortschritt die Grenzen unseres Wissens nur ein Stückchen verschiebt, sie aber nicht aufhebt (vgl. EHU 30 f./40 f.).

Diese Kritik an Humes Beweisführung bedeutet nun freilich nicht, daß die „doctrine of necessity" mit Bezug auf „voluntary actions" definitiv widerlegt wäre, sondern sie bedeutet nur, daß die Analogien zwischen den „operations of matter" und den „voluntary actions", die Hume anführt, nicht genügen und daß der Disput wieder offen ist. Und offen ist er nach wie vor[7].

---

7 Weiterführend hierzu Lanz 1987.

Literatur

Frankfurt, Harry 1971: Freedom of the will and the condept of a person. In: Ders.: The importance of what we care about. Cambridge 1988, 11–25. Deutsch in: Peter Bieri (Hrsg.): Analytische Philosophie des Geistes. Königstein/Ts. 1981, 287–302.

Honderich, Ted 1993: How Free Are You? Oxford.

Lanz, Peter 1987: Menschliches Handeln zwischen Kausalität und Rationalität. Frankfurt/M.

Lüthe, Rudolf 1991: David Hume. Historiker und Philosoph. Freiburg-München.

Pothast, Ulrich (Hrsg.) 1978: Freies Handeln und Determinismus. Frankfurt/M.

Streminger, Gerhard 1992: Gottes Güte und die Übel der Welt. Tübingen.

Wallace, R. Jay 1994: Responsibility and the Moral Sentiments. Cambridge, Mass.

Watson, Gary (Hrsg.) 1982: Free Will. Oxford.

Hans-Peter Schütt

Der „wunderbare Instinkt" der Vernunft

Simia, quam similis, turpissima bestia, nobis!
ENNIUS [1]

Über dem IX. Abschnitt der *Enquiry concerning Human Understanding* steht dasselbe wie über einem Abschnitt im I. Buch des *Treatise*: „Of the Reason of Animals." (EHU 104/122; T 176/237) Wer so ungeniert „von der Vernunft der Tiere" spricht, ignoriert offenbar eine ehrwürdige Definition: *Homo est animal rationale*. Danach ist der Mensch das vernünftige Tier und jedes andere Tier daher vernunftlos. Wäre es nun wirklich, wie Hume fand, „lächerlich" zu bestreiten, daß „die anderen Tiere genauso wie die Menschen mit Denken und Vernunft ausgestattet sind" (T 176/237), dann war wohl auch die traditionelle Definition des Menschen lächerlich.

Ganz so einfach ist Humes Stellung gegenüber der Tradition indes nicht. Daß Menschen vernunftbegabte („reasonable"), gesellschaftsfähige („sociable") und handelnde („active") Wesen sind, war für ihn nicht weniger selbstverständlich als für irgendeinen Aristoteliker[2]. Außerdem war der Mensch seiner traditionellen Definition zufolge eben auch ein Tier[3]. Orthodoxen Ad-

---

1 Vgl. Cicero, *De natura deorum* i.35. – Hinzufügen sollte man: „What I call *observation sentences* are [...] the human counterpart of [...] apes' cries." (Quine 1995, 22).
2 EHU 8/6 f.; vgl. Aristoteles, *Politica* i.2, 1253a1 ff.
3 Vgl. z. B. Thomas von Aquin, *Summa Theologiae*, I qu. 76 art. 3.

vokaten der klassischen Formel mußte daher die Idee, daß die Rationalität der Menschen eine spezifische Ausprägung ihrer animalischen Natur sei, gar nicht fremd sein, und sie hätten das Interesse, diese besondere Gestalt einer allen Tieren gemeinsamen Natur näher zu untersuchen, mit Hume durchaus teilen können, zumal dem Architekten einer „Wissenschaft von der menschlichen Natur" (T xv f./2 ff.; vgl. EHU 8/6 f.) die Vernunft des *Homo sapiens* das eigentliche Thema war, wenn er „von der Vernunft der Tiere" handelte. Waren es also nur anders gesetzte rhetorische Akzente, womit Hume sich von der orthodoxen Tradition abhob?

1.

Daß wir Menschen uns deutlich von anderen Tieren unterscheiden, stand aus gutem Grund nie ernsthaft zur Diskussion. Wenn wir eine eigene zoologische Spezies bilden, dann gibt es auch eine spezifische Differenz zu anderen Tieren. Warum sollte man diese nicht mit ‚Vernunft' oder ‚Rationalität' etikettieren? Da in der klassischen Definition des Menschen Animalität und Rationalität unvermittelt aufeinanderstoßen, darf man allerdings fragen, ob sie überhaupt zu einer akzeptablen taxonomischen Lokalisierung unserer Spezies taugt. Mit Blick darauf verlangte man einst: *Definitio fit per genus proximum et differentiam specificam.* Eine ordentliche Definition sollte also nicht mit irgendeiner generischen Bestimmung der zu definierenden Art anheben, sondern mit der nächsten Gattung. Das Wort ‚*animal*' jedoch erfaßt einfach alle niederen und höheren Tiere – und damit viel zu viel für unsere nächste Gattung. Die zoologische Kennzeichnung ‚*Homo sapiens*' ist weniger verfänglich: Steht ‚*Homo*' für eine geeignete Klasse von Primaten, dürfte uns diese als Gattung nahe genug sein, ohne mit unserer Spezies zusammenzufallen.

Die Idee, daß ‚Rationalität' ein passabler Name für die spezifische Differenz dieser Spezies sei, bleibt davon zunächst unberührt. Denn was den *Homo sapiens* von seinen nächsten Verwandten trennt, unterscheidet ihn auch von allen übrigen Tieren. Was also liegt daran, ob wir das, was ihn von diesen insgesamt unterscheidet, als Rationalität direkt der allgemeinen

Tiernatur gegenüberstellen oder ob wir ‚*sapiens*' als Etikett der spezifischen Differenz in der näheren Gattung *Homo* verwenden? Das kommt darauf an, was man im übrigen mit den beiden Kennzeichnungen verbindet. Umfangslogisch mag es keinen Unterschied machen, ob wir die Rationalität dem rohen Gattungsbegriff der Animalität aufpfropfen oder unter dem Namen ‚*sapientia*' als letzte Differenzierung einer schon bei anderen Primaten in einer ziemlich entwickelten Form vorliegenden spezifischen Tiernatur fassen. Dennoch werden unterschiedliche Bilder evoziert.

Die Formel ‚*animal rationale*' legt ein dualistisches Bild nahe: Auf einer Seite stehen wir und unseresgleichen, auf der anderen sind, von den Würmern bis zu den Gorillas, alle übrigen Tiere versammelt – dazwischen klafft ein „Abgrund"[4], in dem Lucie, der *Homo heidelbergensis* sowie sämtliche Neandertaler verschwänden, falls sie weder unseresgleichen wären noch zu den anderen Tieren gehörten. Die Kennzeichnung ‚*Homo sapiens*' dagegen legt ein Bild nahe, das die umfassende Ordnung aller Tierarten ohne Bruch so wiedergibt, daß wir darin den Gorillas um genau so viel näher stehen als diese den Regenwürmern, wie deren genetisches Material sich von dem der Gorillas mehr unterscheidet als das der Gorillas von dem unseren. Wie viele Bilder von nicht linearen Ordnungen zeigt es einen Baum, der keinen „Abgrund", dafür aber unsere „leibliche Verwandtschaft mit dem Tier"[5] augenfällig macht. Was unsere besondere Stellung angeht, können wir uns freilich immer noch schmeicheln, auf einem der höchsten Zweige in der Krone des Baumes der Evolution zu hocken.

Genügt uns das, oder wollen wir doch die „Krone der Schöpfung" sein? – Dieses Wort führt zurück zum ersten Bild: Der nach dem biblischen Bericht zu guter Letzt geschaffene Mensch steht nicht nur an der Spitze des Tierreiches, sondern ist deutlich darüber erhoben; als „Bild und Gleichnis" des Schöpfers darf er „herrschen über die Fische im Meer, über die Vögel unter dem Himmel, über das Vieh und über die ganze Erde und alles Gewürm, das auf Erden kriecht"[6]. Entscheidend für diese

---

4 Heidegger 1949, 326.
5 Heidegger 1949, ebd.
6 *Genesis* 1, 26.

Ermächtigung zur Anthropokratie ist die vermeintlich uns vorbehaltene Gottesebenbildlichkeit. Sie mit dem Titel ‚Vernunft' zusammenzubringen ist im Kontext der „modernen" Philosophie des 17. und 18. Jahrhunderts keineswegs deplaziert. Fast alle großen Philosophen des Jahrhunderts vor Hume haben in ihren Konzeptionen der menschlichen Vernunft dem Anspruch der Gottesebenbildlichkeit gehuldigt. Dieser Anspruch, vielmehr der kritische Bezug auf ihn als einen gemeinsamen Kern im Denken so unterschiedlicher Geister wie Galilei, Descartes, Spinoza, Locke, Malebranche, Leibniz oder Berkeley, liefert, wie Edward Craig gezeigt hat[7], einen ausgezeichneten Anhaltspunkt für das Verständnis von Humes Werk.

Die Idee, daß dem Menschen mit der Vernunft etwas Göttliches gegeben sei, hatte in der christlichen Tradition ihr ganz besonderes Gewicht, ein Spezifikum des Christentums war sie nicht – schon Ciceros Figuren haben darüber diskutiert[8]. Es nimmt daher nicht wunder, daß ein Unbehagen daran, wie die Menschen sich vermöge ihrer Vernunft über den Rest der Natur erhoben und erhaben dünkten, schon artikuliert wurde, bevor die heiligen Texte der jüdisch-christlichen Überlieferung zur Richtschnur der Philosophen wurden. Spätestens seit Plutarch[9] haben allerlei Paraden von Beispielen, die das durch und durch vernünftige Verhalten anderer Tiere dokumentieren sollten, den Gebrauch der orthodoxen Formel vom Menschen als dem *animal rationale* begleitet.

Diesem Genre von Literatur[10], das Hume kaum unbekannt war, sind seine beiden Stücke „von der Vernunft der Tiere" nicht zuzurechnen. Hume hatte kein Interesse daran, die menschliche Vernunft gleichsam verschwinden zu lassen hinter den seit Generationen kolportierten Anekdoten, in denen Tiere sowohl klüger wie auch edler und moralisch besser dastehen als wir, um statt des angemaßten Vorzugs exklusiver Vernünftigkeit die Fratze jenes Eigendünkels sichtbar zu machen, den man heute (mit einem entsprechend häßlichen Wort) ‚Speziesismus' nennt. Was Hume wollte, war nicht mehr und auch nicht weniger, als ohne

---

7 E. Craig 1987, Kap. I–II.
8 Vgl. Cicero, *De natura deorum* ii.53.
9 Vgl. Plutarch, *Moralia* 959a–992e.
10 Vgl. Schütt 1990.

das Vorurteil der Gottesebenbildlichkeit und ohne das fragwürdige Zeugnis anekdotischer Kuriositätensammlungen nur anhand allgemein zugänglicher Erfahrungen aufzuklären, von welcher Art das Vermögen oder, besser gesagt, das Bündel von Fähigkeiten ist, das wir uns unter dem Namen ‚Vernunft' zuschreiben.

2.

Der IX. Abschnitt der *Enquiry* beginnt mit der Feststellung, alle unsere auf Tatsachen gerichteten Überlegungen („all our reasonings concerning matter of fact") stützten sich auf eine Art Analogie (EHU 104/122). Wann immer wir nicht direkt erfahren, daß etwas der Fall ist, sondern durch andere Erfahrungen dahin „geführt" werden zu glauben, es verhalte sich so, ziehen wir demnach einen Analogieschluß. Schon früher hatte Hume erklärt, „alle Argumente aus Erfahrung" gingen zurück auf erlebte Ähnlichkeit („similarity"): „Von *ähnlich* erscheinenden Ursachen erwarten wir ähnliche Wirkungen"; das sei „die Summe all unserer empirischen Schlußfolgerungen" (EHU 36/47). Zwar fiel dort nicht das Stichwort ‚Analogie', aber die Ähnlichkeit tat es auch, ganz abgesehen davon, daß bis zum IX. Abschnitt noch öfter (EHU 30/41, 47/59, 49/61, 54/68, 72/87) in einschlägigem Sinne von Analogien die Rede war.

Im *Treatise* hatte Hume diese These unter Einsatz des Terminus ‚Analogie' entwickelt und den empirischen Schlußfolgerungen ein doppeltes Fundament zugewiesen: erstens die durch alle bisherigen Erfahrungen gestützte K o r r e l a t i o n („constant conjunction" oder „union") von Objekten a und b, zweitens die Ä h n l i c h k e i t („resemblance", T 142/195) eines gegenwärtigen Objektes c mit einem der korrelierten Objekte. Das führe zu der Überzeugung oder Erwartung, es gebe ein x, das mit c so korreliert sei wie b mit a. Wie stark sie sei, hänge von beiden Faktoren ab. Falls die Korrelation zwischen a und b nichts zu wünschen übriglasse, sei der Grad der Ähnlichkeit von c mit a ein Maß für die Verläßlichkeit („probability") der Schlußfolgerung auf die Existenz von x: Je ähnlicher c mit a sei, desto wahrscheinlicher sei es, daß es ein x gebe, das mit c so korreliert sei wie b mit a. Das nannte er eine durch Analogie induzierte

Wahrscheinlichkeit („probability deriv'd from analogy", T 142/195). Hier in der *Enquiry* heißt es statt dessen, Analogieschlüsse seien (mehr oder) weniger schlüssig („less conclusive") – je nachdem, ob die zugrundeliegende Analogie (mehr oder) weniger vollkommen („less perfect", EHU 104/122) sei.

Wenn Schlüsse aus zwei oder mehr Prämissen und einer Konklusion bestehen, für die gilt, daß die Konklusion in all den Fällen wahr ist, in denen alle Prämissen wahr sind, dann gibt es keine mehr oder weniger perfekten Schlüsse. Entweder hat man einen Schluß vor sich, der *eo ipso* auch perfekt ist, oder man hat es mit einem Arrangement von Sätzen zu tun, das nur so aussieht wie ein Schluß, tatsächlich aber keiner ist, auch kein weniger perfekter. Sind also die Analogieschlüsse, denen Humes Interesse galt, nur sogenannte Schlüsse? – Ein solcher Schluß hat etwa folgende Gestalt:

[A] a steht in der Relation R zu b,
 a ist c ähnlich,
 also gibt es x, das in der Relation R zu c steht.

Dabei sollen a, b und c Objekte sein, die in dem Sinne gegeben sind, daß sie erfahren werden oder erfahren worden sind. Ebenso gegeben sein soll die in den beiden Prämissen ausgedrückte Konstellation dieser drei Objekte. Daß darüber hinaus ein Objekt x, wie es in der vorgeblichen Konklusion beschrieben wird, überhaupt existiert, soll jedoch zumindest außerhalb aller bisherigen Erfahrung liegen und insofern nicht gegeben sein. Überträgt man [A], wie es naheliegt, in die Notation der Prädikatenlogik, erhält man folgendes Schema:

[A*] Rab, (1),
 Sac, (2),
 ∴ $\exists x Rcx$. (3).

Das ist kein Schema für einen prädikatenlogisch gültigen Schluß, sondern ein simpler Fall von: *non sequitur* –, was allerdings nichts zur Sache tut, solange der besondere Sinn, den der Prädikatbuchstabe ‚S' in diesem Kontext zu transportieren hat, unberücksichtigt bleibt. Hier geht es ja nicht um eine beliebige zweistellige Relation, sondern um die Ähnlichkeit. Und daß a

und *c* einander ähnlich sind, heißt nicht weniger, als daß manches von dem, was auf *a* zutrifft, auch auf *c* zutrifft. Offen ist nur, was von allem, das auf *a* zutrifft, vermöge der Ähnlichkeit mit *a* auch auf *c* zutrifft. Schlechthin alles darf das nicht sein. Aber wie steht es mit der Relation, in der *a* laut Prämisse (1) zu *b* steht? Aus (1) folgt, daß *a* in dieser Relation zu irgend etwas steht. Könnte nun der auf *a* zutreffende Umstand, in dieser Relation zu irgend etwas zu stehen, nicht Teil dessen sein, was vermöge seiner Ähnlichkeit mit *a* auch auf *c* zutrifft? Dürfte man das unterstellen, dann stünde einem als eine weitere, den speziellen Sinn von ‚S' bloß explizierende Prämisse auch folgendes zur Verfügung:

(2') $Sac \supset (\exists x Rax \supset \exists x Rcx)$.

Es ist nun kein Kunststück, aus Prämissen wie (1), (2) und (2') auf eine Konklusion wie (3) zu schließen; denn einen makellosen deduktiven Schluß zieht, wer diesem Schema folgt:

[A†] Rab (1),
Sac (2),
$Sac \supset (\exists x Rax \supset \exists x Rcx)$ (2'),
∴ $\exists x Rcx$ (3).

In geometrischen Betrachtungen über Proportionen zwischen gewissen Strecken wäre so ein Schema durchaus am Platze, z. B. wenn es um eine Konfiguration wie diese geht:

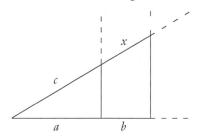

Mit Bezug hierauf würde man (1) interpretieren durch ‚*a* steht im Verhältnis R (=*a*/*b*) zu *b*', und die in (2) konstatierte Ähnlichkeit wäre so auszubuchstabieren: ‚In der viergliedrigen Proportion bestehend aus *a* und *b* einerseits sowie *c* und *x* anderseits ist *c* das Gegenstück (bzw. Analogon) zu *a*', kurz: ‚*a/b=c/x*'[11]. Unter dieser Interpretation versteht sich der Zusatz (2') offensichtlich von selbst, wie übrigens auch die Konklusion (3). So ist es eben, wenn Beziehungen zwischen den Ideen („relations of ideas"[12]) von Größen zu betrachten sind.

In Humes Analogieschlüssen geht es aber um Tatsachen („matters of fact"), um Konstellationen von Objekten, die nicht allein durch die Beziehungen zwischen den Ideen dieser Objekte bestimmt sind, sondern erfahren werden müssen, wenn sie überhaupt zur Kenntnis gelangen sollen. Was die Verfügbarkeit von Erfahrungen betrifft, war aber die Situation, in der ein Analogieschluß zu ziehen ist, in charakteristischer Weise beschränkt: Erfahren war, was (1) ausdrückt: die Korrelation zwischen *a* und *b*; erfahren war ebenso, was (2) ausdrückt: die Ähnlichkeit von *c* mit *a*. Darüber hinaus sollte den Ideen von *a*, *b* und *c*, was deren Beziehungen zu anderen Objekten angeht, nichts Bestimmtes zu entnehmen sein. Auch der Gedanke, daß *c* mit n i c h t s so korreliert ist wie *a* mit *b*, sollte diesen Ideen nicht widersprechen. Mit anderen Worten: Analogieschlüsse sind gerade für Situationen konzipiert, in denen eine Hintergrundvoraussetzung wie (2') nicht verfügbar ist. Ohne diesen Zusatz bleibt der Schritt von (1) und (2) zu (3) jedoch logisch genauso synthetisch – erfüllbar, aber nicht allgemeingültig – wie das Schema [A*]. Versteht man unter einem Schluß einen gültigen deduktiven Schluß im Sinne der klassischen Logik, dann sind die Humeschen Analogieschlüsse in der Tat nur sogenannte Schlüsse.

Hume beschäftigten Schlüsse nicht als etwas, das formaler Reglementierung fähig oder bedürftig ist, sondern eher als ein Gedankenzug („train of thoughts", T 61/83[13]), der auf den Geleisen unseres Gemüts zusammengestellt wird, was immer vom logischen Standpunkt dazu billigend oder mißbilligend zu sagen wäre. Auch für so einen bloß faktisch vollzogenen Über-

---

11 So etwas nannten die griechischen Geometer übrigens ‚Analogie': Euklid, *Elemente v.Dfs.5–6*; vgl. Euklid 1956, Bd. II, 120 ff.
12 Vgl. EHU 25/35, 35/45, 108/126 f.; T 60/82 f., 89/120, 262/339, 453/II 193, 458/II 198, 496/II 239, 510 Anm./II 256 Anm.
13 Vgl. T 179/240, 198/264, 213/282, 259 f./335, 276/II 4, 369/II 103, 406/II 144, 552 f./II 305, 635/II 363; EHU 54/68, 163/191.

gang („transition", EHU 54/ 67 f.; vgl. 23/24, 51 f./64 f.) von einem mentalen Zustand zu einem anderen gebraucht Hume Wörter wie „infer" und „inference", die wir schlecht anders wiedergeben können als durch ‚schließen' und ‚Schluß'. Im allgemeinen geht es hier also um bloß habituell vollzogene Übergänge („customary transitions", EHU 75/91, vgl. 77/93, 78/95, 92/109) von einem Gedanken zum anderen: Daß jemand daraus, daß p, darauf schließt, daß q, heißt oft nicht mehr, als daß er (oder sie) bemerkt, erlebt oder sonstwie denkt, daß p, und ebendadurch dazu gebracht wird, zu glauben oder zu erwarten, daß q.

Sich so seinen Gewohnheiten zu überlassen ist mitnichten immer unvernünftig; hinreichend oft empfehlen diese sich durch ihren Erfolg. Wird eine unter dem Druck von Ähnlichkeitserfahrungen gebildete Erwartung im nachhinein bestätigt, stabilisiert dies erstens die Gewohnheit, so zu schließen, und es empfiehlt sie zweitens als relativ verläßlich und somit auch als ganz vernünftig. Vernunft, sagt Hume, sei „Entdeckung von Wahrheit und Falschheit" (T 458/II 198) oder das „Urteil" darüber (FD 170). Und das heißt, Vernunft ist im Spiel, wann immer es darum geht, etwas zu akzeptieren, es zu glauben, zu meinen, zu erwarten oder eben nicht. Damit ist noch nicht der *modus operandi* unserer Vernunft beschrieben, sondern nur ihr Gegenstand („object of our reason", T 458/II 198). Ob es überhaupt genau einen derartigen *modus* gibt, ist gar nicht selbstverständlich. Zunächst haben wir es mit vielerlei Sorten von Gründen („reasons") zu tun, etwas zu akzeptieren oder nicht, und mit entsprechend vielen Gestalten des Räsonierens („reasoning"). Eine davon wertet die im nachhinein spürbaren Erfolge habituell gebildeter Erwartungen als Gründe, die den jeweiligen Habitus unabhängig davon, daß er ohnehin besteht (oder nicht), auch noch empfehlen. Angesichts solcher Erfolge mit dem Schicksal zu hadern, daß es einem unfehlbare Prämissen und ein logisch wasserdichtes Schlußschema vorenthalte, womit so ein Habitus erst eigentlich zu rechtfertigen wäre, hieße die namentlich aus der Mathematik bekannte Gestalt des beweisenden Räsonierens („demonstrative reasoning", EHU 35/45) zu verwechseln mit anderen Gestalten des Vernunftgebrauchs („other species of reasoning", T 124/171). Manchmal bestätigen spätere Erfahrungen einen Analogieschluß, manchmal auch nicht. Im letzteren

Fall an der Gewohnheit festzuhalten, so *per analogiam* zu schließen, ist nicht vernünftig, sondern töricht.

3.

Hume nennt in der *Enquiry* als Beispiel für das Schließen *per analogiam* nicht nur alltägliche Fälle. Mit der vergleichenden Anatomie nennt er einen ganzen Forschungszweig, in dem das Ausbeuten von Analogien selbstverständliche Methode ist: Nicht nur von Exemplar zu Exemplar derselben Spezies werden anatomische Entdeckungen nach den „Regeln der Analogie" (T 327/ II 58) leicht übertragen, sondern auch von einer Spezies auf die andere. Dasselbe gilt für funktionale Zusammenhänge wie etwa den Blutkreislauf: Ist derlei für eine Spezies nachgewiesen („clearly proved"), hat man ein starkes Motiv für die Vermutung („forms a strong presumption", EHU 104/ 122), bei anderen Spezies sei es ebenso (vgl. T 325 f./II 57 f.)[14].

Auf dieselbe Weise, fügt Hume hinzu, sei in der ganzen Wissenschaft von der menschlichen Natur zu verfahren, also auch dann, wenn es nicht um Knochen, Sehnen, Nerven und Gefäße, sondern um Eindrücke, Vorstellungen, Affekte, Meinungen und dergleichen gehe. Im *Treatise* hatte er, um die Analogie zwischen der eigentlich so genannten Anatomie und seinem psychologischen Projekt hervorzukehren, dieses bisweilen als Anatomie des Gemüts („anatomy of the mind", T 326/II 57) tituliert. Hier in der *Enquiry* bekräftigt Hume noch einen Anspruch, den er im *Treatise* erhoben hatte: Eine Theorie des menschlichen Verstandes wie der menschlichen Affekte würde an Glaubwürdigkeit gewinnen, wenn sie zur Erklärung „derselben Phänomene" bei beliebigen anderen Tieren tauge. Dreh- und Angelpunkt seiner Theorie ist nun, worauf er hier noch einmal aufmerksam macht, die „Hypothese" (EHU 105/123), durch die er zuvor alles Schlußfolgern aus Erfahrung erklärt haben wollte (vgl. EHU 43/55); und diese Hypothese ist genau das, woran er mit dem ersten Satz des IX. Abschnitts erinnert: Alle empirischen Schlüsse sind Analogieschlüsse. Dies also ist es,

---

14 Zu „Ähnlichkeit und Analogie als Leitmotiv der Forschung" vgl. Ernst Mach ⁵1926, 220 ff. (ein nicht zufällig dem Andenken u. a. Humes gewidmetes Buch).

was Hume unter Berufung auf die generelle Analogie zwischen Menschen und anderen Tieren bekräftigen und mithin seinerseits durch einen Analogieschluß stützen möchte. Ist das nicht auf fatale Weise zirkulär?

Das wäre es vielleicht, wenn Hume sich vorgenommen hätte, im allgemeinen zu zeigen, daß die Form von Analogieschlüssen diesen eine ihnen eigentümliche Autorität verleihe. Dagegen hätte man einwenden dürfen, daß es nicht angehe, den Nachweis dieser Autorität mit einem Analogieschluß zu führen, weil man so voraussetze, was erst zu zeigen sei. Der Einwand trifft Hume aber nicht, weil Analogieschlüsse seiner Konzeption zufolge gerade nicht über eine spezielle Autorität kraft ihrer Form verfügen sollen. Was er an dieser Stelle beansprucht, ist auch nicht ein deduktives Argument (mit der Konklusion, daß alle unsere empirischen Schlüsse Analogieschlüsse sind), das seine Hypothese in ein bewiesenes Theorem verwandelt hätte. Sein Anspruch ist bescheidener: Die anfängliche, bereits recht gut bestätigte Hypothese finde weitere Bestätigung, falls man, geleitet von einer anderen Hypothese, nicht nur menschliches, sondern auch animalisches Verhalten in Betracht ziehe.

Diese andere Hypothese besagt, bei Tieren, die keine Menschen sind, stoße man auf „dieselben Phänomene". Dafür macht Hume sich in der *Enquiry* nicht mehr die Mühe, eigens zu argumentieren. Der Paralleltext im *Treatise* gibt einen Wink, weshalb er sich dessen enthoben sehen durfte: Das sei so offensichtlich, daß sich der Lächerlichkeit preisgäbe, wer die Mühe auf sich nähme: „Next to the ridicule of denying an evident truth, is that of taking much pains to defend it." (T 176/237)

4.

Nicht nur Menschen, auch andere Tiere haben mentale Zustände, ein Gemüt („mind") oder eine Seele. Das ist die (*pace* Descartes) nicht gerade spektakuläre These, die sich hinter der Rede „von der Vernunft der Tiere" zunächst verbirgt. Hume wird sie bald ergänzen durch den bestimmteren Anspruch, daß andere Tiere ebenso wie Menschen durch Erfahrung lernen. Doch bleiben wir zunächst bei der ersten These.

Für Jahrhunderte war es herrschende Lehre, daß alle Tiere eine Seele haben. Mit der orthodoxen Tradition war das verträglich, weil unter ihnen nur den Menschen eine vernünftige oder, wie man sagte, intellektive Seele zugeteilt wurde. Andere Tiere hatten sich mit einer sogenannten sensitiven Seele zu begnügen, deren Leistung für das jeweils artspezifische wahrnehmungsgesteuerte Verhalten gerade hinreichen sollte. Eine für uns – wie schon für Hume[15] – obsolete Streitfrage war, ob aus der Vernünftigkeit menschlicher Seelen deren Unsterblichkeit folge. Im übrigen hat die gemein-aristotelische Lehre eine beträchtliche Ausgangsplausibilität. Unverkennbar ist ja die Absicht, offensichtlichen Gemeinsamkeiten zwischen Mensch und Tier genauso Rechnung zu tragen wie offensichtlichen Unterschieden. Bezeichnend dafür ist, wie Aristoteliker ein Phänomen traktierten, das auch Hume interessiert hat: Wie Menschen haben auch andere Tiere einen Horizont, der über das hinausreicht, was sie momentan affiziert.

So bemerkte z. B. Thomas von Aquin, daß Tiere etwas auch in Abwesenheit, ohne es direkt wahrzunehmen, erfassen (apprehendere) könnten. Wie sollten sie sonst suchen können, was sie noch nicht vor den Augen, der Nase oder in den Klauen haben? Für selbstverständlich hielt er, daß Tiere wahrnehmbare Formen oder Qualitäten nicht nur momentan aufnehmen (recipere), sondern auch behalten (retinere) und aufbewahren (conservare), daß sie also über eine Einbildungskraft („phantasia, sive imaginatio") verfügen. Außerdem schrieb er ihnen ein sogenanntes Schätzvermögen („vis aestimativa") zu, vermittels dessen sie gewisse Inhalte („intentiones") sollten erfassen können, „die kein äußerer Sinn erfaßt", und dazu ein Gedächtnis („vis memorativa") als Speicher solcher Inhalte. Für Tiere sei es lebensnotwendig, „manches zu suchen und anderes zu fliehen, nicht etwa weil es angenehm oder unangenehm wahrzunehmen sei, sondern wegen anderer Vor- oder Nachteile: Ein Schaf, das einen Wolf kommen sieht," illustrierte Thomas seine Überlegung, „flieht, nicht weil ihm dessen Farbe oder Gestalt zuwider ist, sondern gleichsam wegen dessen feindseliger Natur". Durch ihr natürliches Schätzvermögen sollten Tiere demnach so etwas wie Begriffe von nicht direkt sinnlich wahrnehmbaren Sachver-

---

15 Vgl. *Essays* 590–98.

halten haben, doch erfassen sie („percipiunt") diese, wie er hinzufügte, nur durch einen gewissen natürlichen Antrieb („solum naturali quodam instinctu"). Anders, aber nicht ganz anders, sollte das bei den Menschen geschehen, denen er statt dessen ein Denkvermögen („vis cogitativa") zuwies, das solche Begriffe nicht nur erfaßt, sondern durch ein Vergleichen miteinander auch hervorbringt („per collationem quandam huiusmodi intentiones adinvenit"). Da er dessen Tätigkeit als ein „Kollationieren" individueller Inhalte („intentionum individualium") entsprechend dem „Kollationieren" allgemeiner Inhalte durch die allgemeine Vernunft („ratio universalis") auffaßte, sprach Thomas auch von einer partikularen Vernunft („ratio particularis"). Ihretwegen hätten Menschen nicht nur wie andere Tiere ein Gedächtnis („memoria"), sondern außerdem Erinnerung („reminiscentia"), weil sie ihr Gedächtnis „quasi syllogistice" aktiv durchmustern könnten. – Dennoch war der Unterschied zwischen der *vis aestimativa* bei anderen Tieren und der *vis cogitativa* bei den Menschen für Thomas nicht ein Unterschied zwischen verschiedenen Vermögen („aliae vires"). Hier wie dort sollte es sich um dasselbe Vermögen handeln, das in mehr oder weniger vollkommenen Ausführungen installiert sei; und die für Menschen reservierte Version sei vollkommener allein durch ihre Affinität und Nähe zur allgemeinen Vernunft („per affinitatem et propinquitatem ad rationem universalem"), die ihr als Ingredienz der den Menschen eigenen intellektiven Seele zukomme[16].

Eine Pointe dieser Konstruktion ist offensichtlich die, daß sie von der Vernunft der Tiere zweierlei zu sagen erlaubt: *(i)* Die Vernunft im engeren und eigentlichen Sinne, die sowohl die allgemeine wie auch die partikulare Vernunft einschließt, findet sich nur in einer intellektiven Seele, die ihrerseits unter den Tieren allein dem Menschen vorbehalten ist; insofern ist der Mensch das vernünftige Tier, und alle anderen Tiere sind vernunftlos. *(ii)* In der sensitiven Seele dieser anderen Tiere gibt es ein Schätzvermögen, welches dem Typ nach dasselbe Vermögen ist wie die partikulare Vernunft der Menschen; insofern haben die anderen Tiere, ihrem natürlichen Schätzvermögen entsprechend, auch einen gewissen Anteil an Klugheit und Vernunft

---

16 Thomas von Aquin, *Summa Theologiae*, I, qu. 78, art. 4.

(„alia animalia habent quandam participationem prudentiae et rationis secundum aestimationem naturalem")[17].
Das klingt salomonisch. Was hatte Hume daran auszusetzen? Und er hatte etwas auszusetzen. Darauf deutet jedenfalls die eingangs zitierte Proklamation: Daß „die anderen Tiere genauso wie die Menschen mit Denken und Vernunft ausgestattet sind", sei doch „evident" (T 176/237). Aber Hume konnte sich auch so ausdrücken:

> „Es ist unbezweifelbar, daß Tiere fühlen, denken, lieben, hassen, wollen und sogar überlegen [reason], wenn auch in einer unvollkommeneren Art und Weise als der Mensch." (*Essays* 592)

Das sieht nicht so aus, als habe er einem Konzept wie dem des Hl. Thomas im Ernst widersprechen wollen. Man könnte sogar argwöhnen, er habe sich selbst widersprochen. Freilich darf man das ‚genauso' („as well as") in dem Verdikt des *Treatise* nicht mißverstehen. Es besagt nicht (was dem aristotelischen Konzept ebenso klar widerspräche, wie es offensichtlich falsch wäre), daß Menschen und andere Tiere in ihren mentalen Aktivitäten und Kapazitäten ununterscheidbar sind. Es sagt nur, daß es für diese Aktivitäten und Kapazitäten bei Menschen und anderen Tieren einen gemeinsamen, unzweideutigen Oberbegriff von *reason* oder *reasoning* gibt, der mehr erfaßt, als das aristotelische Bild zuläßt. Thomas hatte ja nicht die ganze Vernunft als vollkommenere Version des animalischen Schätzvermögens beschrieben, sondern nur die partikulare. Dagegen ist unter Humes vergleichendem Blick eher die ganze Vernunft der Menschen als bloß ein kleiner Teil von ihr die vollkommenere Ausführung eines Vermögens, das auch andere Tiere haben. Einen Anhaltspunkt für die Explikation des von ihm ins Auge gefaßten Oberbegriffs fand er im Lernen durch Erfahrung, ein Thema, das in der aristotelischen Konstruktion bezeichnenderweise keine besondere Rolle spielte.

Nicht zufällig stößt man wieder auf ein ‚genauso', wenn Hume in der *Enquiry* diesen Gesichtspunkt mit der Feststellung geltend macht, daß Tiere genauso wie Menschen vieles durch

---

17 Ebd., I, qu. 96, art. 1.

Erfahrung lernten („animals as well as men learn many things from experience", EHU 105/123). Kann man das so sagen? Unbestreitbar ist, daß sich das Verhaltensrepertoire mancher Tiere im Laufe ihres Lebens in einer Weise ändert, die schlechterdings nicht anders zu beschreiben ist denn als Lernen durch Erfahrung. Ebenso unbestreitbar ist, daß das Potential zur Veränderung des Verhaltensrepertoires eines Tiers mehr umfassen kann, als unter seinen natürlichen Lebensbedingungen an Veränderungen tatsächlich eintritt. Zu Recht beruft sich Hume auf das, was beliebige Dressurakte zeigen: Durch den geeigneten Einsatz von Belohnungen und Strafen („by the proper application of rewards and punishments") lassen Tiere sich zu einer Verhaltensweise („course of action") abrichten, die sie in freier Wildbahn nie zeigen würden, weil sie gegen ihre natürlichen Instinkte und Neigungen ist („contrary to their natural instincts and propensities", EHU 105/123).

Unbestreitbar ist jedoch auch, daß beliebige Tiere nicht Beliebiges lernen können, und daß es manches gibt, was Menschen meist und relativ leicht lernen, Tiere aber nie, z. B. Lesen, Schreiben und Rechnen in dem für den zivilisierten Verkehr mit Menschen hinreichenden Ausmaß. Daß Tiere „genauso wie" Menschen durch Erfahrung lernen, kann darum allenfalls heißen, daß Tiere, wenn sie etwas durch Erfahrung lernen, dies auf eine Weise tun, die es rechtfertigt, von einem Lernen durch Erfahrung in demselben Sinne zu sprechen, wie wir es im Hinblick auf Menschen zu tun pflegen.

Für eine nähere Umschreibung eines auf alle Tiere anwendbaren Begriffs des Lernens durch Erfahrung konnte Hume auf sein Konzept des „empirischen Schlußfolgerns" zurückgreifen. Auch ein Tier, sagt er, „erschließt eine Tatsache [infers some fact], die jenseits dessen liegt, was seine Sinne unmittelbar anrührt" (EHU 105 f./124). Da ,erschließen' hier nicht mehr bedeutet als ,dazu gebracht werden zu glauben oder zu erwarten', können wir dies als eine unverblümte (nicht bloß metaphorische) Beschreibung animalischen Verhaltens akzeptieren, falls wir bereit sind, von Tieren bisweilen in einem buchstäblichen Sinne zu sagen, daß sie etwas glauben oder erwarten. Warum sollten wir nicht?[18]

---

18 Vgl. z. B. Dennett 1987, Kap. 4, 7 u. 8. – Ein stehender Terminus war „animal inference" für Bertrand Russell (vgl. Russell 1948, 182 ff.).

Der Geruch der für ihn unsichtbaren Wurst in der Tüte weckt in einem Hund die Erwartung all der Reize (in diesem Fall: Genüsse), die den Verzehr einer Wurst begleiten. Auf diese Weise glaubt z. B. Waldi, daß eine Wurst in der Tüte ist, und das hat er aus ihrem Geruch geschlossen. Natürlich hat Waldi dafür nicht ein Argument mit mehreren Prämissen und einer Konklusion so durchlaufen, daß er am Ende, was die Konklusion artikuliert, deshalb für wahr hält, weil er die Form des Arguments nach logischen Standards als schlüssig qualifiziert und alle Prämissen als wahr eingesehen hat. Das ist Hume hier keiner eigenen Erwähnung wert, er bemerkt vielmehr:

„Unmöglich kann dieser Schluß des Tiers auf einem Argumentations- oder Begründungsgang beruhen, durch den es zu der Konklusion käme, daß auf Gleiches Gleiches folgen und der Lauf der Natur stets regelmäßig vor sich gehen müsse." (EHU 106/124)

Doch was ist daran bemerkenswert? Wenn Waldi überhaupt nicht argumentiert, um zu seinem Schluß zu kommen, dann argumentiert er *a fortiori* auch nicht so. Trotzdem hatte Hume einen Grund, sich hier auf den ganz besonderen Argumentationsgang zu beziehen, der den gleichförmigen Lauf der Dinge ins Visier nimmt: Einzig und allein ein Argument dieser Gestalt wäre geeignet, einen empirischen Schluß – ob von Waldi, Lucie, Harvey oder Newton gezogen – zu einer wahrhaft rationalen Demonstration der aus ihm resultierenden Überzeugung zu vervollständigen. Wer auch immer ohne die Stütze eines derartigen Argumentes auf eine Tatsache außerhalb der Reichweite seiner vergangenen und gegenwärtigen Erfahrungen schließt, ist in seinen diesbezüglichen Schlüssen „nicht von Vernunftprinzipien geleitet", was Hume, die vielfache Einsetzbarkeit des Wortes ‚reasoning' nutzend, auch so ausdrücken konnte: „not guided in these inferences by reasoning" (EHU 106/124). Daß dies allgemein gilt, ist seine Pointe: Nicht nur Waldi und andere Tiere ziehen solche Schlüsse gleichsam blind, sondern auch Kinder, die überwiegende Mehrzahl der Menschen und – selbst Philosophen.

Humes These ist brisant für die orthodoxe Tradition: Das empirische Schließen aller Wesen, die darauf angewiesen sind, aus Erfahrung zu lernen, erfüllt eine gemeinsame Beschreibung derart, daß jede genauere Beschreibung solchen Schließens eines jedenfalls nicht ist, die Beschreibung eines „process of argument or reasoning", d. h. eines Vorgehens, das der rationalen Norm einer deduktiv gültigen Folgerung aus für wahr erkannten Prämissen genügt.

Von dieser Norm sind die empirischen Schlüsse aller Lebewesen gleich weit entfernt, weil sie alle ihr gleichermaßen nicht genügen. Die Norm selbst läßt keine mehr oder weniger große Abweichung zu: Argumentformen sind entweder deduktiv gültig oder nicht. Wollen wir uns auf mehr oder weniger schlüssige, ihre Konklusionen mit größerer oder geringerer Wahrscheinlichkeit gleichsam nur empfehlende Argumente beziehen, müssen wir uns an die schon charakterisierten Analogieschlüsse halten. Sie enthalten zwei Parameter für ein Mehr oder Weniger: Korrelation und Ähnlichkeit. Lebewesen verschiedener Spezies wie auch Exemplare derselben Spezies können durch vielerlei Umstände mehr oder weniger empfänglich sein für Variationen des Mehr oder Weniger im Hinblick auf jeden dieser beiden Faktoren. Die Charakterisierung der Analogieschlüsse bietet daher genügend Spielraum, um jedem erdenklichen Unterschied im Raffinement des empirischen Schließens Rechnung zu tragen, ohne in eine andere Gattung von Schlüssen überwechseln zu müssen. Das ist Humes Botschaft in der langen Fußnote (vgl. EHU 107/125 f.) zu diesem Absatz.

Sichtbar wird so auch, was Humes Zugriff auf das Thema von dem Vorgehen der Aristoteliker grundsätzlich unterscheidet. Jemand wie Thomas hatte seinen festen Ausgangspunkt in einem Bild der Vernunft, das bestimmt war durch die Fähigkeit, allgemeine Begriffe („intentiones universales") zu bilden und allgemeine Wahrheiten zu erkennen, aus denen dann nach den Gesetzen der Logik alles übrige an echtem Wissen abzuleiten ist. Das gesamte Tierreich (einschließlich vieler Menschen) ist von der Teilnahme an diesem Vernunftgeschäft ausgeschlossen, wie Hume klar gesehen und keineswegs bestritten hat: „Die Hälfte der Menschen stirbt, bevor sie rationale Wesen sind." (*Essays* 596) Nur hat er auch gefragt, welches Gewicht diesem Faktum für Rückschlüsse auf die menschliche Natur beizumessen sei; seine Antwort: so gut wie keines. Dafür hatte er mindestens einen guten Grund.

Wäre das unterstellte Bild der Vernunft in dem Sinn ein Schlüssel zum Verständnis der menschlichen Natur, daß vernünftig („reasonable") nur ist, wer allein das für wahr hält, was aus unverbrüchlich als wahr Erkanntem logisch folgt, müßten wir uns selber jegliche Vernunft absprechen. Wenn die Argumente der Skeptiker etwas zeigen, dann das. Humes sogenannte „skeptische Lösung" dieser Spannung bestand unter anderem darin, das unterstellte Bild der Vernunft nicht als Schlüssel zum Verständnis der menschlichen Natur anzusehen, sondern auf seine normierende Rolle für die begrenzte Aktivität des demonstrativen Räsonierens zu beschränken, um die tatsächliche Arbeitsweise unseres Verstandes im Konzert der übrigen psychischen Vermögen unbehelligt von diesem Bild empirisch untersuchen zu können[19].

Für diese Untersuchung ist, was wir ‚unsere Vernunft' nennen, nicht etwas, das wir nach den üblichen Logik-Lektionen über Begriffe, Urteile, Schlüsse und Beweise schon bis auf den Grund durchschauen, sondern etwas, das es allererst aufzuklären gilt. *Prima facie* ist sie ein wüstes Knäuel unterschiedlicher Kompetenzen und Fähigkeiten, entsprechend der Vielfalt der Kontexte, in denen wir von einem *reasoning* sprechen können. Es sind nicht einmal im voraus fixierbare, starr voneinander abgegrenzte Kompetenzen und Fähigkeiten, die darin verschlungen sind, sondern solche, die selbst variabel sind. Deswegen ist der Begriff des Lernens von so überragender Bedeutung. Wo etwas gelernt wird, ändern sich nicht bloß irgendwelche Zustände, sondern ein Verhalten ändert sich und mit ihm die darin sich manifestierenden Fähigkeiten. Wenn diese Veränderungen nicht als Wunder erscheinen sollen, werden sie ihrerseits als Manifestation einer Fähigkeit zu begreifen sein, und zwar der Fähigkeit, in Anpassung an gegebene Bedürfnisse neue Fähigkeiten zu entwickeln. Es war für Hume keine Frage, daß sich im Hinblick auf diese Lernfähigkeit beträchtliche Unterschiede zeigen, auch zwischen den Menschen auf der einen und den übrigen Tieren auf der anderen Seite. Darum hätte er nie bezweifelt, daß es legitim ist, Begriffe spezifischer Lernfähigkeiten zu bilden, die man einigen Spezies (im Grenzfall einer einzigen) zu-, allen anderen aber absprechen muß. Gibt es jedoch einen Unter-

---

19 Vgl. Biro 1993.

schied dieser Art, der so gewaltig ist, daß schlechterdings kein gemeinsamer Begriff der Lernfähigkeit mehr beide Seiten der Differenz unter sich zu fassen vermag? – Das zu sagen sah Hume keinen Grund, und die ganze moderne Verhaltenswissenschaft ist ihm gefolgt.

5.

Nicht alles, was ein Tier kann oder weiß, mußte es durch Erfahrung erst lernen; viele, vielleicht sogar die meisten seiner Fähigkeiten besitzt es, wie man sagt, von Natur aus („from the original hand of nature", EHU 108/126). Menschen sind in weit größerem Umfang darauf angewiesen, zum Überleben notwendige Fertigkeiten in langwierigen Lernprozessen zu erwerben. Dieser unübersehbare Unterschied gab schon immer Anlaß, dem angeborenen Instinktverhalten von Tieren das erlernte und rational gesteuerte menschliche Verhalten gegenüberzustellen.

Ein Tierfreund wie Montaigne hat sich über diese Doktrin bitter beklagt. Zu Unrecht, meinte er, sähen wir die Tiere just das, was wir selber aufgrund eigener Entscheidung und nach Plan („par nostre choix et industrie") vollführen wollten, nur aus natürlicher Neigung und gezwungenermaßen tun („par inclination naturelle et forcée"); und er führte ein Analogieargument an, das dem Humeschen ähnelt: Wenn Tiere dasselbe tun wie wir, haben sie auch Anspruch auf dieselbe Erklärung für ihr Tun, mit der wir uns schmeicheln. Aber tun sie wirklich dasselbe („les mesmes choses") wie wir? Montaigne war anscheinend nicht ganz sicher. Jedenfalls hielt er es für angezeigt, in einer nachgeschobenen Bewertung von Instinkt und Vernunft die übliche Reihenfolge und damit den Spieß umzudrehen: Aufgrund einer natürlichen, keine Ausnahmen duldenden Anlage („par naturelle et inevitable condition") richtig zu handeln sei wohl ehrenvoller („plus honorable"), als dies aus tollkühner und zufälliger Freiheit heraus („par liberté temeraire et fortuite") zu tun. Er wenigstens hätte Vorzüge, die ihm natürlicherweise ganz eigen wären („graces toutes miennes et naifves"), allemal höher geschätzt als solche, für die er erst hätte betteln und um Unterricht nachsuchen müssen („celles que j'aurois esté mendier et quester de l'apprentissage")[20]. Für Hume kann das kaum mehr als Spiegelfechterei gewesen sein. Er mußte den von Montaigne umgedrehten Spieß auf beiden Seiten stumpf finden. Schon im *Treatise* hatte er jeden Streit, welchem der beiden scheinbar entgegengesetzten Prinzipien mehr Bewunderung gebühre, kurzerhand für müßig erklärt: „reason is nothing but a wonderful and unintelligible instinct in our souls" (T 179/240). Ist das nun ernst zu nehmen oder auch nur rhetorisches Auftrumpfen?

Das Wort ‚Instinkt' kommt aus dem Lateinischen und geht zurück auf ein Verb, das so viel bedeutet wie ‚stechen'. Eine gut behaviouristisch inspirierte Beschreibung des Weges, auf dem das Nomen ‚*instinctus*' seine klassische Bedeutung (im Sinne von ‚Anreizung', ‚Antrieb' und auch ‚Eingebung') bekommen hat, bietet sich an: Ein Stich ist ein Reiz, der typische Reaktionen auslöst, einen Schrei, ein Zucken, was immer. Entscheidend ist die gleichsam automatische, willentlich schwer oder gar nicht beherrschbare Provokation eines typischen Verhaltens durch den Reiz.

Und was ist nun ein Instinkt nach Humes Verständnis? Irgendein Antrieb oder „Impuls" (T 214/282, 439/II 178, 473/II 215), der Ausdruck einer „Tendenz" (T 556/II 309, EHU 55/69; EPM 303), einer Neigung („propensity": EHU 105/123, 153 f./180; *Essays* 479; „inclination": *Essays* 480) oder Gewohnheit („habit": T 179/240, „custom": EHU 159/186), die von der Natur so eingeplant („implanted": T 368/II 103, 417/II 155; EHU 55/69; EPM 200) ist, daß, wer sie hat, davon präokkupiert, in seinen Reaktionen vorbestimmt oder eben voreingenommen ist („prepossession": EHU 151/177). Von einem Instinkt kann also gesprochen werden, wo es um die Aktualisierung einer Disposition geht, die ein Organismus aufgrund seiner natürlichen Anlage und Zusammensetzung („primary constitution": T 286/II 15, 473/II 215, vgl. auch *Abstract* 16/17) hat. – Mit alldem erfahren wir nichts Neues gegenüber dem erwähnten gleichsam automatischen Auslösen eines Verhaltens durch einen Reiz. Allenfalls lernen wir, mit welchen Wörtern Hume dasselbe Phänomen noch umschreiben konnte, und das kaum zu unserer Überraschung.

20 Montaigne 1962, 437.

Wenn man sagt, es geschehe automatisch, also wie von selbst, daß Reize einen Instinkt wecken und ein charakteristisches Verhalten auslösen, wird damit zweierlei angesprochen: Einerseits ist es schwer oder gar nicht möglich, bei gegebenem Reiz die fällige Reaktion zu unterdrücken, andererseits ist es schwer oder gar nicht möglich, den auf bestimmte Reize als Auslöser gleichsam geeichten Instinkt durch andere Antriebe für dasselbe Verhalten zu ersetzen. Was sie selber angeht, denken Menschen gerne an einen von vernünftigen Motiven durchdrungenen Willen, der sowohl das eine wie auch das andere zu leisten vermag, und schreiben sich konsequenterweise eine Instinktschwäche zu, während sie den anderen Tieren einen solchen Willen absprechen, um sie ganz ihren starken Instinkten zu überlassen. Diese Stärke hat Hume vor Augen, wenn er sagt, Instinkte seien „blind" (EHU 151/178), „mechanisch" (EHU 55/69, 108/126), „natürlich" (T 214/282, 286/II 15, 439/II 178, 570/II 323; *Abstract* 16/17; EHU 46 f./59, 105/123, 151/178, 153 ff./180 ff., 162/190; *Essays* 479) und ursprünglich („original": T 286/II 15, 321/II 53, 368/II 103, 417/II 155, 438/II 177, 473/II 215, 619 f./ II 373; EPM 201; *Essays* 480).

An der Stelle, an der er in der *Enquiry* das Wort ‚*instinct*' zum ersten Mal benutzt, spricht Hume von Tätigkeiten („operations"), die rein intellektuelle Vorgänge weder hervorbringen noch unterdrücken könnten („which no reasoning or process of the thought and understanding is able either to produce or to prevent", EHU 46 f./59). Später preist er die haushälterische „Weisheit" der Natur, weil sie eine so notwendige Tätigkeit des Gemüts („so necessary an act of the mind") wie das Schließen aus Erfahrungen durch einen Instinkt, d. h. durch einen in seinen Operationen unfehlbaren Mechanismus („by some instinct or mechanical tendency, which may be infallible in its operations") vollziehen lasse und nicht den zögernden und stets prekären Deduktionen des Verstandes überantworte („independent of all the laboured deductions of the understanding", EHU 55/69). Dem widerspricht nicht, wenn es anderswo von diesem Mechanismus heißt, er könne wie andere Instinkte trügerisch und täuschend sein („which, like other instincts, may be fallacious and deceitful", EHU 159/187). Gewohnheit und Instinkt verschaffen uns Meinungen und Erwartungen mit einer Zuverlässigkeit, die unser Verstand mit

Vernunftschlüssen nie erreichen könnte, weil ihm für solche Schlüsse die geeigneten, unfehlbar als wahr eingesehenen Prämissen abgehen. Doch andererseits entbehren instinktiv und gewohnheitsmäßig gefaßte Meinungen, gerade weil sie sich mit solcher Promptheit einstellen, jene Wahrheitsgarantie, die ein zwingender Schluß aus unfehlbaren Prinzipien böte – wenn es ihn denn gäbe. Darum ist der Instinkt, der uns aus Erfahrungen schließen läßt, zugleich fehlbar und auch unfehlbar – in verschiedenerlei Sinn, versteht sich, in dem sich jeweils eine andere Seite der Stärke der Instinkte zeigt.

So stark wie die Instinkte selbst, so schwach sind allerdings Beschreibungen eines Verhaltens als instinktgeleitet: Sie e r k l ä r e n nicht, wie ein Reiz ein typisches Verhalten auslöst. Der Mangel ist typisch für Beschreibungen eines Geschehens als Aktualisierung einer Disposition. Man bekräftigt damit nur in einem technischen Jargon die schon in einem Verb wie ‚auslösen' zum Ausdruck kommende Überzeugung, daß es kein Zufall sei, wenn auf einen s o l c h e n Reiz ein s o l c h e s Verhalten folge. Die Überzeugung erklärt nichts, sie reicht aber weiter als die unmittelbare Erfahrung, daß d i e s e r Reiz hier jetzt d i e s e s Verhalten zur Folge hat: Diese Erfahrung nämlich wird nicht falsifiziert, falls andere solche Reize, ohne solches Verhalten nach sich zu ziehen, auftreten sollten, wohl aber jene Überzeugung. Die Überzeugung, es liege die Aktualisierung einer Disposition vor, ist also anfechtbarer als die direkte Erfahrung und deshalb logisch stärker: Sie hat zumindest einige empirisch prüfbare Konsequenzen, die unmittelbare Erfahrung dagegen keine. Das ist ein Zugewinn an Erfahrung, aber, wie gesagt, noch keine Erklärung, wie die betreffende Disposition aktualisiert wird.

So kommt es, daß wir von der Auslösung eines Verhaltens durch Reize auch und gerade dann sprechen, wenn wir nicht die leiseste Ahnung haben, wie das im einzelnen vor sich geht. Wir kennen Reiz und Reaktion, haben deren Korrelation stets bestätigt gefunden, aber alles andere ist vor unserer Neugier (wie in einer *black box*) verborgen. Die Verknüpfung eines Verhaltensrepertoires mit gewissen Schlüsselreizen auf einen Instinkt zurückzuführen, heißt also, und das war Hume besonders wichtig, ein *asylum ignorantiae* aufzusuchen: Instinkte sind nicht nur blind, mechanisch und ursprünglich, sondern auch unerklärbar

(„unintelligible": T 179/240, „unaccountable": T 439/II 178, „incomprehensible": DNR 96), sie wirken auf eine uns nicht bekannte („unknown": EHU 108/126) Weise. Das ist, wie Hume meinte, kein Grund, deshalb den Instinkt der (anderen) Tiere als etwas ganz Außergewöhnliches („something very extraordinary", EHU 108/126) zu bewundern. Außergewöhnliches verlangt als Kontrast den gewöhnlichen Fall; und der fehlt uns hier, es sei denn, wir glaubten, bei uns selber sei es für gewöhnlich so, daß wir den *modus operandi* unserer Reaktion auf Reize durchschauen. Dieser Täuschung würden freilich nur wenige aufsitzen. Denn auf dem Niveau eines schlichten Reiz-Reaktions-Verhaltens ist zu offensichtlich, daß es um uns nicht wesentlich anders bestellt ist als um andere Tiere. Sobald es um die rationaleren Aspekte unseres Innenlebens und unseres Verhaltens geht, sind aber zumindest manche Philosophen zu anderen Optionen bereit: Jeder Mensch kenne doch seine eigenen Gedanken, argumentieren sie, und jeder wisse auch mehr oder minder gut, wie ein Gedanke den anderen ergibt, indem nämlich der eine den anderen logisch impliziere. Ist uns also nicht, soweit wir dem Grundgesetz der Vernunft folgen, sehr wohl transparent, wie wir zu unseren Gedanken, zu unseren Meinungen und Überzeugungen gelangen?

Daß die Menschen die einzelnen Arbeitsschritte ihrer eigenen Vernunft („the operations of their own reason", T 178/240) durchschauen, hielt Hume für einen grandiosen Irrtum; und sein Argument dafür hatte er schon längst formuliert: Es ist ein viel zu kleiner Teil unserer Überzeugungen, für den Beschreibungen ihres Erwerbs nach dem Muster eines Räsonierens in Übereinstimmung mit logischen Gesetzen auch nur im Ansatz plausibel sind. Da die bei weitem meisten unserer Überzeugungen Tatsachen betreffen und nicht anders denn unter dem Druck der Erfahrung erworben werden, ja, da man zeigen kann, daß wir sie niemals erwürben, wenn wir sie ganz rational als logische Folgerungen aus definitiv für wahr erkannten Prämissen ableiten müßten, deswegen taugen diese Gesetze der Vernunft nicht zur Beschreibung der Art und Weise, wie unsere Vernunft arbeitet.

* * *

Hume hat also nicht nur andere rhetorische Akzente gesetzt als die orthodoxe Tradition. Sein zwar listiges, aber uneingeschränkt ernst gemeintes Plädoyer für die Vernunft der Tiere ist nur eine Facette seines Werbens für ein Verständnis der menschlichen Natur nach menschlichem, nicht nach einem – vermeintlich – göttlichen Maß. Bemerkenswert ist, daß er sein Konzept der menschlichen Vernunft als eines speziell entwickelten animalischen Vermögens entworfen hat, ohne sich dabei, wie es für uns selbstverständlich geworden ist, auf die Evolution der Arten als anerkanntes Faktum zu berufen. Umschreibt man das für ihn zentrale Phänomen des Lernens aus Erfahrung als eine Evolution von Fähigkeiten, sieht man, wie sich sein Bild vom animalischen Charakter unserer Vernunft durch evolutionäre Überlegungen in dem uns naheliegenden Sinn ergänzen ließe. Zeitgenössische Empiristen wie zum Beispiel Quine haben das für ihn getan.

Literatur

Biro, John 1993: Hume's New Science of the Mind. In: Norton 1993, 33–63.
Craig, Edward 1987: The Mind of God and the Work of Man. Oxford.
Dennett, Daniel C. 1987: The Intentional Stance. Cambridge, Mass.
Euklid 1956: Elements. Hrsg. v. Thomas L. Heath. New York.
Heidegger, Martin 1949: Brief über den Humanismus. In ders.: Wegmarken. Gesamtausgabe Bd. 9. Frankfurt/M. 1976.
Mach, Ernst ^{5}1926: Erkenntnis und Irrtum. Leipzig.
Montaigne, Michel de 1962: Oeuvres complètes. Textes établis par A. Thibaudet et M. Rat. Paris.
Quine, Willard V. O. 1995: From Stimulus to Science. Cambridge, Mass.
Russell, Bertrand 1948: Human Knowledge: Its Scope and Limits. London.
Schütt, Hans-Peter (Hrsg.) 1990: Die Vernunft der Tiere. Frankfurt/M.

Jean-Claude Wolf

Humes Wunderkritik[1]

Humes Argumente gegen Wunder finden sich im zehnten Abschnitt der *Untersuchung über den menschlichen Verstand*. Dieser Abschnitt besteht aus zwei Teilen, die nicht nur häufig kommentiert wurden, sondern in jüngster Zeit auch zu umfassenden Studien Anlaß gegeben haben. In unserer Darstellung werden wir an eine nützliche Unterscheidung zwischen Humes offiziellem und inoffiziellem Argument anknüpfen. Das offizielle Argument („Hume's check") ist erkenntnistheoretischer Natur, und Hume hat es im genannten Abschnitt explizit formuliert. Es hat eine begrenzte Reichweite und betrifft die Zuverlässigkeit von Zeugenaussagen[2]. Von weitreichender Bedeutung für die Methodologie historischer Wissenschaften ist allerdings die schon von Locke formulierte Forderung: In Fällen, in denen Zeugnisse der gewohnten Erfahrung widersprechen, gelte es „to proportion the assent to the different evidence and probability of the thing"[3]. Humes inoffizielle Argumente lassen sich zum Teil aus seinem Skeptizismus rekonstruieren; sie spiegeln das Spannungsverhältnis zwischen seinem skeptischen Naturalismus und dem Begriff des Wunders. Sie greifen an die Wurzeln theologi-

---

1 Dieser Beitrag beruht auf einer revidierten Fassung meines Aufsatzes „Humes Kritik der Wunder", in: *Conceptus* 26 (1992/3), 97–113.
2 Die historische und epistemologische Bedeutung von Zeugenaussagen wird ausführlich analysiert in Coady 1992.
3 John Locke, *An Essay Concerning Human Understanding*, Buch IV, Kap. XVI, § 9. Locke benutzt bereits das Beipiel des Königs von Siam, der mit Berichten über Eis konfrontiert wird. Vgl. Coady 1992, 180 f.; Houston 1994, Kap. 3.

scher Aussagen und antizipieren den neopositivistischen Verdacht, daß vermeintlich gehaltvolle Aussagen, sofern sie nicht verifizierbar sind, kognitiv leer sind.

I. Das offizielle Argument

Wir beginnen mit dem offiziellen Argument. Die Problemstellung, von der es ausgeht, läßt sich am besten rekonstruieren, wenn Humes Wunderkritik als Antwort auf die Abhandlung von Thomas Sherlock *The Tryal of the Witness of the Ressurrection* aus dem Jahre 1729 verstanden wird[4]. Ob sie das de facto ist, mag dahingestellt bleiben. Die Vermutung, daß Hume diese Schrift gelesen und auf sie reagiert hat, dient nur als Erklärungshypothese für die Einschränkung, die Hume seinem offiziellen Argument auferlegt[5]. Sherlock argumentierte sorgfältig und für die meisten Zeitgenossen überzeugend, daß das Zeugnis der Apostel die Auferstehung Jesu als ein historisches Faktum etablierte. Hume wagt es zwar nicht, dieses christliche Zentralwunder direkt anzugreifen, – doch er tut es auf eine indirekte, für den damaligen Leser unmißverständliche Weise. Er versieht sein Argument mit den folgenden Restriktionen und Reservationen:

1. Er will nicht die *logische Unmöglichkeit* irgendwelcher Ereignisse, seien sie nun Wunder genannt oder nicht, beweisen. Hume geht also davon aus, daß Wunder, wenn es sie gibt, Tatsachen („matters of fact") sind und damit jenem Typus von Sachverhalten zugehören, die kontingent sind[6]. Die Untersuchung, ob es Wunder gibt, gehört demnach zu jenen Untersuchungen, die „Tatsache und Existenz" betreffen, „und diese sind nicht demonstrierbar. Alles, was ist, kann auch nicht sein. Keine Verneinung einer Tatsache kann einen Widerspruch enthalten. Die Nichtexistenz eines Seienden ist ausnahmslos eine so klare und distinkte Vorstellung wie seine Existenz" (EHU 163 f./191).

---

4 Sherlocks Abhandlung findet sich in: John Warwick Montgomery (Hrsg.), *Jurisprudence: A Book of Readings*, Strasbourg 1974, 339–459.
5 Wir folgen in diesem Punkt Gaskin ²1988, Kap. 8.
6 Zur Unterscheidung von „relations of ideas" und „matters of fact" vgl. EHU 25 f./35 f.

Hume muß mit anderen Worten von einem *Begriff* von Wunder ausgehen, der kohärent und verständlich ist! Ob ihm das gelingt, wird erst bei der Erörterung des inoffiziellen Arguments in Frage gestellt. Vorläufig wird die Möglichkeit eines kohärenten Begriffs vorausgesetzt.

Die Auffassung, daß Wunder Tatsachen sind, wird auch von katholischer Seite geteilt[7]. Während Hume den Tatsachencharakter von Wundern beachtet, vernachlässigt er ihren Zeichencharakter. Diese berechtigte Feststellung darf aber nicht dazu dienen, die Auseinandersetzung mit Humes Wunderkritik vorschnell abzubrechen. Denn umgekehrt ist es ein Defizit einseitig hermeneutisch und texttheoretisch orientierter Theologien, daß sie über dem Zeichencharakter von Wundern ihren ontologischen Status bagatellisieren oder preisgeben.

2. Hume intendiert sein Argument als ein Korrektiv gegen Aberglauben und nicht als Beweis, daß ein Wunder in einer Religion nie vorkommen könne. Damit hält sich Hume taktisch den Einwand vom Leib, er bestreite offen die Zentralwunder des Christentums (Schöpfung aus dem Nichts und Auferstehung des Leibes). Ob seine Argumente auch gegen diese Wunder sprechen, überläßt er der Beurteilung des Lesers. Gegen Ende des Wunder-Kapitels findet er einen Ausweg, indem er den Glauben an die christliche Religion selber als ein fortwährendes Wunder interpretiert. Damit erlaubt er eine fideistische Deutung, welcher der Glaube als ein auf Gnade und nicht auf menschliche (Vernunft-)Anstrengung begründete Fähigkeit erscheint. Näherliegend ist allerdings die Deutung dieser Passage als Ironie über die Tatsache, daß der Glaube an die christliche Religion so hartnäckig ist, obwohl er derart schwach oder unzureichend begründet ist[8].

3. Das Argument ist an weise Menschen adressiert, welche ihre Überzeugungen zu ihren Gründen proportionieren. „A wise man, therefore, proportions his belief to the evidence." (EHU 110/130)[9]

---

7 Vgl. z. B. Schamoni ⁴1976.
8 Vgl. dazu Buchegger 1987, 146; ferner Price 1965. Für die Ironie dieser Stelle spricht auch die Ironie, mit der Hume in EHU 70 ff./85 ff. den Okkasionalismus traktiert. Vgl. auch Hume, „Of Superstition and Enthusiasm", in: *Essays* 73–78.
9 Dieses Prinzip ist umstritten; vgl. die Debatte zwischen Clifford 1982 und William James 1982.

4. Hume beschränkt sein Argument auf Zeugenberichte oder Berichte von Historikern. Er sagt aber nicht, ich dürfe, wenn ich selber ein Wunder sehe, nicht glauben, was ich sehe. Bereits Lockes Definition des Wunders erlaubt die Unterscheidung zwischen der Impression (dem Sinneseindruck) und der Interpretation derselben als Wunder[10]. Ähnlich könnte Hume sagen, daß es in der Sinneswahrnehmung selber nichts gibt, was uns mitteilt oder mitteilen könnte, daß sie von Gott verursacht war[11]. Hume verpflichtet mich also nicht zu einem Mißtrauen gegenüber der Echtheit meiner Wundererfahrung; vielmehr sagt er nur, daß ich mit meinem Wunderbericht bei den Weisen auf Unglauben stoßen werde. Gaskin meint, daß Humes Argument mir sagt, daß ich, wenn ich ein Wunder gesehen habe, nicht erwarten darf, daß irgendein vernünftiger oder weiser Mensch meinem Bericht Glauben schenken wird. Diese Einschränkung wird von den Kommentatoren häufig verwischt. Hume will niemandem ausreden, daß er oder sie ein Wunder zu sehen meint. Er warnt nur davor, daß es Ungläubigkeit ist, was ich von den Vernünftigen oder Weisen erwarten muß. Aus dem Argument folgt, daß der Seher, Prophet oder Mystiker weniger bei den Weisen als vielmehr bei der Menge auf Anklang hoffen darf.

Im zehnten Abschnitt finden sich insgesamt sechs Argumente gegen Wunder.

1. Argument: Es gibt keine (im Sinne des 6. Arguments) optimal bezeugten Wunder. – Dieser Einwand wird gewöhnlich als petitio principii zurückgewiesen, steht doch genau die Frage nach gut bezeugten Wundern zur Debatte.

2. Argument: Es gibt eine große und verbreitete Faszination für Wundergeschichten. Die Leichtgläubigkeit und Sensationslust der Menge bleibt konstant. – Diese Feststellung mag zutreffen, doch die sogenannte Tugend des religiösen Glaubens wird als Mitte zwischen Leichtgläubigkeit und Skeptizismus verstanden. Die Möglichkeit eines Glaubens an *echte* Wunder kann mit dem Hinweis auf die Leichtgläubigkeit vieler Menschen nicht diskreditiert werden.

---

10 Vgl. Locke 1702.
11 Vgl. Levine 1989, 32 f. – In diesem Punkt unterscheidet sich Hume von Berkeley und den Okkasionalisten; vgl. dazu Specht 1966. Ein Angriff Humes auf den Okkasionalismus findet sich in EHU 70 ff./85 ff.

3. Argument: Wunderberichte finden sich hauptsächlich bei unwissenden und barbarischen Völkern. Es gibt also eine empirisch nachweisbare Korrelation zwischen Wunderglaube und Bildungsstand. – Problematisch ist das von Hume vorausgesetzte Kriterium für Bildung. Es besteht zumindest der Verdacht, daß „ungebildet" (in Ermangelung eines einfachen Kriteriums wie „schriftkundig") zirkulär definiert wird, nämlich als „leichtgläubig".

4. Argument: Da sich die verschiedenen Religionen ausschließen, müssen sich Wunderberichte aus verschiedenen Religionen gegenseitig neutralisieren. Die geschliffene Sentenz lautet: „[I]n matters of religion, whatever is different is contrary." (EHU 121/142) – John Mackie meint, daß das „Konkurrenzargument" seit jüngster Zeit an Bedeutung verlieren dürfte, und zwar angesichts der Erfolge der ökumenischen Bewegung und der religiösen Toleranz. Das Endziel dieser Bestrebung faßt Mackie mit der ironischen Parole zusammen: „Miracle-workers of the world, unite!"[12] Wichtiger noch ist der Einwand, daß von zwei konkurrierenden Wundern eines unecht, qualitativ geringfügiger (Haarwuchswunder als Heilung von Glatzköpfigen versus Auferweckungswunder) oder als Evidenz für eine bestimmte Religion ungeeignet sein kann (religiös irrelevante Wunder). Der oberflächliche Befund der Konkurrenz von prätendierten Wundern ist somit kein vernichtender Einwand[13].

5. Argument: a) Das unersättliche religiöse Bedürfnis disponiert zur Leichtgläubigkeit; und b) viele Religionen honorieren überdies Leichtgläubigkeit als fromme Unterordnung, grenzenloses Vertrauen etc.

6. Argument: Wir müssen die Wahrscheinlichkeit, daß ein Zeuge 1. aufrichtig und 2. nicht im Irrtum ist, gegen die Wahrscheinlichkeit abwägen, daß wahr ist, was uns berichtet wird. Wir müssen mit anderen Worten die Wahrscheinlichkeit, daß das Zeugnis falsch ist, gegen die Wahrscheinlichkeit abwägen, daß das vermeintliche Wunder stattgefunden hat.

Die fünf ersten Argumente wollen wir hier nicht weiter diskutieren. Das letzte Argument gilt als Humes Hauptargument.

---

12 Mackie 1982, 15; deutsch 1985, 30.
13 Vgl. Beckwith 1989.

Was nun das Hauptargument betrifft, so lassen sich drei Fälle unterscheiden:

1. Fall: Die Wahrscheinlichkeit, daß das Zeugnis falsch ist, ist geringer als die innere Wahrscheinlichkeit des Wunders.
2. Fall: Die Wahrscheinlichkeit, daß das Zeugnis falsch ist, ist gleich groß wie die Wahrscheinlichkeit des Wunders.
3. Fall: Die Wahrscheinlichkeit, daß das Zeugnis falsch ist, ist größer als die Wahrscheinlichkeit des Wunders.

Der erste Fall ist der einzige, in dem ein Wunderbericht glaubwürdig wäre. Hume *scheint* diese Möglichkeit offen zu lassen, doch seine Formulierung verrät Hintergedanken. Er schreibt nämlich gegen Ende des ersten Teils des zehnten Abschnitts: „[...] no testimony is sufficient to establish a miracle, unless the testimony be of such a kind, that its falsehood would be more miraculous, than the fact, which it endeavours to establish; and even in that case there is a mutual destruction of arguments, and the superior only gives us an assurance suitable to that degree of force, which remains, after deducting the inferior. When anyone tells me, that he saw a dead man restored to life, I immediately consider with myself, whether it be more probable, that this person should either deceive or be deceived, or that the fact, which he relates, should really have happened. I weigh the one miracle against the other; and according to the superiority, which I discover, I pronounce my decision, and always reject the greater miracle. If the falsehood of his testimony would be more miraculous, than the event which he relates; then, and not till then, can he pretend to command by belief or opinion." (EHU 115 f./135 f.)

Dieses Argument ist nicht schlüssig, wenn es als definitives Bollwerk gegen die Zuverlässigkeit von Wunderberichten verstanden wird. Es ist nur unter der Bedingung gültig, daß die Evidenz schwach und der behauptete Sachverhalt sehr unwahrscheinlich ist. Wenn wir aber mehrere zuverlässige Zeugen oder Zeugnisse haben, wird Humes „Mißtrauensprinzip", wie wir es auch nennen könnten, dogmatisch. Von einem gewissen Punkt der Akkumulation von zuverlässigen und unabhängigen[14] Evidenzen an wird Ungläubigkeit zur Verstocktheit, ganz unabhän-

---

14 Daß die Unabhängigkeit der Zeugnisse ihren kumulativen Effekt erhöht, stellt auch Mackie fest, vgl. Mackie 1982, 26; deutsch 1985, 45 f.

gig davon, wie unerwartet, ungewohnt oder unwahrscheinlich uns ein berichtetes Ereignis erscheinen mag. Humes Argument kann im Prinzip sogar in den Naturwissenschaften, wo der methodologische Konservativismus anerkannt wird, Fehlleistungen erzeugen.

Damit soll nun nicht etwa gesagt sein, die Auferstehung Christi sei ein gut bezeugtes historisches Faktum. Hume hätte gegen diese Auffassung, die von Sherlock und anderen „Orthodoxen" seiner Zeit mit so großem Erfolg vertreten wurde, mit geringerem Aufwand argumentieren können – etwa mit dem Hinweis auf die Abhängigkeit und Befangenheit sowie den geringen Bildungsstand der ersten Zeugen von Jesu angeblicher Auferstehung. Doch Hume, der sich offensichtlich nicht mit solchen Argumenten begnügte, hatte den Ehrgeiz, „an everlasting check to all kinds of superstitious delusion" (EHU 110/129) zu formulieren. Dieses Prinzip enthält einige Unklarheiten: Hume charakterisiert zum Beispiel den Begriff der Erkenntniswahrscheinlichkeit nicht näher, sondern begnügt sich mit einer unpräzisen Gegenüberstellung von „proof" und „probability" (EHU 112/131)[15]. Unklar bleibt auch, ob es sich bei der Gegenüberstellung von Wahrscheinlichkeit eines Ereignisses und Wahrscheinlichkeit der Zuverlässigkeit eines Zeugnisses um vergleichbare Größen ein und desselben Typus von Wahrscheinlichkeit handelt. Schließlich scheint eine strenge Anwendung von „Hume's Check" nicht nur zur Unmöglichkeit von Wunderzeugnissen, sondern auch zur Verhinderung von historischer Forschung und wissenschaftlichen Innovationen zu führen.

Bisher ging es um Erkenntnistheorie. Mackie schreibt dazu: „Hume's case against miracles is an epistemological argument: it does not try to show that miracles never do happen or never could happen, but only that we never have good reasons for believing that they have happened. It must be clearly distinguished from the suggestion that the very concept of miracle is incoherent."[16]

---

15 Zur Kritik vgl. Mackie 1982, 24.
16 Mackie 1982, 19.

II. Das inoffizielle Argument

Neben diesem offiziellen Argument gibt es auch ein Argument, das Hume zwar nicht entwickelt, das sich jedoch aus seinem skeptischen Ansatz rekonstruieren läßt. Es lautet: Humes allgemeine Skepsis ist verantwortlich für seine Skepsis in bezug auf die Existenz von Gott und Wundern. So verstanden ist Humes Religionskritik ein Ausläufer seiner allgemeinen Erkenntnislehre und Metaphysikkritik. Diese generelle Skepsis erstreckt sich nicht nur auf die Existenz einer wahrnehmbaren notwendigen Verknüpfung von Ursache und Wirkung und eines Kausalitätsprinzips, sondern auch auf die Existenz wahrnehmbaren fremden Bewußtseins (other minds), der Zeit, der fremden und eigenen Personenidentität und der gesamten räumlichen Außenwelt.

Die Tatsache, daß wir im Alltag in bezug auf die Existenz der Außenwelt und des Fremdseelischen keine Skeptiker sind, daß es keine lebensfähigen Skeptiker geben kann und daß selbst die extremen Verbalskeptiker im praktischen und geselligen Leben in eine dogmatische Haltung verfallen, hat Hume selbst anerkannt und eindrücklich beschrieben (vgl. T 263–274/341–352). Der praktizierende Skeptiker verwickelt sich in performative Widersprüche: Er redet anders, als er handelt. Dasselbe trifft nicht notwendig auf den religiösen Skeptiker zu. Seine Zweifel an Gott und an Wundern verstricken ihn nicht notwendig in performative Widersprüche; weder brauchen sie seine Handlungen zu lähmen noch seine Entscheidungen zu blockieren.

Aus den genannten Gründen müssen wir anerkennen, daß es eine Disanalogie zwischen dem Skeptizismus in bezug auf säkulare und elementare Tatsachen und dem religiösen Skeptizismus gibt. Hume trägt dieser Disanalogie Rechnung, wenn er feststellt, daß es sich beim Glauben an Gott nicht um „natural belief" handelt – wie zum Beispiel beim Glauben an Regelmäßigkeit oder an Ursache-Wirkungs-Verhältnisse. „Nicht jeden Glaubensinhalt, sondern den *Glauben an die Konstanz des Naturverlaufs* deutet Hume als einen natürlichen Glauben. Die Natur hat uns keine Freiheit darin gelassen, uns zu entscheiden, ob wir an ihre Gleichförmigkeit glauben wollen oder nicht."[17] Diese Disanalogie wirkt sich dahin aus, daß der Theist und nicht der

---

17 Streminger 1981, 184 f.

Atheist eine besondere Beweislast zu tragen hat. Der Atheist oder Agnostiker muß nicht positive Argumente dafür liefern, daß Gott nicht existiert. Vielmehr kann er oder sie sich darauf beschränken, die vorgebrachten Argumente für die Existenz Gottes zu prüfen[18]. Umgekehrt kann sich der Theist nicht auf der Tatsache ausruhen, daß es keinen definitiven Beweis der Nicht-Existenz Gottes gibt. Negativ gesprochen gilt das Paritätsargument[19] nicht, das besagt: Wenn wir ohne Beweis an Fremdseelisches und an objektive Realität glauben, wie das selbst Hume in der Praxis tat, warum sollen/dürfen wir dann nicht (ebenso leichtfertig) an Gott glauben?

Das Paritätsargument findet deshalb keine Anwendung, weil sich der praktizierende Atheist – wenn er nicht betet, Gottes Gebote ausführt oder ergriffen an religiösen Zeremonien teilnimmt – nicht in praktische Widersprüche verwickelt, sondern sich vor internen Konflikten zwischen seinen Aussagen, Meinungen und Handlungen bewahren kann; der radikale Zweifel an der Existenz des Bewußtseins anderer hingegen führt in praktischen Lebenszusammenhängen zu fatalen Inkonsistenzen. Der Verzicht auf natürliche Meinungen läßt sich nur um den Preis der Lebensuntüchtigkeit aufrecht erhalten. Hier liegt die klare Grenzlinie zwischen Atheismus und schwerer psychischer Zerrüttung. Der Solipsist zum Beispiel, der andere davon überzeugen möchte, daß außer ihm kein numerisch verschiedenes Bewußtsein im Universum existiert, ist zu einem Monolog verdammt, – und wenn er den Dialog sucht, verwickelt er sich in einen performativen Widerspruch.

Die Unterscheidung von natürlichem Glauben („belief") und metaphysischem beziehungsweise religiösem Glauben („faith") bemißt sich an den „Folgen für das Leben". Hume kann zwar nicht ausschließen, daß es verborgene Strukturen jenseits aller Erfahrung gibt[20], doch wir brauchen uns nicht bei ihnen aufzu-

---

18 Vgl. Flew 1976, 15.
19 Penelhum 1983, 113–117 und Kapitel 6 und 7 passim; Nielsen 1985, 218–221.
20 Vgl. etwa EHU 68 f./84: „Is there not here, either in a spiritual or material substance, or both, some secret mechanism or structure of parts, upon which the effect depends, and which, being entirely unknown to us, renders the power or energy of the will equally unknown and incomprehensible?" Auch EHU 72/88 spricht Hume von „subjects that lie entirely out of the sphere of experience".

halten. An sie zu glauben oder nicht, bleibt ohne nennenswerte Folgen für die Praxis. Denn die Erfahrung ist der Leitfaden aller Orientierungen, – nur ein Narr oder Wahnsinniger wird jemals die Autorität der Erfahrung bestreiten (vgl. EHU 36/47).

Es besteht zwar ein Zusammenhang zwischen Humes allgemeiner skeptischer Erkenntnisphilosophie und seiner Religionskritik, doch nicht in dem Sinne, daß erstere letztere einfach implizierte oder daß umgekehrt aus der Rehabilitierung unbegründeter, aber lebenswichtiger „basic beliefs" quasi von selbst eine Restitution religiöser Überzeugungen folgte.

Nach diesen vorbereitenden Bemerkungen kommen wir auf Humes inoffizielle Argumente zu sprechen. Sie zielen auf die „physische Unmöglichkeit" von Wundern und auf die Unvereinbarkeit von Humes skeptischem *Naturalismus* mit dem *Begriff* eines Wunders. Diese Argumente hat Hume nicht selbst entwickelt. Inzwischen sollte klar geworden sein, um welche Argumente es sich dabei *nicht* handeln kann. Weder geht es darum, dem Gläubigen dieselben Schwierigkeiten zu machen wie dem Dogmatiker, der meint, seine alltäglichen und wissenschaftlichen Grundüberzeugungen ließen sich vernünftig und empirisch begründen; noch geht es darum, religiöse Annahmen als irrationale, aber lebenswichtige Instinkte zu inthronisieren. Die inoffiziellen Argumente geben vielmehr der Spannung Ausdruck, die zwischen Humes Naturalismus und dem *Begriff* eines Wunders bestehen. Wir können drei Einwände unterscheiden. Sie gehen jeweils von verschiedenen Definitionsfragmenten aus, die Hume tatsächlich ins Gespräch bringt. Bevor wir mit der Rekonstruktion dieser Einwände beginnen, wollen wir uns einen Überblick über diese diversen Definitionsansätze verschaffen. Hume unterscheidet:

1. Ein Wunder ist ein *außergewöhnliches* Faktum (vgl. EHU 113/132). Dieser Vorschlag wird im Anschluß an die Erörterung des Beispiels vom Inder verworfen, der nicht glauben will, daß Wasser bei niedrigen Temperaturen gefriert. Hume versucht nun, ein außergewöhnliches Faktum von einem echten Wunder zu unterscheiden. Ersteres läßt sich durch analoge Erfahrung bestätigen, während ein Wunder nicht nur nicht erfahrungskonform, sondern konträr zu Erfahrung ist. Einfach gesagt: Den Inder kann man auf eine Reise ins winterliche Moskau schicken, und er wird mit eigenen Augen sehen, daß Wasser gefriert. Doch

auf welche Reise könnte man jene schicken, die ein Wunder nicht mit eigenen Augen gesehen haben?

2. Ein Wunder ist eine „Verletzung der Naturgesetze" (EHU 114/134) oder, anders gesagt, ein Wunder ist „contrary to uniform experience of the course of nature in cases where all the circumstances are the same" (EHU 114 Anm./133 Anm.). Dieses Definitionsfragment wird nun von Hume wie folgt ergänzt:

3. „A miracle may be accurately defined, *a transgression of a law of nature by a particular volition of the Deity, or by the interposition of some invisible agent.*" (EHU 115 Anm./135 Anm.) Diese Definition kommt ohne epistemische Begriffe aus; sie enthält keine explizite Bezugnahme auf Erfahrung, was deshalb überraschend ist, weil Hume die Begriffe von Naturgesetzen und Kausalität ja nur innerhalb der Grenzen der Erfahrung für anwendbar hält.

4. Aus der Annahme, daß Gott ein übernatürliches Wesen ist, und aus der vollen Definition in 3) folgt, daß Wunder die *Wirkung einer übernatürlichen Ursache* sind. Der Begriff der übernatürlichen Ursache sprengt jedoch Humes Auffassung von Kausalität beziehungsweise vom legitimen Anwendungsbereich der Begriffe von Ursache und Wirkung.

5. Ein Wunder ist mehr als ein außergewöhnliches Ereignis, – es ist ein *einzigartiges, unwiederholbares Ereignis, das keine Präzedenzfälle in der vergangenen Erfahrung hat.* Aus dieser Definition folgt zwar nicht die logische Unmöglichkeit von Wundern, aber doch die Unmöglichkeit ihrer empirischen Bestätigung. Diese Definition führt also zu weitergehenden Schlußfolgerungen als die Annahme, Wunder seien extrem unwahrscheinliche und daher extrem schwer zu bezeugende Ereignisse[21].

Das erste Definitionsfragment lautet, Wunder seien Wirkungen von *übernatürlichen* Ursachen. Doch alles, so lautet der Einwand, was übernatürlich ist, ist für den Naturalisten nicht erkennbar. In der Tat hat Hume Schwierigkeiten, zwischen außergewöhnlichen Ereignissen einerseits, welche die Wirkung von bisher unbekannten natürlichen Eigenschaften sind, und Wundern andererseits zu unterscheiden[22]. Anders gesagt: Der Naturalist tendiert unweigerlich dazu, alle angeblichen Wunder ein-

---

[21] Eine detaillierte Analyse findet sich in Levine (1989).
[22] Vgl. Hambourger 1987, 435–449.

fach als bisher unerklärte ungewöhnliche, aber grundsätzlich natürliche Ereignisse zu interpretieren. Das Übernatürliche fällt gleichsam durch die Maschen der naturalistischen Theorie.

Falls Humes Naturalismus tatsächlich zu einer Assimilation des Übernatürlichen an das Ungewöhnliche führen würde, hätte das zur Folge, daß das Übernatürliche nichts anderes wäre als das, was uns ungewöhnlich erscheint. Damit würde die Natürlichkeit oder Übernatürlichkeit eines Vorganges relativiert. Demnach wäre für einen gläubigen und praktizierenden Katholiken die sonntäglich wiederholte Transsubstantiation zu einem natürlichen, weil wiederholbaren und damit gewohnten Vorgang geworden.

Das zweite Definitionsstück charakterisiert Wunder als Verletzungen von Naturgesetzen. Dies führt nun zum zweiten inoffiziellen Argument gegen die physische Möglichkeit von Wundern. Wenn nämlich, wie Hume glaubt, unsere Wahrnehmung von Gesetzmäßigkeit auf der Gewöhnung an Regularität oder Gleichförmigkeit in der Natur begründet ist, dann können „Verletzungen" dieser Regularität entweder gar nicht vorkommen, oder sie zwingen uns zur Modifikation unserer Gesetzeshypothesen. Anders gesagt: Ein „verletztes" Naturgesetz ist entweder zu grob und bedarf einer weiteren Spezifikation, welche die vermeintliche Ausnahme integriert, oder wir haben bisher ein anderes Naturgesetz übersehen, das mit der Wirkung des ersten Gesetzes interferieren kann. Doch die Bereitschaft, ein Gesetz wegen einer singulären isolierten Ausnahme zu revidieren, ist keineswegs charakteristisch für die wissenschaftliche Forschung. Eher werden vereinzelte „widerspenstige Erfahrungen" den zentralen Theorieelementen, zu denen Gesetzesaussagen gehören, angepaßt als umgekehrt.

Damit gelangen wir zum dritten inoffiziellen Argument. Hume charakterisiert Wunder als nicht-wiederholbare, einmalige Vorgänge. Demnach wären für Hume zum Beispiel zwei Auferstehungen nicht mehr zwei Wunder. Von zwei Auferstehungen könnte nur eine als Wunder gelten. Die erste würde ein Naturgesetz verletzen, die zweite nicht. Die zweite Auferstehung würde nunmehr mit einem revidierten oder mit einem neu formulierten Naturgesetz harmonieren[23].

---

23 Vgl. Broad 1916, 88–94.

Humes Wunderbegriff nähert sich also dem Widersprüchlichen[24]. Nach Humes eigener, skeptischer Auflösung des Kausalitätsproblems, wonach wir nur aufgrund konstanter Konjunktionen von Ereignissen kausale Relationen erkennen, würden wir uns in einer Welt, in der es nur Wunder gäbe, überhaupt nicht zurechtfinden. In einer solchen Welt, in der alle Ereignisabfolgen einmalig und ohne Wiederholung wären, hätten wir gar keinen Begriff von Kausalität. Im Falle von Wundern leihen wir uns den Begriff von Ursache und Wirkung aus und übertragen ihn auf Kontexte, wo er gar keine Anwendung finden kann. Ein Wunder ist etwas, wovon wir nach Humeschen Standards nicht einmal eine imaginative Vorstellung haben können, weil „ideas of the [...] imagination [...] can [not] make their appearance in the mind, unless their correspondent impressions have gone before to prepare the way for them" (T 9/19). Für übernatürliche Ursachen kann es aber – fast möchte man sagen „naturgemäß" – keine korrespondierenden Sinneseindrücke geben. Daher ist die Idee übernatürlicher Ursachen nicht vergleichbar mit anderen Ideen von fiktiven Wesen wie geflügelten Pferden, feuerspeienden Drachen und monströsen Riesen, denn diese sind zusammengesetzt aus Ideen, welche wir auf sinnliche Eindrücke zurückführen können, das heißt auf die Eindrücke von Pferden, Vögeln, Feuer, Salamandern usw. Michael Levine drückt das folgendermaßen aus: „Ein Wunder ist etwas, wovon wir keine klare Vorstellung haben können, jedenfalls nicht im Humeschen Sinne – nicht einmal eine imaginative Vorstellung. Ein Wunder als Manifestation des Willens eines körperlosen Wesens (Gottes) ist unverständlich in einer Weise, in der es feuerspeiende Drachen nicht sind. Diese Probleme hängen damit zusammen, daß die ‚Ursache' eines Wunders transzendent ist. Sie stellen ein ernsthaftes Bedeutungsproblem für den Wunderbegriff unter der Voraussetzung von Humes Empirismus dar."[25] Was für den Begriff der übernatürlichen Ursache zutrifft, gilt auch für den Begriff des einmaligen, nicht-wiederholbaren Ereignisses.

---

24 Daß es sich dabei um einen *logischen* Widerspruch im Wunderbegriff handelt, wird von Swinburne (1970, 15) bestritten und von Blackman (1978, 179–187) wieder bekräftigt.
25 Levine 1989, 43.

Für Hume wäre es näherliegend, Wunder als „unverursachte" Ereignisse, als Ereignisse ohne Ursache zu konzeptualisieren. Hume hat diese Möglichkeit zwar nirgends erwogen, doch sie steht ihm offen, konstatiert er doch selbst in seinem Hauptwerk: „[The] proposition *Whatever has a beginning also has a cause of existence* [...] is neither intuitively nor demonstrably certain." (T 79/106) Dies ergäbe eine Möglichkeit, „atheistisch an Wunder zu glauben". Im Kontext einer Theologie, welche den Glauben an Gott auf den Glauben an Wunder zu stützen versucht und insofern einen extremen Evidentialismus voraussetzt, wäre ein solcher Begriff natürlich bedeutungslos.

Burns (1981) hat die historischen Hintergründe des Wunderstreits ausführlich dargestellt. Er meint, daß sich Humes Angriffe gegen eine Moderströmung innerhalb der anglikanischen Theologie richteten, die – als polemische Antwort auf die Deisten – mehr Gewicht auf den „Beweis der Wunder" legte und den Kontext des Wunderglaubens vernachlässigte. Humes Polemik richte sich mit anderen Worten hauptsächlich gegen den „extremen Evidentialismus", der sich nicht auf der Höhe der zeitgenössischen theologischen Diskussion befinde. Mit diesen historischen Korrekturen werden Humes Argumente jedoch keineswegs entschärft! So interessant Burns' Überlegungen zur Kontextualität und zur unvermeidbaren Zirkularität von Begründungen sind, so scheinen sie doch den Kern von Humes Kritik nicht zu treffen. Hume untersucht nämlich die Frage, ob Wunder den Glauben begründen können. Seine Fragestellung läßt sich nicht historisch relativieren. Er reagiert auf jede Religionsgemeinschaft, welche 1. den Wunderglauben als Glauben an übernatürliche Tatsachen konzeptualisiert und 2. den Wunderglauben als Grund beziehungsweise Motiv für den Glauben unterstreicht. Seine Überlegungen sind solange nicht „historisch überholt" oder „veraltet", als diese beiden Voraussetzungen latent oder manifest wirksam sind. Wer dagegen – wie das viele Theologen in Abgrenzung zum „religiösen Fundamentalismus" zu tun pflegen – alle Aufmerksamkeit dem „Kontext des Glaubens" widmet, läuft Gefahr, den Glauben zirkulär zu begründen und die „Verkündigung" nur an jene zu adressieren, welche die Existenz eines wunderwirkenden Gottes bereits akzeptieren. Daß „das Wunder des Glaubens liebstes Kind" ist und Gläubige eine höhere Bereitschaft haben, Wunder für möglich zu halten, spricht eher gegen den nebulösen

„Kontextualismus" und für eine kritische Untersuchung im Stile Humes. Hume isoliert den Wunderglauben und prüft die Argumente für den Wunderglauben unabhängig von religiösen Erwartungen. Selbst die moderne „Entmythologisierung" des Christentums und die Reduktion des Glaubens auf das „Kerygma" macht schließlich vor den christlichen Zentralwundern halt, bekräftigt ihren Geheimnischarakter und überläßt es den Metaphysikern, den ontologischen Status von Schöpfung und Auferstehung zu erörtern. Hume hätte sich von diesem ausweichenden Verhalten und dem Rückzug auf Hermeneutik und existentielle Bedeutung des Glaubens kaum beeindrucken lassen.

Schließlich ist der Begriff eines Wunder wirkenden Gottes innerhalb von Humes Philosophie ein hölzernes Eisen. Kurz gesagt: Die Idee von Gott beziehungsweise von Gott als Ursache von Wundern ist ebenso sinnlos und undurchsichtig wie die Idee der Substanz und der ihr angeblich innewohnenden kausalen Kräfte. Doch im Unterschied zum instinktiven Glauben an die Permanenz und Wirksamkeit der uns umgebenden Dinge ist der Glaube an Gott nicht einmal konsistent. Levine (1989) faßt diesen Einwand folgendermaßen zusammen: „Auf Humescher Grundlage läßt sich die Frage der Wunder mit der Begründung erledigen, daß wir keine Vorstellung [idea] von Gott haben." (S. 49) Wir haben nämlich keine Vorstellung von Gott, außer als Resultat der grenzenlosen Aufblähung von menschlichen Fähigkeiten (vgl. EHU 19/19 f. u. 72/87 f.). Diese „Aufblähungsthese" stellt uns vor das folgende Dilemma: Entweder verharren wir, ausgehend von menschlichen Fähigkeiten, beim anthropomorphen Popanz oder gigantischen Superman, oder wir gelangen durch Abstraktion zum „ganz anderen", empirisch völlig unterbestimmten Gott, über den sich aus Analogien der Erfahrung nichts mehr sagen läßt.

Angesichts der Forderung empirischer Kontrolle bei der Begriffsbildung – Bennett (1971) spricht von Hume's „Empiricism about Meanings" (Kap. IX) – ist es also kaum möglich, kohärente Begriffe von Gott und Wundern zu entwickeln. Damit kommt Hume der Situation sehr nahe, welche die sogenannten Neopositivisten für die moderne Religionsphilosophie geschaffen haben[26]. Diese für Theologie und religiöses

---

26 Ein berühmtes Dokument ist das explosive Jugendwerk von Ayer 1936.

Reden von Gott katastrophale Situation scheint sich bereits bei Hume abzuzeichnen.

Die Wunderdebatte des 18. Jahrhunderts kann keineswegs als überholt oder veraltet abgetan werden. Für Theologie und Glauben muß die Frage, ob zum Beispiel die Auferstehung Christi ein Faktum ist oder nicht, eine offene Frage bleiben. Die historische Bibelkritik hat die Voraussetzungen, die Hume macht, übernommen und zementiert. Darauf haben unter anderen C. S. Lewis und Richard Purtill aufmerksam gemacht[27]. Die Resurrektionstheologie kann sich nicht um die ontologische Frage drücken, ob die Auferstehung ein Faktum ist oder nicht, ob sie ein historisches oder ein „eschatologisches" Faktum ist und unter welchen Bedingungen der Auferstehungsglaube prinzipiell verifizierbar ist[28].

Wir haben also gesehen, daß Humes inoffizielle Argumente gegen Wunder dem Sinnlosigkeitsverdacht der Neopositivisten nahe kommen, obwohl Hume natürlich nicht beabsichtigte, ein semantisches Kriterium zu formulieren. Vielleicht ließe sich im Geiste von Hume sagen, daß die Behauptung ‚Ein Wunder hat stattgefunden' im strengen Sinne bedeutungsleer, ohne empirischen Informationsgehalt oder zumindest nicht-referentiell ist. Also handelt es sich um eine Pseudoaussage, die semantisch nicht zu unterscheiden ist vom Ausruf ‚Ein Wunder!', der dazu dient, ein Gefühl der Perplexität zu ventilieren und andere zu veranlassen, ebenfalls zu staunen.

Diese Wunder-Kritik ist ein Korollarium des Verdachts, daß der Begriff eines körperlosen, aber in der Geschichte handelnden Gottes inkohärent ist. Unter einem solchen Gott können wir uns weniger vorstellen als unter einer kosmischen Mickey-Mouse[29]. Es gibt ein Dilemma zwischen der anthropomorphen, Zeus-gleichen Vorstellung von Gott auf der einen Seite und einer Verflüchtigung der Referenz von ‚Gott' beziehungsweise einer Verdünnung der Gottesprädikate auf der anderen Seite. Gibt es für den Gläubigen noch Wahrheitsbedingungen für

---

27 Lewis 1947; Purtill 1978, Kap. 5.
28 Vgl. Carnley 1987.
29 Diese respektlose Formulierung stammt von Kai Nielsen (vgl. Nielsen 1985, 27, 37 ff.).

einen Satz wie „Gott liebt dich (nicht)"?[30] Gibt es für ihn überhaupt noch mögliche Gegenevidenz wie zum Beispiel die Existenz eines ewigen Höllenfeuers? Oder ist Gottes Liebe ebenso unfaßbar und unvergleichbar wie Gottes Wunder?

Kommen diesen Bedenken gegen den Begriff eines körperlosen Gottes die Vorstellungen eines inkarnierten Gottes in Christus entgegen? Wohl kaum. Läßt sich, wie Nielsen meint, der Begriff Gottes nicht kohärent fassen, so hilft auch der Begriff vom *Sohn Gottes* nicht weiter, denn wie „zeugt" ein körperloser Vater? Die Paradoxe werden nur vervielfältigt. Das nach Hume und Kant von Schleiermacher und Hegel angeregte Ausweichen mancher Theologien auf die Christologie hilft, philosophisch gesehen, nicht weiter. Im Gegenteil: Die Konzentration auf die Christologie erzeugt einen parochialen Rückzug vom religionsverbindenden Projekt einer vernünftigen Begründung des Theismus, der den großen theistischen Religionen gemeinsam ist. Adressat bleibt die „liebe Gemeinde".

Humes Wunderkritik ist nur ein Teil seiner Religionskritik. Sie ergänzt seine Kritik an der natürlichen Theologie in den *Dialogues concerning Natural Religion*. Die Wunderkritik richtet sich primär gegen eine apologetische Verwendung von Wundern, so, als könnte man mit gut bezeugten Wunderberichten „verstockte" Naturalisten zum Glauben zwingen. Gemeint ist von apologetischer Seite, sofern nicht (mehr) mit Drohungen und Anathema[31] operiert wird, der „zwanglose Zwang" des besseren Arguments für den Glauben zwischen den Polen von Leichtgläubigkeit und Skeptizismus. Wird Hume vorgeworfen, er begehe eine petitio principii zugunsten des Naturalismus, so wird verkannt, daß er hauptsächlich den starken Evidentialismus treffen will, der Wunder als „Beweise für Ungläubige" einsetzt. Diese Auffassung wird häufig zugunsten eines gemäßigten Evidentialismus zurückgewiesen, der dem spezifisch religiösen Kontext von Wundererfahrungen Rechnung trägt. Gegen diese

---

30 Vgl. Flew 1974, 84–87, 92–95; kritisch dazu: Heimbeck 1969, 96 f.
31 Anathema wird den Skeptikern in bezug auf biblische Wunder in der am 24. April 1870 verabschiedeten dogmatischen Konstitution *Dei Filius* angedroht. Sie wird unkritisch referiert von McInerny (1986, 121 f.). Zur innerkatholischen Problematisierung des Wunderverständnisses seit dem ersten Vatikanum vgl. Imbach 1995, 32–40.

abgeschwächte Wunderapologie läßt sich mit Recht der Einwand der Zirkularität erheben: Der Appell an Wunder wird nur dort fruchten, wo ein spezifischer religiöser Glaube bereits „gesät" ist. Damit werden wir zurückverwiesen auf eine nicht-ironische, „existenzielle" Deutung von Humes Bemerkung, daß der Glaube – als gnadengewirkte Gabe eines sich offenbarenden Gottes, dessen Wort für manche Ohren unhörbar und für unsere Augen verborgen bleibt – selbst das größte Wunder sei (vgl. EHU 131/155).

Literatur

Ayer, Alfred Jules 1936: Language. Truth and Logic. London.
Beckwith, Francis 1989: David Hume's Argument Against Miracles. A Critical Analysis. Lanham-New York-London.
Blackman, L. L. 1978: The Logical Impossibility of Miracles in Hume. In: Int. J. Phil. Relig. 9, 179–187.
Broad, C. D. 1916: Hume's Theory of the Credibility of Miracles. In: P. A. S. 17 (1916), 77–94; auch in: A. Sesonske, N. Fleming (Hrsg.): Human Understanding. Studies in the Philosophy of David Hume. Belmont, Cal. 1965, 86–98.
Buchegger, Josef 1987: David Humes Argumente gegen das Christentum. Frankfurt/M.
Carnley, Peter 1987: The Structure of Resurrection Belief. Oxford.
Clifford, W. K. 1982: The Ethics of Belief. In: E. D. Klemke, A. David Kline, R. Hollinger (Hrsg.): Philosophy. The Basic Issues. New York 1982, 45–59.
Coady, C. A. J. 1992: Testimony. A Philosophical Study. Oxford.
Flew, Antony 1974: Beitrag zum Symposium Theologie und Verfikation (1950–51). Deutsch in: I. U. Dalferth (Hrsg.): Sprachlogik des Glaubens. München.
Flew, Antony 1976: The Presumption of Atheism. London.
Gaskin, J. C. A. ²1988: Hume's Philosophy of Religion. London ¹1978.
Hambourger, Robert 1987: Need Miracles Be Extraordinary? In: Phil. Phenomenol. Res. 47, 435–449.
Heimbeck, R. S. 1969: Theology and Meaning. A Critique of Metatheological Scepticism. Stanford.
Houston, J. 1994: Reported Miracles. A Critique of Hume. Cambridge.
Imbach, Joseph 1995: Wunder. Eine existenzielle Auslegung. Würzburg.
James, William 1982: The Will to Belief. In: E. D. Klemke, A. David Kline, R. Hollinger (Hrsg.): Philosophy. The Basic Issues. New York 1982, 45–59.
Locke, John 1702: Discourse on Miracles.
Levine, Michael P. 1989: Hume and the Problem of Miracles: A Solution. Dordrecht-Boston-London.
Lewis, C. S. 1947: Miracles. Deutsch: Wunder ²1980.
Mackie, John Leslie 1982: The Miracle of Theism. Arguments for and against the existence of God. Oxford. Deutsch: Das Wunder des Theismus. Stuttgart 1985.

McInerny, Ralph M. 1986: Miracles. A Catholic View. In: Our Sunday Visitor. Huntington, Indiana.
Montgomery, John Warwick (Hrsg.) 1974: Jurisprudence: A Book of Readings. Strasbourg.
Nielsen, Kai 1985: Philosophy and Atheism. In Defense of Atheism. New York.
Penelhum, Terence 1983: God and Skepticism. A Study in Skepticism and Fideism. Dordrecht.
Price, John Valdimir 1965: The Ironic Hume. Austin, Texas.
Purtill, Richard L. 1978: Thinking about Religion. A Philosophical Introduction to Religion. Englewood-Cliffs, NJ.
Schamoni, Wilhelm ⁴1976: Wunder sind Tatsachen. Eine Dokumentation aus Heiligsprechungsakten. Würzburg-Linz.
Specht, Rainer 1966: Commercium mentis et corporis. Über Kausalvorstellungen im Cartesianismus. Stuttgart-Bad Cannstatt.
Streminger, G. 1981: Die Kausalanalyse David Humes vor dem Hintergrund seiner Erkenntnistheorie. In: G. Posch (Hrsg.): Kausalität. Neue Texte. Stuttgart, 162–189.
Swinburne, Richard 1970: The Concept of Miracle. London.

Lothar Kreimendahl

Humes frühe Kritik der Physikotheologie

I. Offenbarungsreligion und natürliche Religion

Nachdem Hume im Anschluß an den einleitenden ersten Abschnitt der *Enquiry* zunächst die epistemologischen Grundlagen seines Empirismus (EHU II–III) und sodann diesen selbst (EHU IV–VII) dargelegt hatte, war er mit Abschnitt VIII dazu übergegangen, ihn zur Entscheidung ausgesuchter philosophischer Sachfragen einzusetzen. Die Abschnitte X und XI bilden dabei insofern eine Einheit, als Hume es in ihnen unternimmt, die zuvor entwickelten empirischen Prinzipien auf die Religion anzuwenden, um diese dadurch einer kritischen Überprüfung zu unterziehen. Die ältere Hume-Forschung war der Ansicht, daß es sich bei diesen beiden Abschnitten um zwei ganz überflüssige Textteile handele, deren Aufnahme in die *Enquiry* aus anderen Erwägungen erfolgt sei als dem Wunsch, die Grundsätze des Empirismus zu illustrieren oder Folgerungen aus ihnen abzuleiten[1]. Die neuere Forschung hingegen erblickt gerade in Humes Religionsphilosophie sein eigentliches Anliegen: Der Empirismus ist mit Blick auf das in ihm angelegte (religions-)kritische Potential von Hume entwickelt worden.

Die Religion ist nun entweder Offenbarungsreligion oder natürliche Religion. Erstere gründet sich auf eine direkte oder durch den Mund von Vermittlern wie Propheten und Aposteln erfolgte Bekundung Gottes und seines Willens – daher bezieht

---

1 So z. B. L. A. Selby-Bigge in seiner Einleitung zu *Enquiries*, S. VIII, XIX.

sie ihren Namen. Das ist im Christentum der Fall. Insofern Hume in Abschnitt X den Wunderbeweis desavouiert, sucht er dem Wahrheitsanspruch des Christentums und damit diesem selbst die Basis zu entziehen, denn der Beweis aus den Wundern trug die Hauptlast für die Wahrheit der christlichen Religion. Soweit Hume das Christentum attackiert, tut er nichts anderes, als viele Aufklärer vor ihm schon getan hatten, – wenngleich seine Kritik methodisch sauberer, philosophisch reflektierter und dadurch radikaler ist, als es die der meisten seiner Vorgänger war. In Abschnitt XI geht er nun den entscheidenden Schritt weiter und kritisiert auch die natürliche Religion, die unter dem Namen „Deismus" bekannt ist und die als *die* Religionsphilosophie des Zeitalters der Aufklärung gelten darf[2].

Die natürliche Religion wollte die Lehre aus den Glaubenskriegen und den konfessionellen Streitigkeiten der frühen Neuzeit ziehen und jenseits des Konkurrenzkampfes der diversen Offenbarungsreligionen und insbesondere der verschiedenen Glaubensgemeinschaften innerhalb des Christentums einzig solche Dogmen als heilsnotwendig präsentieren, die mit den Mitteln der bloßen Vernunft allein erkennbar und damit dem Streit der Religionsparteien entzogen sein sollten. Denn, so die Idee der Deisten, die Vernunft verbindet alle Menschen miteinander, und folglich kann es keinen Dissens über Sätze geben, die sich allein auf Vernunfteinsichten stützen.

Diese Idee einer rein rational begründeten Religion erfuhr gegen Ende des 17. Jahrhunderts enormen Auftrieb durch die Erfolge der expandierenden Naturwissenschaften, namentlich durch das Werk Isaac Newtons. Dessen 1687 erschienenen *Philosophiae Naturalis Principia Mathematica* hatten eine beträchtliche Vereinfachung der Physik im weiteren Sinne herbeigeführt und unter anderem gezeigt, daß es ein und dieselben wenigen Gesetzmäßigkeiten sind, die das physikalische Verhalten der materiellen Körper in der sublunaren Welt und den Lauf der Gestirne bestimmen. Die zuvor erfolgte Erfindung von Mikroskop und Teleskop hatte den Menschen überdies gelehrt, daß es wohlgeordnete, aufeinander abgestimmte Abläufe sowohl im mikro- wie im makrokosmischen Bereich gibt. Diese Ordnung und

---

2 Gawlick 1973, 25.

Zweckmäßigkeit im gesamten Weltenbau, so argumentierte man, kann nicht das Produkt einer blind schaffenden Materie oder des Zufalls sein. Die Schöpfung bekundet einen Urheber ihrer selbst, der ihr diese Eigenschaften verliehen hat. So beweist die Natur nicht nur die *Existenz* eines höchsten Wesens, sondern auch dessen Attribute: es besitzt *Intelligenz*, denn es hat der Welt jene Gesetzmäßigkeiten verliehen und in der belebten wie unbelebten Natur Mittel und Zwecke genau aufeinander abgestimmt; es besitzt *Güte*, denn es hat dadurch unter anderem tierisches wie menschliches Leben ermöglicht; es besitzt *Macht*, denn es hat vermocht, das als zweckmäßig und gut Erkannte Wirklichkeit werden zu lassen.

Beweise dieser Art bezeichnet man, da sie aus der Natur (physis) auf ein sie hervorbringendes höchstes Wesen (theos) schließen, spätestens seit William Derhams einschlägigem Werk *Physico-Theology* aus dem Jahre 1713 gewöhnlich als „physikotheologisch". Im englischen Sprachraum hat sich daneben die – auch von Hume verwendete – Bezeichnung „argument from design" erhalten. In der Nachfolge Newtons bediente sich der Deismus der Physikotheologie in einem Maße[3], daß Hume ihn zu Recht ganz auf dieser beruhen sah. Die Akzeptabilität der natürlichen Religion hing also von der Stichhaltigkeit des physikotheologischen Beweises ab. Konnte man ihn erschüttern, fiel das auf ihm errichtete Gebäude ein. Hume zeigt in formalen Analysen, daß die Physikotheologie keine tragfähige Basis für die natürliche Religion ist. Damit sind, nachdem die Offenbarungsreligion in Abschnitt X diskreditiert worden war, nunmehr auch die Ansprüche einer natürlichen Religion als haltlos erwiesen. Sie kann insbesondere keine Grundlage für eine Ethik abgeben und ist insofern praktisch bedeutungslos. Mit dieser Kritik an Offenbarungsreligion wie an natürlicher Religion hat sich Hume persönlich zwar zwischen alle Stühle gesetzt, sachlich aber hat er den Weg für eine Moralität bereitet, die sich von sämtlichen theologischen Vorgaben freimacht und in diesem Sinne autonom ist.

---

3 Hurlbutt 1965.

II. Vorsichtsmaßnahmen und rhetorische Strategie

Im Zentrum von Abschnitt XI der *Enquiry* steht also die Kritik an der Physikotheologie, die Hume in den *Dialogues Concerning Natural Religion* erneut und ausführlicher darlegt[4], die er hier aber erstmals mit den im Kern gleichen Argumenten formuliert. Die beiden anderen Typen von Gottesbeweisen, das heißt den kosmologischen und den ontologischen, hatte er bereits in seinem Jugendwerk, dem *Treatise of Human Nature* von 1739/40 geprüft und als haltlos zurückgewiesen[5]. Hume war sich der Gefahren, die eine Publikation seiner religionskritischen Ansichten für seine Person mit sich brachte, durchaus bewußt. Die bereits 1734 formulierte methodologische Wunderkritik[6] nahm er bei der Schlußredaktion des *Treatise*, in dem sie ursprünglich publiziert werden sollte, wieder heraus; und die *Dialogues* wurden seinem Willen gemäß erst nach seinem Tode veröffentlicht.

Vorsichtsmaßnahmen sind auch der Grund für die gewählte literarische Gestalt, die Hume dem Abschnitt XI gegeben hat. Er verläßt die Bahn diskursiven Argumentierens und präsentiert seine Überlegungen in der Form eines Dialoges, weil er auf diese Weise der Identifizierung einer der von den Dialogpartnern vorgetragenen Meinung mit seiner persönlichen Ansicht begegnen kann. Dieselbe Strategie hatte er schon früher in den weltanschaulich ebenfalls brisanten *Vier-Philosophen-Essays*[7] gewählt, und in den *Dialogues* wird er sie abermals anwenden. Doch Hume läßt es nicht bei der Gesprächsfiktion als Verschleierungstaktik bewenden. Durch weitere Kunstgriffe weiß er Abstand zu erzielen. So präsentiert er die folgenden Überlegungen als die Ansichten eines Freundes, „who loves sceptical paradoxes". Von dessen Meinungen distanziert er sich durch die Bemerkung, dieser habe während einer Unterhaltung, die im folgenden wiedergegeben wird, viele Prinzipien vorgetragen, „of which I can by no means approve" (EHU 132/156). Die Begründung für die Mitteilung dieses Gespräches ist lapidar:

---

4 Kreimendahl 1994, 385–418.
5 Vgl. Noxon 1973, 168.
6 Vgl. Kreimendahl 1982, 185, 187–189.
7 Müller 1980, 15–20; Kreimendahl 1989, 22 ff.

Die vom Freund vorgetragenen Überlegungen seien interessant und ständen in einer gewissen Nähe zu den Gedankengängen der *Enquiry*. Die Bewertung derselben wird ausdrücklich dem Leser überantwortet. Ferner wird das Gespräch an einen fernen Ort und in eine ferne Zeit verlegt. Das schafft ebenso Distanz wie die Rollenzuteilung. Denn der Freund hält innerhalb des Dialogs in der Rolle des Epikur eine Rede, in der er größtenteils die tatsächlichen Auffassungen Humes vertritt; der Ich-Erzähler Hume dagegen schlüpft in die Rolle des athenischen Volkes und vertritt und verteidigt im weiteren Verlauf just die physikotheologische Position, die der Autor Hume hier durch Epikur kritisieren läßt. Doch damit nicht genug des Versteckspiels. Der Ich-Erzähler äußert nicht nur eine Reihe wenig liberaler Auffassungen zur Denkfreiheit, die nach dem Zeugnis anderer Texte sicherlich nicht mit Humes eigener Ansicht übereinstimmen, sondern er deckt unter dem Vorwand, die internen Schwierigkeiten der Kritik des Freundes an der Physikotheologie aufzuzeigen, tatsächlich die radikalste Konsequenz auf, die sich aus den ihr zugrundeliegenden Prinzipien ergibt: Nicht einmal die bloße Existenz, geschweige denn die Eigenschaften Gottes sind auf dem eingeschlagenen Wege physikotheologischen Räsonnements vindizierbar.

In der ersten Auflage der *Enquiry* von 1748 erfolgt die kritische Auseinandersetzung mit der Physikotheologie unter der Überschrift „Of the practical consequences of natural religion", und das Ergebnis der Untersuchung lautet, daß es keinerlei dergleichen Konsequenzen gibt. Für die zweite und alle nachfolgenden Ausgaben hat Hume diese aussagekräftige Überschrift abgemildert und das Thema unter der blasseren Formulierung „Of a particular providence and a future state" behandelt. Verfehlt ist diese Überschrift entgegen der Meinung einiger Interpreten[8] indes ebensowenig wie die erste, denn wenn die natürliche Religion in der Lage sein soll, Einfluß auf das menschliche Verhalten zu nehmen, dann muß sie etwas über ein künftiges Leben und die dort erfolgende ausgleichende Gerechtigkeit nach Maßgabe des hier erworbenen Verdienstes aussagen können. Das aber ist nicht der Fall, so daß Meinungen hierüber

---

8 Flew 1961, 217; Streminger 1995, 210 Anm.

nicht inkriminiert werden dürfen, eben weil keine diesbezügliche Auffassung besser begründet werden kann als eine andere.

III. Die Rahmenthematik: die Freiheit des Philosophierens

Damit ist das Thema angesprochen, in das die Kritik an der Physikotheologie eingebettet und das nicht minder brisant ist als jene selbst: die Freiheit des Philosophierens. Hume hat mehrfach in seinem Leben die Folgen der Intoleranz am eigenen Leibe zu spüren bekommen. So bereits unmittelbar nach der Publikation seines Jugendwerkes und später, als klerikale Kreise seine Berufung auf einen Lehrstuhl für Philosophie im Jahre 1745 unter Verweis auf jenes Werk zu verhindern wußten, in dem sie unter anderem Prinzipien fanden, die geradewegs zum Atheismus führten, Irrtümer, die Gottes Existenz und seine Eigenschaft als erste Ursache des Universums beträfen, und Anstrengungen, das Fundament der Sittlichkeit zu untergraben[9]. Hume hatte dem *Treatise* ein Motto aus Tacitus vorangestellt, in dem beklagt wird, daß es nur selten so glückliche Zeiten gebe, in denen es erlaubt sei, zu denken, was man wolle, und zu sagen, was man denke. Eine Erörterung des Themas der Denk- und Redefreiheit war dort jedoch unterblieben. Sie wird hier nachgeholt und von Hume gleichsam als Pfad benutzt, dessen Verfolgung ihn zur Behandlung des dominierenden Themas dieses Abschnittes führt: zur Kritik am konstruktiven Deismus.

Das aus der Erinnerung „as accurately as I can" (EHU 132/156) wiedergegebene Gespräch nimmt seinen Ausgang von der Behauptung des Ich-Erzählers, daß die Philosophie in der Antike in einer ungleich glücklicheren Lage als gegenwärtig gewesen sei, weil sie völlige Freiheit verlange und einzig durch das ungehinderte Vortragen und kontroverse Diskutieren aller Meinungen vorangebracht werde. Diese liberalen Bedingungen seien in jenen alten Zeiten erfüllt gewesen; jetzt hingegen werde

---

9 Vgl. David Hume, *A Letter from a Gentleman to his Friend in Edinburgh* (Edinburgh 1745). Reprint (mit Übersetzung ins Deutsche) in: Ders.: *Abriß eines neuen Buches* [...], übersetzt und mit einer Einleitung hrsg. von J. Kulenkampff. Hamburg 1980, 17 f.

die Philosophie durch „this bigotted jealousy" (EHU 132/156) geplagt und in der Weiterentwicklung gestört.

Dieses Argument, das die mannigfaltigen Behinderungen reflektiert, die der Denk- und Redefreiheit aus im weiteren Sinne ideologischen Gründen in der Neuzeit entgegenstanden, wird von dem Gesprächspartner nun aufgrund von religionsgeschichtlichen Analysen zurückgewiesen, wie Hume sie in der *Natural History of Religion* und in dem Essay *Of Superstition and Enthusiasm* ausführlicher dargelegt hat. Daraufhin stellt der Ich-Erzähler die Frage, die den weiteren Fortgang des Gespräches generiert und die für das Thema der Gewährung von Denkfreiheit in der Tat von zentraler Bedeutung ist: Ob nämlich eine kluge Regierung jedwede philosophische Lehre tolerieren dürfe oder ob sie nicht vielmehr Ansichten, welche die Bande der Sittlichkeit lockern und aus diesem Grunde schädlich für die Gesellschaft seien, unterbinden müsse. Eine solche Lehre sei beispielsweise von Epikur vertreten worden, denn er habe die Existenz der Götter und konsequenterweise auch „a providence and a future state" (EHU 133/158) geleugnet. Wenn der Glaube an ein künftiges Leben und eine dort erfolgende ausgleichende Gerechtigkeit aber dahinfalle, werde die Menschheit die bürgerlichen Gesetze leichter übertreten, weil sie dann nur noch den irdischen, nicht länger aber den himmlischen Richter zu fürchten habe. Allgemeine Unordnung und Auflösung der bürgerlichen Gesellschaft werde die Folge sein, weshalb die Obrigkeit derartige Lehren verbieten müsse.

Es ist nun nicht so wichtig, daß dem Philosophen Epikur an der erwähnten Stelle (EHU 133/158) unterstellt wird, er habe das Dasein der Götter geleugnet; der Freund wird dies in der Rolle des Epikur später korrigieren (vgl. EHU 135/160). Der historische Epikur erkannte die Existenz von Göttern nämlich durchaus an, ließ sie aber in sogenannten Zwischenwelten oder Intermundien leben, wo sie vor den Bitten und Klagen der Menschen sicher waren und sich um deren Belange nicht zu kümmern brauchten. Denn das würde ihrer vollkommenen Glückseligkeit Abbruch tun, die sie nach Epikurs Lehre auszeichnet. Wichtiger ist vielmehr, daß Hume zum Vortrag der nun folgenden Rede überhaupt die Gestalt des Epikur wählt. Diese Wahl ist nichts weniger als zufällig. Epikur war nämlich ein geradezu geächteter Philosoph, und zwar nicht nur wegen seiner „hedonistischen" Ethik, die – doxographisch übrigens völlig unberechtigt – im Sinne einer Verherrlichung exzessiver Genußsucht interpretiert wurde, sondern vielmehr wegen seiner materialistischen, atomistischen Metaphysik und Kosmologie, die von ihm in der Absicht vorgetragen wurden, die Menschen von der Angst vor den Göttern zu befreien, weil sie von ihnen weder etwas zu erhoffen noch zu befürchten hätten. Wenn es Hume also gelingen sollte, den Nachweis zu führen, daß selbst diese verfemte epikureische Lehre für das öffentliche Leben ungefährlich ist, dann war damit de facto der Beweis der Unschädlichkeit aller philosophischen Lehren schlechthin erbracht.

Hume tritt den Nachweis an, indem er seinen Epikur den Beweis führen läßt, „his principles of philosophy to be as salutary as those of his adversaries, who endeavoured, with such zeal, to expose him to the public hatred and jealousy" (EHU 134/158). Dazu wählt „Epikur" nicht den Weg der Aufwertung oder Anpreisung der eigenen Prinzipien, sondern er deckt die Unschlüssigkeit in den Beweisen der philosophischen Theologie seiner Widersacher auf. Der Theismus seiner Gegner, den er einzig auf physikotheologischen Erwägungen gegründet sieht (vgl. EHU 135/160), wird dadurch als tatsächlich ebenso folgenlos für die Lebenspraxis erwiesen, wie es die epikureische Theologie freimütig von sich gesteht. Kann er dieses argumentative Patt erreichen, dann darf „Epikur" zu Recht hoffen, daß das Gericht, vor dem er seine Rede hält, seine Lehre toleriert und ihn und seine Schüler unmittelbar in ihre Schule entläßt, „there to examine, at leisure, the question the most sublime, but at the same time, the most speculative of all philosophy" (EHU 135/159).

IV. Die Binnenthematik: die Kritik an der Physikotheologie

Die Erreichung des anvisierten Zieles ist also identisch mit der Aufdeckung der Unhaltbarkeit des physikotheologischen Beweises oder, in Humes Worten, des „argument from design". Zunächst legt „Epikur" in seiner Rede seine Gegner auf dieses einzige Argument fest, mit dem sie die „religious hypothesis" (EHU 139, 146/164, 172), das heißt den philosophischen Theismus begründen, und formuliert das von ihnen dazu vorgetragene Argument: „You then [...] have acknowledged, that the chief or sole argument for a divine existence (which I never questioned) is derived from the order of nature; where there appear such marks of intelligence and design, that you think it extravagant to assign for its cause, either chance, or the blind and unguided force of matter." (EHU 135/160)

Nachdem er derart den Kern physikotheologischen Argumentierens rekonstruiert hat, weist „Epikur" auf die Voraussetzung hin, die diesem Schluß zugrunde liegt. Sie besteht in der Annahme einer strengen Proportionalität zwischen Ursache und Wirkung. Er erläutert dies an einem Beispiel. Wenn in einer Waagschale ein Körper mit einem Gewicht von zehn Unzen liegt und sich die Waagschale hebt, so ist dies ein Beweis dafür, daß in der anderen Waagschale ein Körper liegt, der schwerer als zehn Unzen ist, aber nicht dafür, daß er 100 Unzen übersteigt, obwohl dies möglich ist. Wir dürfen einem Ereignis nur eine Ursache zuschreiben, die genau ausreicht, um die beobachtete Wirkung durch sie zu erklären; alles Darüberhinausgehende ist aus verschiedensten Motiven herrührende unbegründete Zutat: „The cause must be proportioned to the effect; and if we exactly and precisely proportion it, we shall never find in it any qualities, that point farther, or afford an inference concerning any other design or performance." (EHU 136 f./161)

Das physikotheologische Argument beruht also auf einem Analogieschluß, und ein Analogieschluß darf nur insoweit Gültigkeit beanspruchen, wie er die Proportionalitätsforderung erfüllt. Diese Regel analogen Schließens gilt für bloße Materie wie für vernunftbegabte Wesen gleichermaßen. Hume erläutert das an einem weiteren Beispiel: Aus den von Zeuxis gemalten Bildern kann nicht geschlossen werden, daß er nicht nur Maler, sondern auch Bildhauer war.

Angewendet auf den in Frage stehenden Fall heißt das, wir dürfen den Göttern, einmal unterstellt, sie seien die Urheber von Existenz und Ordnung des Universums, nur exakt den Grad an Macht, Intelligenz und Güte zuschreiben, den wir in ihrem Werk – eben der Welt – antreffen. Nun ist aber die Welt „full of ill and disorder" (EHU 137/162); daneben freilich zeigen sich auch Spuren von Güte und Intelligenz. Hume ist vorsichtig genug, das Ergebnis dieser Überlegung nicht in allzu klaren

Worten zu formulieren. Denn es lautet, daß die das theistische Gottesbild konstituierenden Begriffe der Macht, Intelligenz und Güte in ihrer Reinheit durch das physikotheologische Argument nicht herleitbar sind. „So far as the traces of any attributes, at present, appear, so far may we conclude these attributes to exist. The supposition of farther attributes is mere hypothesis [...]." (EHU 137/161) Erst in den *Dialogues* wird diese Konsequenz klar für die Prädikate der Unendlichkeit, Vollkommenheit und Einheit Gottes ausgesprochen[10]; hier in der *Enquiry* läßt Hume es noch bei dem Aufruf bewenden: „Let your gods, therefore, O philosophers, be suited to the present appearances of nature: and presume not to alter these appearances by arbitrary suppositions, in order to suit them to the attributes, which you so fondly ascribe to your deities." (EHU 138/162)

Tatsächlich aber bleiben die Theisten nicht bei einem Gottesbegriff mit eingeschränkten Vollkommenheiten stehen; sie denken Gott vielmehr als ein *all*mächtiges, *all*wissendes und *all*gütiges Wesen und verlassen damit die Bahnen schlüssigen Argumentierens. Die psychologischen Mechanismen, die zu dieser Verherrlichung führen, hat Hume in der *Natural History of Religion* näher beschrieben. In der *Enquiry* begnügt er sich mit knappen Andeutungen, denn es kommt ihm vornehmlich darauf an, die religiöse Hypothese als ein Konstrukt zu entlarven, das durch kein gültiges Argument gestützt wird. Vielmehr verdankt sie ihre Entstehung einer Überfunktion der Einbildungskraft. „You find certain phenomena in nature. You seek a cause or author. You imagine that you have found him. You afterwards become so enamoured of this offspring of your brain, that you imagine it impossible, but he must produce something greater and more perfect than the present scene of things [...]." (EHU 137/162) Es heißt aber die Regeln analogen Schließens verletzen, wenn man aus einer Wirkung auf eine Ursache schließt und von dieser weiter auf andere Wirkungen, die sich der Erfahrungserkenntnis entziehen.

Aus einer übersteigerten Funktion der Einbildungskraft rühren auch all die vergeblichen Versuche in der Theodizee her[11]. Beim Theodizeeproblem handelt es sich um die Frage, wie sich

---

10 DNR, 5. Teil. Vgl. Kreimendahl 1994, 396 f.
11 Kreimendahl 1995, 168–171.

die angenommene Güte, die Weisheit und die Macht Gottes mit der Existenz des Übels in der Welt vereinbaren lassen, die als von ihm geschaffen vorgestellt wird. Hume exemplifiziert seine These also gerade an dem besonders brisanten Fall der moralischen Eigenschaften Gottes. Angesichts der nicht zu leugnenden Realität von Übel und Unordnung in der Welt ist es klar, daß ohne Verletzung der Proportionalitätsforderung zwischen Ursache und Wirkung die Existenz eines als uneingeschränkt gütig, intelligent und mächtig zu bezeichnenden Wesens aus den gemischten Verhältnissen, wie wir sie in der Welt nun einmal antreffen, nicht ableitbar ist. Es verhielte sich anders, wenn wir die der Gottheit zukommenden Eigenschaften nicht aus ihrem Werk allererst erschließen müßten, sondern wenn schon im vorhinein feststünde, daß ihr die fraglichen Prädikate in vollem Umfang zukommen. Dann, so Hume, könnte man das Vorkommen des Übels als mit den Absichten der Gottheit vereinbar erweisen. Doch die Frage bleibt, woher man berechtigt ist, derartige Eigenschaften in der Gottheit a priori vorauszusetzen? A posteriori ist das auf keinen Fall legitim, und andere als solche aposteriorischen Argumente stehen dem Physikotheologen zugestandenermaßen nicht zur Verfügung.

Spätestens jetzt ist der ausgezeichnete Status der religiösen Hypothese zur Erklärung der wirklichen Welt diskreditiert. „The religious hypothesis [...] must be considered only as a particular method of accounting for the visible phenomena of the universe [...]." (EHU 139/164) Den Ablauf der Ereignisse in der Welt leugnet „Epikur" ebensowenig wie der Vertreter der Physikotheologie. Was er zurückweist, ist die theistische Interpretation, die den Geschehensablauf von einem höchsten Wesen gelenkt sieht. Denn diese Interpretation ist weder stringent begründet noch begründbar. Die Erfahrungswelt gestattet keinen Rückschluß auf einen durch die herkömmlichen Prädikate charakterisierten Schöpfer derselben, und selbstverständlich sind von diesem nicht vindizierbaren Gottesbegriff keinerlei weitere Sätze ableitbar; insonderheit keine solchen, die normativen Charakter trügen oder die, wie der Abschnitt überschrieben ist, „a particular providence and a future state" beträfen. Damit hat „Epikur" sein Argumentationsziel erreicht, denn die theistische Interpretation des Ereignisablaufes, der diese Welt konstituiert, erweist sich als ebenso folgenlos, wie er es von der seinen offen eingesteht.

Doch „Epikur" tut ein weiteres und weist – nach einer herben Schelte jener „vain reasoners" (EHU 141/165), die ihre Gottesvorstellung aus der eigenen Phantasie, nicht aber aus den gegebenen Phänomenen geschöpft haben – die tatsächliche Folgenlosigkeit der religiösen Hypothese konkret an dem moralischen Prädikat Gottes auf, das für das Thema der Providenz und des künftigen Lebens von zentraler Bedeutung ist: an der göttlichen Gerechtigkeit. Drei Fälle werden nacheinander durchgespielt, die allesamt gegen die Interpretation des Theisten sprechen.

Behauptet man, so der erste Fall, daß es eine ausgleichende göttliche Gerechtigkeit bereits in diesem Leben gibt, derart, daß der Tugendhafte belohnt und der Lasterhafte bestraft werde, dann wird damit die Annahme eines künftigen Lebens überflüssig, in dem dieser Ausgleich allererst erfolgen solle. Wird hingegen verneint (das ist der zweite Fall), daß sich in dieser Welt Anzeichen einer göttlichen Gerechtigkeit bekunden, dann hat der empirisch argumentierende Theist keinerlei Veranlassung, der Gottheit die Eigenschaft der Gerechtigkeit in dem Sinne zuzusprechen, wie wir sie kennen. Geht man aber (und das ist der dritte Fall) davon aus, daß sich die göttliche Gerechtigkeit in dieser Welt nur teilweise äußert, dann besteht kein Grund, der Gottheit diese Eigenschaft in vollem Umfange beizulegen und auf eine ausgleichende Gerechtigkeit in einem künftigen Leben zu hoffen (vgl. EHU 141 f./166).

Damit ist die religiöse Hypothese, das heißt die Annahme einer vernünftigen, ordnungstiftenden und -erhaltenden Ursache des Universums, als „both uncertain and useless" (EHU 142/167) erwiesen. Sie ist ungewiß, weil das Objekt, auf das sie sich bezieht, völlig außerhalb des menschlichen Erfahrungsbereiches liegt; und sie ist nutzlos, weil aus der angenommenen Ursache keinerlei neue Prinzipien für die Lebensführung abgeleitet werden können (vgl. EHU 142/167).

An dieser Stelle unterbricht der Ich-Erzähler die Ausführungen seines Freundes, weil er die Sache der Physikotheologie noch nicht verloren sieht und sie mittels empirischer Argumente gegen die vorgebrachten Einwände verteidigen will. „If you saw, for instance, a half-finished building, surrounded with heaps of brick and stone and mortar, and all the instruments of masonry; could you not *infer* from the effect, that it was a work of design and contrivance?" Oder: „If you saw upon the sea-shore the print of one human foot, you would conclude, that a man had passed that way [...]." (EHU 143/167 f.)

Mit diesen Einwänden hat sein Gegenüber indes leichtes Spiel. Er betont die grundsätzliche Verschiedenheit der Fälle. Bei menschlichen Artefakten wie zum Beispiel dem Bau eines Hauses ist der Schluß von der Wirkung (dem begonnenen Bau des Hauses) auf die Ursache (den planenden Verstand des Architekten) und von dieser auf eine weitere Wirkung derselben (die baldige Fertigstellung des Hauses) gültig. Der Grund liegt darin, daß wir den Menschen und sein voraussichtliches Verhalten aus vielfältiger Erfahrung kennen, die wir bei Schlüssen dieser Art nutzen. Diese Argumentation wäre jedoch völlig unmöglich, wenn wir den Menschen nur aus dem einen Werk kennen würden, das wir gerade untersuchen; im gewählten Beispiel: aus dem begonnenen Hausbau. Genau das ist in der vorliegenden Frage nun der Fall, denn wir kennen die Gottheit aus einem einzigen Werk allein, nämlich dem Weltenbau. Ferner ist sie, anders als der Mensch, ein Einzelwesen, das wir nicht unter eine Art oder Gattung subsumieren können, die uns anderswoher bekannt wäre. Folglich dürfen wir auch nicht mehr und andere Aussagen über sie treffen, als durch ihr Werk gedeckt sind.

Damit ist der Einwand bündig zurückgewiesen und die Kritik an der Physikotheologie bleibt in ihrer Berechtigung unangetastet bestehen. Dieser argumentative Erfolg bietet Gelegenheit, abermals nach einer Erklärung für die so verbreitete Akzeptanz des theistischen Weltbildes zu suchen. Hume findet sie im Anthropomorphismus. Wir versetzen uns insgeheim an die Stelle der Gottheit und nehmen an, daß sie sich in allen Fällen so verhalten wird, wie wir es tun würden. Das theistische Gottesbild ist ein durch und durch anthropomorph gefärbtes, ja der Theismus entpuppt sich als ein einziger Anthropomorphismus. Insofern liegt er dem Menschen zwar nahe, ist aber in der Reflexion doch als Trugbild durchschaubar. Denn schon der gewöhnliche Lauf der Dinge überzeugt uns davon, daß das Universum anderen Prinzipien als den unseren gehorcht, und es ist ein Fehlschluß der gröbsten Art anzunehmen, daß ein dem Menschen so überlegenes Wesen wie die Gottheit die gleichen Grundsätze und Absichten haben sollte wie wir. Vor einer Identifizierung von göttlichen und menschlichen Intentionen kann nicht eindringlich genug gewarnt werden, denn was uns als

Vollkommenheit erscheint, kann in Wirklichkeit ein Mangel sein. Und ein Lob der Gottheit, das auf diesen anthropomorphen Mechanismen beruht, ist keine rational begründete Verehrung, sondern bloße Schmeichelei. So bleibt es bei dem schon früher gezogenen Fazit des Freundes, „that my apology for Epicurus will still appear solid and satisfactory [...]" (EHU 146 f./172).

Damit kommt das Gespräch wieder auf die Denkfreiheit und auf seinen Ausgangspunkt zurück. Wir hatten bereits erwähnt, daß jenes illiberale, auf das Erfordernis stabiler politischer Verhältnisse abzielende Argument für die Nichtgewährung der Freiheit des Philosophierens aus dem Munde des mit Hume identischen Ich-Erzählers stammt. Gleichwohl stimmt dieser der Forderung des Freundes vorsichtig zu, der ja für eine uneingeschränkte Freiheit zur Diskussion philosophischer Thesen plädierte, wenngleich, wie er hinzufügt, aus anderen Gründen als jener.

Diese Gründe sind, wie ein vergleichender Blick etwa auf Spinozas entsprechende Ausführungen in Kapitel XX des *Tractatus Theologico-Politicus* aus dem Jahre 1670 zeigt, typisch aufklärerischer Natur und repräsentieren fraglos Humes wirkliche Meinung. Er führt sie in nur zwei Sätze zusammengedrängt und eher additiv auf, als daß er eine ausführliche Theorie der Denkfreiheit böte: Der Staat, so meint er, solle jedwede philosophische Lehre tolerieren, denn aus deren Duldung sei noch keiner Regierung ein Nachteil erwachsen. Ferner seien die Philosophen keine Schwärmer, das heißt, sie neigten nicht dazu, mit ihren Ansichten zu missionieren; außerdem interessiere sich das Volk auch gar nicht für philosophische Überlegungen. Schließlich sei es sowohl für die Wissenschaften wie für den Staat gefährlich, philosophischen Lehren Grenzen zu setzen, denn dadurch würden Verfolgung und Unterdrückung gerade in solchen Angelegenheiten provoziert, welche die Menschen sehr tief betreffen.

Doch obgleich sich der Gesprächsrahmen damit schließt, steuert der Abschnitt erst jetzt mit dem letzten Absatz auf seine Klimax zu. Die in ihm vorgetragene Überlegung präsentiert sich wie ein bloßer Anhang zu der erfolgten Kritik an der Physikotheologie, und Hume gibt sich auch alle Mühe, ihre Brisanz herunterzuspielen, geschweige, daß er ihr Ergebnis deutlich herausstellen würde. Er gibt vor, nur auf eine Schwierigkeit bezüglich der Hauptthese des „Epikur" hinweisen zu wollen, „without insisting on it; lest it lead into reasonings of too nice and delicate a nature" (EHU 148/173), und er überantwortet die Verfolgung der sich ergebenden Konsequenzen ausdrücklich „to your own reflection" (EHU 148/173). Doch die Aufspürung dieser vermeintlichen Schwierigkeit, die, wenn sie eine solche wirklich wäre, die Zurückweisung der Kritik „Epikurs" und damit die Rehabilitierung des theistischen Weltbildes zur Folge hätte, dient Hume nur zum Vorwand, um in ihrem Schutz allererst die tatsächlich desaströsen Folgen physikotheologischen Argumentierens aufzudecken.

„Epikur" hatte dargelegt, daß aus einer singulären Wirkung kein Schluß auf eine sie hervorbringende singuläre Ursache gezogen werden könne. „It is only when two *species* of objects are found to be constantly conjoined, that we can infer the one from the other; and were an effect presented, which was entirely singular, and could not be comprehended under any known *species*, I do not see, that we could form any conjecture or inference at all concerning its cause." (EHU 148/173) Das nämlich verbietet die Eigenart des Analogieschlusses. Nun ist aber die Welt eine solche singuläre Wirkung. Die Folge ist, daß sich mittels des physikotheologischen Argumentes strenggenommen nicht nur die genannten Eigenschaften Gottes wie Allgüte usw. nicht erweisen lassen, sondern daß auf diesem Wege nicht einmal sein bloßes Dasein sicherzustellen ist. „Epikur" hatte dem Theisten gleichsam großzügigerweise die Existenz Gottes zugestanden (vgl. EHU 135/160); würde er sie leugnen, könnte der Anhänger der religiösen Hypothese ihn zu deren Annahme nicht mit Gründen zwingen. Denn wegen der Einzigartigkeit des in Frage stehenden Gegenstandes ist es ebensogut möglich, daß das Universum eine materielle Ursache hat wie eine spirituelle oder daß es aus sich selbst heraus besteht. Keinerlei begründete Aussagen über den Ursprung der Welt sind möglich, nicht einmal Vermutungen. Die Annahme des Theisten, sie sei aus einem planenden Intellekt hervorgegangen, der aus Güte handele, ist ein völlig willkürlicher Anthropomorphismus und ohne jedwede rationale Rechtfertigung. Mit diesem Nachweis hat Hume dem wissenschaftlichen Theismus den Todesstoß versetzt und die Hoffnung des modernen Menschen auf eine Religion, die nicht nur mit der Naturwissenschaft vereinbar, sondern auch auf dieser gegründet ist, als Illusion entlarvt.

Die Ansprüche des wissenschaftlichen Theismus sind also zum Scheitern verurteilt. Weder die Offenbarungstheologie noch die natürliche Theologie stehen, so das Ergebnis der zusammengehörenden Abschnitte X und XI der *Enquiry*, einer säkularen Weltsicht länger entgegen. An ihrer Etablierung war Hume gelegen, und er hat in seinen Schriften nach Kräften auf ihre Herbeiführung hingewirkt.

Humes Auseinandersetzung mit der philosophischen Theologie erschien Kant so durchschlagend, daß er bei seiner frühen Kritik der Gottesbeweise in der Schrift *Über den einzig möglichen Beweisgrund zu einer Demonstration des Daseins Gottes* (3. Abteilung, Ziffer 4) von den Argumenten des Schotten Gebrauch gemacht hat. Noch in der *Kritik der reinen Vernunft* (A 620–630) greift er zur Zurückweisung des physikotheologischen Gottesbeweises auf das von Hume bereitgestellte Argumentationspotential zurück, das zwischenzeitlich in der erweiterten Version der *Dialogues* erschienen war, deren (Teil-)Übersetzung durch Johann Georg Hamann ihm vorlag.

Literatur

Flew, Antony 1961: Hume's Philosophy of Belief: A study of his First Inquiry. London-New York ¹1961 (³1969).

Gawlick, Günter 1973: Der Deismus als Grundzug der Philosophie der Aufklärung. In: Hermann Samuel Reimarus (1694–1768). Ein bekannter Unbekannter der Aufklärung in Hamburg. Göttingen, 15–43.

Hurlbutt, Robert H. 1965: Hume, Newton, and the Design Argument. London.

Kreimendahl, Lothar 1982: Humes verborgener Rationalismus. Berlin, New York.

Kreimendahl, Lothar 1989: Einheit des Werkes durch Vielheit der Form. Über die Verflechtung von Stil und Ziel im Oeuvre David Humes. In: Ztschr. f. phil. Forschung 43, 5–31.

Kreimendahl, Lothar 1994: Interpretationen, Hauptwerke der Philosophie. Rationalismus und Empirismus. Stuttgart.

Kreimendahl, Lothar 1995: Hume über das Mißlingen aller philosophischen Versuche in der Theodizee um 1748. In: Ders., Hans-Ulrich Hoche, Werner Strube (Hrsg.): Aufklärung und Skepsis, Studien zur Philosophie und Geistesgeschichte des 17. und 18. Jahrhunderts. Günter Gawlick zum 65. Geburtstag. Stuttgart-Bad Cannstatt, 145–172.

Müller, Gudrun 1980: David Humes Typologie der Philosophen und der Lebensformen. Frankfurt/M.

Noxon, James 1973: Hume's Philosophical Development: A study of his methods. Oxford ¹1973 (²1975).

Streminger, G. 1995: David Hume. Eine Untersuchung über den menschlichen Verstand. Ein einführender Kommentar. Paderborn.

Richard Popkin

David Hume:
Sein Pyrrhonismus und seine Kritik des Pyrrhonismus*

„The wise in every age conclude,
What Pyrrho taught and Hume renewed,
That dogmatists are fools."[1]

David Hume ist immer als einer der größten Skeptiker in der Geschichte der Philosophie betrachtet worden, aber einer genauen Bestimmung des Wesens seines skeptischen Standpunktes hat man wenig Aufmerksamkeit geschenkt. John Laird behauptet in seinem Buch *Hume's Philosophy of Human Nature*, daß „Hume hinsichtlich aller *grundlegenden* Prinzipien ein völliger Pyrrhoneer blieb"[2]. Laird diskutiert jedoch weder das Wesen noch den Grad von Humes pyrrhonischem Skeptizismus. In diesem Aufsatz möchte ich den Versuch einer solchen Bestimmung unternehmen; für den Generalschlüssel zu Humes skeptischer Einstellung halte ich (und das ist mein Ausgangspunkt) die in allen philosophischen Hauptschriften des schottischen Skeptikers wiederkehrende Kritik „of that fantastical sect" der pyr-

---

* Nachweis: Richard Popkin, „David Hume: His Pyrrhonism and His Critique of Pyrrhonism", in: *The Philosophical Quarterly* 1 (1951), S. 385–407. Zitate aus Humes Schriften wurden nicht übersetzt. Anmerkungen, soweit es sich um reine Zitatnachweise handelt, wurden in den Text selbst integriert und bibliographische Angaben den Konventionen dieses Buches angepaßt.
1 Ursprüngliche Version eines Gedichtes von Thomas Blacklock, wie es in einem Brief Humes an John Clephane vom 20. April 1756 erscheint (zitiert nach *Letters* I, 231).
2 Laird 1932, 180.

rhonischen Skeptiker (T 183/245). Eine gründliche Untersuchung dieser Einwände soll enthüllen (und das wird dieser Aufsatz zeigen), daß Hume selbst tatsächlich der einzige ist, der einen ‚konsistenten' pyrrhonischen Standpunkt vertritt[3].

Wo immer Hume die extrem skeptische Sichtweise der Pyrrhoneer diskutiert, behauptet er sowohl, daß solch eine Position nicht durch Gründe zurückgewiesen, als auch, daß sie nicht geglaubt werden könne. Der pyrrhonische Standpunkt ist das logische Ergebnis philosophischer Analyse, und dennoch gibt es etwas in der Natur des Menschen, das einen davon abhält, ihn zu akzeptieren. „Philosophy wou'd render us entirely *Pyrrhonian*, were not nature too strong for it." (*Abstract* 44 f.)

Bevor ich daran gehe, die Grundlage für Humes Behauptung zu untersuchen, ist es notwendig, kurz die Position, die Hume mit dem Ausdruck „Pyrrhonian" bezeichnet, zu umreißen. Bayle hat den Pyrrhonismus definiert als „l'art de disputer sur toutes choses, sans prendre jamais d'autre parti que de suspendre son jugement"[4]. Hume betrachtet den Pyrrhonismus jedoch nicht als eine Kunst, sondern als eine Reihe von Argumenten, die eine bestimmte Einstellung gegenüber allen intellektuellen und praktischen Problemen erzeugen. Hauptgegenstand der Argumente ist die These, daß man für kein Problem, was immer es auch sei, eine rationale Grundlage angeben kann, auf der die Lösung zu finden wäre. Wenn sich zwei mögliche Urteile widersprechen, gibt es keinen rationalen Grund dafür, eines von ihnen vorzuziehen. Es gibt keinen Bereich geistiger oder praktischer Belange, in dem man sicheres und unstreitiges Wissen erlangen kann. Daher fehlt der dogmatischen Anerkennung irgendeiner Aussa-

---

3 Ich werde im Rahmen dieses Aufsatzes nicht untersuchen, woher Humes Wissen über bzw. woher seine Einwände gegen die pyrrhonische Philosophie stammen. Nirgends bezieht er sich auf die klassische Formulierung dieser Position durch den hellenistischen Skeptiker Sextus Empiricus. Hume waren die Werke von Sextus spätestens gegen 1751 bekannt, denn in seiner *Enquiry Concerning the Principles of Morals* bezieht er sich auf einige Passagen von Sextus. Humes Auseinandersetzung könnte auf den Pyrrhonismus zielen, den Sextus selbst verteidigt, oder könnte sich auf Versionen des Pyrrhonismus beziehen, die etwa in folgenden Werken zum Ausdruck kommen: Montaigne, *Apologie pour Raimond Sebond*; Bayle, *Dictionnaire Historique*; *La Logique ou L'Art de Penser*; Crousaz, *Examen du Pyrrhonisme* oder Huet, *La Foiblesse de l'Esprit Humain*. Einige Vermutungen bezüglich der Quellen finden sich bei Laird 1932, 180–85.
4 Pierre Bayle, *Dictionnaire Historique et Critique*, Amsterdam [4]1730, 732.

ge oder einer Menge von Aussagen eine angemessene, vernünftige Grundlage, denn „all is uncertain, and [...] our judgment is not in *any* thing possest of *any* measures of truth and falshood" (T 183/245). Infolge dieser Unfähigkeit, angemessene Gründe für eine Meinung zu entdecken, behauptet der pyrrhonische Skeptiker, man solle sich oder man werde sich in Anbetracht all dieser Fragen der Urteile enthalten. Der wahre Skeptiker wird die Geisteshaltung entwickeln, sich „no opinion or principle concerning any subject, either of action or speculation" (EHU 149/175) zu eigen zu machen.

An dieser kurzen Skizze der Lehren des pyrrhonischen Skeptizismus, wie Hume sie (im *Treatise*, seinen *Enquiries* und den *Dialogues Concerning Natural Religion*) begreift, sind zwei Aspekte hervorzuheben, in denen sich die so formulierte Theorie von der Standardformulierung bei Sextus Empiricus unterscheidet. Zum einen ist Humes Version dogmatischer als die des Sextus. Sextus versuchte, hinsichtlich vieler Fragen eine Reihe von Pro- und Contra-Argumenten aufzuführen, und verzichtete dann auf ein Urteil, anstatt dogmatisch anzunehmen, alle Fragen seien unbeantwortbar[5]. Zum anderen fehlt bei Humes Darstellung des Pyrrhonismus jeder Hinweis auf die Grundlage, die der Pyrrhoneer für die Entscheidung praktischer Fragen anbietet, sobald die Haltung des Urteilsverzichts einmal angenommen worden ist. Sextus behauptet, daß der Skeptiker Erscheinungen undogmatisch akzeptieren und daß er auf natürliche Weise leben kann. Ersteres bedeutet, daß man das, was der Fall zu sein scheint, billigen oder anerkennen oder auch Meinungen darüber haben kann, ohne seine Haltung des Urteilsverzichts bezüglich dessen, was tatsächlich der Fall ist, aufzugeben. Die zweite Lehre behauptet, daß man, ohne irgendwelche Urteile fällen zu müssen, ‚auf natürliche Weise' leben kann, indem man seinen natürlichen Antrieben unbewußt gehorcht oder indem man sich die Sitten und Regeln der eigenen sozialen und kulturellen Umgebung zur Gewohnheit macht und sie akzeptiert, ohne ihren Wert zu beurteilen (vgl. Grundriß I, 13–24).

---

5 Vgl. Sextus Empiricus, *Outlines of Pyrrhonism*, Cambridge Mass.-London 1939. [Im folgenden zitiert als „Grundriß" nach: *Grundriß der pyrrhonischen Skepsis*, übersetzt von Malte Hossenfelder, Frankfurt 1985.]

In seinen philosophischen Schriften hat Hume mehrfach zu verstehen gegeben, daß er die pyrrhonische Lehre teilweise für das logische Ergebnis philosophischer Analyse halte. Eine Untersuchung der Gründe für unsere Urteile über Tatsachen, über Werte oder sogar über mathematische Dinge enthüllt nach Hume, daß keines dieser Urteile eine rationale oder sichere Basis hat und daß kein Urteil für fundierter gehalten werden kann als irgendein anderes: „The *intense* view of these manifold contradictions and imperfections in human reason has so wrought upon me, and heated my brain, that I am ready to reject all belief and reasoning, and can look upon no opinion even as more probable or likely than another." (T 268 f./346)

Nicht nur dies, sondern hinzu kommt noch, daß jeder Versuch, diesen grundlegenden Mangel in unserem Wissen zu überwinden, nur noch fundamentalere und unüberwindlichere Schwierigkeiten enthüllt: „This sceptical doubt, both with respect to reason and the senses, is a malady, which can never be radically cur'd, but must return upon us every moment, however we may chace it away, and sometimes may seem entirely free from it. 'Tis impossible upon any system to defend either our understanding or senses; and we but expose them farther when we endeavour to justify them in that manner." (T 218/286 f.)

Eine genaue Untersuchung von Humes Ansichten wird zeigen, daß er der pyrrhonischen These, daß wir nicht fähig seien, eine rationale und sichere Grundlage für unsere Urteile zu finden, insofern zustimmt, als eine epistemologische Analyse der Natur des menschlichen Wissens enthüllen würde, daß es keine rationale oder sichere Basis für unsere Urteile gibt und daß wir letzten Endes über kein Kriterium verfügen, um für bestimmte fundamentale Bereiche des menschlichen Wissens zu bestimmen, welche unserer widerstreitenden Urteile wahr oder vorzuziehen sind[6].

---

6 Es ist interessant, daß Hume in einer besonders pyrrhonistischen Passage, nämlich dem Schluß des ersten Buches des *Treatise*, diese skeptische Sichtweise auf seine eigenen Theorien anwendet und fragt: „Can I be sure, that in leaving all establish'd opinions I am following truth; and by what criterion shall I distinguish her, even if fortune shou'd at last guide me on her foot-steps? After the most accurate and exact of my reasonings, I can give no reason why I shou'd assent to it; and feel nothing but a *strong* propensity to consider objects *strongly* in that view, under which they appear to me." (T 265/342 f.)

Wenn Hume in der *Enquiry Concerning Human Understanding* den Pyrrhonismus diskutiert, unterscheidet er zwei Typen skeptischer Argumente, die die Pyrrhoneer vorbringen: einerseits populäre Argumente, die bedeutungslos und schwach sind, und andererseits philosophische Argumente, die unwiderlegbar sind. Bei ersteren handelt es sich um Argumente, die die Trüglichkeit oder Widersprüchlichkeit der Sinnesinformationen, die natürliche Schwäche des menschlichen Verstandes, die lange und ermüdende Geschichte der Meinungsverschiedenheiten zwischen den Menschen über nahezu jeden denkbaren Gegenstand, sowie die Wechselhaftigkeit unserer Urteile in Abhängigkeit von inneren und äußeren Umständen betreffen. Kurz gesagt, handelt es sich um die Hauptargumente aus den zehn Tropen des Pyrrhonismus bei Sextus. Diese Argumente sind zunächst einmal deshalb schwach und bedeutungslos, weil, nach Hume, die den Sinnesinformationen inhärenten Schwierigkeiten lediglich zeigen, daß man sich auf die Sinne allein nicht völlig verlassen kann und diese unter Zuhilfenahme anderer Informationsquellen, wie dem Gedächtnis oder der Vernunft, korrigiert werden müssen. Das aber zeigt nicht, daß all unser Wissen infolge unserer fehlerhaften Sinne unzuverlässig ist, sondern nur, daß die Sinne für sich allein unzureichend sind, um eine befriedigende Grundlage für Urteile darzustellen (vgl. EHU 151/177). Zum zweiten sind die populären Argumente schwach und bedeutungslos, weil sie unterstellen, der Wert solcher Urteile, gegen die sie gerichtet sind, hänge von ihrer Sicherheit ab. Hume glaubt, diese populären Argumente seien gegen Urteile von der Art gerichtet, wie wir sie im gewöhnlichen Alltag fällen. Nun zeigen diese Argumente zwar, daß es Gründe gibt, an der Sicherheit solcher Urteile zu zweifeln, aber die Urteile selbst haben in unserem Alltag eine praktische Bedeutung, die gegenüber diesen Zweifeln immun ist. Auf der Stufe des Common sense ist es notwendig, so behauptet Hume, jederzeit Urteile zu fällen und Urteile zu bewerten, ohne auf stützende Gründe oder Evidenzen Bezug zu nehmen. Die vom Pyrrhoneer vorgebrachten epistemologischen Einwände sind hierbei irrelevant[7].

---

7 „These objections are but weak. For as, in common life, we reason every moment concerning fact and existence, and cannot possibly subsist, without continually employing this species of argument, any popular objections, derived from thence, must be insufficient to destroy that evidence." (EHU 158/186)

Die philosophischen Argumente hingegen zeigen, daß es im Grunde weder für unsere Tatsachenurteile und moralischen Urteile noch für die rationalen (mathematischen) Urteile eine rationale oder sichere Basis gibt. Mit solchen Argumenten zeigt der Pyrrhonismus seine eigentliche Stärke, nämlich daß unsere rationalen und unsere Tatsachenurteile manchmal in Widerspruch geraten und daß es keinen Grund gibt, ein Urteil dem anderen vorzuziehen. Eine solche Argumentation, die in einer derart radikalen Konklusion gipfelt, hält Hume für unwiderlegbar und, auf der epistemologischen Analyseebene, für völlig vernichtend gegenüber jedem Versuch, sicheres Wissen zu erlangen. Die Evidenz, die Hume zur Stützung dieser pyrrhonischen Konklusionen anführt, besteht vor allem in dem Ergebnis seiner Analyse derjenigen Tatsachenurteile, die mehr sind als bloße Berichte über unmittelbare Erscheinungen. Alle Evidenz für eine Tatsache basiert, wenn sie nicht offensichtlich ist, auf der Relation von Ursache und Wirkung oder der Relation eines konstanten Zusammenhangs. Es gibt keine rationale Grundlage für die Überzeugung, daß die Objekte, die in der Vergangenheit konstant miteinander zusammengehangen haben, auch in der Zukunft derartig zusammenhängen werden. Es ist lediglich Gewohnheit oder „a certain instinct of our nature" (EHU 159/186), was uns zu glauben veranlaßt, daß sie auch in Zukunft so zusammenhängen werden. Und dieser Instinkt, dem man sich psychologisch kaum widersetzen kann, mag dennoch falsch und trügerisch sein (vgl. EHU 159/186 f.). Die Basis aller Tatsachen- und Wahrscheinlichkeitsschlüsse ist daher irrational, determiniert durch bestimmte natürliche instinktive Kräfte, die bestimmte emotionale Wirkungen auslösen[8].

Im Fall von Werturteilen sind ähnliche psychologische Faktoren sogar noch deutlicher erkennbar, was zeigt, daß diese Urteile

---

8 „Thus all probable reasoning is nothing but a species of sensation. 'Tis not solely in poetry and music, we must follow our taste and sentiment, but likewise in philosophy. When I am convinc'd of any principle, 'tis only an idea, which strikes more strongly upon me. When I give the preference to one set of arguments above another, I do nothing but decide from my feeling concerning the superiority of their influence. Objects have no discoverable connexion together; nor is it from any other principle but custom operating upon the imagination, that we can draw any inference from the appearance of one to the existence of another." (T 103/ 141 f.)

ebenfalls nicht auf rationaler Evidenz gegründet sind. Hier behauptet Hume, daß moralische oder Werte betreffende Unterscheidungen uns weder durch einen Vergleich von Ideen, den die Vernunft anstellt, noch durch eine Untersuchung von Tatsachen bekannt sein können[9]. Die Vernunft kann nicht die Quelle sein, denn (a) beeinflussen moralische Ideen unsere Affekte, wohingegen rationale das nicht tun, und (b) vergleicht die Vernunft Ideen, weil sie nach Wahrheit oder Falschheit im Sinne ihrer Übereinstimmung oder Nicht-Übereinstimmung fragt; wohingegen wir im Fall moralischer Ideen nicht sinnvoll nach Wahrheit oder Falschheit fragen können, sondern statt dessen danach fragen, was lobenswert und was tadelnswert ist. Tatsachen können nichts mit moralischen Unterschieden zu tun haben, weil diese keine Merkmale eines Objektes sind. Unsere Kenntnis von moralischen Unterschieden basiert ausschließlich auf Gefühlen, die wir haben und die auf unseren moralischen Sinn zurückzuführen sind. „Morality, therefore, is more properly felt than judg'd of." (T 470/II 212)[10]

Diese zwei Argumente hinsichtlich von Tatsachen und moralischen Unterschieden bilden die elementarste Ebene des Pyrrhonismus, indem sie zeigen, daß in zwei Hauptgebieten unseres Forschens und Fragens unsere Meinungen auf nichtrationale Faktoren gründen. Die radikaleren und verwirrenderen Formen des Pyrrhonismus ergeben sich für Hume dort, wo ein Zweifel bezüglich der Rationalität unserer Räsonnements und bezüglich ihrer Vereinbarkeit mit den ganz eindeutigen, aus den Sinnen und dem Alltagsleben stammenden Informationen erzeugt wird.

---

9 Zu Humes Diskussion dieses Punktes vgl. T Buch III, Teil I.
10 Die deutlichste Formulierung von Humes Ansicht liefert die folgende Aussage: „Take any action allow'd to be vicious: Wilful murder, for instance. Examine it in all lights, and see if you can find that matter of fact, or real existence, which you call *vice*. In which-ever way you take it, you find only certain passions, motives, volitions and thoughts. There is no other matter of fact in the case. The vice entirely escapes you, as long as you consider the object. You never can find it, till you turn your reflexion into your own breast, and find a sentiment of disapprobation, which arises in you, towards this action. Here is a matter of fact; but 'tis the object of feeling, not of reason. It lies in yourself, not in the object. So that when you pronounce any action or character to be vicious, you mean nothing, but that from the constitution of your nature you have a feeling or sentiment of blame from the contemplation of it." (T 468 f./II 210 f.)

Zu Beginn des dritten Teils von Buch I des *Treatise* hatte Hume eine Unterscheidung zwischen Wissen und Wahrscheinlichkeit getroffen und behauptet, daß perfektes demonstratives Wissen in bezug auf Quantität oder Zahl möglich sei und daß es durch Argumentationsketten über bestimmte Arten von Beziehungen zwischen Ideen erlangt werden könne. Solch eine Behauptung scheint im Widerspruch zu der pyrrhonischen Ansicht zu stehen, denn zumindest in der Wissenschaft der Arithmetik erscheint nach Hume sicheres und rationales Wissen erreichbar. Die skeptische Ansicht, wie sie sowohl im zweiten Buch von Sextus' *Grundriß der pyrrhonischen Skepsis* als auch in Montaignes *Apologie pour Raimond Sebond* zum Ausdruck kommt und die besagt, daß kein wahrhafter Beweis für irgend etwas jemals gegeben werden könne, wird von Hume an dieser Stelle offensichtlich zurückgewiesen. Im vierten Teil des ersten Buches des *Treatise* präsentiert Hume dann allerdings einige relativ neue Argumente, die zeigen sollen, daß man einen „scepticism with regard to reason" (T 180/241, Titel des ersten Abschnitts) akzeptieren muß.

Das erste Argument versucht zu zeigen, daß wir niemals irgendeinen Grund dafür haben können, zu glauben, eine gegebene Argumentationskette sei logisch korrekt, auch dann nicht, wenn sie, angenommen sie wäre korrekt, einen einwandfreien Beweis darstellen würde. Das Argument versucht also zu beweisen, daß es niemals angemessene rationale Evidenz für ein Urteil des Typs ‚Ich weiß, daß P ein einwandfreier Beweis ist' geben kann. Ein solches Argument muß von der gewöhnlichen pyrrhonischen Ansicht über Beweise unterschieden werden, wonach man sich, was die Wahrheit einer Aussage des Typs ‚P ist ein einwandfreier Beweis' betrifft, des Urteils enthalten muß. Hume bezweifelt, daß ein Mensch jemals in der Lage sein kann, einen einwandfreien Beweis als solchen zu erkennen, aber er bezweifelt nicht die Möglichkeit der Existenz einwandfreier Beweise. Das Ziel des pyrrhonischen und des Humeschen Argumentes ist allerdings dasselbe, nämlich uns zu zeigen, daß wir uns des Urteils hinsichtlich der These, eine Behauptung sei bewiesen worden, enthalten müssen.

Hume argumentiert hier so: Jeder weiß aus Erfahrung, daß seine Fähigkeit, eine Argumentation über mehrere Schritte fortzuführen, nicht perfekt ist. Bei der Beurteilung der Korrektheit eines beliebigen Teilstücks seiner Argumentation wird der Argumentierende daher die Wahrscheinlichkeit in Betracht ziehen müssen, mit der er in diesem Fall richtig geschlossen hat. Diese Wahrscheinlichkeit wird kleiner als 1 sein, und daher kann das Urteil ‚Ich weiß, daß P ein einwandfreier Beweis ist' nur wahrscheinlich, aber niemals völlig wahr sein. Des weiteren ist auch unsere Fähigkeit zu beurteilen, ob wir richtig geschlossen haben, nicht perfekt; daher gibt es hier eine weitere Wahrscheinlichkeit, und zwar, ob wir bei der Beurteilung unseres Schließens korrekt geurteilt haben. Hume behauptet, daß die Wahrscheinlichkeit des neuen Urteils das Produkt sei aus der Wahrscheinlichkeit, daß wir richtig geschlossen haben, und aus der Wahrscheinlichkeit, daß wir die Genauigkeit unseres Schließens korrekt beurteilt haben. Da beide Wahrscheinlichkeiten kleiner als 1 sind, ist das Produkt kleiner als jede der beiden. Und dann tritt als nächstes die Frage auf, ob wir unsere Fähigkeit, unsere Urteile über die Genauigkeit unseres Schließens korrekt zu beurteilen, korrekt beurteilt haben, usw. Dieser Prozeß der Einführung immer neuer Wahrscheinlichkeiten, jede geringer als die vorhergehende, kann ad infinitum weitergehen, und daher nähert sich die Wahrscheinlichkeit, daß wir jemals ohne den kleinsten Schatten eines Zweifels erkennen können, daß ein bestimmter Teil eines Schließens korrekt war, dem Wert null (vgl. T 181 ff./243 ff.).

Dieses Argument muß nicht zu pyrrhonischen Zweifeln bezüglich logischer Regeln und Schlüsse führen, aber es wirft Zweifel auf, ob ein Mensch jemals sicher sein kann, daß er logisch korrekt schließt. Wäre man auf völlige Sicherheit angewiesen, daß die eigene Fähigkeit zu schließen perfekt ist, bevor man irgendeinen Beweis akzeptieren könnte, dann, so behauptet Hume, würde dieses Argument, indem es Wahrscheinlichkeitsüberlegungen in unsere Urteile über unser Schließen einführt, „utterly subvert all belief and opinion" (T 184/246).

„But as experience will sufficiently convince any one, who thinks it worth while to try, that tho' he can find no error in the foregoing arguments, yet he still continues to believe, and think, and reason as usual, he may safely conclude, that his reasoning and belief is some sensation or peculiar manner of conception, which 'tis impossible for mere ideas and reflections to destroy." (T 184/246)

Hume bietet dann eine psychologische Theorie an, um zu erklären, warum diese Argumente nicht zu einer Verringerung unseres Vertrauens in unser Schließen führen. Diese Tatsache, meint er, sei darauf zurückzuführen, daß der Geist sich nicht so „verrenken" könne, daß er imstande wäre, Urteile über seine Urteile zu fällen (vgl. T 184 ff./247 ff.). Was unser Vertrauen in unser Schließen bewahrt, ist also nicht rationale Evidenz, sondern lediglich eine psychologische Eigenart unserer Natur, und damit ist die pyrrhonische Ansicht, daß wir für die Verteidigung unserer Meinung keine rationale Grundlage haben, ein weiteres Mal illustriert.

Um unser Vertrauen in unsere Schlüsse noch weiter zu unterminieren, um noch überzeugender zu zeigen, daß die pyrrhonische Position unwiderlegbar ist, präsentiert Hume die Widersprüche, die zwischen ‚korrekten' Schlüssen einerseits und Sinnesinformationen und Common-sense-Überzeugungen andererseits auftreten. Diese Widersprüche betreffen die Existenz von Gegenständen der Außenwelt, den Status primärer Qualitäten, die Natur des ‚Selbst' und die Konklusionen der Arithmetik und der Geometrie. Erstere entstehen, weil wir einerseits von Natur aus glauben, daß die Gegenstände, die wir mit unseren Sinnen perzipieren, insofern reale Gegenstände sind, als sie vom Betrachter verschieden sind und kontinuierlich existieren, unabhängig davon, ob sie betrachtet werden oder nicht, und weil uns andererseits unsere rationalen Überlegungen zu dem Schluß zwingen, daß all unsere Perzeptionen nur *in* uns existieren und nicht außerhalb von uns existieren können. Hume behauptet sowohl im *Treatise* als auch in der *Enquiry*, daß die Menschen durch einen natürlichen Instinkt dazu geführt werden anzunehmen, daß es eine unabhängig und kontinuierlich existierende Außenwelt gibt und daß unsere Sinneseindrücke der Außenwelt angehören (vgl. T 187 f./250 f. und EHU 151f/177f). „But this universal and primary opinion of all men is soon destroyed by the slightest philosophy." (EHU 152/178) Alles, was wir jemals perzipieren, sind Sinnes-Bilder. Die Belege der Pyrrhoneer dafür, daß diese Bilder von uns abhängig sind, sind überwältigend, da die Bilder sich in Abhängigkeit von unserem jeweiligen Zustand verändern können. Wir glauben zum Beispiel nicht, daß sich, wenn wir auf das Bild einwirken, indem wir auf das eine Auge Druck ausüben, auch der Gegenstand entsprechend verändert. Die Bilder können nicht mehr sein, als ein Element unserer mentalen Welt. Daher haben die Philosophen die dualistische Lösung erfunden, wonach die Bilder von den Gegenständen verschieden sind. Aber dieses System ist deshalb nicht hilfreich, weil wir nichts anderes kennen können als Bilder und weil sich daher niemals irgendeine rationale Evidenz zur Verteidigung der dualistischen Auffassung angeben läßt[11]. Der Kern des Problems liegt darin, daß unsere instinktiven realistischen Überzeugungen unserer rationalen Sicht der Dinge widersprechen und daß sich gleichwohl keine rationale Lösung zur Bewältigung dieser Schwierigkeit finden läßt. Sowohl unsere Common-sense-Auffassungen als auch unsere rationalen Ansichten sind durch „trivial qualities" des Geistes (T 217/286) bestimmt, und daher werden wir offenbar durch unsere Vernunft in einen unlösbaren Widerspruch zu unseren instinktiven Überzeugungen geführt[12].

Der zweite Widerspruch ergibt sich aus einem Konflikt zwischen der Behauptung, sekundäre Qualitäten seien nichts anderes als Eindrücke im Geist, und der Behauptung, es gebe eine materielle Außenwelt. Zunächst stimmt Hume der These zu, daß dieselbe Argumentation (hauptsächlich pyrrhonische Argumente aus der Sinnestäuschung und aus der Veränderlichkeit unserer Perzeptionen in Abhängigkeit von Veränderungen unseres Zustandes), die einen die Existenz sekundärer Qualitäten außerhalb des Geistes leugnen läßt, einen ebenfalls zwingt, die Existenz primärer Qualitäten außerhalb des Geistes zu leugnen. Hier benutzt Hume einige Argumente Berkeleys, um zu zeigen, daß es keine epistemologische Grundlage gibt, um Qualitäten wie Bewegung und Ausdehnung von Qualitäten wie Farbe und

---

11 Vgl. hierzu T 210–216/278–284 und EHU 151–154/177–180.
12 „This is a topic, therefore, in which the profounder and more philosophical sceptics will always triumph, when they endeauvour to introduce an universal doubt into all subjects of human knowledge and enquiry. Do you follow the instincts and propensities of nature, may they say, in assenting to the veracity of sense? But these lead you to believe, that the very perception or sensible image is the external object. Do you disclaim this principle, in order to embrace a more rational opinion, that the perceptions are only representations of something external? You here depart from your natural propensities and more obvious sentiments; and yet are not able to satisfy your reason, which can never find any convincing argument from experience to prove, that the perceptions are connected with any external objects." (EHU 153 f./180)

Klang zu unterscheiden. Außerdem bemüht sich Hume zu zeigen, daß unsere Kenntnis von primären Qualitäten in Wahrheit die Kenntnis von bestimmten Anordnungen sekundärer Qualitäten sei. Aus diesen Überlegungen läßt sich dann schließen, daß alle Qualitäten von Körpern Eindrücke des Geistes sind und daß es nichts gibt, was wir sinnvollerweise einen äußeren materiellen Gegenstand nennen können (vgl. T 225–31/295–303 und EHU 154 f./180 ff.). Folglich gilt: Wenn wir die Theorie der sekundären Qualitäten akzeptieren, „we utterly annihilate all these [external] objects, and reduce ourselves to the opinions of the most extravagant scepticism concerning them. If colours, sounds, tastes, and smells be merely perceptions, nothing we can conceive is possest of a real, continu'd, and independent existence [...]." (T 228/298)[13]

Der natürliche Glaube an eine Außenwelt erweist sich erneut als unseren rationalen Prinzipien zuwiderlaufend, und letztere scheinen unhaltbar zu sein. Aus so widersprüchlichen Ansichten kann Hume nur die eine Schlußfolgerung ziehen:

> „Thus there is a direct and total opposition betwixt our reason and our senses; or more properly speaking, betwixt those conclusions we form from cause and effect, and those that persuade us of the continu'd and independent existence of body." (T 231/302 f.)

Ein weiterer Widerspruch findet sich bei der Analyse der Identität der Person. Humes Diskussion dieses Gegenstandes führt ihn zu dem Ergebnis, daß wir keinen Eindruck und daher keine Idee eines ‚Selbst' haben und daß alles, was wir mit diesem Ausdruck meinen können, eine Folge einzelner Perzeptionen ist. Weil die Perzeptionen, wenn wir sie wahrnehmen, auf uns einen starken Eindruck machen, glauben wir, daß sie durch eine Verknüpfung miteinander verbunden sind, die ihnen Identität und Einfachheit verleiht. Reale Verknüpfungen können von

---

13 In der *Enquiry* behauptet Hume: „Bereave matter of all its intelligible qualities, both primary and secondary, you in a manner annihilate it, and leave only a certain unknown, inexplicable *something*, as the cause of our perceptions; a notion so imperfect, that no sceptic will think it worth while to contend against it." (EHU 155/182)

Menschen niemals entdeckt werden. Im *Appendix* zum *Treatise* bekennt Hume, daß die obigen Schlußfolgerungen ein Labyrinth von Widersprüchen und Absurditäten enthielten, die konsistent zu machen er sich außer Stande sähe.

Die Schwierigkeiten scheinen an dieser Stelle nicht von logischen Widersprüchen herzurühren, sondern von Verletzungen der Common-sense-Überzeugungen. Die ganze Diskussion im *Appendix* zeigt, daß Humes Analyse zu der Ansicht führt, es gebe unter unseren Perzeptionen keine wirkliche Einheit, die sich entdecken ließe, und doch werde ein vereinendes Prinzip gebraucht, um diesen Sachverhalt mit unserer Common-sense-Meinung über die Natur des Selbst in Einklang zu bringen. Da Hume sich nicht in der Lage sah, seine Theorie über das ‚Selbst' mit den gewöhnlichen Ansichten über diesen Gegenstand in Übereinstimmung zu bringen, konnte er nicht mehr tun, als seine Skepsis zu äußern und sich darauf zu verlassen, daß die Schwierigkeiten in dieser wichtigen Sache ausreichen, um jeden zu einem völligen Skeptiker werden zu lassen (vgl. T 633–36/ 359–364).

Die letzte Gruppe von Widersprüchen resultiert aus rationalen mathematischen Schlußfolgerungen, von denen manche voller „contradiction and absurdity" (EHU 157/184) sind. Hume hatte den Eindruck, daß die mathematischen Beweise bezüglich der unendlichen Teilbarkeit von Ausdehnungen und Zeit zwar ebenso logisch korrekt sind wie jeder andere mathematische Beweis und letztlich auf denselben Prämissen basieren, daß sie aber insofern paradox sind, als sie mit unseren Common-sense-Begriffen in Konflikt geraten. Der Begriff des Berührungswinkels zwischen einem Kreisumfang und seiner Tangente, von dem sich beweisen läßt, daß er unendlich kleiner ist als jeder beliebige spitze Winkel, steht im Widerspruch zu unseren gewöhnlichen Ansichten, und ähnliches mehr (vgl. EHU 156 ff./182 ff.). Vom Standpunkt des Common sense aus betrachtet (und glücklicherweise lebte Hume zu früh, um Kenntnis von den noch sonderbareren Theoremen der modernen Mengenlehre mit ihrer Hierarchie von Unendlichkeiten zu haben) führen einige der mathematischen Beweise zu derart ‚absurden' Ergebnissen, daß „Reason here seems to be thrown into a kind of amazement and suspence, which, without the suggestions of any sceptic, gives her a diffidence of herself, and of the ground on which she treads. She sees a full light, which illuminates certain places; but that light borders upon the most profound darkness. And between these she is so dazzled and confounded, that she scarcely can pronounce with certainty and assurance concerning any one object." (EHU 157/184)

All diese Argumente zeigen nach Hume, daß der extreme Skeptizismus der Pyrrhoneer nicht widerlegt werden kann und daß er die logische Konsequenz ist, wenn man die Grundlagen, auf denen unsere Überzeugungen bezüglich von Tatsachen, Moral und Beweisen beruhen, einer epistemologischen Analyse unterzieht. Bei all diesen Überzeugungen zeigt sich, daß unsere Auffassungen von nicht-rationalen Faktoren bestimmt werden und daß es ganz allgemein unmöglich wäre, eine befriedigende rationale Evidenz für unsere Meinungen zu liefern. Hinzu kommt noch, daß unsere aus der Vernunft abgeleiteten Meinungen im Widerspruch zu unseren Sinnen oder zu unseren Common-sense-Überzeugungen stehen. Wir verfügen über keinerlei Kriterium, um eine Überzeugung einer anderen vorzuziehen.

Im Schlußteil des ersten Buches des *Treatise* gibt Hume verzweifelt zu erkennen, daß dieser epistemologische Pyrrhonismus das einzige sei, wohin die Philosophie uns führen kann. Alles, was wir jemals durch Erinnerung, durch die Sinne oder durch den Verstand wissen können, basiert auf irrationalen Launen der Einbildungskraft. Sogar die Annahme der Humeschen Philosophie kann lediglich mit der Begründung verteidigt werden, daß einige Leute eine starke Neigung haben, die Welt auf diese Art zu betrachten (vgl. T 265/343 f.). Aber es kommt noch schlimmer: Die natürlichen psychischen Faktoren, die unsere Meinungen determinieren, zwingen uns zu widersprüchlichen Ansichten über ein und denselben Sachverhalt, zum Beispiel über den Status der Außenwelt. Hier nötigen uns zwei verschiedene Prinzipien, durch die wir auf irrationale Weise zu Meinungen gelangen, zu verschiedenen Meinungen. Wenn all unsere Meinungen auf solchen psychischen Faktoren basieren, wie können wir dann jemals eine Gruppe von Meinungen einer anderen vorziehen? Was können wir in Anbetracht der unglücklichen Tatsache tun, daß die Vernunft in Konflikt mit dem Commonsense gerät?

„Shall we, then, establish it for a general maxim, that no refin'd or elaborate reasoning is ever to be receiv'd? Consider well the consequences of such a principle. By this means you cut off entirely all science and philosophy: You proceed upon one singular quality of the imagination, and by a parity of reason must embrace all of them: And you expresly contradict yourself; since this maxim must be built on the preceding reasoning, which will be allow'd to be sufficiently refin'd and metaphysical. What party, then, shall we choose among these difficulties? If we embrace this principle, and condemn all refin'd reasoning, we run into the most manifest absurdities. If we reject it in favour of these reasonings, we subvert entirely the human understandig. We have, therefore, no choice left but betwixt a false reason and none at all." (T 268/346)

Daher gilt nach Hume, daß „if Reason be consider'd in an abstract View, it furnishes invincible Arguments against itself, and that we cou'd never retain any Conviction or Assurance, on any Subject [...]." (DNR 152/10 f.)

Die epistemologische Analyse des menschlichen Wissens führt zum totalen pyrrhonischen Skeptizismus. Wie wir gesehen haben, ist Hume jedoch der Meinung, daß diese Analyse wirkungslos ist, wenn sie auf Common-sense-Meinungen angewandt wird, und daß es ihr in diesem Fall nicht gelingt, unser Überzeugtsein zu untergraben, weil es sich dabei nicht um wirklich rationale Überzeugungen handelt. Aber der schottische Skeptiker geht bei seiner Einschätzung dieser extrem skeptischen Position noch einen großen Schritt weiter, wenn er meint, niemand könne sie jemals wirklich vertreten, obwohl es keine philosophische Widerlegung des Skeptizismus gibt. Denn im Alltagsleben bleiben die pyrrhonischen Zweifel unbeachtet (vgl. T 268/346). Und auf der philosophischen Ebene wird dieser Skeptizismus einfach nicht für wahr gehalten. „Whoever has taken the pains to refute the cavils of this *total* scepticism, has really disputed without an antagonist." (T 183/245)[14]

Wenden wir uns nun der anderen Seite von Humes Ansichten über den Pyrrhonismus zu. Einerseits läßt sich der Pyrrhonis-

---

[14] Tatsächlich, behauptet Hume, „it is certain, that no man ever met with any such absurd creature" wie dem vollständigen Skeptiker (EHU 149/175).

mus nicht widerlegen, andererseits hat noch nie jemand den Pyrrhonismus für wahr gehalten, und keiner wird je dazu in der Lage sein, ihn zu vertreten. Die Erklärung für diese ziemlich paradoxe Beobachtung, daß skeptische Argumente „*admit of no answer and produce no conviction*" (EHU 155/181 Anm.)[15], lautet: „'Tis happy, therefore, that nature breaks the force of all sceptical arguments in time, and keeps them from having any considerable influence on the understanding" (T 187/250).

Nach Hume behauptet der Pyrrhoneer, daß die Haltung des Urteilsverzichts aus dem Nachweis resultieren soll und auch tatsächlich daraus resultiert, daß wir nirgends, in keinem Bereich auch nur die geringste rationale Grundlage für eine Meinung haben. Hinsichtlich spekulativer Argumente stimmt Hume dem zu. Hier untergräbt die skeptische Entdeckung, daß wir keine rationale Grundlage für unsere Ansichten haben, unseren Glauben und veranlaßt uns, uns der Urteile zu enthalten[16].

Der Skeptiker hat die sonderbare, auch beim Stoiker häufig anzutreffende Meinung, daß ein Mensch das, was er manchmal und unter bestimmten Bedingungen tun kann, jederzeit und unter allen Umständen tun kann (vgl. DNR 149/8). Das ist jedoch definitiv nicht der Fall. Wie unsere biologische Existenz ist auch unsere psychische Existenz von natürlichen Faktoren geprägt, die uns manchmal zwingen, auch ohne Evidenz Meinungen zu haben.

> „Shou'd it here be ask'd me, whether I sincerely assent to this argument, which I seem to take such pains to inculcate, and whether I be really one of those sceptics, who hold that all is uncertain, and that our judgment is not in *any* thing possest of *any* measures of truth and falshood; I shou'd reply, that this question is entirely superfluous, and that neither I, nor any

---

15 Hume macht diese Bemerkung, um zu zeigen, warum er Berkleys Argumente für skeptische Argumente hält. Alles, was Berkleys Argumentation erreicht, „is to cause that momentary amazement and irresolution and confusion, which is the result of scepticism" (EHU 155/181 Anm.).

16 „But it is evident, whenever our Arguments [...] run wide of common Life, that the most refin'd Scepticism comes to be on a Footing with them, and is able to oppose and counterballance them. The one has no more Weight than the other. The Mind must remain in Suspence between them; and it is that very Suspence or Ballance which is the Triumph of Scepticism." (DNR 152/11)

other person was ever sincerely and constantly of that opinion. Nature, by an absolute and uncontroulable necessity has determin'd us to judge as well as to breathe and feel; nor can we any more forbear viewing certain objects in a stronger and fuller light, upon account of their customary connexion with a present impression, than we can hinder ourselves from thinking as long as we are awake, or seeing the surrounding bodies, when we turn our eyes towards them in broad sunshine." (T 183/245)

Die skeptische Ansicht, daß wir keinerlei Meinung haben sollten und auch keine Meinungen haben, ist daher falsch. Wir müssen Meinungen haben, da die Natur uns dazu zwingt. Die Frage ist eigentlich nicht, was wir tun sollten, sondern was wir tun müssen.

Wir sind genötigt, über (1.) Tatsachen, (2.) Moral und (3.) Vernunftfragen zu urteilen, und zwar unabhängig davon, ob uns zureichende Evidenz zur Verfügung steht. (1.) Wie Hume sehr ausführlich erläutert hat, gründet sich unser Vertrauen in Tatsachenurteile nicht auf rationale Evidenz, sondern es ist das Ergebnis von Übung oder Gewohnheit, nämlich solche Ideen als besonders stark zu empfinden, die mit einem jetzt gerade den Sinnen oder dem Gedächtnis präsenten Eindruck gewöhnlich verbunden sind. Unsere Urteile über solche Gegenstände drängen sich uns aufgrund unserer geistigen Beschaffenheit von selbst auf. Es ist also Natur und nicht etwa logisches Überlegen, was uns bei allen kausalen Schlüssen leitet. Diese Art des Schließens „peoples the world" (T 108/148) und erlaubt es uns, über Gegenstände zu reden, die unseren Sinnen oder unserem Gedächtnis nicht unmittelbar präsent sind.

(2.) Was Moralurteile angeht, zielt Humes ganze Argumentation darauf ab zu zeigen, daß sie das Ergebnis eines moralischen Sinnes sind, der, wenn er normal funktioniert, hinsichtlich verschiedener Gegenstände und Ereignisse bestimmte Gefühle in uns hervorruft. Wir urteilen instinktiv und nicht aufgrund reflektierender Analyse. Die Meinung, daß etwas gut oder verdienstvoll ist, ist das Ergebnis eines angenehmen Gefühls, und die Meinung, daß es schlecht oder beklagenswert ist, ist das Ergebnis eines unangenehmen Gefühls. Wir sind so beschaffen, daß wir in jedem Augenblick unserer Erfahrung bestimmte

Empfindungen haben, die das, was wir perzipieren, begleiten. Auch in diesem Bereich zwingt uns die Natur daher dazu, Meinungen zu haben, obgleich der Skeptiker zeigt, daß wir für diese keine Grundlage besitzen. Nun gibt es eine sehr berühmte Aussage Humes, die im Widerspruch zu dem zu stehen scheint, was ich hier und in diesem ganzen Aufsatz behaupte: „Reason is, and ought only to be the slave of the passions, and can never pretend to any other office than to serve and obey them." (T 415/II 153) Was ich als Humes totalen Pyrrhonismus bezeichne, schließt seine Ansicht ein, daß die Vernunft der Sklave der Affekte *ist* und daß all unsere angeblich rationalen Schlußfolgerungen auf verschiedenen psychischen und biologischen Faktoren basieren. Der zweite Punkt, daß die Vernunft auch der Sklave der Affekte sein *soll*, scheint zu implizieren, daß Hume eine etwas stärkere These, nämlich einen positiven moralischen Irrationalismus vertritt, demzufolge an der Tatsache, daß wir alle irrational funktionieren, etwas *gut* ist. Vertritt Hume diese Ansicht, dann endet die Philosophie für ihn nicht im Pyrrhonismus, sondern in einer dogmatischen Theorie, und daraus würde folgen, daß das, was ich hier entwickelt habe, nicht wirklich der Humesche Standpunkt ist. Ich glaube jedoch, daß diese Passage auch eine andere Interpretation erlaubt, wenn man sie in ihrem Kontext im zweiten Buch des *Treatise* betrachtet. Hier erscheint sie als Antwort auf die rationalistische Ansicht, daß Vernunft und Affekte einander widersprechen und daß die tugendhafte Handlung darin bestehe, der Vernunft zu folgen, oder daß der Mensch als rationales Wesen verpflichtet sei, sein Handeln nach der Vernunft zu richten. Ich glaube, daß die betreffende Passage in ihrem Kontext als eine überschießende und übermäßig enthusiastische Absage an Humes Gegner interpretiert werden kann und nicht als Widerspruch zu Humes generellem pyrrhonischem Skeptizismus gelesen werden muß. Als Beleg, daß dies eine mögliche und plausible Interpretation ist, wäre zunächst zu sagen: Die Gründe, mit denen Hume seine Gegner zu widerlegen sucht, zeigen durchweg, daß die Vernunft der Sklave der Affekte ist oder daß die Vernunft allein keine motivierende Kraft für unsere Handlungen ist und daher mit den Affekten nicht in Konflikt geraten kann. Keiner von Humes Gründen besagt, daß die Vernunft der Sklave der Affekte sein soll. Außerdem werden im Anschluß an die betreffende Passage, die, wie Hume einräumt, „may appear somewhat extraordinary" (T 415/II 153), eine Reihe weiterer Überlegungen zur Verteidigung seiner Ansicht vorgetragen. Auch hier bezieht sich keine seiner Überlegungen darauf, ob die Vernunft der Sklave der Affekte sein soll oder nicht, sondern alle verstärken lediglich die schon angeführten Argumente. Die entscheidende Frage, ob es auch richtig ist, daß die Vernuft derart beherrscht wird, wird hier schlicht nicht diskutiert[17]. Schließlich möchte ich zur Verteidigung meiner Interpretation noch auf die Passage (T 469f/II 211f) hinweisen, in der Hume eine Beobachtung macht, „which may, perhaps, be found of some importance", nämlich daß eine Aussage, die den Ausdruck „soll" enthält, nicht aus einer folgt, die den Ausdruck „ist" enthält. Es war Hume also vermutlich klar, daß Gründe, die beweisen, daß die Vernunft der Sklave der Affekte *ist*, nicht zeigen, daß die Vernunft der Sklave der Affekte sein *soll*. Ich meine also: Der Kontext der betreffenden Passage und Humes Beobachtung über die Unmöglichkeit, aus einer Tatsachenaussage auf eine normative Aussage zu schließen, machen deutlich, daß Hume nicht eine positive Theorie des moralischen Irrationalismus verteidigen, sondern eine positive Theorie des moralischen Rationalismus widerlegen wollte. Die starke Aussage, mit der er diese Zurückweisung formuliert, erweckt den Eindruck, er meine mehr. Aber alles, was er als Evidenz anführt, sind psychologische Betrachtungen, die zeigen sollen, daß die Vernunft unsere Handlungen nicht lenkt und daß die Vernunft der Sklave der Affekte ist. Es scheint daher nicht unplausibel anzunehmen, daß er nicht mehr hat sagen wollen. Und wenn dies alles ist, was er sagen wollte, dann spricht diese Passage nicht dagegen, sondern im Gegenteil dafür, daß Hume in philosophischen Fragen ein völliger Pyrrhonist war.

---

17 Interessanterweise enthält Norman Kemp Smiths Erklärung der betreffenden Passage, an der er das Merkmal der Verpflichtung für grundlegend erachtet, keine Aussagen darüber, warum die Vernunft der Sklave sein soll. Die ganze Erklärung von Humes Meinung und die dahinterstehenden Überlegungen beziehen sich lediglich darauf, warum die Vernunft nicht mit den Affekten in Konflikt geraten kann und warum die Vernunft der Sklave der Affekte *ist*. (Vgl. die glänzende Studie von Kemp Smith, *The Philosophy of David Hume*, London 1941, Unterkapitel „In Morals, as in Belief, Reason acts in the Service of Feeling and Instinct", 143–47.)

(3.) Auch die skeptischen Argumente, die darauf zielen, daß wir niemals sicheres demonstratives Wissen erlangen können, konfligieren mit dem, was die Natur uns zu glauben zwingt. Hume hielt sein Argument, demzufolge wir der Richtigkeit eines beliebigen Beweises niemals sicher sein können, für unwiderlegbar; aber das Argument hält doch niemanden davon ab, in diesem Punkt sicher zu sein. Unsere Sicherheit ist jedoch nicht rational begründet, sondern beruht auf natürlichen Faktoren. Der Geist ist nicht in der Lage, die Zweifel an seiner Fähigkeit, seine Urteile zu beurteilen, ad infinitum weiter zu treiben, weil dies den Geist in eine unbequeme Lage bringt: „the spirits being diverted from their natural course" (T 185/248). Und genau diese Unfähigkeit bewahrt uns vor dem Zwang des skeptischen Arguments. Wir schließen gemäß unserer Natur, und durch eine glückliche Eigenart des Geistes bleiben wir von Zweifeln an unserer Fähigkeit, Schlüsse zu ziehen, unberührt.

Nicht nur zwingt die Natur jeden, den Skeptiker eingeschlossen, auch ohne rationale Rechtfertigung zu Schlüssen und Überzeugungen über (1.) Tatsachen, (2.) Moral und (3.) Beweisfragen, sondern sie zwingt ihn des weiteren auch, an die Existenz bestimmter Arten metaphysischer Objekte zu glauben, obwohl es keinen Beweis für deren Existenz gibt und obwohl der Glaube an ihre Existenz zu paradoxen Ansichten führt. Hume scheint also der Meinung zu sein, daß die Natur uns dazu bringt, an die Existenz von Körper, Geist und Gott (Descartes' drei Substanzen) zu glauben, obwohl diese Überzeugungen durch kein einziges philosophisches Argument verteidigt werden können.

Das Problem der Existenz von Körpern wird mit der Bemerkung eingeleitet, daß „he [the sceptic] must assent to the principle concerning the existence of body, tho' he cannot pretend by any arguments of philosophy to maintain its veracity. Nature has not left this to his choice, and has doubtless esteem'd it an affair of too great importance to be trusted to our uncertain reasonings and speculations. We may well ask, *What causes induce us to believe in the existence of body*? but 'tis in vain to ask, *Whether there be body or not*? That is a point, which we must take for granted in all our reasonings." (T 187/250)

In der *Enquiry Concerning Human Understanding* sagt Hume, der Glaube an die Existenz der Außenwelt komme daher, daß wir den „instincts and propensities of nature" (EHU 153/180) folgen. Aber, wie bereits oben hervorgehoben, behauptet Hume, daß diese Überzeugung nicht nur nicht verteidigt werden könne, sondern zu unseren besten Argumenten im Widerspruch stehe. Die Natur bringt uns durch eine sonderbare Neigung zu der Überzeugung, daß die Objekte, die wir perzipieren, kontinuierlich existieren, obwohl sie nicht ständig perzipiert werden. Wir neigen von Natur aus dazu, unsere unterbrochenen Perzeptionen für kontinuierlich zu halten, sogar dann, wenn dies unseren Schlüssen widerstreiten sollte. Sogar nachdem Hume gezeigt hat, daß unser natürlicher Glaube an die Existenz von Körpern allen unseren Schlüssen widerspricht, daß es keinen Weg gibt, diesen Konflikt aufzulösen, und daß dies zu den tiefsten skeptischen Zweifeln führt, beharrt er immer noch darauf, daß „whatever may be the reader's opinion at this present moment [nach der Hume-Lektüre], that an hour hence he will be persuaded there is both an external and internal world" (T 218/287). Die natürliche Neigung, an die Existenz von Körpern zu glauben, sei so stark, daß sie nicht einmal von den unüberwindlichsten metaphysischen Schwierigkeiten konterkariert werden könne.

Für den Fall des natürlichen Glaubens an die Existenz des Geistes oder des Selbst ist das nicht so leicht deutlich zu machen. Aber ich glaube, dies ist die einzige Interpretation, die Humes sonderbar erscheinende Kehrtwende in der Frage der Identität der Person im *Appendix* zum *Treatise* erklären kann. Die Diskussion über die Identität der Person soll nicht, wie oft angenommen wird, bloß zeigen, daß wir keinen Eindruck von einem fortdauernden ‚Selbst' haben. Humes Analysen sind hier nahezu ausschließlich mit der Entwicklung einer Antwort auf die folgende Frage beschäftigt: „What then gives us so great a propension to ascribe an identity to these successive perceptions, and to suppose ourselves possest of an invariable and uninterrupted existence thro' the whole course of our lives?" (T 253/328)

Der Glaube an die Identität der Person ist insofern natürlich, als jeder ihn ohne jede oder vor irgendeiner Reflexion über diesen Gegenstand besitzt[18]. Aber es handelt sich wieder um

---

18 Vgl. Charles W. Hendel 1925, 242 f. Mit seiner Bestätigung der Auffassung des Alltagsmenschen (*Treatise* 317/II 49 und 320/II 52) behauptet Hume zugleich, daß wir unserer selbst immer bewußt sind. Zu dieser Passage vgl. Laird 1932, 161 f.

eine Überzeugung, die nach Humes epistemologischer Analyse grundlos ist. Daß Hume diesen Punkt so deutlich herausstreicht, erweckt den Anschein, als ob er leugnete, daß überhaupt jemand jemals tatsächlich von der Existenz des ‚Selbst' überzeugt sei. Hume zeigt jedoch durch seine psychologischen Prinzipien, wie es zu solch einer ‚Schein'-Überzeugung kommt, was darauf hinausläuft, die natürlichen Ursachen einer solchen Überzeugung aufzuzeigen. In seiner Diskussion im *Appendix* sagt Hume, seine Erklärung der Identität der Person sei widersprüchlich. Er erklärt, daß er nicht in der Lage sei, die zwei folgenden Prinzipien, die er in seiner Erklärung angewandt habe, in Einklang zu bringen: „*that all our distinct perceptions are distinct existences,* and *that the mind never perceives any real connexion among distinct existences.*" (T 636/363 f.) Nun widersprechen sich – wie Kemp Smith herausstellt – diese zwei Prinzipien nicht, sondern das zweite erweist sich als eine Folge des ersten. Im *Appendix* geht es Hume gar nicht darum, logische Schwierigkeiten in seiner Lehre aufzuzeigen[19]. Welchen Widerspruch Hume auch gefunden zu haben behauptet, – er ist von völlig anderer Art. Humes These von der Widersprüchlichkeit seiner eigenen Lehre läßt sich vielleicht folgendermaßen interpretieren: Seine Analyse scheint zu einer Leugnung der natürlichen Überzeugung von der Identität der Person zu führen[20]. Aus dieser Analyse geht hervor, daß das Wissen von einem ‚Selbst' unmöglich ist, und dennoch gibt es, wie er selbst einräumt, eine natürliche Neigung, unsere flüchtigen Eindrücke miteinander zu vereinigen und an ein ‚Selbst' zu glauben. Im *Appendix* sagt Hume nun, die Schwierigkeit ließe sich lösen, wenn wir etwas finden könnten, dem unsere Perzeptionen inhärieren, oder wenn wir eine reale Verbindung zwischen unseren Perzeptionen entdecken könnten (vgl. T 636/ 364). Mit anderen Worten: Das Problem wäre gelöst, wenn wir die natürliche Überzeugung rechtfertigen könnten. Wenn diese Interpretation richtig ist, dann verhält es sich mit dem Glauben an die Existenz des Geistes genauso wie mit dem Glauben an die Existenz des Körpers. Wir haben die natürliche Neigung, an beides zu glauben, aber in beiden Fällen sind unsere natürlichen

---

19 Kemp Smith 1941, 558; vgl. auch T 633–36/359–64.
20 Diese Interpretation findet sich auch bei Kemp Smith (1941).

Überzeugungen im Rahmen der Humeschen Epistemologie unhaltbar.

Obwohl Hume sicherlich ein konsequenter Religionsgegner ist, behauptet er, daß der Glaube an die Existenz einer Gottheit natürlich sei. Aber diese Aussage muß genau interpretiert werden, um den Eindruck zu vermeiden, Hume glaube an den Gott der jüdisch-christlichen Tradition oder an irgendeinen personalen Gott. Woran er selbst glaubte, ist relativ schwierig zu bestimmen, insbesondere da Hume, wie Kemp Smith aufgezeigt hat[21], im Laufe der Zeit immer weniger zum Theismus neigte und allen religiösen Haltungen gegenüber immer feindseliger wurde. Es finden sich bei Hume allerdings auch Bemerkungen, die, wenn man sie aus dem Kontext löst, auf eine wesentlich stärkere religiöse Einstellung hindeuten, als seine Abhandlungen, und hier besonders die *Dialogues*, vermuten lassen.

In der *Natural History of Religion* will Hume einige Kausalfaktoren aufdecken, die Menschen dazu veranlassen, an einen Gott zu glauben. Er unterscheidet hier zwischen zwei Arten von Glauben, dem Aberglauben, zu dem der Alltagsmensch durch natürliche Ursachen veranlaßt wird, und dem „rationaleren" Glauben, zu dem denkende Menschen durch andere natürliche Faktoren bewegt werden. In alten Zeiten neigte der Alltagsmensch aufgrund all der wunderbaren und scheinbar unregelmäßigen Ereignisse in der Welt zum Polytheismus. Er wäre angesichts einer Welt, deren Ursachen er nicht erkennen kann, völlig verwirrt gewesen, hätte es nicht eine „propensity in human nature" (NHR 33/10) gegeben, nämlich die allgemeine Tendenz, die Natur zu vermenschlichen und natürliche Kräfte und Ereignisse mit menschlichen Eigenschaften auszustatten. Die Volksreligion entwickelt sich dann von diesem anthropomorphisierenden Polytheismus zu einem theistischeren Standpunkt, jedoch nicht durch vernünftige Schlüsse, sondern indem eine Gottheit, von der die Menschen sich als besonders abhängig erachten, nach und nach erhoben und gesteigert wird, bis daraus die Vorstellung von einer all-einigen und unendlichen Gottheit geworden ist, die die Welt geschaffen hat (vgl. NHR 49–57/26–35). Diese

---

21 Vgl. hierzu die Einleitung von Kemp Smith in seiner Ausgabe von Humes *Dialogues*, London 1947, hier 37-44.

sich natürlicherweise entwickelnde Vorstellung stimmt nun „by chance, with the principles of reason and true philosophy" (NHR 52/29) überein. Hume war der Meinung, daß die Volksreligion nicht nur unseren rationalen Vorstellungen widerspricht, sondern auch zu den Ausschweifungen des ‚Enthusiasmus' und des Aberglaubens geführt hat.

Die wahre Religion, oder genauer gesagt die Religion der Gebildeten, entspringt aus anderen natürlichen Prinzipien. Sie entspringt der Einsicht in die Geordnetheit des Universums. „The whole frame of nature bespeaks an intelligent author; and no rational enquirer can, after serious reflexion, suspend his belief a moment with regard to the primary principles of genuine Theism and Religion." (NHR 25/1)[22]

Obwohl Hume vielleicht der schärfste und vernichtendste Kritiker des teleologischen Gottesbeweises gewesen ist, der jemals über theologische Fragen geschrieben hat, behauptete er doch, daß die offensichtlich in der Welt herrschende Ordnung jeden vernünftigen Menschen zu der Annahme zwinge, aus dieser Ordnung lasse sich die Existenz einer lenkenden Intelligenz ableiten, die – aus Ermangelung eines besseren Ausdrucks – Gott genannt werden könne[23]. Ordnung veranlaßt vernünftige Menschen von Natur aus, an einen intelligenten Ursprung dieser Ordnung zu glauben.

Nach Hume gibt es somit eine „universal propensity to believe in invisible, intelligent power" (NHR 93/70). Dies kann auf einen ursprünglichen Instinkt oder eine allgemeine Eigenschaft

---

[22] Dieselbe Ansicht wird mehrmals in der *Natural History of Religion* zum Ausdruck gebracht. Vgl. 30/6, 31 f./8, 45 f./22, 49 f./26 f. und 92/69.

[23] Im letzten der *Dialogues* behauptet Philo, daß man sich des Urteils über die Existenz einer solchen lenkenden Intelligenz nicht enthalten könne. „That the Works of Nature bear a great Analogy to the Productions of Art is evident; and according to the Rules of good Reasoning, we ought to infer, if we argue at all concerning them, that their Causes have a proportional Analogy." (DNR 247/108) Etwas später nennt Philo als einzigen Satz, der von der natürlichen Theologie übrig bleibt, „*that the Cause or Causes of Order in the Universe probably bear some remote Analogy to human Intelligence*" (DNR 260/120). Und schließlich findet sich in der *Natural History of Religion* folgende, noch stärkere Formulierung: „A purpose, an intention, a design is evident in every thing; and when our comprehension is so far enlarged as to contemplate the first rise of this visible system, we must adopt, with the strongest conviction, the idea of some intelligent cause or author." (NHR 92/69)

der menschlichen Natur zurückgeführt werden. Das gemeine Volk glaubt aufgrund seiner Ängste und seiner Neigung zur Anthropomorphisierung; der Gebildete aufgrund der Ordnung in der Welt. (Man muß natürlich daran erinnern, daß Hume die Volksreligion und die gewöhnlichen dogmatischen Theologien für völlige Absurditäten und Verdrehungen hielt und darauf bestand, daß keine positiven Attribute oder moralischen Befehle Gottes jemals zu entdecken sind und daß man daher lediglich solche theologischen Ansichten akzeptieren soll, die sich uns aufdrängen, aber keinerlei darüber hinausgehenden Aberglauben oder mit der Theologie zusammenhängende Absurditäten. Die Natur erlaubt uns nicht, Atheisten zu sein, aber sie zwingt uns auch nicht, den wunderlichen Einfällen des populären Aberglaubens oder einer verfeinerten Theologie zuzustimmen [vgl. DNR 248 f./109].)[24]

Von uns allen verlangt die Natur, auch ohne zureichende Evidenz über all diese Dinge Urteile zu fällen, aber von einigen von uns verlangt sie außerdem noch zu philosophieren. Vielleicht erkennt der Skeptiker, daß sich spekulative Fragen niemals entscheiden lassen, aber das bedeutet nicht, daß er es vermeiden kann, zu räsonieren und sogar Meinungen über solche Fragen zu haben. Das Vergnügen und die Befriedigung, die das Philosophieren gewährt, sind – unabhängig von den Verdiensten dieses Unternehmens – oftmals hinreichend, um sogar den Skeptiker zu verlocken und ihn dazu zu bewegen, sich einer so vergeblichen Aufgabe zu widmen. Wir philosophieren, wenn uns danach verlangt (DNR 151/9)[25]. Das ist vielleicht nichts weiter als Hu-

---

[24] Vgl. auch den Bericht über Humes Begegnung mit dem Baron d'Holbach, die in Kemp Smiths Einleitung zu seiner Ausgabe der *Dialogues* abgedruckt ist, 37-8. Vgl. auch DNR 259 f./120 f. und NHR 93 f./71.

[25] „At the time, therefore, that I am tir'd with amusement and company, and have indulg'd a *reverie* in my chamber, or in a solitary walk by a river-side, I feel my mind all collected within itself, and am naturally *inclin'd* to carry my view into all those subjects, about which I have met with so many disputes in the course of my reading and conversation. I cannot forbear having a curiosity to be acquainted with the principles of moral good and evil, the nature and foundation of government, and the cause of those several passions and inclinations, which actuate and govern me. [...] I feel an ambition to arise in me of contributing to the instruction of mankind, and of acquiring a name by my inventions and discoveries. These sentiments spring up naturally in my present disposition; and

mes Bekenntnis, warum er selbst philosophiert, aber es deutet sich darin auch an, wie die Natur uns auf den Weg zur Spekulation führt.

Hume ist offensichtlich der Meinung, die Natur tue all diese erstaunlichen Dinge mit uns, um uns zu schützen und um uns das Leben in dieser Welt zu ermöglichen. Wie alle Philosophen von Montaigne und Descartes bis zu Locke und Bayle gezeigt haben, sind unsere Fähigkeiten zu vernünftigen Schlüssen so gering und trügerisch, daß wir schon längst zugrunde gegangen wären, hätten wir uns bei der Entscheidung, was wir glauben müssen, um in dieser Welt überleben zu können, auf unsere Vernunft verlassen müssen. Die Überzeugungen, zu deren Annahme wir gezwungen sind, sind „of too great importance to be trusted to our uncertain reasonings and speculations" (T 187/250). Es ist für die menschliche Existenz so unerläßlich, zu urteilen und zu schließen, daß die Natur dies für uns zu etwas ebenso Instinktivem gemacht hat wie den Gebrauch der Gliedmaßen[26]. Hiermit kommen wir zum letzten und vielleicht entscheidenden Grund, warum der Pyrrhonismus unglaubwürdig ist: Er ist nach Hume unvereinbar mit den Handlungen, die für den Erhalt des menschlichen Lebens notwendig sind. „[The Pyrrhonist] must acknowledge, if he will acknowledge anything, that all human life must perish, were his principles universally and steadily to prevail. All discourse, all action would immediately cease; and men remain in a total lethargy, till the necessities of nature, unsatisfied, put an end to their miserable existence." (EHU 160/187)[27]

---

shou'd I endeavour to banish them, by attaching myself to any other business or diversion, I *feel* I shou'd be a loser in point of pleasure; and this is the origin of my philosophy." (T 270 f./349)

26 Vgl. EHU 54/68. Hier entwickelt Hume das Konzept einer prästabilierten Harmonie zwischen der Abfolge unserer Ideen und der Ordnung der Natur. Es gibt keine rationale Verbindung zwischen unseren Gedanken und dem Geschehen in der Welt, aber es gibt eine Übereinstimmung, die die Natur durch Gewohnheit und Instinkt schafft. Dieser Gedanke scheint Malebranches Vorstellung von der prästabilierten Harmonie nach dem Sündenfall ähnlich zu sein. Vgl. Nicholas Malebranche, *Entretiens sur la Métaphysique et sur la Religion*, hrsg. von André Robinet, Paris 1965, Oeuvres Complètes, Bd. XII, Dialogue IV, bes. 96 f.

27 „The great subverter of *Pyrrhonism* or the excessive principles of scepticism is action, and employment, and the occupations of common life." (EHU 158 f./186)

Die natürlichen Schutzmechanismen, die uns zu leben befähigen, stehen im Widerspruch zu der von den Pyrrhoneern propagierten Haltung des Urteilsverzichts, und da die Natur stärker ist als der Pyrrhonismus, zerstört das lebensnotwendige Handeln jede Möglichkeit, Pyrrhoneer zu sein.

Hume behauptet, daß man, um in dieser Welt zu leben und wie ein menschliches Wesen zu handeln, Meinungen haben muß. Unser Handeln basiert nicht auf rationaler Philosophie, sondern auf irrationalen Naturinstinkten und natürlichen Mechanismen, die uns weiterzuleben erlauben. Das gilt für alle Menschen, auch für die pyrrhonischen Skeptiker[28]. Was wir glauben müssen, um handeln zu können, ist keine Frage rationaler Wahl; und glaubten wir diese Dinge nicht, würden wir zugrunde gehen. Einem pyrrhonischen Skeptiker fehlte, wenn er ehrlich wäre, jede Entscheidungsgrundlage, warum er eher dies als etwas anderes tun, lieber Wasser als Essig trinken oder Türen statt Fenster für das Verlassen von Räumen benutzen sollte (vgl. DNR 148/7)[29]. Aber in seinem praktischen Verhalten zeigt der Pyrrhoneer „the firmest Reliance on all the receiv'd Maxims of Science, Morals, Prudence, and Behaviour" (DNR 154/13). Er mag sich also wohl des Urteils über die Gültigkeit all dieser Maximen enthalten, in der Praxis akzeptiert er sie ständig. Egal, wie sehr der extreme Skeptiker die Gründe für unsere Handlungen untergräbt, er wird uns niemals davon abhalten, Handlungen auszuführen. „Nature will always maintain her rights, and prevail in the end over any abstract reasoning whatsoever." (EHU 41/53)[30]

---

28 „To whatever Length any-one may push his speculative Principles of Scepticism, he must act, I own, and live, and converse like other Men; and for this Conduct he is not oblig'd to give any other Reason, than the absolute Necessity he lies under of so doing." (DNR 151/9)
29 Das ist der alte Einwand von Epiktet.
30 Der Pyrrhonismus mag in den Schulen und Versammlungen der Skeptiker für wahr gehalten werden, aber im Alltag zerstreuen ihn unsere natürlichen Instinkte. „These principles [Pyrrhonism] may flourish and triumph in the schools; where it is, indeed, difficult, if not impossible, to refute them. But as soon as they leave the shade, and by the presence of the real objects, which actuate our passions and sentiments, are put in opposition to the more powerful principles of our nature, they vanish like smoke, and leave the most determined sceptic in the same condition as other mortals." (EHU 159/186) „And though a Pyrrhonian may throw himself or others into a momentary amazement and

Würde jemand den pyrrhonischen Skeptizismus also wirklich ernst nehmen und danach handeln, so würde das letztlich nur das bedauerliche Ergebnis haben, daß der überzeugte Skeptiker untergeht. Solange diese Lehre dazu führt, daß man sich aller Tätigkeiten enthält, kann sie kein anderes Ergebnis und keine Anhänger haben. Wenn der Skeptiker wirklich aufrichtig ist, wird er – so Hume – bald aufhören, andere zu plagen. Diese Lehre ist insofern einzigartig, als sie als einzige nicht vorgibt, ein nützliches oder gutes Ziel zu haben. Wer an sie glaubt, tut gar nichts. Andere Lehren erheben den Anspruch, den Menschen zu sagen, wie die Welt beschaffen ist oder wie man besser lebt; diese sagt uns gar nichts und läßt ihren Anhänger zugrunde gehen (vgl. EHU 159f/187).

Welchen philosophischen Wert hat diese ‚naturalistische' Kritik des Pyrrhonismus? Die Kritik hat weder das Ziel, zu zeigen, daß die pyrrhonische Theorie, wie Hume sie akzeptiert, irgendwelche logischen Fehler enthält, noch vermag sie dies[31]. Die eigentliche Kraft der Kritik ist also psychologisch und praktisch, und sie läuft dann auf eine Erklärung unseres Handelns hinaus, wenn der Pyrrhonismus tatsächlich unwiderlegbar ist. Die Gründe, aus denen Menschen eine bestimmte Lehre glauben

---

confusion by his profound reasonings; the first and most trivial event in life will put to flight all his doubts and scruples, and leave him the same, in every point of action and speculation, with the philosophers of every other sect, or with those who never concerned themselves in any philosophical researches. When he awakes from his dream, he will be the first to join in the laugh against himself, and to confess, that all his objections are mere amusement, and can have no other tendency than to show the whimsical condition of mankind, who must act and reason and believe; though they are not able, by their most diligent enquiry, to satisfy themselves concerning the foundation of these operations, or to remove the objections, which may be raised against them." (EHU 160/187 f.) Vgl. auch DNR 149/7 f. und T, Schluß des ersten Buches sowie 455/II 195.

31 Hume akzeptiert die übliche logische Zurückweisung des Pyrrhonismus nicht, die besagt: Wenn die skeptischen Argumente stark sind, zeigen sie, daß man etwas wissen kann, und wenn sie schwach sind, müssen sie nicht zurückgewiesen werden. Hume ist der Ansicht, daß die skeptischen Schlüsse immer so stark seien wie diejenigen, gegen die sie gerichtet sind, da jede dogmatische These eine skeptische Entgegnung erlaube. Unbeantwortbare Fragen können auf der Grundlage jeder beliebigen dogmatischen Maxime gestellt werden. Wenn die dogmatischen Maximen aufgehoben werden, und zwar aufgrund skeptischer Argumente, dann sind die skeptischen und die dogmatischen Thesen gleichermaßen entkräftet und nicht nur die skeptischen. Vgl. auch T 186 f./249 f.

oder ablehnen, sind nicht notwendigerweise Auskünfte über ihre Wahrheit oder Falschheit. Wenn jemand aus einer natürlichen Haltung heraus den Pyrrhonismus, so wie Hume ihn darstellt, nicht für wahr hält, ist das keine philosophische Reflexion über den Pyrrhonismus. Im Verlauf der Geschichte hat es jedoch oft schon ausgereicht, die Unglaubwürdigkeit einer Theorie oder die unangenehmen Konsequenzen des Glaubens an sie aufzuzeigen, um Menschen zur Aufgabe einer Lehre zu bewegen. Man betrachte zum Beispiel Humes Kritik an der Volksreligion oder Voltaires Kritik am Optimismus. Keine dieser Kritiken weist den betreffenden Theorien logische Fehlerhaftigkeit nach, aber sie genügen, um große Zweifel an deren Vorzügen zu wecken.

Hume hat wirklich gezeigt, wie man in einem pyrrhonischen Universum lebt. Keine natürlicherweise akzeptierte Überzeugung wird als Wahrheit oder als Wissen vorgeführt, mit dem sich der Pyrrhoneer widerlegen ließe. Sie sind alle irrational, doch zugleich – wie Hume zeigt – für unsere Existenz notwendig. Wir urteilen, weil wir urteilen müssen, und wir handeln, weil wir handeln müssen. Weder unsere Urteile noch unsere Handlungen beweisen, daß wir eine rationale Grundlage für unser Handeln besitzen.

Meines Erachtens liegt die philosophische Bedeutsamkeit von Humes Pyrrhonismuskritik darin, daß sie die einzige ‚konsistente' Version der ursprünglichen skeptischen Theorie ist, stimmiger sogar als die Formulierung in den Schriften des Sextus Empiricus. Andere Pyrrhoneer sind entweder zu skeptisch oder zu dogmatisch, um ihre Position konsistent zu halten. Hume findet (wie ich zeigen möchte) die für einen Pyrrhoneer richtige Mischung aus Dogmatismus und Skeptizismus, aus Glauben und Sich-des-Glaubens-Enthalten.

Aus den oben genannten Gründen akzeptiert Hume die pyrrhonische Analyse des menschlichen Wissens, soweit sie sich auf dessen theoretische Grundlagen beschränkt. Er behauptet jedoch, daß das Akzeptieren einer solchen Analyse nicht die Haltung des Urteilsverzichts gegenüber allen nur denkbaren Fragen einzunehmen bedeutet, da unsere Natur das nicht zulassen würde. Diese Behauptung ist nichts weiter als eine legitime Ausweitung des pyrrhonischen Prinzips, in Übereinstimmung mit der Natur zu leben. Wie ich oben ausgeführt habe, haben die klassischen Pyrrhoneer, anders als Hume es darstellt, nie die Auffassung vertreten, man solle sich des Meinens und Handelns völlig enthalten. Sextus sagt:

„Wir halten uns also an die Erscheinungen und leben undogmatisch nach der alltäglichen Lebenserfahrung, da wir gänzlich untätig nicht sein können. Diese alltägliche Lebenserfahrung scheint vierteilig zu sein und teils aus Vorzeichnung der Natur, teils aus Erlebniszwang, teils aus Überlieferung von Gesetzen und Sitten, teils aus Unterweisung in Techniken zu bestehen. Und zwar aus natürlicher Vorzeichnung, sofern wir von Natur aus die Fähigkeit besitzen, sinnlich wahrzunehmen und zu denken; aus Erlebniszwang, sofern uns Hunger zur Nahrung, Durst zum Getränk führt; aus Überlieferung von Sitten und Gesetzen, sofern wir es für das alltägiche Leben so übernehmen, daß wir die Gottesfurcht als ein Gut, die Gottlosigkeit als ein Übel betrachten; aus Unterweisung in Techniken schließlich, sofern wir nicht untätig sind in den Techniken, die wir übernehmen. Dieses alles meinen wir jedoch undogmatisch." (Grundriß I, 23–24)

In dieser Aussage gibt es zwei wichtige Punkte, die Hume nie als Teil der pyrrhonischen These erkannt hat, und die zu übersehen er den Pyrrhoneern daher vorwirft: Zum einen, daß wir nicht gänzlich inaktiv bleiben können, zum anderen, daß Empfindungen und Gedanken natürliche Erscheinungen sind und als solche akzeptiert werden müssen. Hume liefert tatsächlich eine radikale Form der alten Lehre, indem er zeigt, was die alten Pyrrhoneer nie erkannt haben, daß nämlich fast alle unsere Überzeugungen sich der Führung der Natur verdanken und daß unser Handeln uns verpflichtet, weit mehr zu akzeptieren, als sie erwartet haben. Wenn wir gemäß der Natur leben, enthalten wir uns des Urteils nur dann, wenn es natürlich ist, und das ist (wie Hume behauptet) nicht schon deshalb natürlich, weil uns die rationalen Gründe für eine Urteilsfindung fehlen. So behauptet Sextus zum Beispiel in der Diskussion über die Frage „Gibt es Bewegung?", daß es für unsere Sinne evident sei, daß es sie gibt, während unsere vernünftigen Überlegungen zeigten, daß sie unmöglich ist, und daß wir uns angesichts des Widerspruchs zwischen den Erscheinungen und den Argumenten hinsichtlich der Frage, ob es Bewegung gibt oder nicht, zurückhalten sollten (vgl. Grundriß III, 81). Hume macht darauf aufmerksam, daß der Pyrrhoneer, wenn er die Menschen auffordert, sich in einer solchen Frage des Urteils zu enthalten, von ihnen unter Umständen etwas sehr Unnatürliches verlangt. Wenn es das Ziel des Pyrrhoneers ist, zu zeigen, daß es keine Grundlage für irgendeine Meinung gibt und daß wir uns in diesem Fall von der Natur leiten lassen, dann wird ein konsistenter Pyrrhoneer wie Hume an alles glauben, was sich ihm natürlicherweise aufdrängt, und sich dort des Urteils enthalten, wo er dazu gezwungen wird. Die Natur führt uns zu einer solchen Haltung des Urteilsverzichts, wenn die dogmatischen Argumente sich zu sehr von den Dingen des Alltags entfernen. Andererseits führt uns die Natur bei vielen unbegründeten Überzeugungen über allgemeine Angelegenheiten der Menschheit nicht zu einer solchen Haltung des Urteilsverzichts[32]. Nur durch eine psychologische Untersuchung läßt sich also de facto bestimmen, wann wir uns im wirklichen Leben des Urteils enthalten. Solange wir allein die Gründe für unsere Meinungen untersuchen, können wir das nicht herausbekommen. Man sollte den alten Pyrrhoneern nicht vorwerfen, sie hätten nicht gesehen, daß so manches menschliche Handeln schlicht notwendig ist; dennoch machten sie sich eines zu großen Dogmatismus schuldig, insofern sie glaubten, man solle und könne sich des Urteils in allen Fragen enthalten. Sie machten sich dadurch, daß sie glaubten, eine Konklusion müsse deshalb akzeptiert werden, weil sie logisch folge, der gleichen Art von dogmatischem Rationalismus schuldig, wie sie ihn so eifrig zu überwinden suchten. Der echte Pyrrhoneer unterscheidet zwischen dem Problem der rationalen Evidenz für Überzeugungen und der Psychologie von Überzeugungen. Man glaubt etwas aufgrund verschiedener psychischer Ursachen, die oftmals mit der verfügbaren Evidenz nichts zu tun haben. Ebenso ist man aufgrund verschiedener psychischer Ursachen skeptisch. Der Pyrrhoneer sollte sich daher wie Hume auf den Standpunkt stellen, daß man glaubt, wenn man glauben muß, und daß man

---

32 Sextus räumt das für bestimmte Arten nicht-rationaler Schlüsse ein. Beispielsweise stimmt der Skeptiker der Tatsache zu, daß Rauch Feuer signalisiert, obwohl die Existenz des Feuers sich aus der Erscheinung des Rauches nicht logisch ableiten läßt, und er tut das, weil wir nun einmal so vorgehen; vgl. Grundriß II, 102. Andererseits beharrt Sextus darauf, daß „der Pyrrhoneer keiner Sache zustimmt, die nicht evident ist" (Grundriß I, 13). Dies ist, wie Hume zeigt, unnatürlich und schlichte Sturheit.

zweifelt, wenn man zweifeln muß, obgleich sich auf der epistemologischen Ebene weder ein Zweifel noch eine Überzeugung rechtfertigen läßt. Und das heißt, sich von der Natur leiten zu lassen[33].

Die Pyrrhoneer waren nicht nur zu dogmatisch in ihrem Skeptizismus und in ihrem Beharren auf der Haltung des generellen Urteilsverzichts, sondern sie waren auch zu skeptisch bei dem Versuch, zu allen Zeiten undogmatisch zu sein. Sextus beharrt darauf, daß der Skeptiker niemals positive Behauptungen aufstellt, sondern nur das, was jederzeit der Fall zu sein scheint, undogmatisch äußert (vgl. Grundriß I, 4 und I, 13–15). Aber ist das natürlich? Hume behauptet, daß wir manchmal infolge verschiedener psychischer und biologischer Faktoren, die auf uns einwirken, dogmatisch sind.

> „Nor is it only proper we shou'd in general indulge our inclination in the most elaborate philosophical researches, notwithstanding our sceptical principles, but also that we shou'd yield to that propensity, which inclines us to be positive and certain in *particular points*, according to the light, in which we survey them in any *particular instant*. 'Tis easier to forbear all examination and enquiry, than to check ourselves in so natural a propensity, and guard against that assurance, which always arises from an exact and full survey of an object. On such an occasion we are apt not only to forget our scepticism, but even our modesty too; and make use of such terms as these, *'tis evident, 'tis certain, 'tis undeniable*; which a due deference to the public ought, perhaps, to prevent. I may have fallen into this fault after the example of others; but I here enter a *caveat* against any objections, which may be offer'd on that head; and declare that such expressions were extorted from me by the present view of the object, and imply no dogmatical spirit, nor conceited idea of my own judgement, which are sentiments

---

33 Diese Unterscheidung zwischen dem epistemologischen Skeptizismus und der psychischen Fähigkeit zu zweifeln deckt sich nicht mit der klassische Unterscheidung zwischen Theorie und Praxis, da nach Hume die pyrrhonische Analyse für Theoretisches und Praktisches gleichermaßen gilt und weil auf beiden Ebenen psychische Faktoren bestimmen, was wir bezweifeln können.

that I am sensible can become no body, and a sceptic still less than any other." (T 273 f./352)[34]

Wenn der Skeptiker also äußert, was ihm der Fall zu sein scheint, wird er das so dogmatisch oder so skeptisch tun, wie er es in diesem Moment empfindet. Das ist das Natürliche. Der alte Pyrrhoneer, der jederzeit undogmatisch sein will, verwechselt seinen Wunsch, auf der epistemologischen Ebene undogmatisch zu sein, mit seiner natürlichen Neigung, seine momentanen Meinungen auf dogmatische Weise zu äußern. Der wirkliche Pyrrhoneer hat keine rationale Grundlage für seine Meinungen, aber er hat (je nach seiner psychischen und biologischen Eigenart) dennoch feste Meinungen.

Die alten Pyrrhoneer behaupteten immer, die Übernahme ihrer Haltung habe eine therapeutische Wirkung. Der Skeptiker erlange, indem er auf jegliches Dogmatisieren verzichte, einen Zustand der ‚Seelenruhe‘: „Wer jedoch hinsichtlich der natürlichen Güter oder Übel keine bestimmten Überzeugungen hegt, der meidet oder verfolgt nichts mit Eifer, weshalb er Ruhe hat." (Grundriß I, 28; vgl. auch I, 10, 12, 25–30) Wenn Hume jedoch recht hat, dann wird der orthodoxe Pyrrhoneer keinen Zustand der Seelenruhe erlangen, sondern statt dessen verrückt werden. Lediglich ein Humescher Pyrrhoneer hat eine berechtigte Hoffnung auf Ruhe. Ersterer wird in seinem unnatürlichen Bemühen, eine Haltung des Urteilsverzichts beizubehalten und jederzeit undogmatisch zu sein, ständig gegen die Natur ankämpfen. Seine Affekte und Neigungen werden ihn dauernd dazu anhalten zu urteilen, und zwar dogmatisch zu urteilen, während der Pyrrhoneer verzweifelt versuchen wird, aus Prinzip zu widerstehen. Sowohl der Humesche als auch der orthodoxe Pyrrhoneer braucht sich über den intellektuellen Wert dogmatischer Standpunkte keine Gedanken zu machen, aber lediglich der Erstgenannte ist in der Lage, gegenüber einer dogmatischen Ansicht

---

34 Es ist interessant, daß in der *Bibliothèque Raisonnée des Ouvrages des Savans de l'Europe*, Bd. 24, (1740), der Rezensent des *Treatise*, der das Werk als ausschließlich pyrrhonisch betrachtet, zu dieser Passage ironisch bemerkt: „Et en vérité, il faudroit être furieusement Pyrrhonien, pour refuser de l'en croire." (355) Vgl. auch E. C. Mossner, „The Continental Reception of Hume's *Treatise*", 1739–1741, in: *Mind*, N. S. 56 (1947), 34–38.

eine entspannte Haltung einzunehmen, da seine Einstellung zu dieser Sache etwas Natürliches ist und er keinen Versuch unternehmen wird, seine Neigungen zu bekämpfen.

Zusammenfassend läßt sich also sagen: Hume wollte zeigen, daß es psychologisch unmöglich ist, eine bestimmte Version des Pyrrhonismus zu akzeptieren; eben durch diesen Nachweis aber lieferte er die einzig ‚konsistente' Formulierung jener extrem skeptischen Position. Man enthält sich nicht eines Urteils (und kann das auch gar nicht), bloß weil für eine Schlußfolgerung die rationale Basis fehlt. Obgleich ein epistemologischer Pyrrhonismus das einzig mögliche Resultat philosophischer Analyse ist, kann er uns (meint Hume) nicht dazu bewegen, auch praktisch einen pyrrhonischen Standpunkt einzunehmen. Diese Kritik läßt sich über die verkürzte Version des Pyrrhonismus, die von Hume angegriffen wurde, hinausführen und auch auf den originären Pyrrhonismus ausdehnen, da die alten Skeptiker zu dogmatisch auf einem Urteilsverzicht und zu skeptisch auf einem allgemeinen Antidogmatismus zu beharren versuchten. In beiden Hinsichten entscheidet de facto die Natur, nicht die Theorie. Wenn man daher wie Hume wirklich Pyrrhoneer ist, wird man so dogmatisch und so entschieden sein, wie man natürlicherweise dazu geneigt ist[35].

Humes Auffassung von sich selbst als dem ‚konsistenten' Pyrrhoneer kommt am besten in dem Bild zum Ausdruck, das er von einem guten Skeptiker zeichnet, sowohl in der Figur des Philo in den *Dialogues* als auch in verschiedenen Bemerkungen, die sich überall in seinen philosophischen Schriften finden. Der wahre Pyrrhoneer ist ein Dogmatiker und ein Skeptiker. Seine schizophrene Persönlichkeit und Philosophie schweißt er dadurch zusammen, daß er ganz und gar ein Produkt der Natur ist. Er glaubt, was zu glauben die Natur ihn veranlaßt, nicht mehr und

---

35 Es gibt natürlich einen Punkt, an dem auch Humes Formulierung eines ‚konsistenten' Pyrrhonismus zusammenbricht. Hume benötigt einen theoretischen Rahmen, um zwischen epistemologischem Pyrrhonismus und unseren psychischen Fähigkeiten unterscheiden zu können. Damit bezieht er aber eine systematische Position, die gegen pyrrhonische Angriffe immunisiert ist, wenn die innerhalb dieses Rahmens getroffene Unterscheidung zwischen Epistemologie und Psychologie mehr ist als bloß eine starke natürliche Überzeugung David Humes.

nicht weniger. Er ist gezwungen, Überzeugungen zu haben, und indem er diesen Zwang akzeptiert, offenbart er seinen Skeptizismus. Bestimmte natürliche Neigungen veranlassen ihn zu philosophieren, und so gelangt er zu bestimmten Schlußfolgerungen, und indem er so vorgeht, offenbart er wiederum seinen Skeptizismus. „I may, nay I must yield to the current of nature, in submitting to my senses and understanding; and in this blind submission I shew most perfectly my sceptical disposition and principles." (T 269/345)[36] Sogar der „mitigated scepticism" (EHU 162/189), den Hume am Schluß der *Enquiry* als eine Alternative zum extremen Skeptizismus vorschlägt, führt über diesen Punkt nicht hinaus. Ein solcher Skeptiker wird – wenn er von der Kraft pyrrhonischer Zweifel einmal gründlich überzeugt ist und eingesehen hat, daß nur die Kraft des natürlichen Instinktes ihm fortzufahren erlaubt – philosophieren, weil es ihm Freude bereitet und weil er die Neigung zu vernünftigem Denken hat (vgl. EHU 162/190).

Solch ein skeptischer Philosoph wird sich mit seinen vernünftigen Überlegungen im Rahmen unserer Fähigkeiten halten und wird lediglich die Prinzipien des Alltagslebens ordnen. Die Philosophie – verstanden als natürliche Beschäftigung und nicht als hochmütige Spekulation eines Dogmatikers (sei er nun dogmatischer Dogmatiker oder dogmatischer Skeptiker) – ist keine Suche nach hinreichenden Gründen, sondern lediglich eine Ausweitung und Klärung gewöhnlicher, natürlicher Schlußweisen (vgl. EHU 162/190 und DNR 151/9 f.).

Ein solcher Skeptiker wird bescheiden, zurückhaltend und sorglos sein. Er wird bis zu einem gewissen Grad zweifeln und wird sich zugleich immer des Fehlens einer rationalen Grundlage für jede Schlußfolgerung bewußt sein. Manchmal wird er erkennen, daß er infolge einer momentanen Neigung auf unbedachte Weise spekuliert oder daß er eine Schlußfolgerung auf-

---

36 „In all the incidents of life we ought still to preserve our scepticism. If we believe, that fire warms, or water refreshes, 'tis only because it costs us too much pains to think otherwise. Nay if we are philosophers, it ought only to be upon sceptical principles, and from an inclination, which we feel to the employing ourselves after that manner. Where reason is lively, and mixes itself with some propensity, it ought to be assented to. Where it does not, it never can have any title to operate upon us." (T 270/348)

grund der Art, wie sie ihm in den Sinn kommt, *pro tem* akzeptiert hat.

> „The conduct of a man, who studies philosophy in this careless manner, is more truly sceptical than that of one, who feeling in himself an inclination to it, is yet so over-whelm'd with doubts and scruples, as totally to reject it. A true sceptic will be diffident of his philosophical doubts, as well as of his philosophical conviction; and will never refuse any innocent satisfaction, which offers itself, upon account of either of them." (T 273/352; vgl. auch EHU 161 f./188 f.)

Das endgültige Porträt des Humeschen Skeptikers findet sich in einer sehr sonderbaren Bemerkung im letzten der *Dialogues*:

> It seems evident, that the Dispute between the Sceptics and Dogmatists is entirely verbal, or at least regards only the Degrees of Doubt and Assurance, which we ought to indulge with regard to all Reasoning: And such Disputes are commonly, at the bottom, verbal, and admit not of any precise Determination. No philosophical Dogmatist denies, that there are Difficulties both with regard to the Senses and to all Science, and that these Difficulties are in a regular, logical Method, absolutely insolveable. No Sceptic denies, that we lie under an absolute Necessity, notwithstanding these Difficulties, of thinking, and believing, and reasoning with regard to all Kind of Subjects, and even of frequently asserting with Confidence and Security. The only Difference, then, between these Sects, if they merit that Name, is, that the Sceptic, from Habit, Caprice, or Inclination, insists most on the Difficulties; the Dogmatist, for like Reasons, on the Necessity." (DNR 250/111)

Wer hat jemals von einem solchen Dogmatiker oder einem solchen Skeptiker gehört? Sicherlich würde kein Cartesianer, kein Spinozist und kein Leibnizianer der Behauptung zustimmen, es gebe für das vernünftige Denken absolut unlösbare Schwierigkeiten. Zweifellos hat kein antiker Skeptiker je zugestanden, daß es eine absolute Notwendigkeit gibt, über die verschiedensten Gegenstände Überzeugungen zu haben. Der einzige derartige Dogmatiker und Skeptiker ist Hume selbst, der totale Pyrrhoneer. Er allein ist überzeugt, daß sowohl die Schwierigkeiten als auch die Notwendigkeit existieren. Das Bild der beiden Positionen, des Dogmatikers und des Skeptikers, ist ein Bild des perfekten Pyrrhoneers in seinen zwei Stimmungen, ein Bild seiner gespaltenen Persönlichkeit. In der einen Stimmung überwältigen ihn die Schwierigkeiten, in der anderen die Notwendigkeiten. Nur indem man beides ist, kann man Philosoph sein und in Übereinstimmung mit der Natur leben[37].

Ins Deutsche übertragen von Petra Krüger

---

37 Vielleicht glaubte Hume, jeder ‚aufrichtige' Philosoph müsse ein solcher schizophrener Pyrrhoneer sein. Hier sei eine Anmerkung gemacht zum Streit zwischen John Laird und Norman Kemp Smith, ob Hume ein Pyrrhoneer oder ein Naturalist war. Ich meine, daß beides dasselbe ist. Der Naturalist Hume, der alle Vernunft zu Emotionen degradiert, war just der Pyrrhoneer Hume in seiner dogmatischen Stimmung, und der vernünftig argumentierende Hume war der Pyrrhoneer Hume in seiner skeptischen Stimmung.

Auswahlbibliographie

Für Zeitschriften werden folgende Abkürzungen verwendet:

Am. Phil. Q.	American Philosophical Quarterly
Archiv f. Gesch. Phil.	Archiv für Geschichte der Philosophie
Hist. Phil. Q.	History of Philosophy Quarterly
J. Hist. Ideas	Journal of the History of Ideas
J. Hist. Phil.	Journal of the History of Philosophy
J. Phil.	The Journal of Philosophy
P. A. S.	Proceedings of the Aristotelian Society
Phil. Phenomenol. Res.	Philosophy and Phenomenological Research
Phil. Q.	The Philosophical Quarterly
Phil. Rev.	The Philosophical Review

Alle anderen Abkürzungen erklären sich selbst.

1. Ausgaben von Humes Werken

1.1 Englische Ausgaben

The Philosophical Works of David Hume. Hrsg. mit Einl. und Anm. von T. H. Green, T. H. Grose. 4 Bde. ¹1874/75 und öfter. Repr. nach der Ausgabe von 1886. Aalen 1964. (**Sigle**: *Philosophical Works*)
A Treatise of Human Nature. Hrsg. von L. A. Selby-Bigge. Oxford ¹1888 und öfter. Verbess. und mit Anm. hrsg. von P. H. Nidditch. Oxford ²1978. (**Sigle**: T)
– Dass. Mit Einl. und Anm. hrsg. von E. C. Mossner. London 1969, 1984.
Enquiries concerning Human Understanding and concerning the Principles of Morals. Hrsg. von L. A. Selby-Bigge. Oxford ¹1894, ²1902. Verbess. und mit Anm. hrsg. von P. H. Nidditch. Oxford 31975. (**Sigle**: *Enquiries* bzw. EHU und EPM)
An Abstract of a Treatise of Human Nature. Mit Einl. hrsg. von J. M. Keynes, P. Sraffa. Cambridge 1938. Repr. Bristol 1990. (**Sigle**: *Abstract*)
A Letter from a Genleman to his friend in Edinburgh. Mit Einl. hrsg. von E. C. Mossner, J. V. Price. Edinburgh 1967.
Essays, Moral, Political, and Literary. Mit Einl. und Anm. hrsg. von Eugene F. Miller. Indianapolis 1985, ²1987. (**Sigle**: *Essays*)
Political Essays. Mit Einl. und Anm. hrsg. von Knud Haakonssen. Cambridge 1994.
Political Writings. Mit Einl. hrsg. von Stuart D. Warner, Donald W. Livingston. Indianapolis-Cambridge 1994.
Four Dissertations. Mit Einl. hrsg. von J. Immerwahr. Bristol 1995. (**Sigle**: FD)
The History of England. 6 Bde., hrsg. von W. B. Todd. Indianapolis 1983.
The Natural History of Religion. Hrsg. von A. W. Colver. Oxford 1976. (**Sigle**: NHR)

- Dass. Mit Einl. hrsg. von J. C. A. Gaskin. Oxford 1993.
Dialogues concerning Natural Religion. Mit Einl. hrsg. von N. Kemp Smith. Oxford 1935, ²1947, 1977. (**Sigle**: DNR)
- Dass. Hrsg. von J. V. Price. Oxford 1976. (**Sigle**: DNR)
- Dass. Mit Einl. hrsg. von R. H. Popkin. Indianapolis-Cambridge 1980, 1985.
- Dass. Mit Einl. und Anm. hrsg. von M. Bell. London 1990.
- Dass. Mit Einl. hrsg. von S. Tweyman. London-New York 1991.
- Dass. Mit Einl. hrsg. von J. C. A. Gaskin. Oxford 1993.
Essays on Suicide and the Immortality of the Soul. Mit Einl. hrsg. von J. V. Price. Bristol 1992.
The Letters of David Hume. 2 Bde, hrsg. von J. Y. T. Greig. Oxford 1932. Repr. New York-London 1983. (**Sigle**: *Letters*)
New Letters of David Hume. Hrsg. von R. Klibansky, E. C. Mossner. Oxford 1954. Repr. New York-London 1983. (**Sigle**: *New Letters*)

1.2 Deutsche Ausgaben

Ein Traktat über die menschliche Natur. Übers. und mit Anm. hrsg. von T. Lipps. Hamburg 1904, 1906. Repr., mit Einl. hrsg. von R. Brandt. Hamburg 1973 (in 2 Bdn., 1989).
Eine Untersuchung über den menschlichen Verstand. Übers. und hrsg. von R. Richter. Hamburg 1907. Mit Einl., Anm. und der Beilage: David Hume: Mein Leben, hrsg. von J. Kulenkampff. Hamburg 1984, 1993. (**Sigle**: EHU deutsch)
- Dass. Übers. und hrsg. von H. Herring. Stuttgart 1967, 1982.
Eine Untersuchung über die Prinzipien der Moral. Übers. und mit Einl. hrsg. von C. Winckler. Hamburg 1962, 1972.
- Dass. Übers. und hrsg. von G. Streminger. Stuttgart 1984.
Abriß eines neuen Buches, betitelt: Ein Traktat über die menschliche Natur, etc. – Brief eines Edelmannes an seinen Freund in Edinburgh. Zweisprachige Ausgabe: übers. und mit Einl. hrsg. von J. Kulenkampff. Hamburg 1980. (**Sigle**: *Abstract*)
Politische und ökonomische Essays. 2 Bde., übers. von S. Fischer, mit Einl. hrsg. von U. Bermbach. Hamburg 1988.
Vom schwachen Trost der Philosophie. Essays. Übers. und mit Nachwort hrsg. von J. Kulenkampff. Göttingen 1990.
Die Naturgeschichte der Religion – Über Aberglaube und Schwärmerei – Über die Unsterblichkeit der Seele – Über Selbstmord. Übers. und mit Einl. hrsg. von L. Kreimendahl. Hamburg 1984.
Dialoge über natürliche Religion. Übers. von F. Paulsen, übers. bearb. und mit Einl. hrsg. von G. Gawlick. Hamburg 1980.
- Dass. Übers. und hrsg. von N. Hoerster. Stuttgart 1981.

2. Bibliographien

Hall, R. 1978: Fifty Years of Hume Scholarship. A bibliographical guide. Edinburgh.
Jessop, T. E. 1938: A Bibliography of David Hume and of Scottish Philosophy from Francis Hutcheson to Lord Balfour. London. Repr. New York-London 1983.
Metz, Rudolf 1928: Bibliographie der Hume-Literatur. In: Literarische Berichte aus dem Gebiet der Philosophie, Heft 15/16, 39–50.
Hume Studies bieten seit Jg. 1 (1975) eine fortlaufende Dokumentation der Hume-Literatur.

3. Studien zu Hume

Aaron, R. I. 1971: Knowing and the Function of Reason. Oxford.
Addante, P. 1971: David Hume e il saggio dei miracoli. Bari.
Agassi, J. 1985: The Unity of Hume's Thought. In: Hume Studies (10th Anniv. Issue), 87–109.
Ahern, D. M. 1975: Hume on the evidential impossibility of miracles. In: Am. Phil. Q. Monograph 9, 1–31.
Alejandro, J. M. de 1976: El atomismo gnoseológico de David Hume (1711–1776). In: Pensamiento 32, 383–403.
Anderson, R. F. 1966: Hume's First Principles. Lincoln, Nebrasca.
Anscombe, G. E. M. 1974: Times, Beginnings and Causes. In: Proceedings Brit. Acad. 60, 253–270.
Arnold, N. Scott 1983: Hume's Skepticism about Inductive Inference. In: J. Hist. Phil. 21, 31–55.
Aronson, J. 1971: The legacy of Hume's analysis of causation. In: Studies in Hist. and Phil. of Science 2, 135–156.
Aune, B. 1976: The Paradox of Empiricism. In: Metaphilosophy 1, 128–138.
Ayer, A. J. 1980: Hume. Past Masters. Oxford-New York.
Backhaus, Wilfried K. 1994: Hume's Fork and Analytic/Trifling Propositions. In: Journal of Speculative Philosophy 8, 79–92.
Barnard, Christopher 1994: Hume and the Madness of Religion. In: Stewart/Wright (Hrsg.) 1994, 224–238.
Beauchamp, Tom L. 1973: Hume's Two Theories of Causation. In: Archiv f. Gesch. Phil. 55, 281–300.
Beauchamp, Tom L., Rosenberg, Alexander 1981: Hume and the Problem of Causation. New York-Oxford.
Beckwith, Francis 1989: David Hume's Argument Against Miracles. A Critical Analysis. Lanham-New York-London.
Bell, Martin/McGinn, Marie 1990: Naturalism and Scepticism. In: Philosophy 65, 399–418.
Bennett, J. O. 1974: A Process View of Causality. In: Tulane Studies in Phil. 23, 1–12.
Bennett, J. O. 1975: Natural and Nomological Necessity. In: New Scholasticism 49, 393–409.

Bennett, Jonathan 1971: Locke, Berkeley, Hume: Central Themes. Oxford.
Berry, Christopher J. 1982: Hume, Hegel and Human Nature. The Hague.
Bjelke, J. F. 1976: Wirklichkeitserkenntnis und Wirklichkeitsimagination bei Hume. In: Archiv f. Gesch. Phil. 58, 23–39.
Blackburn, Simon 1990: Hume and Thick Connexions. In: Phil. Phenomenol. Res. 50 (Suppl.), 237–250.
Blackman, L. L. 1978: The Logical Impossibility of Miracles in Hume. In: Int. J. Phil. Relig. 9, 179–187.
Botwinick, A. 1980: Ethics, Politics and Epistemology: A Study in the Unity of Hume's Thought. Lanham, Md.
Box, M. A. 1990: The Suasive Art of David Hume. Princeton.
Box, M. A. 1994: How Disturbed Was Hume by his Own Skepticism? In: 1650–1850. Ideas, Aesthetics, and Inquiries in the Early Modern Era 1, 295–316.
Brandt, R./Klemme, H. F. 1989: David Hume in Deutschland. Literatur zur Hume-Rezeption in Marburger Bibliotheken. Marburg.
Breazeale, Daniel 1975: Hume's Impasse. In: J. Hist. Phil. 13, 311–333.
Bricke, John 1980: Hume's Philosophy of Mind. Edinburgh.
Broad, C. D. 1916: Hume's Theory of the Credibility of Miracles. In: P. A. S. 17 (1916), 77–94. Auch in: A. Sesonske/N. Fleming (Hrsg.): Human Understanding. Studies in the Philosophy of David Hume. Belmont, Cal. 1965, 86–98.
Broughton, Janet 1983: Hume's Scepticism about Causal Inference. In: Pacific Phil. Q. 64, 3–18.
Broughton, Janet 1987: Hume's Ideas about Necessary Connection. In: Hume Studies 13, 217–244.
Brown, Clin 1984: Miracles and the Critical Mind. Grand Rapids, Mich.
Brown, I. C. 1981: Historian as Philosopher: Hume's Scepticism and the Weight on History. In: Hist. Today 31 (Aug.), 40–45.
Bunzl, M. 1982: Humean Counterfactuals. In: J. Hist. Phil. 20, 171–177.
Burns, R. M. 1981: The Great Debate on Miracles. Lewisburg-London-Toronto.
Burnyeat, Myles 1980: Can the Sceptic Live His Scepticism? In: Malcolm Schofield/M. Burnyeat/Jonathan Barnes (Hrsg.): Doubt and Dogmatism. Oxford, 20–53.
Burton, John Hill 1846: Life and Correspondence of David Hume, 2 Bde. Edinburgh.
Butler, R. J. 1960: Natural Belief and the Enigma of Hume. In: Archiv f. Gesch. Phil. 42, 73–100.
Butler, R. J. 1976: Hume's Impressions. In: Godfrey Vesey (Hrsg.), Impressions of Empiricism, Royal Inst. of Phil. Lectures: 9. London, 122–136.
Capaldi, Nicholas 1975: David Hume: The Newtonian Philosopher. Boston.
Carrion, R. 1979: Hume e as ‚Causas Ocultas'. In: Rivista Latinoamericana de Filosofia 5, 263–272.
Cassidy, J. 1977: The Nature of Hume's Inductive Scepticism. A Critical Notice. In: Ratio 19, 47–54.
Castañeda, Héctor-Neri 1980: Causes, Energy and Constant Conjunctions. In: Peter Van Inwagen, Time and Cause. Essays Presented to Richard Taylor. Dordrecht, 81–108.
Chakrabarti, T. K. 1985: Hume's Definitions of Cause. In: J. Indian Council Phil. Res. 2, 67–75.

Chakraborty, T. K. 1979: Hume's Theory of Causality. Kalkutta.
Chappell, V. C. (Hrsg.) 1966: Hume. New York 1966. Repr. London/Notre Dame, Ind. 1968.
Church, Ralph W. 1935: Hume's Theory of the Understanding. London 1935. Repr. London–Ithaca 1968.
Cohen, Benjamin 1978: Contrariety and Causality in Hume. In: Hume Studies 4, 29–39.
Cohen, E. D. 1977: Hume's Fork. In: Southern J. Phil. 15, 443–55.
Coleman, Dorothy P. 1988: Hume, Miracles and Lotteries. In: Hume Studies 14, 328–346.
Colwell, G. G. 1982: On Defining Away the Miraculous. In: Philosophy 57, 327–337.
Costa, M. 1977: La Inferencia Causal no Demonstrativa y sus Limites. In: Manuscrito 1, 113–123.
Costa, Michael J. 1981: Hume and Justified Belief. In: Canad. J. Phil. 11, 219–228.
Craig, Edward 1979: David Hume. Eine Einführung in seine Philosophie. Frankfurt.
Craig, Edward 1986: Hume on Thought and Belief. In: Godfrey Vesey (Hrsg.): Philosophers. Ancient and Modern, Royal Inst. of Phil. Lecture Series: 20. Cambridge, 93–110.
Cummins, R. 1978: The Missing Shade of Blue. In: Phil. Rev. 87, 548–565.
Curras Rabade, A. 1976: Hume: Realidad, creencia, ficción. In: Anales del Seminario de Metafísica 11, 51–61.
Dal Pra, M. 1973: Hume e la scienza della natura umana. Rome-Bari.
Danford, John W. 1990: David Hume and the Problem of Reason: Recovering the Human Sciences. New Haven.
Dauer, Francis W. 1980: Hume's Skeptical Solution and the Causal Theory of Knowledge. In: Phil. Rev. 89, 357–378.
De Martelaere, P. 1981: Hume's ‚Gematigd' Scepticisme: Futiel of Fataal. In: Tijdschrift voor Filosofie 43, 427–464.
Del Barco Collazos, J. L. 1979: Sobre la teoría de la imaginación en la filosofía de Hume. In: Anuario filosófico 12, 131–143.
Del Barco Collazos, J. L. 1981: La teoría de la asociación en Hume. In: Anuario filosófico 14, 49–70.
Del Barco Collazos, J. L. 1982: La teoría de la impresión en Hume. In: Anuario filosófico 15, 85–112.
Duggan, T. 1975: Hume on Causation. In: Keith Lehrer (Hrsg.): Analysis and Metaphysics: Essays in Honor of R.M. Chisholm. Dordrecht, 173–187.
Enç, B. 1985: Hume on Causal Necessity: A Study from the Perspective of Hume's Theory of Passions. In: Hist. Phil. Q. 2, 235–256.
Farr, W. 1981: Hume und Kant. Studienbuch zum Erkenntnisproblem. Freiburg-München.
Farr, W. (Hrsg.) 1982: Hume und Kant. Interpretation und Diskussion. Freiburg-München.
Fern, R. L. 1982: Hume's Critique of Miracles: An Irrelevant Triumph. In: Religious Studies 18, 337–354.
Ferreira, M. J. 1985: Hume's Naturalism – ‚Proof' and Practice. In: Phil. Q. 35, 45–57.

Flage, Daniel E. 1990: David Hume's Theory of Mind. London-New York.
Flew, Antony 1961: Hume's Philosophy of Belief: A study of his First Inquiry. London-New York 11961 (31969).
Flew, Antony 1978: Hume and Historical Necessity. In ders.: A Rational Animal and other Philosophical Essays on the Nature of Man. Oxford.
Flew, Antony 1986: Hume's Philosophy of Religion. In: Godfrey Vesey (Hrsg.): Philosophers. Ancient and Modern, Royal Inst. of Phil. Lecture Series: 20. Cambridge, 129–146.
Flew, Antony 1994: The Legitimation of Factual Necessity. In: J. J. MacIntosh/ H. A. Meynell (Hrsg.): Faith, Scepticism and Personal Identity. Essays in Honour of Terence Penelhum. Calgary, 101–118.
Flew, Antony 1986: David Hume, Philosopher of Moral Science. Oxford.
Fogelin, Robert J. 1983: The Tendency of Hume's Skepticism. In: Myles Burnyeat (Hrsg.): The Skeptical Tradition. Berkeley, 397–412.
Fogelin, Robert J. 1984: Hume and the Missing Shade of Blue. In: Phil. Phenomenol. Res. 45, 263–272.
Force, James E. 1987: Hume's Interest in Newton and Science. In: Hume Studies 13, 166–216.
Frazer, C. S. 1970: Hume's Criticism and Defense of Analogical Argument. In: J. Hist. Phil. 8, 173–179.
Garrett, D. 1985: Priority and Separability in Hume's Empiricism. In: Archiv f. Gesch. Phil. 67, 270–288.
Gaskin, J. C. A. 1985: Contrary Miracles Concluded. In: Hume Studies (10th Anniv. Issue), 1–14.
Gaskin, J. C. A. ²1988: Hume's Philosophy of Religion. London ¹1978.
Gawlick, G./Kreimendahl, L. 1987: Hume in der deutschen Aufklärung. Umrisse einer Rezeptionsgeschichte. Stuttgart-Bad Cannstatt.
Gorman, M. M. 1993: Hume's Theory of Belief. In: Hume Studies 19, 89–101.
Gravel, P. 1973: Hume et le miracle. In: Étud. phil. 46, 19–41.
Greig, J. Y. T. 1931: David Hume. London ¹1931 (²1954).
Groarke, L./Solomon, G. 1991: Some Sources for Hume's Account of Cause. In: J. Hist. Ideas 52, 645–663.
Gustason, William 1970: Meaning and Analysis in Hume. In: Man and World 3, 49–63.
Hacking, I. 1978: Hume's Species of Probability. In: Phil. Studies 33, 21–37.
Hambourger, R. 1980: Belief in Miracles and Hume's ‚Essay'. In: Noûs 14, 587–604.
Hanfling, O. 1973: Cause and Effect. Bletchley.
Hanfling, O. 1979: Hume's Idea of Necessary Connexion. In: Philosophy 54, 501–514.
Harré, R./Madden, E. H. 1975: Causal Powers. A Theory of Natural Necessity. Oxford.
Hartnack, J. 1953: Some Remarks on Causality. In: J. Phil. 50, 466–471.
Helm, Bennett W. 1993: Why We Believe in Induction: Standards of Taste and Hume's Two Definitions of Causation. In: Hume Studies 19, 117–140.
Hendel, Charles W. 1925: Studies in the Philosophy of David Hume. Princeton ¹1925. Indianapolis ²1963. Repr. der 2. Ausg. London ³1983.
Heruday, J. G. 1950: David Hume's Theory of Human Assent. Rom.
Hodges, M./Lachs, J. 1976: Hume on Belief. In: Rev. of Metaphysics 30, 3–18.

Hoerster, Norbert 1982: David Hume. In ders. (Hrsg.): Klassiker des philosophischen Denkens, Bd. 2. München, 7–46.
Hoppe, H. H. 1976: Handeln und Erkennen. Zur Kritik des Empirismus am Beispiel der Philosophie David Humes. Bern-Frankfurt.
Houston, J. 1994: Reported Miracles. A Critique of Hume. Cambridge.
Hunter, Bruce 1978: Of Skepticism with regard to Reason. In: C. E. Jarrett/ J. King-Farlow/F. J. Pelletier (Hrsg.): New Essays on Rationalism and Empiricism, Suppl. IV. Guelph. Ontario.
Imlay, Robert A. 1975: Hume on Intuitive and Demonstrative Inference. In: Hume Studies 1, 31–47.
Immerwahr, John 1979: A Skeptic's Progress: Hume's Preference for Enquiry I. In: Norton/Capaldi/Robison (Hrsg.) 1979, 227–238.
Jacobson, A. J. 1984: Does Hume Hold a Regularity Theory of Causality? In: V. Hope (Hrsg.): Philosophers of the Scottish Enlightenment. Edinburgh, 91–104.
Jenkins, John J. 1992: Understanding Hume. Edinburgh.
Jessop, T. E. 1976: Hume's Limited Scepticism. In: Revue internat. de phil. 30, 3–27.
Johnson, D. M. 1984: Hume's Missing Shade of Blue, Interpreted as Involving Habitual Spectra. In: Hume Studies 10, 109–124.
Johnson, Oliver A. 1995: The Mind of David Hume. A Companion to Book I of a ‚Treatise of Human Nature'. Urbana-Chicago.
Kekes, J. 1975: The Case for Scepticism. In: Phil. Q. 25, 28–39.
Kemp Smith, Norman 1941: The Philosophy of David Hume. A Critical Study of its Origins and Central Doctrines. London ^{1}1941 (^{5}1966).
Kreimendahl, Lothar 1982: Humes verborgener Rationalismus. Berlin-New York.
Kreimendahl, Lothar 1989: Einheit des Werkes durch Vielheit der Form. Über die Verflechtung von Stil und Ziel im Oeuvre David Humes. In: Ztschr. f. phil. Forschung 43, 5–31.
Kulenkampff, Jens 1981: David Hume (1711–1776). In: O. Höffe (Hrsg.): Klassiker der Philosophie, Bd. 1. München, 434–356.
Kulenkampff, Jens 1989: David Hume. München.
Kuypers, Mary Shaw 1930: Studies in the Eighteenth-Century Background of Hume's Empiricism. Minneapolis 1930. Repr. New York 1966, London 1983.
Laing, Bertram M. 1932: David Hume. London 1932. Repr. Bristol 1990.
Laird, John 1932: Hume's Philosophy of Human Nature. London 1932. Repr. Hamden, Conn. 1967; New York 1983.
Lambie, D. 1980: Hume's Account of Miracles. In: Gnosis (Montreal) 2, 43–52.
Langsam, Harold 1994: Kant, Hume, and Our Ordinary Concept of Causation. In: Phil. Phenomenol. Res. 54, 625–647.
Langtry, Bruce 1985: Miracles and Rival Systems of Religion. In: Sophia 24, 21–31.
Langtry, Bruce 1990: Hume, Probability, Lotteries and Miracles. In: Hume Studies 16, 67–74.
Lecaldano, E. 1984: Hume e Home sulla ‚libertá e necessitá': una polemica nell' Illuminismo scozzese. In: Studi settecenteschi 3/4, 219–266.

Lennon, Thomas M. 1985: Veritas Filia Temporis: Hume on Time and Causation. In: Hist. Phil. Q. 2, 275–290.

Levine, Michael P. 1989: Hume and the Problem of Miracles: A Solution. Dordrecht-Boston-London.

Livingston, Donald W. 1985: Theism and the Rationale of Hume's Skepticism about Causation. In: Idealistic Studies 15, 151–164.

Livingston, Donald W. 1984: Hume's Philosophy of Common Life. Chicago-London.

Livingston, Donald W./King, James T. (Hrsg.) 1976: Hume. A Re-evaluation. New York.

Lobkowics, S. 1986: Common sense und Skeptizismus. Studien zur Philosophie von Thomas Reid and David Hume. Weinheim.

Loptson, Peter 1990: Phenomenological Skepticism in Hume. In: Southern J. Phil. 28, 367–388.

Lüthe, Rudolf 1988: Skeptisches Paradoxon und pragmatische Wissenschaftsbegründung. Zu David Humes Weg vom ‚Treatise' zur ‚Enquiry'. In: W. Kluxen (Hrsg.): Tradition und Innovation. Hamburg, 170–177.

Lüthe, Rudolf 1991: David Hume. Historiker und Philosoph. Freiburg-München.

Mackie, John Leslie 1974: The Cement of the Universe. Oxford.

Mackie, John Leslie 1982: The Miracle of Theism. Arguments for and against the existence of God. Oxford. Deutsch: Das Wunder des Theismus. Stuttgart 1985.

Mackie, John Leslie 1985: Logic and Knowledge. Selected Papers, Bd. 1. Oxford.

MacIntyre, Alasdair 1994: Hume, Testimony to Miracles, the Order of Nature, and Jansenism. In: J. J. MacIntosh/H. A. Meynell (Hrsg.): Faith, Scepticism and Personal Identity. Essays in Honour of Terence Penelhum. Calgary, 85–99.

Macnabb, D. G. C. 1951: David Hume. His Theory of Knowledge and Morality. London ^{1}1951; Oxford ^{2}1966.

Madden, E. H./Harré, R. 1976: Hume on Nonlogical Necessity. In: Hume Studies 2, 95–103.

Maher, Patrick 1981: Probability in Hume's Science of Man. In: Hume Studies 7, 137–153.

Malherbe, Michel 1976: La Philosophie Empiriste de David Hume. Paris.

Malherbe, Michel 1981: Les études humiennes: Anatomie et problèmes. In: Archives de Philosophie 44, 637–671.

Mall, R. A. 1973: Experience and Reason: The Phenomenology of Husserl and its Relation to Hume's Philosophy. The Hague.

Mall, R. A. 1975: Der Induktionsbegriff. Hume und Husserl. In: Ztschr. f. phil. Forschung 29, 34–62.

Mall, R. A. 1984: Der operative Begriff des Geistes: Locke, Berkeley, Hume. Freiburg-München.

Mall, R. A. 1975: Naturalism and Criticism. The Hague.

Massey, Barbara D./Massey, Gerald J. 1992: Genetic Inference. A Reconsideration of David Hume's Empiricism. In: John Earman (Hrsg.): Inference, Explanation, and Other Frustrations. Essays in the Philosophy of Science. Berkeley, 72–83.

Maund, Constance 1937: Hume's Theory of Knowledge: A Critical Examination. London 1937. Repr. 1983.
May, W. E. 1971: Knowledge of Causality in Hume and Aquinas. In: The Thomist 34, 254–288.
McCormick, Miriam 1993: Hume on Natural Belief and Original Principles. In: Hume Studies 19, 103–116.
McCracken, C. J. 1983: Malebranche and British Philosophy. Oxford.
McGrath, P. J. 1976: Hume's Inductive Scepticism. In: Phil. Studies (Ireland) 24, 64–81.
McIntyre, Jane L. 1979: Is Hume's Self Consistent?. In: Norton/Capaldi/Robison (Hrsg.) 1979, 70–88.
Metz, R. 1929: David Hume, Leben und Philosophie. Stuttgart 1929. Repr. Stuttgart-Bad Cannstatt 1968.
Michaud, Y. 1985: How to Become a Moderate Skeptic: Hume's Way Out of Pyrrhonism. In: Hume Studies 11, 33–46.
Miller, E. F. 1979: Hume's Reduction of Cause to Sign. In: New Scholasticism 53, 42–73.
Monteiro, J. P. 1977: Induçao e Hipotese na Filosofia de Hume. In: Manuscrito 1, 85–112.
Monteiro, J. P. 1979: Hume, Induction, and Natural Selection. In: Norton/Capaldi/Robison (Hrsg.) 1979, 291–308.
Monteiro, J. P. 1981: Hume's Conception of Science. In: J. Hist. Phil. 19, 327–342.
Monteiro, J. P. (o. J.): Hume e a epistemologia. Sao Paulo.
Morice, G. P. (Hrsg.) 1977: David Hume. Bicentenary Papers. Edinburgh.
Morreall, J. 1982: Hume's Missing Shade of Blue. In: Phil. Phenomenol. Res. 42, 407–415.
Mossner, E. C. 1954: The Life of David Hume. Edinburgh ^{1}1954. Oxford ^{2}1980.
Nathan, G. J. 1983: A Humean Pattern of Justification. In: Hume Studies 9, 150–170.
Nelson, John O. 1989: Hume's Missing Shade of Blue Re-viewed. In: Hume Studies 15, 353–363.
Nelson, John O. 1992: Induction: A Non-Sceptical Humean Solution. In: Philosophy 67, 307–327.
Norton, D. F./Capaldi, N./Robison, W. L. (Hrsg.) 1979: McGill Hume Studies. San Diego, Cal.
Norton, David Fate 1982: David Hume: Common-Sense Moralist, Sceptical Metaphysician. Princeton ^{1}1982 (^{2}1984).
Norton, David Fate (Hrsg.) 1993: The Cambridge Companion to Hume. Cambridge.
Norton, David Fate 1994: How a Sceptic May Live Scepticism. In: J. J. MacIntosh/H. A. Meynell (Hrsg.): Faith, Scepticism and Personal Identity. Essays in Honour of Terence Penelhum. Calgary, 119–140.
Noxon, James 1973: Hume's Philosophical Development: A study of his methods. Oxford ^{1}1973 (^{2}1975).
Owen, David 1992: Hume and the Lockean Background: Introduction in the Uniformity Principle. In: Hume Studies 18, 179–207.
Owen, David 1994: Hume's Doubts about Probable Reasoning. Was Locke the Target?. In: Stewart/Wright (Hrsg.) 1994, 140–159.

Panova, E. 1975: The Main Principles of David Hume's Epistemology as a Source of Contemporary Positivism. In: Revolutionary World 11, 218–227.
Parush, Adi 1977: Is Hume a Sceptic About Induction?. In: Hume Studies 3, 1–16.
Passmore, John A. 1952: Hume's Intentions. Cambridge ¹1952. London ²1968.
Peach, B. 1978: Miracles, Methodology, and Metaphysical Rationalism. In: Int. J. Phil. Relig. 9, 66–84.
Pears, David 1990: Hume's System: An Examination of the First Book of His Treatise. Oxford.
Pears, David F. (Hrsg.) 1963: David Hume. A Symposium. London 1963. Repr. New York 1966.
Peirce, C. S. 1935: Hume on Miracles. In: C. Hartshorne/P. Weiss (Hrsg.): Collected Papers of Charles Sanders Peirce, Bd. 6. Cambride 1935. Repr. 1960, 356–369.
Penelhum, Terence 1971: Religion and Rationality. New York.
Penelhum, Terence 1975: Hume. London.
Penelhum, Terence 1983: Natural Belief and Religious Belief in Hume's Philosophy. In: Phil. Q. 33, 166–181.
Penelhum, Terence 1992, David Hume: An Introduction to His Philosophical System. West. Lafayette, Ind.
Pompa, Leon 1990: Human Nature and Historical Knowledge: Hume, Hegel, and Vico. Cambridge.
Popkin, R. H. 1980: The High Road to Pyrrhonism. San Diego, Cal.
Price, John V. 1986: David Hume. New York.
Quast, O. 1903: Der Begriff des Belief bei David Hume. Halle 1903. Repr. Hildesheim-New York 1980.
Rapaport, D. 1974: The History of the Concept of Association of Ideas. New York.
Richmond, Samuel A. 1994: Newton and Hume on Causation. Alternative Strategies of Simplification. In: Hist. Phil. Q. 11, 37–52.
Robinson, J. A. 1962: Hume's Two Definitions of ‚Cause'. In: Phil. Q. 12 (1962), 162–171. Repr. in: Chappell (Hrsg.) 1966, 129–147; Hume's Two Definitions of ‚Cause' Reconsidered. In: a.a.O., 162–168.
Robison, W. L. 1973: Hume's Scepticism. In: Dialogue 12, 87–99.
Robison, W. L. 1973: On the Consequential Claim that Hume is a Pragmatist. In: J. of crit. Analysis 4, 141–153.
Robison, W. L. 1977: Hume's Causal Scepticism. In: Morice (Hrsg.), 156–166.
Robison, W. L. 1994: Hume and the Experimental Method of Reasoning. In: Southwest Phil. Rev. 10, 29–37.
Röd, Wolfgang 1983: The Rationalist Theory of Double Causality as an Object of Hume's Criticism. In: Erkenntnis 19, 315–329.
Röd, Wolfgang 1984: Die Philosophie der Neuzeit, Bd. 2: Von Newton bis Rousseau. München.
Röd, Wolfgang 1993: Humes Skeptizismus als Entwurf eines Neuen Philosophischen Paradigmas. In: Grazer Philosophische Studien 44, 211–232.
Rollin, B. E. 1971: Hume's Blue Patch and the Mind's Creativity. In: J. Hist. Ideas 32, 119–128.
Rosenberg, A. 1975: Propter Hoc, Ergo Post Hoc. In: Am. Phil. Q. 12, 235–254.

Ross, Ian Simpson 1995: Hume's Language of Scepticism. In: Hume Studies 21, 237–254.
Russell, Paul 1983: On the naturalism of Hume's ‚Reconciling Project'. In: Mind 92, 593–600.
Russell, Paul 1984: Hume's ‚Two Definitions' of Cause and the Ontology of ‚Double Existence'. In: Hume Studies 10, 1–25.
Salmon, C. V. 1929: The Central Problem of David Hume's Philosophy. In: Jb. für Phil. u. phänomenolog. Forschung. Hrsg. von Edmund Husserl, 10, 299–449. Repr. als Monographie. New York 1983.
Sanford, David 1994: Causation and Intelligibility. In: Philosophy 69, 55–67.
Savigny, Eike von 1975: Inwieweit hat Sextus Empiricus Humes Argumente gegen die Induktion vorweggenommen? In: Archiv f. Gesch. Phil. 57, 269–285.
Schlagel, R. H. 1984: A Reasonable Reply to Hume's Scepticism. In: British Journal for the Philosophy of Science 35, 359–374.
Schwerin, Alan 1989: The Reluctant Revolutionary: An Essay on David Hume's Account of Necessary Connection. New York.
Seidler, Michael J. 1977: Hume and the Animals. In: Southern J. Phil. 15, 361–372.
Shanks, David R. 1985: Hume on the Perception of Causality. In: Hume Studies 11, 94–108.
Sievert, Donald 1974: Hume, Secret Powers, and Induction. In: Phil. Studies 25, 247–260.
Sitter, J. E. 1978: Theodicy at Midcentury – Young, Akenside, and Hume. In: Eighteenth-Century 12, 90–106.
Stegmüller, W. 1971: Das Problem der Induktion: Humes Herausforderung und moderne Antworten. In: Hans Lenk (Hrsg.): Neue Aspekte der Wissenschaftstheorie. Braunschweig, 13–74. Repr. als Monographie. Darmstadt 1975.
Stern, George 1971: A Faculty Theory of Knowledge. The Aim and Scope of Hume's First Enquiry. Lewisburg.
Stevenson, Leslie 1993: Why Believe What People Say?. In: Synthese 94, 429–451.
Stewart, M. A. (Hrsg.) 1990: Studies in the Philosophy of the Scottish Enlightenment. Oxford.
Stewart, M. A. 1994: Hume's historical view of miracles. In: Stewart/Wright (Hrsg.) 1994, 171–200.
Stewart, M. A./Wright, John P. (Hrsg.) 1994: Hume and Hume's Connexions. Edinburgh.
Stove, D. C. 1973: Probability and Hume's Inductive Scepticism. Oxford.
Stove, D. C. 1979: The Nature of Hume's Skepticism. In: Norton/Capaldi/Robison (Hrsg.) 1979, 203–225.
Stove, D. C. 1986: The Rationality of Induction. Oxford.
Strawson, Galen 1989: The Secret Connexion: Causation, Realism, and David Hume. Oxford.
Strawson, P. F. 1985: Skepticism and Naturalism. Some Varieties. New York.
Streminger, G. 1979: David Humes Religionspsychologie. In: Kurt Salamun (Hrsg.): Sozialphilosophie als Aufklärung. Festschrift für Ernst Topitsch. Tübingen, 297–314.

Streminger, G. 1980: Hume's Theory of Imagination. In: Hume Studies 6, 91–118.
Streminger, G. 1981: Die Kausalanalyse David Humes vor dem Hintergrund seiner Erkenntnistheorie. In: G. Posch (Hrsg.): Kausalität. Neue Texte. Stuttgart, 162–189.
Streminger, G. 1986: David Hume. Reinbek 1986 (²1992).
Streminger, G. 1986: David Hume als Historiker in: Ztschr. f. phil. Forschung 40, 161–180.
Streminger, G. 1994: David Hume. Sein Leben und sein Werk. Paderborn.
Streminger, G. 1995: David Hume. Eine Untersuchung über den menschlichen Verstand. Ein einführender Kommentar. Paderborn.
Stroud, Barry 1977: Hume. London.
Swinburne, Richard 1970: The Concept of Miracle. London.
Swinburne, Richard 1989: Miracles. New York.
Swinburne, Richard (Hrsg.) 1974: The Justification of Induction. Oxford.
Talmor, Ezra 1980: Descartes and Hume. Oxford-New York-Frankfurt.
Talmor, S. 1980: Glanvill and Hume. In: Durham Univ. J. 72, 183–194. Auch in: Dies. 1981.
Talmor, S. 1981: Glanvill: The Uses and Abuses of Scepticism. Oxford.
Taylor, A. E. 1927: David Hume and The Miraculous. Cambridge. Repr. 1972.
Temple, D. 1984: Modal Reasoning in Hume's Billiard Ball Argument. In: Hist. Phil. Q. 1, 203–211.
Theau, J. 1976: La critique de la causalité chez Malebranche et chez Hume. In: Dialogue 15, 549–564.
Thornton, J. C. 1984: Miracles and God's Existence. In: Philosophy 59, 219–229.
Todd, William B. (Hrsg.) 1974: Hume and the Enlightenment. Essays presented to Ernest Campbell Mossner. Edinburgh.
Topitsch, E./Streminger, G. 1981: Hume. Darmstadt.
Traiger, Saul 1987: Impressions, Ideas, and Fictions. In: Hume Studies 13, 381–399.
Traiger, Saul 1994: The Secret Operations of the Mind. In: Minds and Machines 4, 303–315.
Tweyman, Stanley 1992: Some Reflections on Hume on Existence. In: Hume Studies 18, 137–149.
Vesey, Godfrey 1986: Hume on Liberty and Necessity. In: Ders., Philosophers. Ancient and Modern, Royal Inst. of Phil. Lecture Series: 20. Cambridge, 111–127.
Volpato, M. 1977: La scienza storica in David Hume. In: Riv. crit. Stor. Fil. 32, 285–303.
Wadia, P. S. 1976: Miracles and common understanding. In: Phil. Q. 26, 69–81.
Wallace, R. C. 1970: Hume, Flew, and the Miraculous. In: Phil. Q. 20, 230–243.
Waxman, Wayne 1994: Hume's Theory of Consciousness. Cambridge.
Weinberg, J. R. 1977: Ockham, Descartes, and Hume. Self-Knowledge, Substance, and Causality. Madison.
Wilbanks, Jan 1968: Hume's Theory of Imagination. The Hague ¹1968 (²1986).
Williams, William 1992: Is Hume's Shade of Blue a Red Herring? In: Synthese 92, 83–99.

Wilson, F. 1983: Hume's Defence of Causal Inference. In: Dialogue 22, 661–694.
Wilson, Fred 1989: The Logic of Probabilities in Hume's Argument against Miracles. In: Hume Studies 15, 255–275.
Wolff, Robert Paul 1960: Hume's Theory of Mental Activity. In: Phil. Rev. 69, 289–310. Repr. in: Chappell (Hrsg.) 1966, 99–128.
Woolhouse, R. S. 1988: The Empiricists. Oxford.
Wootton, David 1990: Hume's ‚Of Miracles': Probability and Irreligion. In: Stewart (Hrsg.) 1990, 191–229.
Wright, Colin B. 1991: Contra Hume: On Making Things Happen. In: Indira Mahalingam/Brian Carr (Hrsg.): Logical Foundations: Essays in honor of D. J. O'Connor. New York, 137–145.
Wright, John P. 1983: The sceptical realism of David Hume. Manchester.
Wright, John P. 1986: Hume's Academic Scepticism. A Reappraisal of His Philosophy of Human Understanding. In: Canad. J. Phil. 16, 407–436.
Yandell, K. E. 1976: Miracles, Epistemology and Hume's Barrier. In: Int. J. Phil. Relig. 7, 391–417.
Yandell, K. E. 1990: Hume's Inexplicable Mystery. His Views on Religion. Philadelphia.
Zabeeh, Farhang 1960: Hume. Precursor of Modern Empiricism. An analysis of his opinions on Meaning, Metaphysics, Logik and Mathematics. The Hague ^{1}1960 (^{2}1973).

Glossar

Im folgenden werden einige wichtige Begriffe aus Humes *Enquiry concerning Human Understanding* kurz erläutert. Die alphabetische Anordnung folgt den gebräuchlichsten *deutschen* Äquivalenten; die *englischen* Ausdrücke sind in Kursivdruck beigefügt. Am Ende eines Stichwortes wird auf die einschlägigen Kapitel dieses Buches verwiesen; weitere Fundstellen erschließt das Sachregister.

ABLEITUNG, *inference*
Gemeint ist ein Schließen, Herleiten oder Ableiten, aber in der Regel kein logisches Schließen (letzteres heißt ‚Demonstration'; →VERNUNFT). Solches nicht logisches Schließen kann, muß aber nicht bewußt erfolgen; es geschieht oft automatisch oder gewohnheitsmäßig, und zwar insbesondere bei Schlüssen von Ursachen auf Wirkungen oder umgekehrt von Wirkungen auf Ursachen und bei Schlüssen aus der Erfahrung (vgl. EHU 32 ff./ 42 ff.). (→SCHLUSS AUS DER ERFAHRUNG, →VERNUNFT.) – Kap. 5, 6, 10.

ÄHNLICHKEIT, *resemblance* →ASSOZIATION VON VORSTELLUNGEN

ASSOZIATION VON VORSTELLUNGEN, *association of ideas*
Da Hume einen psychologischen Atomismus vertritt (→PERZEPTION), muß er eine Erklärung für die Tatsache geben, daß die Inhalte unseres Bewußtseins nicht in chaotischer Form, sondern in gewissen Zusammenhängen auftreten. Solche Zusammenhänge unter unseren Vorstellungen beruhen auf Assoziation. Die Assoziation von Vorstellungen stellt sich aufgrund natürlicher psychischer Mechanismen von selbst her. Es gibt nach Hume drei Prinzipien der Assoziation, nämlich Ähnlichkeit (*resemblance*), raumzeitliche Nachbarschaft bzw. Berührung (*contiguity*) und Verursachung (*causation*): Eine Vorstellung von x läßt uns leicht an etwas denken, das x ähnelt; eine Vorstellung von y bringt uns leicht zu Bewußtsein, was sich in raum-zeitlicher Nachbarschaft von y abspielte; und eine Vorstellung von z läßt uns leicht an das denken, was die Ursache von z war, oder an das, was die Wirkung von z war oder sein wird (vgl. EHU 23 f./24; T 10 ff./20 ff.). – Kap. 4.

BERÜHRUNG IN RAUM UND ZEIT (*contiguity*) →ASSOZIATION VON VORSTELLUNGEN

BEZIEHUNGEN VON VORSTELLUNGEN, *relations of ideas*
Hume behauptet, daß alle Gegenstände menschlicher Erkenntnis sich auf genau zwei Klassen verteilen; es handelt sich nämlich entweder um Beziehungen von Vorstellungen oder um Tatsachen (*matters of fact*). (Man bezeichnet diese These Humes manchmal als *Hume's fork*.) Um eine Tatsache handelt es sich, wenn das Gegenteil (logisch) möglich ist, und um eine Beziehung von Vorstellungen, wenn das Gegenteil (logisch) unmöglich ist. Über die Wahrheit von Propositionen, die Beziehungen von Vorstellungen ausdrücken, läßt sich a priori entscheiden, denn man braucht in diesem Fall lediglich Denkoperationen anzustellen, weil Beziehungen von

Vorstellungen unabhängig davon gelten, was im Universum existiert. Handelt es sich dagegen um Sachverhalte, deren Gegenteil möglich ist, bedarf es stets in irgendeiner Form der →Erfahrung, um festzustellen, was tatsächlich der Fall ist. (Vgl. EHU 25 f./35 f.) – Kap. 5.

BEWEIS, *proof* →WAHRSCHEINLICHKEIT
BILD, *copy* →PERZEPTION

DEMONSTRATION, *demonstration* →VERNUNFT

EINBILDUNGSKRAFT, *imagination*
Einbildungskraft ist die Fähigkeit, sich vorzustellen, was noch nicht der Fall ist, aber aufgrund der gegebenen Umstände (und der gemachten Erfahrung) zu erwarten ist (EHU 17/17), oder sie ist die Fähigkeit, sich irgend etwas Beliebiges vorzustellen, wobei offen gelassen wird, ob dergleichen tatsächlich existiert oder existieren kann. Der Einbildungskraft wird die denkbar größte Freiheit attestiert, gegebenes Vorstellungmaterial zu verändern oder auf phantastische Weise zu rekombinieren. Diese Freiheit der Einbildungskraft findet aber eine Grenze in Humes Empirismus (→SINNE), demzufolge Einbildungskraft nur tätig werden kann, wenn bereits (vermittels sinnlicher Wahrnehmung) irgend welche Vorstellungen erworben worden sind. Eine zweite Grenze findet die Freiheit der Einbildungskraft in der Tatsache, daß wir uns zwar alles mögliche willkürlich vorstellen können, daß wir aber mit keiner Vorstellung willkürlich das Moment des Überzeugtseins oder des Fürwahrhaltens verbinden können (vgl. EHU 47 ff./60 ff.; →GLAUBE). – Kap. 4.

EINDRUCK, *impression* →PERZEPTION
ERFAHRUNG, *experience*
Zwei Verwendungsweisen des Wortes lassen sich unterscheiden. Entweder handelt es sich bei Erfahrung (neben *experience* auch *experiment*) um ein stets über sinnliche Wahrnehmung vermitteltes Konstatieren oder Registrieren, daß etwas tatsächlich der Fall ist. Von Erfahrung in diesem Sinne läßt sich auch in der Mehrzahl sprechen: Jeder von uns macht jederzeit viele solche Erfahrungen. Oder es handelt sich bei Erfahrung um die ganz bestimmte Art, wie wir konkrete kausale Zusammenhänge zu erfassen lernen, deren Kenntnis wir dann wieder zur Antizipation möglicher und, je nach den Umständen, verschiedener Naturverläufe einsetzen und so für unser Handeln nutzbar machen (→URSACHE). Erfahrung in diesem Sinne gibt es nur im Singular. Eine Definition dieses Typs von Erfahrung gibt Hume in T 87/117. – Kap. 5, 6.

ERINNERN, *remember* →SINNE
EVIDENZ, *evidence*
Während Hume das Wort ‚evident' häufig in dem Sinne verwendet, daß etwas offensichtlich und über jeden Zweifel hinaus sicher wahr ist, versteht er unter ‚Evidenz' so etwas wie Beweiskraft. Dabei spielt es keine Rolle, ob es sich um natürliche Gegebenheiten oder um soziale und institutionelle Bedingungen handelt: „*natural* and *moral* evidence [aptly] link together" (EHU 90/107; zur Bedeutung von „*moral*" →PHILOSOPHIE). Diese Beweiskraft kann stärker oder schwächer sein, und den Überzeugungsgrad dessen, was auf eine Evidenz gestützt wird, sollen wir vernünftigerweise entspre-

chend variieren. Dieser Gedanke spielt besonders bei Humes Wunderkritik eine Rolle (→Wunder). Die Evidenz kann aber auch so stark sein, daß das durch sie Gestützte über jeden begründeten Zweifel hinaus gewiß ist. Hier aber sind zwei Fälle zu unterscheiden: Wir können etwas deshalb mit Gewißheit für wahr halten, weil wir eingesehen haben, daß das Gegenteil unmöglich ist. Diesen Fall gibt es nur bei →Beziehungen von Vorstellungen. Wir können aber auch dann, wenn das Gegenteil des Gewußten möglich ist, bei Tatsachen also, aufgrund überwältigender Erfahrung eine Gewißheit haben, die keinen vernünftigen Zweifel erlaubt (→Beweis, →Sinne). Humes Hauptfrage in der *Enquiry concerning Human Understanding* ist die nach der Art der Evidenz, die diesen zweiten Fall möglich macht (EHU 25 f./ 35 f.). – Kap. 5, 11, 12.

Freiheit, *liberty*
Freiheit wird definiert als „a power of acting or not acting, according to the determinations of the will" (EHU 95/113). Diese Freiheit wird ausdrücklich als „hypothetische Freiheit" bezeichnet, was bedeutet, daß sich die Frage, ob jemand frei ist oder nicht, nicht absolut, sondern nur dann stellt, *wenn* ein bestimmter Wille, irgend etwas zu tun, *gegeben* ist. Humes Interesse an diesem Begriff der hypothetischen Freiheit erklärt sich daraus, daß er die Möglichkeit zu bieten scheint, die Freiheit im Handeln und die Notwendigkeit unserer Handlungen, d. h. ihre kausale Determiniertheit, miteinander zu vereinbaren. – Kap. 9.

Gedächtnis, *memory*   →Sinne

Gewohnheit, *custom*
Wenn Hume schreibt: „Custom [...] is the great guide of human life" (EHU 36/44), muß man die Entgegensetzung mithören: und nicht Vernunft erfüllt diese Rolle! Gemeint ist, daß wir unsere kognitive Sicherheit im Umgang mit unserer Umwelt nicht Schlüssen der Vernunft verdanken (→Vernunft), denn die Begrenztheit unseres Wissens und die Fehlbarkeit der Vernunft würden diese Sicherheit nicht gewähren können. Vielmehr sind es natürliche Prozesse der kognitiven Anpassung an unsere Umwelt, die uns im Leben leiten. Nichts anderes als solche Anpassungsprozesse meint Hume mit ‚Gewohnheit' oder ‚Übung' (*habit*). – Kap. 5, 6, 10.

Glaube, *belief*
Im Unterschied zum bloßen Haben einer Vorstellung oder dem bloßen Fassen eines Gedankens ist Glaube das Moment des Für-wahr-haltens oder des Für-wirklich-haltens. Nach Hume ist das Für-wahr-halten kein spezieller geistiger Akt, den man willkürlich vollziehen oder unterlassen könnte, sondern nur der größere Grad an Lebendigkeit, Lebhaftigkeit oder Kraft, in dem sich das für wahr Gehaltene von anderen Vorstellungen unterscheidet (EHU 47 ff./60 ff., T 94 ff./126 ff. 623 ff./353 ff.). Überzeugtsein oder Glaube ist so etwas wie ein unwillkürliches Wirklichkeitsgefühl (→Einbildungskraft). Allerdings kennt Hume auch die Möglichkeit, daß man das Gewicht der Gründe, die für die Wahrheit einer Aussage und die gegen sie sprechen, gegeneinander abwägt und ein bewußt kalkulierendes Urteil fällt (vgl. EHU 110 f./129 f.). Diese Möglichkeit spielt insbesondere in Humes Wunderkritik eine wichtige Rolle (→Wunder). – Kap. 5, 6, 11.

HERLEITUNG, *inference* →ABLEITUNG

INSTINKT, *instinct*
Es ist ein instinktives Verhalten, wenn wir aus Erfahrung zum Beispiel lernen, von welchen Ursachen auf welche Wirkungen zu schließen ist und umgekehrt. Diese instinktive Fähigkeit ist etwas Naturgegebenes, eine „mechanical tendency" (EHU 55/69), die ohne unser Zutun funktioniert und die uns sicherer leitet, als es die bewußt vollzogenen Operationen einer deduzierenden Vernunft je könnten (EHU 55/68 f., 108/126 f.). Es ist derselbe mächtige, aber blind arbeitende Instinkt, der uns von der Realität unserer Außenwelt überzeugt sein läßt und der uns natürlicherweise vor lähmendem →SKEPTIZISMUS schützt, dem wir verfallen müßten, wenn unser kognitives Verhalten ausschließlich vernunftgesteuert wäre (vgl. EHU 151 f./177 f.). – Kap. 10, 13.

KONSTANTER ZUSAMMENHANG (*constant conjunction*) →URSACHE

NACHBARSCHAFT, RAUM-ZEITLICHE, *contiguity* →ASSOZIATION VON VORSTELLUNGEN

NOTWENDIGE VERKNÜPFUNG (*necessary connexion*)
Wo Hume von einer notwendigen Verknüpfung spricht, denkt er an ein Kausalitätsverständnis, demzufolge die Ursache gewisse Kräfte besitzt, die den Eintritt der Wirkung so veranlassen, als zöge die Ursache ihre Wirkung gleichsam an einem Band nach sich. Hume behauptet, daß wir solche Verknüpfungen (wenn es sie denn geben sollte) nicht erkennen könnten und daß wir die Vorstellung von einem kausalen Zusammenhang auf eine Art gewinnen, für die eine notwendige Verknüpfung im erläuterten Sinn keine Rolle spielt (→SINNE). Andererseits verbinden wir mit der Vorstellung der Kausalität die Vorstellung der Notwendigkeit. Hume sieht sich daher genötigt, eine Erklärung dafür anzubieten, wie wir zu dieser Vorstellung gelangen. Das soll dadurch geschehen, daß die Erkenntnis eines kausalen Zusammenhangs mit dem psychischen Effekt einer →ASSOZIATION VON VORSTELLUNGEN verbunden ist und daß wir die psychische Unausweichlichkeit dieser rein mentalen Verknüpfung von Vorstellungen als eine reale Verknüpfung von Ursache und Wirkung interpretieren (vgl. EHU 61 ff./76 ff.). – Kap. 8.

NOTWENDIGKEIT, *necessity* →FREIHEIT

PERZEPTION, *perception*
‚Perzeption' ist ein terminus technicus bei Hume und bezeichnet jede mentale Entität, und zwar nicht nur Sinneseindrücke und Gedanken, sondern auch Willensregungen sowie heftige und ruhige Emotionen („sensations, passions, and emotions" – T 1/9 f.). Hume unterscheidet zwei Arten von Perzeptionen, die er als Eindrücke (*impressions*) und als Vorstellungen (*ideas*) bezeichnet. Wie diese zwei Arten genau zu unterscheiden sind, gehört zu den am heftigsten umstrittenen Punkten der Hume-Forschung. Das liegt daran, daß Hume für den Unterschied zwei nicht deckungsgleiche Erläuterungen gibt. Einerseits wird behauptet, daß eine Perzeption, wenn sie ursprünglich auftritt, d. h. ohne von einer vorgängigen

Perzeption abgeleitet zu sein, eine Impression sei, von der es jedoch ein
Abbild (*copy*) geben könne, das dann die zugehörige Vorstellung sei. So wäre
das unmittelbare Wahrnehmungserlebnis einer Farbe z. B. eine Impression
und eine Erinnerung an die gesehene Farbe das Vorkommen eines Abbildes
jener Impression und in diesem Sinne eine Vorstellung (*idea*). Andererseits
wird der Unterschied zwischen Eindrücken und ihren zugehörigen
Vorstellungen als rein graduell verstanden, nämlich als Abnahme im Grad
der Lebhaftigkeit. Lebhaftigkeit wird dabei interpretiert als „force [...] with
which [the perceptions] strike upon the mind" (T 1/9). Hume behauptet,
daß eine Impression stets lebhafter sei als die ihr zugehörige Vorstellung.
Für viele Zusammenhänge der Humeschen Psychologie ist es wichtig, daß
verschiedene Perzeptionen inhaltlich ununterscheidbar sein können. Dies
wird zwar durch die sog. *copy*-These sichergestellt, aber das Abbildsein einer
Vorstellung im Verhältnis zu ihrer Urbild-Impression läßt sich nicht als bloß
graduelle Differenz verstehen.

Mit der Lehre von den Perzeptionen vertritt Hume einen psychologischen
Atomismus, demzufolge das Bewußtsein nichts anderes ist als ein sich
ständig verändernder Strom von Perzeptionen, die untereinander allerdings
durch verschiedene Momente miteinander verknüpft oder assoziiert sein
können (→Assoziation von Vorstellungen). Die mentalen Mechanismen
der Assoziation erzeugen erst die Einheit eines Bewußtseins und sind die
natürliche Grundlage all jener psychischen Prozesse, die von selbst ablaufen
und die nicht (wie die Operationen deduzierender Vernunft) bewußt
vollzogen werden müssen. (Vgl. T 251 ff./325 ff.) – Kap. 4.

Philosophie, *philosophy*
Unter Philosophie versteht Hume im Grunde nichts anderes als Wissenschaft. Sein großes Vorbild ist die „natural philosophy", die *philosophia
naturalis* von Newton, also die physikalische Naturwissenschaft. Humes
Projekt war es, eine diesem Vorbild entsprechende „moral philosophy" zu
entwickeln, und zwar (wie er auf dem Titelblatt des *Treatise* anzeigt) durch
die Einführung der „experimental method of reasoning" für „moral
subjects". Hume hatte dabei einen erfahrungsgestützten und empirisch zu
bewährenden psychologischen Atomismus (→Perzeption) vor Augen,
dessen wenige Gesetze (→Assoziation von Vorstellungen) genügen
sollten, die „moral subjects" zu erklären; unter „moral subjects" sind dabei
nicht nur moralische Sachverhalte im engeren Sinne, sondern alle Phänomene zu verstehen, bei denen menschliches Handeln und Bewußtsein eine
Rolle spielen (vgl. T *Introduction*, EHU Abschnitt 1: *Of the Different Species of
Philosophy*). – Kap. 3, 13.

Schluss aus der Erfahrung, *conclusion from experience*
Ein Schluß aus der Erfahrung liegt immer dann vor, wenn wir aufgrund von
regelhafter, aber begrenzter Erfahrung zu der Überzeugung kommen, daß
es sich *immer* so verhalten müsse, wie wir es an einer relativ geringen Zahl
von ähnlichen Vorkommnissen erfahren haben. Solche Schlüsse aus der
Erfahrung stellen die Grundlage dafür dar, von der Vergangenheit auf die
Zukunft zu schließen, wie auch dafür, kausale Zusammenhänge zu erkennen
(→Erfahrung, →Ursache). Da Schlüsse aus der Erfahrung keine formal
gültigen Schlüsse sind, können sie keine Vernunftschlüsse sein (→Ver-

NUNFT); die Frage ist daher, auf welchen Prinzipien sie beruhen (→GEWOHN-HEIT). (Vgl. EHU 32ff./42ff.) – Kap. 5, 6, 10.

SINNE, *senses*
Die Sinne sind eine, aber nicht die einzige Quelle unserer →EINDRÜCKE; letztere können auch durch reflexive Selbstwahrnehmung (*reflection*) entstehen (vgl. T 7/17, 275/II 3 f.). Nichtsdestoweniger ist die Sinneswahrnehmung (*sensation*) die primäre Quelle unserer ursprünglichen Perzeptionen. Als psychische Gegebenheiten sind sie in dem Sinne ursprünglich, als wir die Ursachen des Auftretens von Sinneswahrnehmungen nicht im Bewußtsein finden. Höchstens können wir sagen, daß Gegebenheiten unseres Körpers, daß die aktuelle Verfassung unserer Sinnesorgane und daß das Einwirken von Gegenständen auf die äußeren Organe für das Auftreten von Sinneseindrücken verantwortlich sind. Die Erforschung dieser Ursachen überschreitet aber das Gebiet der Psychologie und fällt ins Gebiet von Physiologie und Anatomie (vgl. T 8/18).
Den unmittelbaren Sinneseindrücken sowie den spontan auftretenden Erinnerungen kommt, was unsere Kenntnis von →TATSACHEN angeht, die größte Überzeugungskraft zu (→EVIDENZ). Da wir aber sehr viel mehr Tatsachen zu kennen glauben, als uns durch das Zeugnis der Sinne und des Gedächtnisses verbürgt ist, stellt Hume die Frage, wodurch es uns gelingt, den Bereich dessen zu überschreiten, wovon wir allein aufgrund von Sinneswahrnehmung und Erinnerung überzeugt sind (vgl. EHU 26/36). (→URSACHE, →SCHLUSS AUS DER ERFAHRUNG) – Kap. 4.

SKEPTIZISMUS, *scepticism*
Hume unterscheidet drei Formen des Skeptizismus. Zum einen gibt es den aller Wissenschaft vorhergehenden methodischen Zweifel Descartes', der zu dem Zweck durchgeführt wird, unbezweifelbare Prinzipien und Grundlagen zu finden, um auf ihnen das Gebäude sicheren Wissens zu errichten. Dieses Grundlegungsprojekt hält Hume für undurchführbar, weil der cartesische Zweifler nicht vom Fleck kommen könne, ohne etwas von dem in Anspruch zu nehmen, was er gerade durch seinen Zweifel suspendiert hatte (EHU 149 ff./175 ff.). Zweitens gibt es den extravaganten oder pyrrhonischen Zweifel, dessen Ziel es ist, zu zeigen, daß wir nichts wissen und nichts erkennen können (EHU 150 ff./176 ff,). Diesen Skeptizismus hält Hume zwar für argumentativ unwiderlegbar, aber für praktisch folgenlos: Der pyrrhonische Skeptizismus werde durch das Leben selbst und durch die Kräfte der Natur widerlegt (EHU 155 ff./182 ff.). Auch für die Praxis der empirischen Wissenschaft sei der pyrrhonische Skeptizismus irrelevant. Hingegen exponiert Hume (drittens), was er als gemäßigten Skeptizismus (*mitigated scepticism*) oder als akademische Philosophie bezeichnet und womit im Grunde nichts anderes gemeint ist als die Zurückhaltung des empirisch arbeitenden Wissenschaftlers, der stets der Möglichkeit eingedenk bleibt, daß er sich irren kann (EHU 161 ff./188 ff.). Für den gemäßigten Skeptiker gilt die Maxime, daß er solche Ausdrücke wie „'tis evident, 'tis certain, 'tis undeniable" (T 274/352) nicht gebraucht. – Kap. 13.

TATSACHE, *matter of fact* →BEZIEHUNGEN VON VORSTELLUNGEN

ÜBERZEUGUNG, *belief* →GLAUBE

ÜBUNG, *habit* →GEWOHNHEIT

URSACHE, *cause*
‚Ursache' wird als ein Gegenstand definiert, dem ein anderer folgt, wenn für alle Gegenstände, die dem ersten gleich sind, gilt, daß ihnen Gegenstände folgen, die dem zweiten gleich sind. Der Sinn dieser Definition wird durch die Paraphrase erläutert: Oder wenn gilt, daß der zweite Gegenstand nicht existierte, wenn es den ersten nicht gegeben hätte (EHU 76/92 f.). Damit ist klar, daß Hume eine Auffassung vertritt, derzufolge kausale Zusammenhänge *gesetzesartige* Zusammenhänge sind. Die Definition der Wirkung ergibt sich ohne weiteres aus der Definition der Ursache. Daß Hume die Kausalrelation als eine Relation zwischen Gegenständen und nicht zwischen Ereignissen versteht, entspricht der Auffassung seiner Zeit, beeinträchtigt die Reichweite seiner Überlegungen aber nicht.

Hume legt großen Wert auf die Feststellung, daß Kausalgesetze konstante Zusammenhänge (*constant conjunctions*) beschreiben und daß sie Kausalzusammenhänge nicht als →NOTWENDIGE VERKNÜPFUNGEN (*necessary connexions*) auffassen. Diese These widerspricht der Gesetzesauffassung von Kausalität nicht, sondern besagt nur, daß es unmöglich ist, aus einem isolierten Fall und ohne Rückgriff auf solche Regelmäßigkeiten, wie sie die Definition der Ursache angibt, auf eine Wirkung oder eine Ursache zu schließen. Da dies (meint Hume) möglich sein müßte, wenn wir kausale Zusammenhänge allein durch Vernunft und Denken a priori sollten erkennen können, scheidet die Vernunft als Erkenntnisorgan für Ursache und Wirkung aus (EHU 27/37). Da Hume andererseits die große, vor allem praktische Bedeutung unterstreicht, die die Kenntnis kausaler Zusammenhänge für uns besitzt, ist die Frage wichtig, wie wir zur Kenntnis kausaler Zusammenhänge gelangen; die Antwort: durch →SCHLÜSSE AUS DER ERFAHRUNG (vgl. EHU 42/54; T 87/117). (→ERFAHRUNG)

Hume hat noch eine zweite Definition von ‚Ursache' vorgelegt, derzufolge ein Gegenstand als Ursache bezeichnet wird, wenn ihm ein anderer folgt und wenn das Auftreten des ersten uns stets an den zweiten denken läßt (EHU 77/93). Diese zweite Definition ist von der ersten abhängig, denn strenggenommen definiert sie nicht ‚Ursache', sondern einen psychischen Effekt der Erkenntnis kausaler Zusammenhänge: Solche Erkenntnis basiert ja auf wiederholter Erfahrung und geht daher mit einer assoziativen Verknüpfung von Vorstellungen einher. Dieser Effekt ist für Humes psychologische Erklärung wichtig, wie es kommt, daß wir meinen, es bei einem kausalen Zusammenhang mit einer →NOTWENDIGEN VERKNÜPFUNG der Gegenstände zu tun zu haben. Da der Effekt der assoziativen Verknüpfung von Vorstellungen aber auch aufgrund von anderen Eigenschaften eintreten kann (→ASSOZIATION VON VORSTELLUNGEN), handelt es sich nicht um einen für die Erkenntnis kausaler Beziehungen spezifischen psychischen Effekt. – Kap. 5, 6, 7, 8, 9.

VERNUNFT, *reason*
Vernunft ist unsere Fähigkeit zu bewußt vollzogenen Denkoperationen (*reasonings*), insbesondere zu logischen Ableitungen und Schlüssen, zu formal gültigen Beweisen (den sog. Demonstrationen) sowie zu allen mathematischen Operationen. Vernunft als bloßes Denken ist daher auch

das Organ zur Feststellung von →Beziehungen von Vorstellungen. Den Gegensatz zu Vernunft bilden alle mentalen und psychischen Vorgänge, die unwillkürlich und aufgrund natürlicher Gegebenheiten von selbst ablaufen (*operations of the mind*) (EHU 13/11) und die daher für eine Kontrolle durch die Vernunft einfach keine Handhabe bieten. Das bedeutendste Beispiel für diesen Typ mentaler Vorgänge sind die →Schlüsse aus der Erfahrung, die wir in allen Lern- und Adaptationsprozessen unablässig vollziehen, meist jedoch, ohne uns dessen bewußt zu sein.

Die Bedeutung der Vernunft für das praktische Leben schätzt Hume relativ gering ein; jedenfalls verwahrt er sich gegen eine zu seiner Zeit gängige Überbewertung der Vernunft. Ebensowenig scheint ihm der Gegensatz zwischen Vernunft und →Erfahrung überzeugend. Denn zum einen basieren etliche Vernunftoperationen auf Erfahrungswissen, und andererseits würde sich daraus, daß man die Natur der Dinge rein a priori betrachtete, kein Wissen über die Welt ergeben (vgl. EHU 43 Anmerkung/ 56). Viel wichtiger als Vernunft sind Wahrnehmung, →Erfahrung und Analogiebildung, von denen allein wir uns bei allen lebenspraktisch relevanten Kausalschlüssen leiten lassen müssen (vgl. EHU 148/173).

Humes Kritik an der reinen Vernunft spielt für seine Kritik der philosophischen Theologie eine wichtige Rolle. – Kap. 10, 12.

Verstand, *understanding*
Verstand ist das menschliche Erkenntnisvermögen, weniger jedoch im Sinne einer Fähigkeit, die wir ausüben, als im Sinne des Gesamtumfangs dessen, was wir – aufgrund unserer verschiedenen geistigen Vermögen (*powers of the mind* – EHU 13/11) – zu erkennen imstande sind. Nach Hume sind unserem Verstand engere Grenzen gezogen, als gemeinhin angenommen wird; insbesondere glaubt er, daß gewisse Fragen der Metaphysik und der rationalen Theologie unsere Erkenntnismöglichkeiten übersteigen. Die Untersuchung des menschlichen Verstandes (*Enquiry concerning Human Understanding*) versteht Hume daher als eine „mental geography" oder als eine Bestimmung unserer geistigen Kräfte, um auf diese Weise unsere wissenschaftliche Neugier auf diejenigen Felder zu lenken und zu beschränken, auf denen allein es wissenschaftlichen Erkenntnisfortschritt geben kann, weil sie alle dem menschlichen Verstand zugänglichen Erkenntnisgegenstände umfassen. – Kap. 3.

Verursachung, *causation* →Ursache, →Assoziation von Vorstellungen
Vorstellung, *idea* →Perzeption

Wahrscheinlichkeit, *probability*
Obwohl es an sich keinen Zufall gibt, hat unsere weitgehende Unkenntnis der wirklichen Ursachen zur Folge, daß wir oft nicht sicher wissen, was der Fall ist oder sein wird, sondern daß wir entsprechende Behauptungen mit einem Wahrscheinlichkeitsquotienten versehen müssen, der sich aus der Abwägung von einschlägigen und gegenläufigen Erfahrungen ergibt. Eine entsprechende Maxime formuliert Hume auch für die Bildung und Gewichtung von Überzeugungen (*beliefs*): Eine Behauptung ist umso eher und umso mehr für wahr zu halten, je mehr verläßliche Evidenz für sie und je weniger gegen sie spricht (vgl. EHU 110 f./129 f.). (→Glaube) Man kann allerdings nicht sagen, daß auf Erfahrung gestützte Behauptungen generell

bloß wahrscheinlich und nicht sicher sind, wenn damit angedeutet werden soll, daß immer Raum für begründete Zweifel bleibt. Vielmehr gibt es auch auf Erfahrung gestützte Behauptungen, deren Wahrheit über jeden begründeten Zweifel hinaus feststeht; Hume nennt diese Art des Begründetseins *proof* (EHU 56 ff./70 ff.). – Kap. 10, 11.

WIRKUNG, *effect*   →URSACHE, *cause*

WUNDER, *miracle*
Ein Wunder ist ein Bruch der Naturgesetze bzw. (nach einer engeren Definition) die Übertretung eines Naturgesetzes durch einen besonderen Willensakt Gottes oder durch das Eingreifen eines unsichtbar Handelnden (EHU 114 f./134). Wunder sind strikt von außergewöhnlichen Ereignissen zu unterscheiden. Hume versucht zu zeigen, daß ein Wunder, wenn es vorkäme, niemals so überzeugend gemacht werden könnte, daß es vernünftig wäre, daran zu glauben. – Kap. 11.

ZWEIFEL, *doubt*   →SKEPTIZISMUS, *scepticism*

Personenregister

Adam 81, 84
Addison 24, 26
Arbuthnot John 27
Aristoteles 24, 75, 87, 153
Ayer 191

Bacon 20 f., 60
Baron d'Holbach 239
Bayle 8, 216, 240
Beck 107, 108
Bennett 191
Berkeley 39, 47, 51, 59, 101 f., 156, 180, 225, 230
Blacklock 215
Boyle 10
Burns 190
Butler Samuel 20, 32

Cicero 24, 28, 153, 156
Clarke 10, 21
Clifford 179
Crousaz 216
Cudworth 21

Derhams William 199
Descartes 9, 30, 41, 55, 102, 126, 156, 163, 240

Ennius 153
Epikur, Epicurus 201, 203 ff., 207 f., 210 f.
Euklid 11, 13, 16, 160

Fichte 102 f.
Fordyce 23
Frankfurt **138 f.**

Galilei 10, 156
Gaskin 180
Goldbach 90

Hamann 212
Hartley 8
Harvey 10, 168
Hegel 52, 193

Heidegger 155
Hobbes 10
Huet 216
Hutcheson 20, 21, 22, 27, 32, 70
Huygens 10

James 179

Kant 4, 7, 9 f., 17, 24, 31, 52, 56, 62 f., 92, 95 ff., 115, 132, 193, 212

La Bruyère 24
Laird 215, 216, 235, 251
Leibniz 9, 67, 156
Levine 180, 187, 189, 191
Lewis 192
Locke 9 f., 17, 20 ff., 24, 25, 26, 31, 32, 39 f., 41 f., 51, 59, 102, 156, 177, 180, 240

Mach Ernst 162, 176
Mackie John 181 ff.
Malebranche 9, 24, 126, 156, 240
Mandeville 20
Montaigne 8, 171 f., 216, 222, 240
More 21

Newton 1, 7 f., 10, 15 f., 20, 23, 33, 53, 59, 86, 168, 198 f.
Nielsen 185, 192 f.

Pawlow 105
Platon 21
Plutarch 28, 156
Purtill Richard 192
Pythagoras 56

Reid Thomas 23, 62
Russell Bertrand 167

Schelling 102 f.
Schleiermacher 193
Seneca 28
Sextus Empiricus 8, 10, 216 f., 219, 222, 243 ff.

Shaftesbury 20, 25, 70
Sherlock 178, 183
Smith Kemp 233, 236 f., 251
Sokrates 21
Spencer 10
Spinoza 9, 156, 210
Sulzer 31

Tacitus 202
Thales 21

Thomas von Aquin 153, 164 ff., 169
Turnbull 23, 28

Voltaire 8, 243

Wolff 31
Wollaston 21

Zeuxis 205

Sachregister

Abbild 46, 49, 55, 117
Aberglaube 30, 32 f., 54, 71, 179, 237 ff.
Affekt 142, 162, 212, 232 f., 247
Ähnlichkeit 58, 61, 157 ff., 160, 162, 169
Ähnlichkeitserfahrung 161
Ähnlichkeitsklasse 81–88
Ähnlichkeitsstandard 131
Analogie, Analogieschluß 58, 157 f., 160 ff., 169, 203 f., 211
A. als Prinzip d. vergleichenden Anatomie 162
Analogieargument 171
Anatomie des Geistes, des Gemüts 54, 162
animal rationale 153, 155 f.
vgl. a. →Tier; →Mensch
Anpassung 88, 170
Anthropomorphismus 109, 209, 211
Apprehension 99–107
aufgenötigte A. 103
willkürliche A. 103
Argument aus d. Erfahrung 157
deduktives A. 163
empirische A.e für die →Physikotheologie 208
philosophische A.e, Unzulänglichkeit der 220, 234
physikotheologisches A. →Physikotheologie
populäre, skeptische A.e 219
skeptische A.e, Unwiderlegbarkeit der 219
argument from design →Physikotheologie
Assoziation 8, 14, 21, 51, 70
serielle A. 127, 130 ff.
Atheist. Atheismus 185 f., 190, 202, 239
Außenwelt 46, 184, 224 ff., 228, 234

Bedeutung 49, 81, 83, 108, 189, 192
objektive B. 99
gegenständliche B. 102
existenzielle B. d. Glaubens 190
Begriff, begrifflich 10, 14 f., 55f, 68, 169 f.
Beobachtung 8 f., 20 f.
innere B. 42
passive B. 108
Beweis, beweisen 16, 75–80, 161, 170, 222 f.
mathematischer 75, 78, 227
physikotheologischer →Physikotheologie
Bewußtsein, unmittelbares 121ff

Charakter 138, 148
Christentum 156, 179, 191, 198
Common sense 65 f., 219, 227
Common-sense-Philosophie 62, 66
Common-sense-Überzeugung 224 f., 227 ff.
constant conjunction →Verbindung, konstante

Deduktion, deduktiv 16, 70, 75 ff., 80, 83, 85 f., 90, 92 f., 160, 163, 169, 173
Deist, Deismus 190, 198 f., 202
demonstrative reasoning 60, 89, 161
Denkfreiheit 201 ff., 210
Determinismus 135
Disposition 172 ff.
distinction of reason 51
doctrine of liberty 136 f.
doctrine of necessity 136f, 139, 141 ff., 145 ff., 148, 150 f.
Dogmatismus (vs. →Skepsis) 216, 243–250

Einbildungskraft 25, 37 ff., 43, 45, 47, 76, 164, 206, 228
Eindruck 37 f., 40–44, 47–50, 55, 69 f., 117 f., 120 ff., 127 ff., 130 ff., 162, 180, 189, 224 ff., 231, 235 f.

Sachregister

vgl. auch →Vorstellung; →Perzeption

Empirismus, Empirist, empiristisch 9 f., 37–41, 44, 49 ff., 52, 60, 64, 98, 112, 121, 123 ff., 189, 197

Ereignis 48, 58 ff., 62, 66, 96, 98, 100, 104 f., 107, 116, 120 f., 123 f., 127–131, 134, 187–190, 207, 237

Erfahrung 20 f., 41, 48 f., 58–63, 66 ff., 74 ff., 78–82, 84–88, 98 f., 101–105, 107, 109, 112, 121, 123 ff., 134, 148, 157 f., 160, 167 f., 174 f., 177, 186 ff., 191

Erfahrungsschluß 37, 66

unmittelbare E. 174

unmittelbare Selbstwahrnehmung bzw. Selbsterfahrung 40 ff.

aus E. schließen 168, 173 f.

durch E. lernen 163, 166–176

Erinnerung 39, 43 f., 48, 50, 57, 165, 228

Erkenntnistheorie, Erkenntnispsychologie 49, 51, 70, 90, 93, 101, 177

Erregungsmuster 127 f., 132

Empfindungen 39 f., 44, 49, 51 f., 69, 105, 244

Erscheinung (vs Ding an sich) 97–114

Erwartung 15, 44, 48, 50, 61, 157, 161, 173

Evidenz 42, 44, 56, 61 f., 67, 77 f., 86, 181 f., 219 ff., 230 f., 233, 239

rationale 222 ff., 228, 231, 245

unmittelbare 78

Experiment 8, 16, 20 f., 29, 53, 60, 72, 109–113

Fiktion 39, 69, 200

Folge, objektive u. subjektive 99–103

vgl. auch →Sukzession

Freiheit 26 f., 102, 107, 109, 111 f., 114, 135 ff., 138 ff., 141, 144 f., 171, 184, 202

F. der Indifferenz 139, 141, 144 f.

hypothetische F. 137 f.

F. des Philosophierens 102, 202, 210

Gedächtnis 37, 39, 43, 47, 67, 116, 164 f., 219, 231

Gefühl 29, 40, 44, 67 ff., 72, 131

Geist 19, 40, 66f, 92, 118 f., 121–127, 131, 234

Gemüt 91, 162 f., 173

Generalisierung 14, 59, 84–89, 93

Gerechtigkeit, göttliche 201, 203, 208

Gesetz 84–87, 98, 107, 110, 149, 188

logisches 147, 169, 175

Gesetzmäßigkeit 59 f., 97 f., 106 ff., 112, 114, 188, 198 f.

Gesetzeshypothese 188

Gewißheit 19, 56 f., 68, 76–80, 91, 93f

Gewohnheit 14 f., 48, 66 f., 71, 81–92, 131 f., 134, 161 f., 172 ff., 220, 231

Glaube (belief) 45 f., 67, 69 f., 75 ff., 80 ff., 90, 92, 161, 167, 180, 184 ff., 193, 221 f., 224, 226, 230, 234–238, 245

religiöser G. 184, 190 ff., 194, 203, 237, 243

Gleichförmigkeit, gleichförmig 9, 48, 96, 168, 184, 188

Gleichförmigkeitsprinzip 96, 103–108, 113

Gott 141, 144, 192, 205 f., 209, 237

Natur Gottes 141–144, 206 f., 209 ff.

Gottesbeweis 57, 200, 212, 238

Gottesebenbildlichkeit 156 f.

Habitus 161

Handlung, handeln 48, 83, 109 ff., 135–138, 140–144, 148 f., 150 f., 184 f., 232 f., 240 ff.

Handlungswissen 110

Handlungserklärung 148 f.

Handlungsfreiheit 136, 138 ff., 144, 148

Hume's check 177, 183

SACHREGISTER

Hume's fork 56
Hypothese 162 f., 178
religiöse H. 206 ff., 211

Idealismus, transzendentaler 101 f.
Idee 20, 38–45, 47, 49–52, 69, 76, 137, 160 f., 189, 222, 231
angeborene I. 38, 40 f.
einfache u. komplexe 47–51
I. d. Notwendigkeit 145, 147
vgl. auch →Perzeption; →Vorstellung
Impression →Eindruck, →Idee, →Perzeption
Indeterminismus 135
Induktion 15 f., 60 f., 66, 70, 75, 86 f., 90–93
Induktionsschluß 60 f.
inference, infer →Schluß, schließen
inference-Verhalten 148
Instinkt, instinktiv 46, 66, 68, 71, 91 f., 167, 171–175, 186, 191, 220, 224 f., 231, 238, 240 f., 249
Irrationalismus, irrational 68, 186, 220, 228, 232 f., 241, 243

Kausalität, kausal 57 ff., 70 f., 75, 78–83, 85 ff., 95–99, 103 f., 106–113, 115 ff., 126, 135, 141, 145 f., 149 ff., 187, 189 f.
Kausalbeziehung →Zweck-Mittel-Beziehung
Kausalkette 82, 141
Kausalprinzip 96, 103 f., 106 f., 113, 184
Kausalschluß 12, 80, 209, 211
vgl. auch →Ursache
Kompatibilismus 135
Konservatismus, methodologischer 183
Kontinuität der Natur 61, 67
Kopie 40 f., 43, 47, 117, 120 f., 127–132
vgl. auch →Abbild
Korrelation 157, 160, 169, 174, 181
Kraft 44 f., 121, 128

lebensnotwendig 164, 170, 240f.
Lebensweise 25, 28, 53, 116

Lebhaftigkeit 44 ff., 69
vgl. auch →Perzeption, →Glauben
Leib-Seele-Zusammenhang 121
Leichtgläubigkeit 180 f., 193
Lernen →Erfahrung
liberty of indifference →Freiheit
Logik 9, 11 f., 13, 16, 20, 86–90, 96, 97, 147, 158, 160 f., 168 ff., 175, 223, 227, 231

matters of fact 56 f., 67, 78 f., 81, 89, 91, 157, 160, 178, 181, 205
vgl. auch →Tatsache
Mechanismus, mechanisch 42, 61, 173 f., 206, 241
anthropomorpher M. 210
zugrundeliegender M. 150 f.
Meinung 77, 162, 173 ff., 185, 217, 221, 224, 228–232, 239, 241, 245, 247
vgl. auch →Glauben
Mensch (vs. Tier) 11, 153–156, 160, 162–171
mental 39 f., 47 f., 52, 163, 166, 225
Metaphysikkritik 184
Methode, experimentelle 8, 10, 16 f., 20 f., 54, 58, 60
moral philosophy →Philosophie
moral science 7, 10, 93

Natur, menschliche 8, 12, 16, 20 ff., 27 ff., 33 f., 53, 64, 71, 154, 162, 169 f., 176, 239
natural philosophy →Philosophie
Naturalismus, skeptischer 177, 186, 188, 193
Naturgesetz 12, 84, 87, 111 ff., 187 f.
Naturnotwendigkeit 97, 107, 114
Naturwissenschaft, naturwissenschaftlich 11–14., 20, 42, 86, 109, 151, 183, 198, 212
necessary connexion →Vorstellung der notwendigen Verknüpfung
Neigung 29, 66, 137–140, 151, 167, 171 f., 228, 235f, 239, 247 ff.
Notwendigkeit, notwendig 11, 56, 61, 87, 89, 90, 97 ff., 100–107, 116, 135–138, 142, 144–147

blinde N. 97
materiale N. 97
relative N. 98, 105
vgl. auch →Vorstellung der n.
 Verknüpfung; →Freiheit

Offenbarungsreligion 197 ff.
Offenbarungstheologie 212
Okkasionalismus 118, 180
operations of matter, operations of
 mind 137, 139, 145, 147 149,
 150 f.
Person 140, 184, 226, 235 f.
Perzeption (perception) 39 ff.,
 45–48, 51, 70, 224–227, 235 f.
Philosophie, Philosoph 10, 19–33,
 45 f., 53 f., 57, 62–68, 89, 92 ff.,
 144, 202, 210, 228 f., 232 ff.,
 239–243, 248 ff.
moral philosophy 20, 22 f. 28 f.
natural philosophy 20 ff., 29
Physikotheologie, physikotheologisch 199–202, 204–212
Providenz 208
Psychologie, psychologisch 8, 33,
 42, 48, 90–93, 151, 162, 206, 220,
 224, 233, 236, 242, 245, 248
Pyrrhonismus, Pyrrhoneer 63,
 65, 215–225, 228 ff., 232 f.,
 240–247 ff., 252

Qualität 164
primäre u. sekundäre Q. 224 ff.

Rationalismus, Rationalist 9 f., 41,
 54 f., 58, 65, 68, 70, 97 f., 232 f.,
 245
Rationalität, rational 16 f., 23, 60 f.,
 153 ff., 156, 168 f., 171, 175, 186,
 198, 210 f., 216, 218, 220–232,
 237 f., 241, 243 ff., 248 f.
Redefreiheit 202 f.
Reflexionsvorstellung 120–125
Regeln der Analogie 162
Regelmäßigkeit, regelmäßig 14,
 96, 98, 104, 148 f., 168, 184, 237
R. des menschlichen Handelns 148
Regularität 96 f., 104, 106, 109,
 149, 188

Regularitätsbegriff d.
 Kausalität 96 f., 103f, 108, 112 f.
Reiz u. Reaktion 172 ff.
Reiz-Reaktions-Verhalten 175
relation of ideas 55 f., 89, 160
Religion 13, 29, 68, 70 f., 136 f.,
 141, 144, 179, 181, 184, 186, 199,
 211, 237–240
natürliche R. 20, 193, 197–201,
 210
Religionskritik 32, 193, 200

Schätzvermögen d. Tiere 164 ff.
Schema des Kausalbegriffs 108 f.,
 111 ff.
Schlüsselreiz 174
Schluß, schließen 14, 56, 60 f., 79,
 83, 116, 158, 161, 163, 170, 227,
 232, 248, 250
per analogiam sch. 58, 157, 160,
 162
deduktiver Sch. 80, 159 f.
empirischer Sch. 66, 157, 162 f.,
 167 ff.
Seele 23, 163 ff.
sensitive u. intellektive S. 165 f.
Selbst →Person
Sinne 39–42, 46, 57, 67, 77, 116,
 120 f., 127, 167, 180, 189, 219,
 224 f., 228, 231, 244
Sinnkriterium, empiristisches 49
vgl. →Bedeutung
Skepsis, skeptisch, Skeptiker 8, 13,
 19, 21, 31, 38 f., 46, 53, 55, 59,
 62 ff., 68, 70, 74, 151, 170, 177,
 180, 184, 193, 215 ff., 219, 222,
 227, 229–232, 234, 239, 241 ff.,
 245–251
sk. Lösung der sk. Zweifel 65, 170,
 189
Speziesismus 156
Spontaneität 109, 111
Substanz 49, 192, 234
Sukzession 100, 103, 105 ff., 113

Tatsache 37–40, 45 f., 48 f., 56 f.,
 61 f., 67, 69 ff., 74–88, 90 f., 123,
 157, 160, 167 f., 175, 178 f., 184,
 190, 220 f., 231, 233

Tatsachenwahrheit 9
Tatsachenwissen 76–78
Tendenz →Neigung
Theismus, Theist 142, 144, 184 f., 193, 204 f., 206–209, 211 f., 237 f.
Theodizee 144, 206 f.
Theologie, theologisch 58, 126, 143, 178 f., 190–193, 199, 204, 238 f.
epikureische Th. 204
natürliche Th. 212
Tier →Mensch

Übel in der Welt →Theodizee
Überzeugung, Überzeugungskraft 38, 44, 46 f., 66, 68 ff., 71, 76 ff., 79 f., 84, 89–93, 157, 168, 175, 179, 186, 220, 225, 227 ff., 234 ff., 236 f., 239, 243–247, 249 f.
vgl. auch →Glauben, →Meinung
Übung →Gewohnheit
Ungläubigkeit 180, 182
Urheberschaft (von Ereignissen) 110
Ursache u. Wirkung 57 ff., 67, 70, 79, 81, 86, 96 ff., 107–111, 113, 116, 120–126, 130, 134 f., 152, 157, 187, 189, 205 ff., 209, 211, 220
vgl. auch →Kausalität

Verbindung, konstante (constant conjunction) 59, 84, 98, 129–132, 145, 147–150, 157
Verknüpfung, aufgenötigte 105 f.
gewohnheitsmäßige V. 131
notwendige V. (necessary connexion) 97 f., 102, 104–106, 115–131, 134, 184
regelhafte V. 105 f.
Verknüpfungsform 102
Verläßlichkeit einer Schlußfolgerung 157
Vernunft, vernünftig 11–17, 21, 26 f., 29, 62, 73 ff., 89, 91 ff., 123 f., 153 f., 156 f., 161, 163, 165 f., 168–171, 175 f., 198, 219, 221, 225, 228, 232 f., 240

allgemeine u. partikulare V. 165
menschliche V. 176
Vernunftfrage 231
Vernunftgebrauch, hypothetischer 113
Vernunftschluß 98, 173
Vernunftwahrheit 9, 12
Verstand 16, 20, 24, 30, 33, 42, 54–69, 93, 170, 173, 177, 209, 219, 228
vis aestimativa 164 f.
vis cogitativa 165
vis memorativa 164
Volksreligion 237 ff., 243
voluntary actions 136, 141 f., 145–151
Vorstellung 99, 101 f., 117, 162
vg. auch →Perzeption, →Idee, →Eindruck
V. von d. notwendigen Verknüpfung →Verknüpfung

Wahrnehmung 37–44, 46–52, 60, 83, 86, 99–107, 164, 180
Folgen v. Wahrnehmungen 99–107
Wahrsacheinlichkeit, wahrscheinlich (probability) 56, 61, 73 f., 119, 157 f., 169, 181–183, 187, 220, 222 f.
Wesen des Menschen →Mensch
Widerlegung des Skeptizismus →Skeptizismus
Wiener Kreis 49
Wille, willentlich 112, 118, 121–126, 137–141, 147, 150f, 172 f., 189, 197
Willensfreiheit →Freiheit, →Kausalität, → Ursache
Wissenschaft vom Menschen 11, 20, 22 f., 26, 33, 53 ff.
W. von der menschlichen Natur 8, 28, 54, 154, 162
vgl. auch →Mensch
Wunder 170, 177–194, 198
Wunderbeweis 198
Wundererfahrung 180, 193
Wunderglaube 181, 190 f.
Wunderkritik 177 ff., 193, 200

Zeichen, natürliche u. konventionelle 81 ff.
Zeugenaussagen, Verläßlichkeit v. 177
Zufall 97, 112, 174, 199
blinder Z. 199
Zweck-Mittel-Beziehung u. Kausalbeziehung 110
Zweifel 89 ff., 143, 146, 184 f., 219, 221, 223, 229, 234 f., 243, 246, 249
skeptischer Z. 46, 55, 59, 62, 64 f., 235
vgl. auch →skeptische Lösung der skeptischen Zweifel
Zweite Analogie d. Erfahrung 95, 97, 99, 101 f., 106–109, 111, 113

Hinweise zu den Autoren

Michael Hampe, geb. 1961, Studium der Philosophie, Psychologie und Biologie in Heidelberg und Cambridge. Dr. phil. 1989 und Habilitation 1993 in Heidelberg. Gastprofessor am Trinity College Dublin 1990–92. Fellow am Wissenschaftskolleg zu Berlin 1994/95. Seit 1995 Leiter eines Interdisziplinären Forschungsprojektes der Deutschen Forschungsgemeinschaft über Gesetzmäßigkeit. *Buchveröffentlichungen*: Die Wahrnehmungen der Organismen (1990). Gesetz und Distanz (1996). Aufsätze zur Metaphysik der Gegenwart und Wissenschaftstheorie der Biologie und Psychologie.

Heidrun Hesse, geb. 1951, Promotion in Philosophie an der Universität Tübingen 1984, von 1988 bis 1993 Wissenschaftliche Angestellte am Philosophischen Seminar der Universität Tübingen. WS 1994/95 sowie SS 1995 Vertretung der Professur für Ethik in den Biowissenschaften an der Biologischen Fakultät der Universität Tübingen, z. Z. läuft das Habilitationsverfahren an der Philosophischen Fakultät der Universität Tübingen. *Buchveröffentlichungen*: Vernunft und Selbstbehauptung – Kritische Theorie als Kritik der neuzeitlichen Rationalität, Frankfurt/Main 1984, [2]1986; Hrsg.: Natur und Wissenschaft (Konkursbuch 14), Tübingen 1985; in Vorbereitung: Soziale Kontingenz – Gesellschaftliche Ordnung in handlungstheoretischer und systemfunktionalistischer Sicht. Aufsätze zu diversen Problemen theoretischer wie praktischer Philosophie.

Bertram Kienzle, geb. 1948, Dr. phil. 1973 an der Albert-Ludwigs-Universität Freiburg, Habilitation 1979 an der Ruprecht-Karls-Universität Heidelberg; Wiss. Assistent am Philosophischen Seminar und später Privatdozent an der Philosophisch-Historischen Fakultät der Universität Heidelberg; Lehrstuhlvertretungen in Heidelberg, Münster, Berlin (Humboldt-Universität), Hannover und Rostock. 1996 und 1997 Inhaber der *Cadeira Permanente de Professor Visitante de Filosofia Alemã* an der *Universidade Federal do Rio Grande do Sul* in Porto Alegre/RS. Brasilien; derzeit apl. Professor für Philosophie an der Universität Heidelberg und Vertreter des Lehrstuhls für Theoretische Philosophie an der Universität Rostock. *Buchveröffentlichungen*: Die semantische Form des Guten (1983). Hrsg.: Dimensionen des Selbst (mit H. Pape) (1991), Zustand und Ereignis (1994). Zahlreiche Aufsätze, Übersetzungen und Rezensionen zu Logik, Metaphysik und praktische Philosophie.

Heiner F. Klemme, geb. 1962, studierte Philosophie, Religionswissenschaft und Sinologie in Marburg, Edinburgh und Bonn. 1990 Magisterabschluß mit einer Arbeit über die Thematik des naturalistischen Fehlschlusses bei Hume. Promotion 1995; z. Z. Lehrbeauftragter am Institut für Philosophie der Universität Marburg und Arbeit an systematischen Fragen der Ethik und Rechtsphilosophie. *Buchveröffentlichungen*: Kants Philosophie des Subjekts (1996). Hrsg.: Immanuel Kant, Über den Gemeinspruch ... – Zum ewigen Frieden (1992; in polnischer Übersetzung 1995); Die Schule Immanuel Kants (1994). Mitautor David Hume in Deutschland (1989). Zahlreiche Aufsätze und Rezensionen vornehmlich zur Philosophie der Aufklärung.

Lothar Kreimendahl, Professor für Philosophie an der Universität Mannheim und Leiter der Arbeitsstelle „Kant-Index". *Buchveröffentlichungen*: Humes verborgener Rationalismus (1982), Freiheitsgesetz und höchstes Gut in Spinozas „Theologisch-Politischem Traktat" (1983), Hume in der deutschen Aufklärung (1987, zusammen mit G. Gawlick), Kant – Der Durchbruch von 1769 (1990), Interpretationen. Hauptwerke der Philosophie. Rationalismus und Empirismus (1994). *Übersetzungen, Editionen*: Condillac: Abhandlung über die Empfindungen (1983), David Hume: Die Naturgeschichte der Religion. Über Aberglaube und Schwärmerei. Über die Unsterblichkeit der Seele. Über Selbstmord (1984), Aufklärung und Skepsis. Studien zur Philosophie und Geistesgeschichte des 17. und 18. Jahrhunderts (1995), Christian Wolff: Discursus Praeliminaris de Philosophia in Genere. Einleitende Abhandlung über Philosophie im allgemeinen (1996, gemeinsam mit G. Gawlick). Zahlreiche Beiträge zur Philosophie der Neuzeit, bes. zur französischen, britischen und deutschen Aufklärung sowie zu Kant.

Jens Kulenkampff, geboren 1946, studierte Philosophie, Gemanistik und Kunstgeschichte in Frankfurt am Main und Heidelberg; promovierte 1973 in Heidelberg, war von 1984 bis 1996 Professor für Philosophie in Duisburg und ist seit 1996 Ordinarius für Philosophie in Erlangen. *Wichtigste Publikationen*: Kants Logik des ästhetischen Urteils (1987, ²1994); David Hume (1989); als Herausgeber und Übersetzer: Materialien zu Kants ‚Kritik der Urteilskraft' (1974); David Hume, Abriß eines neuen Buches ... (1980); David Hume, Eine Untersuchung über den menschlichen Verstand (1984, 1993); David Hume, Vom schwachen Trost der Philosophie (1990, ²1997).

Astrid von der Lühe: Dr. phil., geb. 1960, wiss. Mitarbeiterin beim Historischen Wörterbuch der Philosophie, Berlin. *Buchveröffentlichungen*: David Humes ästhetische Kritik (1996); Aufsätze und Artikel zur Begriffsgeschichte des „Sensus communis" sowie zur Ethik und Ästhetik der englischen und deutschen Aufklärung.

Bernhard Rang, Prof. Dr., Direktor des Husserl-Archivs der Albert-Ludwigs-Universität Freiburg im Breisgau, *Forschungsschwerpunkte*: Phänomenologische Philosophie, Erkenntnis- und Wissenschaftstheorie, Naturphilosophie. *Buchveröffentlichungen*: Kausalität und Motivation. Untersuchungen zum Verhältnis von Perspektivität und Objektivität in der Phänomenologie Edmund Husserls (1973); Husserls Phänomenologie der materiellen Natur (1990); Hrsg.: Edmund Husserl, Aufsätze und Rezensionen (1890-1910), HUSSERLIANA, Bd. XII, Den Haag 1979; Der Idealismus und seine Gegenwart. Festschrift für Werner Marx zum 65. Geburtstag, zus. mit L. Siep u. U. Guzzoni (1976). Zahlreiche Aufsätze zur Phänomenologie Husserls, zur Erkenntnistheorie und Naturphilosophie der Neuzeit, insbesondere zu Kant und Schelling.

Gilbert Ryle, (1900–1976) studierte in Oxford zunächst klassische Philologie, später Philosophie. Von 1945 bis 1968 war er Waynflete *Professor of Metaphysical Philosophy* in Oxford. Herausgeber der Zeitschrift Mind von 1948–1971. Berühmt wurde Ryle durch sein Hauptwerk The Concept of Mind

(1949); weitere Publikationen: Dilemmas (1954); Plato's Progress (1966); Collected Papers (1971); On Thinking (1979).

Richard H. Popkin: geb. 1923 in New York, studierte an der Columbia University in New York. Popkin lehrte an verschiedenen Universitäten der USA (Yale University, Iowa State University, University of California). Von 1973 bis zu seiner Emeritierung war er Professor für *Philosophy and Jewish Studies* an der Washington University in St. Louis. Neben zahlreichen Aufsätzen insbesondere zur Geschichte des Skeptizismus sind seine *wichtigsten Publikationen*: The History of Scepticism from Erasmus to Descartes (1960); The History of Scepticism from Erasmus to Spinoza (1979); The Third Force in Seventeenth Century (1992).

Hans-Peter Schütt, Studium in Hamburg, unterrichtete 1978–93 Philosophie in Heidelberg, seit 1994 an der Technischen Hochschule Karlsruhe; *Veröffentlichungen* zur Philosophie der frühen Neuzeit, *wichtigste Buchpublikation:* Substanzen, Subjekte und Personen (1990).

Jean-Claude Wolf, geb. 1953, studierte in Zürich, Bern und Heidelberg Philosophie, Germanistik und Literaturethik. Doktorat und Habilitation an der Universität Bern. Seit März 1993 Ordinarius für Ethik und politische Philosophie an der Universität Freiburg, Schweiz; Arbeitsgebiete: Angewandte Ethik, Rechtsphilosophie, Utilitarismus, Liberalismus. *Buchveröffentlichungen*: Sprachanalyse und Ethik. Eine Kritik der Methode und einiger Folgeprobleme sowie der Anwendung des universalen Präskriptivismus von Richard Mervyn Hare (Dissertation), Verlag Paul Haupt, Bern und Stuttgart (1983). Verhütung oder Vergeltung? Einführung in ethische Straftheorien, Alber Verlag, Freiburg i. Br./München (1992). Kommentar zu Mills ‚Utilitarismus', (Habilitationsschrift), Alber Verlag, Freiburg i. Br./München (1992). Tierethik. Neue Perspektiven für Menschen und Tiere, Paulusverlag, Freiburg/Schweiz (1992). Utilitarismus, Pragmatismus und kollektive Verantwortung. Studien zur theologischen Ethik, Universitätsverlag, Freiburg/ Schweiz (1993), Verlag Herder, Freiburg i. Br. (1993). Freiheit – Analyse, Bewertung. Passagen Verlag, Wien (1995).